EDDA ZIEGLER
100 Jahre Piper

EDDA ZIEGLER

100 Jahre Piper

Die Geschichte eines Verlags

PIPER

MÜNCHEN ZÜRICH

ISBN 3-492-04478-6
Piper Verlag GmbH, München 2004
Gesetzt aus der 8 p Bell Gothic und 11,5 p Bembo
Gesamtherstellung: Kösel, Kempten
Papier: Munken Lynx, 100 g 1,1 f. Vol., total chlorfrei
der Papierfabrik Arctic Paper Munkedals AB, Schweden
Lithographie: Lorenz & Zeller, Inning a. A.
Printed in Germany

www.piper.de

INHALT

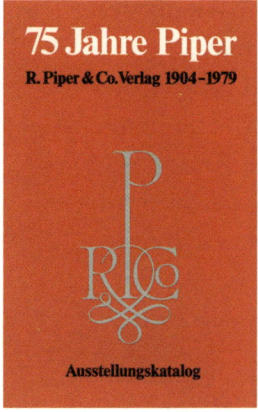
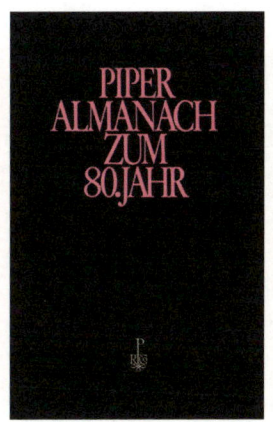

Almanache und andere Jubiläumsveröffentlichungen von 1904 bis 1994

VORBEMERKUNG

»Verlage überdauern selten ein Jahrhundert« – skeptisch-nüchtern sind die Erwartungen des Verlagsgründers Reinhard Piper an die Dauerhaftigkeit seines Lebenswerks. Doch das 1904 gegründete Unternehmen hat die magische Grenze durchbrochen; Piper wird 100. Anlaß genug, die Geschichte des Verlags neu zu erzählen. Sie ist ungewöhnlich gut dokumentiert. Denn der Gründer war sich nicht nur der zweifelhaften Überlebenschancen von Verlagsunternehmen sehr bewußt, sondern auch seines eigenen Wunsches, dennoch Dauerhaftes zu hinterlassen: »Man möchte nicht so ganz spurlos verschwinden.«[1]

Als beste Garantie fürs geistige Überleben erscheint Piper jedoch nicht das gedruckte Wort, sondern das Kunstobjekt; sei es in Form des Verlegerporträts oder des literarischen Souvenirs. Schon als Sortimentslehrling legt er den Grundstock für Autographensammlung und Archiv. Seine Sammelleidenschaft beginnt damit, daß er eine Notiz Paul Heyses auf einer vom Lehrling Reinhard Piper ausgefertigten Rechnung, einen Bleistift des damaligen Erfolgsschriftstellers Richard Voß und die bei einem Botengang von einer Tischdecke im Palais des Malerfürsten Franz von Lenbach heimlich abgedrehte Troddel in seinen Besitz bringt. Die Ambitionen setzen sich später fort mit Aufträgen für Verlegerporträts an befreundete Künstler. Aus diesen Anfängen entstehen die Kunst- und Autographensammlung und das Verlagsarchiv, sowie – nun doch im Rückgriff auf das eigentliche Metier, das gedruckte Wort – Almanache, Briefeditionen, Aufsätze, Bibliographien und Chronik, vor allem aber die Erinnerungen der Verleger.

Die in diesem Berufsstand gemeinhin verbreitete autobiographische Zurückhaltung, die verständlichen Skrupel, die von den Kollegen verbreitete Flut mehr oder weniger bedeutender Lebenserinnerungen durch die eigenen weiter anschwellen zu lassen, teilen weder Reinhard Piper noch sein Sohn und Nachfolger Klaus Piper.

Die Pipers zeigen vielmehr ein ausgeprägtes Interesse daran, ihr verlegerisches Handeln zu archivieren und zu reflektieren. Der Verlagsgründer im Wunsch, nach den Neuanfängen von 1945 ein Lebensfazit aus bewegten Zeiten zu ziehen und der schon in weniger schnelllebigen Zeiten als flüchtig empfundenen Tätigkeit des Büchermachens durch Dokumentation Dauer zu verleihen – im ungebrochenen Selbstbewußtsein von Sinn und Bedeutung des eigenen Tuns: »Ich war sehr glücklich daran, denn ich habe große Aufgaben in meinem Leben gefunden, die noch nicht gelöst waren.«[2]

Klaus Piper hat diese Grundhaltung vom Vater mit dem Verlegerberuf, auch als Verpflichtung, übernommen. Auch er will erinnernd »der Bilder habhaft [...] werden, die aus dem Strom des Erlebten vor sein inneres Auge treten«,[3] und sie schreibend fixieren. Ernst Reinhard Piper schließlich, Verleger der dritten Generation und gelernter Historiker, hat es sich zur Aufgabe gemacht, die Verlagsgeschichte in einer Chronik festzuhalten.

Dies ist die Grundlage, auf der die Geschichte des Hauses Piper aus neuer Perspektive erzählt wird: die Geschichte eines klassischen Kultur- und Publikumsverlags, 90 Jahre lang ein ebenso klassischer Familienverlag, seit zehn Jahren nun Teil der Bonnier-Gruppe – erzählt von außen, aus buchgeschichtlich-distanzierter Sicht: themenzentriert, in ausgewählten Kapiteln, konzentriert auf wesentliche Phasen, Ereignisse, Autoren, Bücher, konzentriert auch auf die Grundfiguren und Leitmotive verlegerischen Handelns, so, wie sie sich eingeschrieben haben in die bewegte politische, kulturelle und literarische Geschichte eines ganzen Jahrhunderts.

»Verlage überdauern selten ein Jahrhundert« – der Piper Verlag gehört zu diesen Ausnahmen. Oder, wie es Max Beckmann, der Malerfreund des Gründerverlegers, nach Lektüre der Verlegermemoiren – nur leicht persiflierend und ganz ohne Hinweis auf seinen eigenen Anteil an dieser Unsterblichkeit – mit einem Goethe-Zitat auf den Punkt bringt: »Also lieber Herr Piper, Sie können beruhigt sein: ›es wird die Spur von Ihren Erdentagen *nicht* in Äonen untergehn‹.«[4]

GROSSE ROSINEN IM SACK
Verlegerische Gründerzeit in Schwabing

R. Piper & Co. – unter diesem Namen wird der Verlag 1904 in München gegründet. Initiator und Namensgeber ist der 24jährige Jungbuchhändler Reinhard Piper. Als Teilhaber, Rat- und nicht zuletzt Geldgeber gewinnt er den Kollegen aus gemeinsamer Ausbildungszeit, Georg Müller, 26, der seinerseits ein knappes Jahr zuvor den Verlag Georg Müller gegründet hatte. Am 17. Februar 1904 schließen die beiden einen Gesellschaftervertrag, am 19. Mai wird die Firma ins Handelsregister eingetragen.

Der Vertrag zwischen Reinhard Piper und Georg Müller vom 17. Februar 1904

Der Firmenname, bei dessen Formulierung Piper seinen Kompagnon Müller mit dem Argument der Verwechslungsgefahr zwischen den beiden Unternehmen davon überzeugen kann, als anonymer »Co.« ungenannt im Hintergrund zu bleiben, erweist sich als zukunftsfähig. Zwar zieht der Verlag in den ersten zehn Jahren innerhalb von Schwabing viermal um, fast so oft wie der Verleger selbst, und bleibt eine ganze Generation lang, bis 1937, auf wechselnde kapitalstarke Kompagnons angewiesen. Die Firma aber hat Bestand.

18 000 Mark beträgt das zusammengeliehene Startkapital des Jungunternehmers, damals zwar eine beträchtliche Summe, aber doch weniger, als jeder andere unter den Gründerkollegen aus der Münchner Buch- und Literaturszene in seine Firma investiert hat. Ob die *Insel*-Verleger Rudolf Alexander Schröder und Alfred Walter Heymel, ob Albert Langen, Wilhelm Langewiesche oder Georg Müller, um nur die größeren unter ihnen zu nennen: Jeder kann – anders als Piper – beim verlegerischen Start-up auf ein beträchtliches Erbe zurückgreifen und so die drohenden Gefahren mangelnder Verlagserfahrung leichter abfedern und später dann die aus krisenhaften gesellschaftlichen Entwicklungen resultierenden finanziellen Engpässe leichter ausgleichen. Auch eine solide kaufmännische Ausbildung, über die zum Beispiel Langen verfügt, fehlt Piper.

Jungbuchhändler mit Sendungsbewußtsein. Reinhard Pipers Ausbildungszeit

»Obwohl ich von der Pike auf gedient habe und mit noch nicht ganz 16 Jahren Lehrling wurde, waren meine praktischen Erfahrungen [...] sehr gering [...] Ich war einfach ein junger Mann mit geistigen Interessen, etwas Erfindungsgabe und sehr wenig Geld. Aber ich hatte einen unabweisbaren Drang, das, woran ich glaubte, anderen mitzuteilen.«[1] So beschreibt Piper selbst rückblickend seine verlegerische Initialsituation. Es gelingt ihm, das Beste daraus zu machen, vor allem aus seiner Begeisterungsfähigkeit, seinem Sendungsbewußtsein und Kommunikationsbedürfnis.

Schon als Schüler soll Reinhard Piper den Wunsch geäußert haben, »Verlagsbuchhändler« zu werden – was immer er sich darunter vorgestellt haben mag.[2] Die Buchhandelslehre jedenfalls, die er nach dem Einjährigen von 1895 bis 1898 bei der Palmschen Hofbuchhandlung in München absolviert, entspricht seinen Vorstellungen nicht. Ja, sie ist, der drögen, amusischen Einstellung seines Lehrherrn wegen, für den literaturbegeisterten, musenhungrigen jungen Mann eine einzige Enttäuschung. Das »leuchtende München« der Prinzregentenzeit zeigt sich ihm eher von seiner stumpfen Seite. Alles das, was es in der vor 1900 ohnehin noch recht provinziellen bayerischen Residenzstadt an literarischem Leben gibt, geht an der Palmschen Buchhandlung trotz ihrer bevorzugten Lage Theatiner-/Ecke Salvatorstraße vorbei. Die Erinnerungen des frustrierten Lehrlings haben dokumentarischen Wert für die altväterliche Atmosphäre des damaligen literarischen München:

> Statt in eine modern geleitete und interessante Buchhandlung war ich leider in eine ziemlich zurückgebliebene gekommen. […] Den ersten Abend, nach zehnstündigem Stehen im Laden, kam ich sogar mit Tränen nach Hause. War ich als Gymnasiast sozusagen schon mein eigener Herr gewesen, so kam ich mir hier in der ersten Zeit völlig versklavt vor. Nicht, weil ich geduzt und Reinhard gerufen wurde, morgens um 7 Uhr mit dem Ausgeher den Laden aufmachen und abstauben mußte, sondern weil mir für mich selbst überhaupt keine Zeit mehr blieb. Abends wurde das Geschäft erst um halb acht Uhr zugemacht, man konnte, nachdem man den ganzen Tag auf seinen Beinen gestanden hatte, eigentlich nur noch müde ins Bett sinken. Ich war aus Liebe zu den Büchern Buchhändler geworden, aber statt ihnen näher zu kommen, war ich nun erst recht von ihnen abgesperrt, denn es blieb ja keine Zeit für sie. […] Der Chef kümmerte sich fast gar nicht um sein Geschäft. Er war ein magerer, langer Fünfziger mit roten Bäckchen, kleinem Kinnbart und dünnem Scheitel auf dem hohen spitzen Schädel. Er kam meist

nur mittags eine halbe Stunde. Im Geschäft erzählte man sich, daß er vorher in einer Weinstube am Promenadeplatz ausführlich frühstücke. Ebenso kam er abends nur kurz vor dem Zumachen. […]

Die Neuerscheinungen bestellte Grubert nach dem Buchhändler-Börsenblatt. Dabei wurden von ihm meist nur die alten bekannten Verlage berücksichtigt. Ein neuer Verlag konnte lange warten, bis er für Herrn Grubert existierte. So war zum Beispiel fast nichts von S. Fischer vorrätig. Da erkühnte ich mich eines Tages, wenigstens die Werke von Gerhart Hauptmann, der damals schon der berühmte Dichter der »Versunkenen Glocke« war, in einem Exemplar in Kommission zu bestellen und sie in einem Fenster unter dem Kühbogen, wo sonst nur Traumbücher, Liebesbriefsteller und Zinsberechner standen, auszustellen. Aber es dauerte nicht lange, so hatte sie Grubert entdeckt, und ich mußte sie wieder hereinholen. Zum nächsten Weihnachten bestellte ich sie mir aber alle »mit Höchstrabatt für eigenen Gebrauch«.

Den stärksten Bedarf hatte Palm am »Regensburger Kochbuch«. Von ihm wurden immer hundert Stück auf einmal bestellt, die dann in einer eigenen Kiste angefahren wurden.

Zweimal in der Woche kamen Ballen aus Leipzig mit den bestellten Büchern, den »Novitäten« und den »Fortsetzungen«. Wenn der Verlader mit den in Rupfen genähten Ballen auf dem Rücken sich durch die Ladentür zwängte, so war das für mich stets ein großer Moment. Das Auspacken erfüllte mich mit immer neuer, unverminderter Spannung. Ich konnte dann doch gleich als erster einen kurzen Blick in die neuesten Bücher werfen. Was konnte es Schöneres geben![3]

Neidisch blickt Lehrling Piper auf die Konkurrenz, besonders die Hofbuchhandlung Ackermann in der benachbarten Maximilianstraße, wo er die Literaturszene der Stadt vermutet. Eine bunte Mischung literarischer und weltanschaulicher Gegensätze, darunter der Klassizist Paul Heyse, der Heimatdichter Ludwig Ganghofer und der Nationalist Max Halbe, die europäische Demokratin Annette Kolb, der naturalistische Deutschtümler Michael Georg Conrad, Otto Erich Hartleben und der junge Thomas Mann, sowie berühmte Maler, Schauspieler und Sängerinnen des Hoftheaters.

Die Schwabinger Gegenkultur, einer der künftigen Experimentierplätze europäischer Moderne, fängt erst an, sich zu entfalten. Daß die Stadt – im Schatten ihres hartnäckigen Rufs als rückständiges Provinznest – bereits seit 1870 einen singulären Gründerboom als Zentrum der Drucktechnik und Buchkunst erlebt, tritt an der für den jungen Piper wahrnehmbaren Oberfläche ihres literarischen Lebens offenbar noch nicht in Erscheinung. Dazu bedarf es noch weniger, aber entscheidender Lehr- und Wanderjahre, nach Berlin, Dresden und Paris.

Als Fazit der Münchner Lehrzeit kann gelten, was ihm später sein Chef Georg D. W. Callwey im Münchner Kunstwart-Verlag ins Zeugnis schreibt: »An einem anderen, mehr geistige und selbständige Arbeit erfordernden Posten würde er nach meiner Überzeugung noch mehr an seinem Platze sein.«[4]

Diesen anderen Platz sucht der hoffnungsvolle Jungbuchhändler, kaum daß er ausgelernt hat, als Alternative zum Milieu der bayerischen Residenzstadt zunächst in der Reichshauptstadt, in Berlin, dem Zentrum der literarischen Avantgarde, des von ihm so bewunderten Naturalismus.

Daß hier ein andrer Wind weht, das erfährt Piper, nun Gehilfe, schon im buchhändlerischen Alltag des alteingeführten Sortiments und Antiquariats W. Weber, das an der Charlottenstraße 48, nahe dem Gendarmenmarkt, seinen repräsentativen Sitz hat. Hier stehen, wie er sichtlich beeindruckt nach Hause schreibt, nicht nur die Bücher in vierzehn Doppelreihen bis an die Decke, sondern den herrschaftlichen Hauseingang dürfen, anders als in München, »nicht nur Herrschaften, sondern auch die gewöhnlichen Sterblichen (Dienstmädchen u.s.w.)« betreten. Im Mitgehilfen Szymanowski, einem »Vollblutberliner«, lernt Piper gleich einen entfernten Verwandten des verehrten Arno Holz kennen. »Er war in einer der drei Aufführungen von Holz' Lustspiel ›Sozialaristokraten‹. Sonst« – da holen Piper die alten Münchner Buchhandelsverhältnisse wieder ein – »hat er für Litteratur gar kein Interesse (auch von Holz nichts gelesen) wie überhaupt niemand von meinen Kollegen.«[5] In der Weberschen Buchhandlung

Der Münchner Lehrling Reinhard Piper, Lithographie von Ernst Neumann

Frühmorgens steh
ich an meiner Stubentür.
Ich fühle noch einmal
in alle Taschen.
Nein –
Nichts Verdächtiges!
Die Hand auf der Klinke
verwandle ich mich
langsam
in einen Buchhändler.
Dann
stürze ich ins Geschäft.
Alle Straßen wimmeln
von Kollegen.

(Gedicht des Arno-Holz-Schülers Reinhard Piper)

trifft Piper auch auf den Kollegen Georg Müller, der später
sein Lehrmeister, Kompagnon und Konkurrent sein wird.

In den Lehr- und Wanderjahren, vor allem in Berlin,
macht Piper drei Erfahrungen, die sein künftiges Verlegerleben mitbestimmen werden. Die erste: Er lernt die Rädels-
führer der literarischen Moderne, Richard Dehmel und
Arno Holz, mit denen er seit seiner Lehrlingszeit korrespondiert, persönlich kennen. Dehmels stilisierte Schreib-
und Lebensform enttäuscht den jungen Bewunderer. Die
Beziehung zu Holz intensiviert sich. Er wird der erste Autor
des Piper Verlags. Die zweite Erfahrung: In Holz' »Corona-
Kreis« erprobt sich der junge Mann selbst als Literat und
lernt, sich in der Dynamik literarischer Gruppen und im
Gefecht literarischer Diskurse und publizistischer Auseinandersetzungen zu behaupten. Drittens schließlich: Er fühlt
sich als »üblicher Buchhändler« unterfordert und zu Höhe-
rem berufen: zum Verleger.

In einem Brief an seine Eltern vom
3. 7. 1898 beschreibt und zeichnet
Reinhard Piper seine Kollegen aus
der Buchhandlung W. Weber

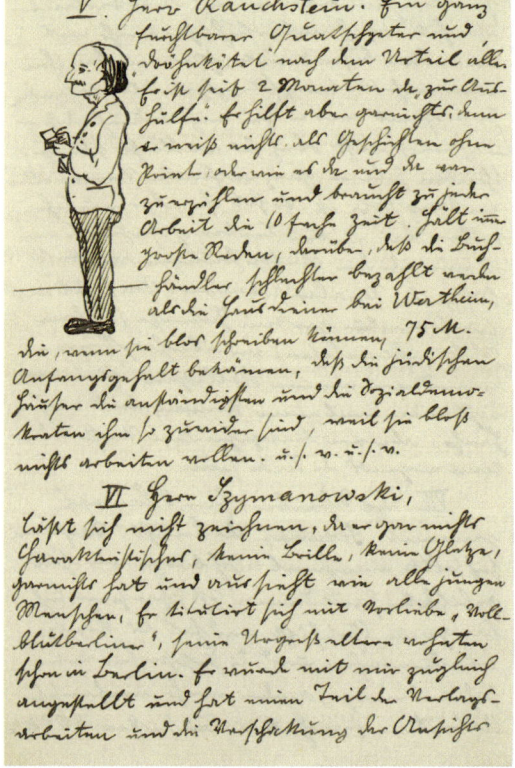

In meine Dachkammer kommen
sie alle . . . seltene ganz ausgefallene,
verdrehte Exemplare...
junge Leute, die Bücher verkaufen,
sich mit ihrem Prinzipal und dem Publikum raufen,
immer im selben, graugrüngelben,
ärmlichst, erbärmlichst oft gestopften, kläglichst, unsäglichst
nie geklopften
dürftigst, bescheidentlichst, schäbigst,
kümmerlichen Kittelchen
rumlaufen, die ganze Woche über kaum verschnaufen
und dann aber dafür sonntags
in
ihren saueren
Mußestunden, ha, hab ich dich, du sauberen Kunden?,
mit
ihren Versen
gebunden und ungebunden,
ohne zu zaudern, ohne zu zagen,
noch
grimmiger als der grimmste
Hagen, in spitzfindigst, pürschfreudigstem Kesseljagen
sozusagen
den
»lieben Gott« totschlagen!

(Arno Holz, Phantasus)

Reinhard Piper (oben, 3. von links)
1899 während seiner Ausbildung in
Berlin (unten rechts Georg Müller)

Es hat keinen, aber auch gar keinen Funken Wert, daß ich meine Zeit noch weiter als Gehilfe vertrödle! Ich habe bei [...] nicht eine Bohne hinzugelernt! Wäre ich in derselben Zeit in München gewesen, wäre in eine Druckerei oder Kunstanstalt als Volontär eingetreten, so hätte ich in einem halben Jahr das ganze Reproduktions- und Herstellungswesen kennengelernt. Ich bin doch kein Beamter, der an eine vorgeschriebene Karriere gebunden ist, in der er langsam sich von einem Posten zum anderen hinaufsitzen muß! Ist das eine Karriere, wenn ich nach siebenjähriger Arbeit (am 1. August 1895 trat ich bei Palm ein) monatlich ganze 110 Mark verdiene? Soll ich diesen 110 Mark zuliebe die tatkräftigsten Jahre opfern? Ja, wenn mein höchstes Ziel wäre, einmal auf Lebenszeit Prokurist zu werden in einem Sortiment, wie hier Herr Moser, dann ginge es nicht anders. Dazu bin ich aber nicht gemacht. Herr Moser sagte einmal zu mir: »Sie haben beim Bedienen einen Grundfehler, Sie wollen das Publikum von seiner Richtung abdrängen.« Weshalb will ich das? Weil ich eben eine Person bin. Nur der Verleger kann eine Person sein, ja er muß es sein. Sein Verlag ist ein persönliches Werk. Ein Verleger ist auf seine Art schöpferisch, er hat seine eigenen Ideen. [...] Ich muß mein Sortimenterdasein abbrechen. Ich kündige zum 1. Oktober auf alle Fälle. Meine Karriere kann nicht die übliche sein, denn ich bin nicht der übliche Buchhändler.[6]

Jungverleger mit großen Plänen. Verlagsgründung in goldener Prinzregentenzeit

»Bei mir steht einiges am Horizont. Am 1. Oktober fange ich voraussichtlich selbständig zu wirtschaften an. Fange klein an, habe aber große Rosinen im Sack«,[7] so beschreibt Piper im Juli 1903 seine Ausgangssituation.

Mit dem festen Vorsatz zur eigenen Verlagsgründung ist er nach München zurückgekommen. Und jetzt nimmt er den Glanz der Stadt wahr – und die Möglichkeiten, die ihm die aufblühende Büchermetropole bietet. Schwabing, schon damals eine Art »Gegenmünchen« und literarischer Ort, wird und bleibt Sitz des Verlags, von den bescheidenen Anfängen in Müllers Wohnung in der Königinstraße 59/I bis heute.

Kleine Anfänge und große Pläne; ihre Grundlage sind zum einen der noch im selben Jahr geschlossene Verlagsvertrag mit Arno Holz, zum anderen die seit der Lehrlingszeit bestehenden Beziehungen zur Münchner Kunst- und Kulturszene. Durch seinen Freund, den Maler Ernst Neumann, hat Piper Zugang zum Mitarbeiterkreis der kurz zuvor gegründeten Zeitschriften *Jugend. Münchner Illustrirte Wochenschrift für Kunst und Literatur* und *Simplicissimus*, die bald zum Synonym für die Kunst- und Lebensform im Schwabing der Jahrhundertwende avancieren. Er weiß die Kontakte zu nutzen. Aus ihnen entstehen die großen Gründungsprojekte des künftigen Verlags: »Moderne Illustratoren«, eine erste Reihe von Kunstmonographien sowie die kritische Schopenhauer-Gesamtausgabe.

Literatur – Kunst – Philosophie: Schon in der Projektphase zeichnen sich die künftigen Programmlinien des Verlags ab. Sie sind identisch mit den Interessen des Gründers, und sie liegen im Trend. Der Typus des Kulturverlags erlebt um 1900 in den literarischen Zentren des deutschsprachigen Raums eine Gründerzeit. In Berlin, Leipzig, Jena mit Verlegern wie Samuel Fischer, Kurt Wolff, Ernst Rowohlt, den Kippenbergs, Eugen Diederichs; in München mit den schon erwähnten Verlegern der *Insel*-Zeitschrift, mit Albert Langen, Georg Müller, Karl Robert Langewiesche und anderen. »Es gab in jenen Jahren in München«, schreibt Reinhard Piper in seinen Erinnerungen, »viele junge Leute, die dies oder das studiert hatten, sich für alles mögliche interessierten, auch Gedichte machten, aber sich für keinen bestimmten Beruf entscheiden mochten. Sie lebten meist in Schwabing und ließen sich ›anregen‹. Manche von ihnen liebäugelten auch mit einer verlegerischen Tätigkeit.«[8] Aus den Reihen dieser kulturbeflissenen und in aller Regel auch begüterten jungen Leute rekrutieren sich nicht nur das literarische Publikum, sondern auch potentielle Neuverleger und vor allem ihre künftigen Teilhaber.

Diese Entwicklung basiert, neben der ungewöhnlichen künstlerischen Produktivität der Epoche, auf der durch den allgemeinen technischen Fortschritt forcierten Diversifizierung des Buchmarkts ab 1880. Ein durch den Gründer-

boom zu Wohlstand gelangtes Bürgertum kompensiert den
Mangel an politischer Partizipation durch ein aktives Kul-
turerleben, in dem Literatur und damit auch der Buchmarkt
eine große Rolle spielen. Süddeutschland und Österreich,
die südlich-katholische Diaspora des Deutschen Reiches,
wandeln sich zu neuen literarischen Zentren, während das
bisher führende protestantische Norddeutschland sich seit
der Reichsgründung mehr und mehr an modernen, militä-
risch-industriellen Normen orientiert.

Kunstoase und Bücherhort. Die Verlagsstadt München

Von dieser Entwicklung profitiert – als scheinbar behütete
Kunstoase und Gegenpol des den Wirren der Modernisierung ausgesetzten wilhelminischen Berlin – auch die
bayerische Residenzstadt. Ihre Einwohnerzahl hat sich, als
Piper hier 1904 seinen Verlag gründet, seit 1885 fast verdoppelt; die Stadt wirkt als Magnet vor allem für die intellektuelle und künstlerisch ambitionierte Jugend. Die
Hauptanziehungskraft Münchens liegt – darin sind sich seine kritischen Chronisten einig mit dem Heer enthusias-
mierter Laudatoren – in der singulären Mixtur aus trotzi-
gem Konservatismus und Antimodernismus, Preußen- und
Reichsverachtung, »liberalitas Bavariae« und bürgerlichem
Individualismus. In Lebensgefühl und Gegenkultur der
Schwabinger Boheme erscheint diese Mischung am deutlichsten ausgeprägt.

Diese Atmosphäre intellektueller Anregung, geistiger
Freiheit und literarischer Produktivität bietet, wie Reinhard Wittmann in seiner Geschichte der Münchner Buchkultur eindrucksvoll beschreibt, zugleich die besten Voraussetzungen für die Blüte der Bücherstadt. Seit der Flucht
des Jungbuchhändlers Piper in die Berliner Moderne hat
sich die Zahl der Münchner Verlage fast verdoppelt, die
Stadt ist berühmt für die Qualität ihrer Antiquariate, und
auch die Sortimente legen kräftig zu. Ihr weltstädtisches
Niveau, das sich nicht mehr mit dem üblichen, am touri-

stischen Bedarf orientierten Laufgeschäft mit Reiseführ-rern, Landkarten, Bildbänden und Devotionalien begnügt, verdankt sich allerdings vor allem dem Kaufinteresse der zugereisten Mitbürger. Die Urmünchner leben weiterhin eher buchabstinent.

Als Vertreter eines modernen Buchhändlertyps enga-gierter Kunst- und Literaturvermittler präsentieren sich – mehr noch als die von Piper so bewunderte Hofbuch-handlung A. Ackermann – nun Buchhändler Goltz in der Brienner Straße, die Bücherstube Stobbe in der Schwan-thaler Straße und die 1903 neugegründete Buchhandlung Lehmkuhl, seit 1907 in der Leopoldstraße ansässig.

Eine wichtige Voraussetzung für den Aufschwung schafft das seit zwei Jahrzehnten florierende Kunsthand-werk, mit den bereits erwähnten Neuerungen vor allem in Drucktechnik und graphischem Gewerbe. Und so ver-wundert es nicht, daß unter den Verlagsneugründungen die Kunstverlage eine führende Rolle spielen. Pipers Gründungsprojekt »Moderne Illustratoren« nimmt auf, was in den innovativ gestalteten Kunstzeitschriften, in *Kunstwart, Jugend* und anfangs auch im *Simplicissimus*, prak-tiziert, was bei Hanfstaengl, Bruckmann, Callwey in auf-wendigen Mappenwerken und ersten Kunstbildbänden, produziert und in den Buchhandlungen erfolgreich ange-boten wird – und überträgt es auf die bildende Kunst der Moderne.

Münchner Verleger, gesehen von einem zeitgenössischen Karikaturi-sten: Georg Müller (1. von links), Rudolf Oldenbourg (4. von links), Georg Hirth (4. von rechts) und Reinhard Piper (2. von rechts mit dem Band »Der Blaue Reiter«) (»Zeit im Bild«, 11/1913)

Auch Pipers philosophische Verlagsambitionen haben ihr Pendant in einer reichhaltigen Szene wissenschaftlicher und Fachverlage, von C. H. Beck über Kösel, Lehmann und Oldenbourg bis zu Schweitzer. Sie alle profitieren – wie Piper – vom geistigen Leben der Münchner Universität, die seit der Jahrhundertwende zu den bedeutendsten deutschen Hochschulen zählt.

Den größten Anteil am Ruf der Bücherstadt aber haben zweifellos die literarischen Verlage; allesamt Neugründungen der Zeit um 1900, mit dem Ziel, die moderne Gegenwartsliteratur und daneben ein buntgemischtes literarisch-kulturhistorisches Programm in neuer Aufmachung und populären Reihen, teils mit volksbildnerischer Intention, unter Bildungsbürger und Volk zu bringen: Seien es die berühmten Skandinavier in völlig neuartigen, lithographierten Broschurausgaben, wie etwa August Strindberg bei Albert Langen, seien es Frank Wedekinds provozierende Theatertexte, ebenfalls bei Langen, später bei Georg Müller erschienen, oder dessen repräsentativ gestaltete Klassikerausgaben und bibliophil ausgestattete Erotika. Daneben existiert ein dichtes Geflecht von Kleinverlagen.

In den Programmen des neuen Verlagstypus dominiert die Mischung aus Belletristik und kulturellem Sachbuch. »Diese Verleger machten die Bücher, die sie selbst lesen wollten«,[9] so beschreibt Klaus Piper später deren Gründungsidee so knapp wie treffend. Der Kultur- oder Individualverleger versteht sich selbst als produktiven Akteur im literarischen Leben, als Freund und Partner seiner Autoren, beseelt von der Mission, das durch ihn und mit ihm entstandene Kulturbuch zum Massenbuch zu machen; der Kulturverlag wird zum Publikumsverlag.

Der Jungverleger Reinhard Piper repräsentiert diesen Typus in Reinkultur, angereichert und verschärft durch jugendlichen Enthusiasmus, eine vielgepriesene Erlebnisfähigkeit, ein überbordendes Mitteilungsbedürfnis und ausgeprägtes Sendungsbewußtsein. Die Identität von Verlegerintention und Verlagsprogramm wird zum Leitmotiv seines Handelns.

VERLEGERVERLAG ALS PROGRAMM
Literarische und andere Anfänge

»Diese Verleger machten die Bücher, die sie selbst lesen wollten« – Klaus Pipers Fazit beschreibt die eine aufs Hedonistische gerichtete Idee vom Verlegerverlag. Die mehr aufs Pädagogisch-Missionarische bedachte andere Vorstellung benennt des Verlegerkollegen Samuel Fischer berühmt gewordene Maxime: »Dem Publikum neue Werte aufzudrängen, die es nicht will, ist die schönste und wichtigste Mission des Verlegers.« Zusammengefügt, ergänzen sich beide zur programmatischen Grundlinie auch des Piper Verlags: Neues will Piper bieten auf dem Buchmarkt der Jahrhundertwende, der auch einem Neuling noch viele Möglichkeiten eröffnet. Er erlebt dies primär lustvoll, als Freiraum mit der Chance, »viele noch ungelöste Aufgaben« anzugehen. Zugleich aber hat er sich – inhaltlich, in der Buchgestaltung, in Werbe- und Vertriebsmethoden – auseinanderzusetzen mit dem, was die Verlagsgründer seiner Generation, was Samuel Fischer, Bruno Cassirer, Eugen Diederichs, Albert Langen, Anton Kippenberg, Georg Müller, um nur die bedeutendsten zu nennen, bereits vor ihm angeregt und geschaffen haben. Das Neue, das ihm zur Verfügung und Erprobung bereitsteht, die von den Kollegen noch nicht erprobten Themen und Publikationsformen aber enthalten auch beträchtliche Risiken. Damit und mit der verlegerischen Gründerkonkurrenz wird Piper bald seine Erfahrungen machen.

Werbepostkarte von der BUGRA, Leipzig 1914

Er beginnt als Dilettant im besten Sinn. Als solchen beschreibt er sich selbstbewußt in seinen Anfängen: »Ich bin auf keinem Gebiete ganz beschlagen, weiß aber viel von Kunst und Literatur und habe so einen weiteren Blick wie mancher Mann vom Fach.«[1] Und als Dilettanten feiern ihn noch die späten Glückwunschadressen. So etwa Julius Meier-Graefe, zentrale Figur unter den Piper-Autoren:

»Sie haben sich vor dem Fachmännischen, das jeden Deutschen bedroht, zu wahren verstanden.«[2]

Eine über die Grundlinie Kunst – Literatur – Philosophie hinausreichende programmatische Intention, die Verpflichtung auf eine bestimmte künstlerische Richtung ist nicht angestrebt. Das Verlagsprogramm der Anfangsjahre nimmt die Trends der zeitgenössischen Kultur- und Buchszene auf. Geprägt wird es aber vor allem von den persönlichen Interessen, den persönlichen Verbindungen und auch von den persönlichen Grenzen des 24jährigen Jungverlegers. Daß er Arno Holz, einen der Begründer und Programmatiker des deutschen Naturalismus, als ersten Verlagsautor gewinnen kann, geht allein auf die literarische Neugier und Eigeninitiative des schreibfreudigen Buchhändlerlehrlings zurück. Die Anfänge seiner Kunstprojekte, der wohl innovativste Teil seiner verlegerischen Initiativen, hängen eng mit der Freundschaft zu dem

Der junge Verlag um 1910 in der Hohenzollernstraße 23 (von rechts: Carl Krause, Adolf Hammelmann, Reinhard Piper mit Hund)

Münchner Maler Ernst Neumann zusammen, aus der sich viele Verbindungen in die Kunst-, Wissenschafts- und Literaturszene ergeben. Auch die zur Künstleravantgarde des »Blauen Reiters« verdankt Piper persönlichen Kontakten. Aus individuellen Vorlieben und Begabungen entsteht das anfangs eher schwach ausgebildete vierte Standbein im Piperschen Gründungsprogramm, das Musikbuch. Auch hier zeigt man sich der Moderne verpflichtet. Die bei Piper 1910 und 1912 erschienenen Monographien über Gustav Mahler und Arnold Schönberg sind die ersten nennenswerten Arbeiten über diese beiden herausragenden Komponisten ihrer Zeit.

Bezeichnend für den jungen Piper sind die Hartnäckigkeit und Geduld, mit denen er die scheinbar so spontan entstandenen Großprojekte seiner Anfangszeit über Jahre, ja Jahrzehnte hin verfolgt und auch gegen erhebliche Widerstände durchsetzt.

Der Querkopf und der Dilettant. Erfahrungen mit Arno Holz und dem Aufbau eines Literaturprogramms

»Wir [...] rechnen längst *stark auf Sie!*«[3] Spätestens seit dem Februar 1903, als Arno Holz die Meinung des jungen Piper zu neuen Verlagsplänen einholt, ist dieser bei den Berliner Naturalisten als ihr künftiger Verleger im Gespräch – mag er von der eigenen Verlagsgründung damals auch noch weit entfernt sein. Der erste Vertrag mit Holz wird schon im Vorfeld geschlossen. Daß Holz – mit der ihm eigenen Willensstärke, ja Sturheit, das gesamte literarische System, also auch die Autor-Verleger-Beziehungen, zu reformieren – dabei durchaus auf mäzenatische Behandlung hofft, dürfte dem jungen Piper, der selbst auf der Suche nach Geldgebern für seinen Verlag ist, nicht ganz klar gewesen sein. Dabei war er schon bei seinem ersten Kontakt zu Holz als Mäzen aufgetreten.

1897, noch als Lehrling, hatte er, begeistert von Holz' Gedichten, Novellen und Theaterstücken, einen Aufruf zur Unterstützung des notleidenden Dichters in Maximilian Hardens Zeitschrift *Zukunft* mit der Übersendung von 5 Mark beantwortet, einem ganzen Monatstaschengeld. Holz war damals von Publikumsresonanz nicht eben verwöhnt und ließ sich auf den hier einsetzenden Briefwechsel mit dem jungen Verehrer gern ein. Als dieser, angezogen auch von der Aura dieser unbürgerlichen Naturalistenexistenz, 1898 als Buchhandelsgehilfe nach Berlin kam, entwickelte sich schnell ein intensives persönliches Verhältnis. Bald gehörte Piper zum engeren Schülerkreis um Holz, der »Corona«. Hier versuchte er sich erstmals mit einer eigenen Veröffentlichung, *Jugend*, einem von fünf gleichzeitig publizierten Lyrikbändchen des »Corona«-Kreises bei Sassenbach, Holz' damaligem Berliner Verleger, einem wahren »Winkel-Verleger«, wie Holz selbst kritisch feststellt. Über diesem Projekt kam es 1902 zum ersten Zerwürfnis zwischen Schüler und Meister. Piper hatte sich, noch unsicher im Umgang mit Autorenrechten, gegen Holz' autoritäre Eingriffe in die Publikationsmodalitäten vehement gewehrt, zumal jeder der angehenden Lyriker die – für Piper immens hohen – Publikationskosten von 90 Mark selbst zu tragen hatte. Allerdings empfand er den ideellen Preis für diese Form der Abgrenzung und Selbstbehauptung, die Trennung vom »Corona«-Kreis, als so hoch, daß er bald selbst wieder einlenkte.

So wird Piper für Holz und dessen Schülerkreis, der auf der Suche nach einer renommierten und rentablen Verlagsverbindung ist, zum verlegerischen Hoffnungsträger. Der Enthusiasmus des jungen Mannes, seine Begeisterung für Holz' kompromißlose Sprachinnovation und seinen antibürgerlichen Lebensstil verstärken des Schriftstellers umfassenden reformatorischen Elan. Seine vielseitigen Publikationsprojekte wiederum werden zur treibenden Kraft für die sich immer mehr konkretisierenden Verlagspläne des jungen Piper.

»Ihre Meldung ist ja eine mehr als erfreuliche. Alles Glück! Also schon zum ersten Oktober? Donnerwetterja!« schreibt Holz im Juli 1903, um dann gleich sehr konkret zu werden:

Da ich bis zum 15ten August Minimum noch in der Anthologie stecke (»Aus Urgrossmutters Garten. Ein Frühlingsstrauss aus dem Rokoko«) ist an das sogenannte »Drama« vorher nicht zu denken. Sie wissen, ich beschäftige mich nie mit zweierlei gleichzeitig. Auch mit den »Sozialaristokraten« haperts noch, da diese vorläufig fest liegen. Aber mit der zweiten »Dafnis«-Form, für die Sie sich ebenfalls »melden«, mit der könnt's was werden!

Eine Massenauflage von 10000 zu *1 Mark.* Ausstattung, wie bereits vorhanden, nur auf einem Papier, das 3 Mark pro tausend Bogen statt, wie jetzt, 15 kostete. Satz 300, Stereotypie 300, Buchbinder 500, Papier 600, Druck 660, Mehrauflage 40, Umschlag 300, gleich zusammen 2700 Mark. Oder sagen wir gleich rund, da Einiges vielleicht zu niedrig gegriffen sein könnte, 3000 Mark. Damit liesse sich die Sache machen. Nun wäre sie ziemlich einfach, wenn bereits das Manuscript da wäre. Um dies fertig zu stellen, müsste ich aber mit allerkonzentrirtestem Fleiss gut den *ganzen Winter* über arbeiten. Was ein betreffendes Heizmaterial von 2000 Mark voraussetzt. [...] Mir persönlich [...] wäre damit *riesig* gedient! Denn erstens weiss ich noch nicht, wie ich den nächsten Winter überleben soll und zweitens würde vielleicht auch aus meiner ganzen schönen Idee nichts, wenn ich sie wieder aufschieben müsste. *Das* aber könnte ich *garantiren:* kann ich den *nächsten Winter* an sie wenden, so *wird* was!!! Mit andern Worten: »Bestelln Se't doch bei mir! Verdienen will 'k jarnich. 'K will mal blos wieder vort grosse Publikum treten!« In diesem Sinne![4]

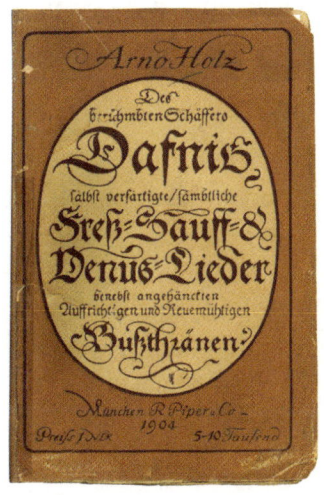

Das erste Buch des Verlags 1904

Mit Holz' *Dafnis,* der erweiterten Neuausgabe der bereits im Jahr zuvor im Insel Verlag publizierten *Lieder auf einer alten Laute,* also eröffnet Piper seinen Verlag. Das Buch erscheint im September 1904 in einer Erstauflage von 10000 Exemplaren, zum sensationellen Preis von einer Mark für das geheftete und zwei Mark für das gebundene Exemplar, und wird – obwohl die Erstausgabe von 1903 kaum wahrgenommen worden war – ein voller Erfolg. Gleichzeitig übernimmt Piper Holz' Komödie *Sozialaristokraten* in einer zweiten Auflage und bringt den gemeinsam mit Oskar Jerschke geschriebenen *Traumulus.* Auch diese »tragische Komödie«, eines von Holz' Hauptprojekten, erreicht in kurzer Zeit eine zweite Auflage. Ein Riesenerfolg für den vom Markt nicht verwöhnten Autor und ein fulminanter Start für den neuen Verlag!

Die vertraglich nicht eindeutig geregelte Honorierung der Nachfolgeauflagen, mit denen weder Autor noch Verleger gerechnet hatten, führt 1905 erneut zu Auseinandersetzungen. Diesmal reagiert Piper, nun abhängig vom gemeinsamen Markterfolg, zunächst zurückhaltend und kompromißbereit, um seinen ersten Autor zu halten und den guten Einstand seines Verlags zu stabilisieren. Doch unerfahren im Umgang mit Autoren und Urheberrechten, hat Piper die Rechnung ohne den keinen Konflikt scheuenden Querkopf Holz gemacht. Dieser ist an das Scheitern seiner Verlagsverbindungen gewöhnt, die bisher alle im Streit endeten, und legt die vertraglichen Vereinbarungen völlig willkürlich zu seinen Gunsten aus. Schließlich bleibt Piper nur der Weg über einen Prozeß. Er gewinnt in allen entscheidenden Punkten, doch es kommt zum endgültigen Bruch mit Holz. Die mit Begeisterung und persönlichem Engagement begonnene erste Autorenbeziehung, die für den Auftritt des jungen Verlags in der literarischen Öffentlichkeit positive Zeichen setzt, endet 1907 vor Gericht.

Erstausgabe von 1907

Der so fulminante wie explosive Start mit zeitgenössischer Literatur läßt ahnen, wie schwierig sich der Aufbau eines entsprechenden literarischen Programms für Piper gestaltet. Die den Kulturverlegern der Jahrhundertwende gemeinsame Grundidee ist der Autorenverlag, der im Rahmen einer »Verlagsfamilie« à la Samuel Fischer literarische Lebenswerke aufbaut und langfristig betreut. Dies aber verlangt zum einen eine längere Vorbereitungszeit, als sie Piper zur Verfügung hat, zum anderen weiterreichende Verbindungen, als sie ihm damals offenstehen, und zudem erheblich höhere finanzielle Investitionen, als er sie leisten kann. Außerdem kommt Piper, wie er selbst im ersten Verlagsalmanach von 1914 feststellt, ein entscheidendes Jahrzehnt zu spät: »Wenn unser Verlag hier keinen der allerersten Dichter aufweisen kann, so liegt das daran, daß diese, als wir auf den Plan traten, meist schon mit einem der bestehenden großen Verlage in fester Verbindung standen. Für die schöne Literatur war ja damals weit besser gesorgt als für bildende Kunst.«[5]

Die bekannten und erfolgreichen Autoren der Jahrhundertwende sind in der Tat bereits bei den arrivierten Verlegerkollegen in festen Händen. Der Neuling Piper handelt sich bei seinen so mutigen wie unbekümmerten Anfragen, sei es für eigene literarische Projekte, sei es für eine Herausgebertätigkeit, viele Absagen ein. Auch die in den zwanziger Jahren geschlossene Verbindung zu Rudolf Borchardt bleibt ohne Publikationsergebnis. In den dreißiger Jahren gehen wichtige Impulse speziell fürs literarische Programm dann von Pipers Teilhaber Robert Freund aus. Von ihm wird später noch ausführlich die Rede sein.

Insgesamt wirkt die Liste der Autoren der Gründungsjahre, von denen außer Dostojewski, Morgenstern und dem Sonderfall der bayerischen Autoren kaum einer dauerhaft literarische Bedeutung behalten hat, mehr bunt als in sich schlüssig. Der Weg zum Autorenverlag erweist sich für Piper als hindernisreich.

»Die Fruchtschale« und andere Lesefrüchte. Pipers Reihenkonzept

Piper weicht auf andere Wege aus: zum einen – mit der »Fruchtschale« – auf den sehr ausgetretenen Pfad der Anthologien und Buchreihen; zum anderen – mit der Dostojewski- und der Schopenhauer-Ausgabe – auf die höchst entbehrungsreiche Gratwanderung mit Langzeitprojekten, die langen Atem und hohe Risikobereitschaft fordern.

1905 erscheint der erste Band der »Fruchtschale«, einer – nach dem Vorbild vieler anderer Verlagsunternehmen, von Reclam und Cotta über Diederichs bis zu S. Fischer – als Taschenbibliothek konzipierten Sammlung der Weltliteratur mit meist gemeinfreien Texten. Jeder Band ist einem Autor oder einer literarischen Richtung gewidmet; der Rahmen ist weitgespannt und reicht von chinesischer Lyrik

Erstausgabe von 1906, aus der Reihe »Die Fruchtschale«

und französischer Philosophie über den Mystiker Jakob Böhme, Friedrich Schlegel, Jean Paul und den damals in der Modernität seines Erzählens noch kaum erkannten Adalbert Stifter bis zu Walt Whitman. Die Texte, überwiegend Tagebücher, Aphorismen, Autobiographisches, teils illustriert, haben ganz bewußt innovativen Charakter. »Ich wollte mit jedem Band etwas Neues, Unabgegriffenes bringen, wollte den umlaufenden geistigen Bestand auffrischen und bereichern«, so beschreibt Piper sein Vorhaben. Damit aber weicht er vom gängigen Anthologie- und Reihenkonzept ab und erreicht das Publikum nicht: »Es wäre [...] praktischer gewesen, das dutzendfach Gedruckte, Altvertraute nochmals zu drucken. Die Hälfte aller Bücher wurde zu ›Geschenkzwecken‹ gekauft, und da mochte das Publikum mit Unerprobtem kein Risiko laufen.«[6]

Die Reihe wird ein wirtschaftliches Fiasko. Die Idee, eingeführte Reihenkonzepte mit neuem Inhalt zu füllen, zu der Piper noch ein halbes Jahrhundert später steht, läßt sich auf dem Buchmarkt nicht durchsetzen. Nach 19 Bänden muß »Die Fruchtschale« 1910 eingestellt werden. 36 Jahre und zwei Weltkriege später wird Reinhard Piper die Grundidee im ersten Verlagsprogramm der Nachkriegszeit 1946 in der Reihe Piper-Bücherei wiederaufnehmen. Und auch der alte Reihenname lebt noch einmal auf. »Die Fruchtschale« heißt ein von Albrecht Knaus herausgegebener Sonderdruck, den Autoren und Mitarbeiter ihrem Verleger Klaus Piper 1954 zum 50. Geburtstag des Verlags verehren.

Flammenzeichen. Die Dostojewski-Ausgabe – eine verlegerische Großtat

»Dostojewskis Romane wühlten uns auf. Die roten Piper-Bände leuchteten wie Flammenzeichen von jedem Schreibtisch«,[7] erinnert sich Hans-Georg Gadamer fast ein halbes Jahrhundert später noch an die Wirkung, die die erste deutsche Gesamtausgabe von Fjodor Dostojewskis Werk auf die jungen Intellektuellen der Zeit nach dem Ersten Weltkrieg hat. Es ist – darin sind sich Zeitgenossen wie Nachwelt einig – eine verlegerische Großtat, die Piper 1905, im zweiten Verlagsjahr, in Angriff nimmt. Im später berühmt gewordenen revolutionären Rot leuchten die Leinenbände allerdings erst ab der zweiten Auflage, 1920, mit Beginn des Erfolgs. Die Erstauflage erscheint zunächst in zurückhaltendem Dunkelblau.

Über Dimension und Bedeutung des Projekts dürfte sich der junge Verleger wohl selbst nicht im klaren gewesen sein, als er sich auf das Unternehmen einläßt: »Im Jahre 1905, noch während meines Zusammenseins mit Georg Müller, schlug Moeller van den Bruck von Paris aus eine Gesamtausgabe der Werke Dostojewskis vor. [...] Ich habe später manchmal bedauert, daß mir nicht selber die Idee [...] gekommen ist. Ein Stück Verlegerehrgeiz! Aber ich habe zum mindesten sogleich Feuer gefangen.«[8]

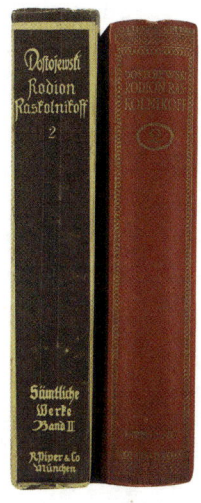

Buchrücken der Dostojewski-Ausgaben von 1908 und 1920

Warum der in Paris als freier Publizist lebende Arthur Moeller van den Bruck sich mit diesem Großprojekt ausgerechnet an die Neuverleger R. Piper & Co. wendet, bleibt letztlich fraglich. Das von Piper erwähnte Motiv Moellers – »weil der Verlag jung war und er sich also von ihm eine lange Lebensdauer versprach«[9] – überzeugte schon den Verleger nicht. Auch die Idee selbst stammte, wie Moeller später zugab, nicht von ihm. Die Initiative geht letztlich wohl von Moellers Frau und seiner Schwägerin aus, den Schwestern Lucy Moeller van den Bruck und Elisabeth (Less) Kaerrick. Sie sind als Deutsch-Baltinnen mit der russischen Kultur und Literatur bestens vertraut, während der aus Westdeutschland stammende Moeller weder Russisch spricht noch es versteht. Zudem hatten sich nach Dostojewskis Tod, am Beginn der naturalistischen Bewegung, bereits andere Verlage, zum Beispiel Wilhelm Friedrich und S. Fischer, mit Dostojewski-Übersetzungen versucht – mit mäßigem Erfolg. Kaum eine der Romanübersetzungen war über die Erstauflage hinausgekommen.

Piper jedenfalls, der hier wohl die Chance sieht, sich mit einem großen Projekt in die moderne naturalistische Literaturszene einzuschalten, greift Moellers Angebot sofort

auf. 1906 schon erscheint der erste Band der vom Verlag
großzügig angekündigten und beworbenen Ausgabe. Als
Herausgeber fungieren Moeller van den Bruck und der
russische Literat, Literaturkritiker und Philosoph Dmitri
Mereschkowski, der in der Folgezeit im Piper Verlag auch
als Autor historischer Romane und kulturhistorischer
Schriften in Erscheinung tritt. Übersetzerin ist, verborgen
unter dem Pseudonym E. K. Rahsin, das mit der Person
zugleich auch das Geschlecht verdeckt, Less Kaerrick, anfangs unterstützt von einem Kollektiv aus dem Umkreis
der russischen Emigranten in Paris.

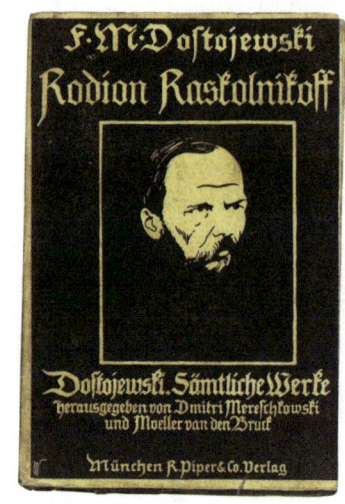

Ausgabe von 1908, gestaltet
von Paul Renner

Die Einbandgestaltung übernimmt der 28jährige Paul
Renner, der damals noch am Anfang seiner Karriere als
Buch- und Schriftkünstler steht. Er wird das Erscheinungsbild der Piper-Bücher über lange Jahre hin mit-
prägen.

Als erster Band erscheint *Die Dämonen*. Von der thema-
tischen Aktualität des »Revolutionsromans« auf dem Höhepunkt der russischen Revolution von 1906 erhoffen
Verlag und Herausgeber breite Aufmerksamkeit für das
Gesamtprojekt. Die einzelnen Bände erscheinen in dichter
Folge. In der ersten Abteilung sind Dostojewskis große
Romane versammelt, in einer zweiten die kleineren und
die Erzählungen sowie autobiographische und publizistische Schriften. 1919, mit 22 Bänden, ist die Edition abgeschlossen; 1924 bis 1931 wird sie durch eine neunbändige
Nachlaßausgabe ergänzt. In dieser Form bleibt sie bis in
die dreißiger Jahre auf dem Markt präsent. In der NS-Zeit
gibt es keine Neuauflage. 1952 bis 1964 erscheint eine
Neuausgabe mit revidierter Übersetzung und neuen
Nachworten. Von den Einleitungen Moeller van den
Brucks, in denen sich seine Entwicklung vom rechtslasti-
gen politischen Schriftsteller in den zwanziger Jahren hin
zum Nationalkonservativen spiegelt, rückt der Verlag ab
und ersetzt sie durch Nachworte der Übersetzerin. Ihr ist
das Gesamtunternehmen, die Dostojewski-Übersetzung
und -Deutung, inzwischen zur Lebensaufgabe geworden.

Noch rund fünfzig Jahre später, als die Deutsche Akademie für Sprache und Dichtung in Darmstadt E. K. Rahsin

1960 für ihre Dostojewski-Übertragung den Übersetzer-preis verleiht, weiß außer Verleger Klaus Piper und Cheflektor Reinhard Baumgart niemand, wer sich hinter dem Pseudonym verbirgt. Und die Übersetzerin wahrt auch jetzt ihr Inkognito. Sie bleibt der Preisverleihung – angeblich wegen Krankheit – fern. Werner Bergengruen hält seine »Rede auf den Preisträger«, ohne ihn beziehungsweise sie zu kennen; die Dankesrede wird von Baumgart verlesen. Das Pseudonym bleibt – auf Wunsch der Übersetzerin – bis nach ihrem Tod 1966 eines der bestgehüteten Geheimnisse der deutschen Verlagsgeschichte.

In Less Kaerrick vermutet man wohl nicht zu Unrecht die eigentlich treibende Kraft hinter der deutschen Dostojewski-Ausgabe. Die außergewöhnlich sprachbegabte junge Frau, die in Dorpat Philosophie und Literaturgeschichte studiert und sich zur Kennerin der deutsch-russischen Kultur herangebildet hatte, war zusammen mit ihrer Schwester Lucy und deren Mann Moeller van den Bruck wohl während der russischen Revolution von 1906 nach Paris gegangen und hatte von dort aus das Großunternehmen Dostojewski-Übersetzung begonnen. Durch den Zeitdruck, unter dem die Ausgabe entsteht, dürften die Zuständigkeiten und Funktionen der Mitarbeiter, ihre Verantwortlichkeit für bestimmte Aufgaben und Arbeiten anfangs wohl nicht immer klar abgegrenzt gewesen sein. Dies könnte die Einführung eines geschlechtsneutralen Pseudonyms begünstigt haben. Doch Less Kaerrick behält das Pseudonym auch bei, als die Übersetzung längst ganz in ihre Verantwortung übergegangen und ihr zum Lebensberuf geworden ist. Ja, sie plädiert in ihren Briefen an den Verlag – ganz anders als Übersetzer heute – sogar dafür, Angaben zu Übersetzung und Übersetzer gänzlich wegzulassen, und legt sich für andere Übersetzungsprojekte aus dem Russischen, meist für den Piper Verlag, weitere Pseudonyme zu.

Dieser Wunsch nach Anonymität ist wohl in der extremen persönlichen Zurückhaltung und Beziehungsscheu Less Kaerricks begründet. Sie hatte sich nach dem Ersten Weltkrieg von Moeller van den Bruck und seiner Frau

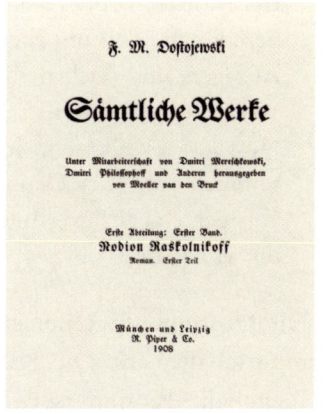

Titelseite von 1908

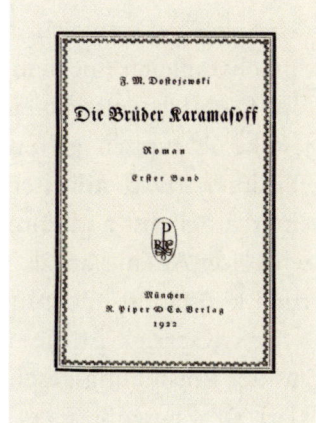

Titelseite von 1922

und beider politischen Anschauungen streng distanziert und dies auch durch räumliche Trennung bekräftigt. Seither lebte sie in München sehr zurückgezogen, beruflich aber durch ihr Wissen und ihr Interesse an der Vermittlung russischer Kultur in ein hochkarätiges Beziehungsnetz eingebunden: zum einen zum Piper Verlag, zum anderen zu Autoren wie Oswald Spengler oder Hermann Kasack, die von der Übersetzer-Identität der hochgeschätzten Gesprächs- und Projektpartnerin nichts ahnten. Schon in der Pariser Zeit wurde Less Kaerrick von Ernst Barlach, der sie 1914 bei Moeller van den Bruck kennenlernte, hoch verehrt und in Tagebucheintragungen und Briefen höchst einfühlsam beschrieben:

> Bei Moeller-Brucks war eine heilige Halbstumme, die Stillberedte, die den ungeheuren Anspruch machen darf, nichts zu sagen, und doch mehr unterhält als alle Herrlichkeit der Welt. Nun, man weiß ja, Barlach, daß, wenn man weiß, wer Dostojewski übersetzt hat, [man] seine Luft zum Sprechen schonen darf […]. Dann, wenn Alles lachte – tat sie es auch, versteckte aber ihre Miene mit Schamhaftigkeit, die mir bitter wohlgefiel.[10]

Die Dostojewski-Übersetzung beginnt, wie gesagt, als Gemeinschaftswerk. Die Kaerrick-Schwestern liefern in der Regel die Rohübersetzung, unterstützt von Zuarbeitern aus dem Kreis der Exilrussen. Diese Rohfassungen werden dann von Moeller stilistisch überarbeitet, ohne daß er in der Lage gewesen wäre, seine Bearbeitungen durch den Sprachvergleich mit dem russischen Original zu überprüfen. Dadurch entsteht eine Stilglätte, die den für Dostojewski als typisch geltenden »stotternden« Sprachduktus eliminiert. Daß stilistische Brillanz den Vorrang hat vor einer möglichst authentischen Wiedergabe des Originals, wird von Anfang an als charakteristisch für die Übersetzung konstatiert und zunehmend auch kritisiert.

Less Kaerrick ist dieses Übersetzungsproblem, das sich aus der Entstehungsgeschichte des Projekts nur partiell erklärt, stets bewußt. Es wird ihr zum Antrieb für die ständige Veränderungs- und Verbesserungsarbeit in einem fast

60 Jahre umfassenden Prozeß. Dabei grenzt Less Kaerrick sich nicht nur von Moellers Bearbeitungen immer
mehr ab, sondern auch von den durch diese vermittelten
Dostojewski-Interpretationen. Ihr eigener, bedächtig-akri-
bischer Übersetzungsstil differiert zu sehr vom zunehmenden deutschnationalen Pathos Moellers, das sich im Sprach-
stil der von ihm bearbeiteten Übertragungen ebenso
niederschlägt wie in seinen Einführungen zu den einzelnen Werken. Diese Einführungen vor allem begründen eine
das Dostojewski-Bild von Generationen deutscher Leser
prägende mystische Auffassung, die – in der suggestiven
Formulierung von den »chaotischen Offenbarungen der
russischen Seele« – zur Projektionsfläche wird für die
unterschiedlichsten Weltanschauungen und Ideologien.

Mit den sich ständig weiterentwickelnden Übersetzungen Less Kaerricks befreit sich der Text der Piper-Ausgabe mehr und mehr aus dieser problematischen Tradition.

Als die Ausgabe 1906 auf den Markt kommt, ist Dostojewski bereits ein Vierteljahrhundert tot und sein Name
deutschen Lesern kaum ein Begriff, obwohl sein Werk fast
vollständig übersetzt vorliegt. Iwan Turgenjew und Lew
Tolstoi sind in Deutschland weit mehr Inbegriff russischer
Literatur als Dostojewski. Eine Gesamtausgabe verspricht
daher nicht a priori wirtschaftlichen Erfolg, auch wenn sie
von der politischen Tagesaktualität der russischen Revolution zu profitieren verspricht.

Dies jedoch erweist sich bald als Illusion. Auch die
Piper-Ausgabe wird, wie der Verleger selbst sagt, »durchaus
kein ›Geschäft‹«[11] – jedenfalls über zehn lange Jahre hin
nicht. Zusätzliche verkaufsfördernde Maßnahmen, wie ein
Preisnachlaß, die Erhöhung des Buchhändler-Rabatts und
die kostenlose Verteilung einer Dostojewski-Broschüre
mit einem Aufsatz des bekannten Schriftstellers Otto Julius
Bierbaum, bleiben wirkungslos. Die erste Auflage – zwischen 3000 und 10 000 Exemplare stark, je nach Attrakti-
vität des Einzeltitels – liegt wie Blei. Erst die durch den
Weltkrieg radikal veränderte politische Situation zeigt
auch literarische Wirkung. Das allgemeine Interesse an

russischer Kultur ermöglicht ab 1915 endlich eine Neuauflage. Das Kriegsende wirkt sich noch einmal positiv auf
das Lese- und Kaufinteresse aus. 1920 sind insgesamt
135 000 Bände abgesetzt, mehr als das Doppelte des
deutschsprachigen Dostojewski-Gesamtabsatzes früherer
Übersetzungen bis zur Jahrhundertwende. 1922 ist mit
179 000 Bänden der Höhepunkt der Dostojewski-Hausse
in Gestalt der roten Piperschen Leinenbände erreicht. Er-
folgreichster Titel ist zu diesem Zeitpunkt *Die Brüder Karamasoff* mit insgesamt acht Auflagen.

Beflügelt vom Erfolg, beginnt der Verlag 1924 mit der
Herausgabe des Dostojewski-Nachlasses. Hauptherausge-
ber ist der Theaterkritiker, Rußland-Kenner, Kultur- und
Literaturhistoriker René Fülöp-Miller. Less Kaerrick ist
an der Übersetzung nicht beteiligt. Die acht erschienenen
Bände von insgesamt zwölf geplanten sind aufwendig gestaltet mit Abbildungen zeitgenössischer Malerei und Graphik, der Beigabe von Autographen und biographischem
Material. Doch der Nachlaß, für dessen Publikationsrechte
Piper sich 1924 hoch verschuldet hat, erscheint unter
schwierigen Umständen. Die Wirtschaftskrise hat auch
den Buchmarkt erfaßt, und das Publikumsinteresse an den
nachgelassenen Schriften ist und bleibt gering, zumal der
Dostojewski-Boom Mitte der zwanziger Jahre bereits wieder nachläßt. Schon 1926 bereut Piper, sich auf die Publikation des Nachlasses eingelassen zu haben: »Heute«,
schreibt er an seinen Autor Julius Meier-Graefe, »wäre es
uns lieber gewesen, der Kredit wäre uns verweigert worden und wir hätten den Nachlass infolgedessen nicht kaufen können.«[12]

Den Lesern der zwanziger Jahre, Literaten, Künstlern, Po-
litikern und Intellektuellen jeglicher Couleur nach der Erfahrung des Ersten Weltkriegs, wird Dostojewski zum
Leitbild für ein neues Lebensgefühl jenseits der gesellschaftlichen Zwänge des Wilhelminismus. An den Themen, Gefühlen und Konfliktkonstellationen der Dosto-
jewskischen Romane entzündet sich der theologische und
philosophische Diskurs, Dostojewskis Figuren werden zu

Leitbildern menschlichen Verhaltens; des Dichters eigene Existenz mutiert zur Heiligenlegende.

Nicht nur der Philosoph Gadamer bezeugt die außergewöhnliche Wirkung der Piper-Ausgabe für die deutsche Literatur, ja für die gesamten Geisteswissenschaften. Auch Hermann Hesse, eine der prominentesten literarischen Stimmen der Zeit, setzt sich ab 1915 in mehreren Aufsätzen öffentlich mit seiner Dostojewski-Lektüre auseinander, und Sigmund Freuds psychoanalytische Deutung der *Brüder Karamasoff* wird später sogar als Nachwort in die zehnbändige Ausgabe aufgenommen. Die Piper-Ausgabe hat die Dostojewski-Rezeption in Deutschland eingeleitet und durchgesetzt. Sie hat einen nahezu unbekannten russischen Schriftsteller innerhalb weniger Jahre zum populären und wirkungsmächtigen Autor gemacht und den Verlag auch literarisch ins Gespräch gebracht. Die roten Leinenbände werden zum Signal für das neue – wenn auch nur kurz wirksame – Lebensgefühl einer ganzen Generation.

Immer aber bleibt die deutsche Dostojewski-Rezeption eng an die nun schnell wechselnden politischen Entwicklungen gebunden. Während des »Dritten Reiches« kommt es zu keiner Neuauflage mehr. Eine Dostojewski-Neuausgabe ist denn auch eines der ersten größeren Projekte der Nachkriegszeit. Deren erster Band, *Der Idiot*, wird – Klaus Piper kommentiert es in seinen Erinnerungen mit Genugtuung – bereits 1946 auf Papiervorräten des ehemaligen NSDAP-Verlags Eher für Hitlers *Mein Kampf* gedruckt.

2. Auflage von 1911 mit Umschlagzeichnung von Karl Walser

Christian Morgenstern. »Mystischer Kobold« als Hausautor

Zum Hausautor avanciert Christian Morgenstern, der sich 1910 – ähnlich dem Dostojewski-Herausgeber – aus eigenem Antrieb an Piper wendet. Der Lyriker, den Fritz Mauthner als »mystischen Kobold« charakterisiert, war bisher erfolgreich vor allem mit seinen grotesk-phantastischen *Galgenliedern* gewesen. Vergeblich hatte er sich darum bemüht, nicht nur als Humorist, sondern auch mit sei-

Christian Morgenstern

nen melancholisch-meditativen Gedichten wahrgenommen zu werden. Mit seinen bisherigen Verlegern, darunter S. Fischer, für den er als Übersetzer, und Bruno Cassirer, für den er als Lektor arbeitete, hatte sich keine zukunftsträchtige Verbindung entwickelt. An Piper wendet sich Morgenstern, weil er sich – aus seiner theosophisch-anthroposophischen Grundhaltung heraus – der literarischen Nachbarschaft eines Buddha, Schopenhauer und Dostojewski zuordnen möchte. Auch seine Nähe zur unbürgerlichen Einstellung der Berliner Naturalisten dürfte ihm den Piper Verlag nahegebracht haben. Das literarisch-philosophische Programm beginnt Wirkung zu entfalten.

Wie skeptisch auch Piper auf das Manuskriptangebot der Gedichtbände *Einkehr* und *Ich und Du* reagiert, zeigt sein in seiner Unverblümtheit fast schroff erscheinender Antwortbrief an Morgenstern. Doch der Brief signalisiert – bei aller verlegerisch notorischen Zurückhaltung gegenüber der Zumutung von Lyrikbänden, zumal wenn sie von arrivierten Kollegen bereits abgelehnt worden sind – zugleich ein sehr weitreichendes Interesse. Denn, wie Piper später schreibt, »die Gedichte gefielen mir sehr«.[13] Er hat auch hier angebissen:

Erstausgabe von 1911
(gedruckt 1910)

Wir haben die Manuskripte Ihrer beiden Gedichtbände gelesen und sind nicht abgeneigt, der Verlagsübernahme derselben näherzutreten. Sie werden selbst wissen, dass das Verlegen von Lyrik für den Verleger eine undankbare Sache ist und werden auch wohl Ihre ersten bei Schuster & Löffler erschienenen Bände selbst bezahlt haben. Interessant wäre es uns, zu erfahren, ob etwa Bruno Cassirer diese beiden Bände abgelehnt hat. Vielleicht teilen Sie uns dies offen mit. Es ist dies ja noch nicht ein Grund für uns, die Bände gleichfalls abzulehnen. Im allgemeinen wäre es doch wohl für Sie das Nächstliegende, sich an den Verleger Ihrer »Galgenlieder« zu wenden, von denen, wie wir hören, demnächst ein II. Band erscheinen soll. […] Sehr gern würden wir dem Verlag des angekündigten Bändchens religiös-philosophischer Notizen nähertreten, wie wir überhaupt darauf Wert legen müssten, dass Sie Ihre weiteren Werke zunächst uns anbieten. Der Verlag der jetzt vorliegenden beiden Bände wird, wie gesagt, ein

6. Auflage von 1922

kaufmännisch undankbarer sein und wir haben alsdann wenigstens die Möglichkeit, dass unsre Mühe sich bei späteren
Publikationen lohnt.[14]

So entwickelt sich in den wenigen Lebensjahren, die dem
tuberkulosekranken Morgenstern bleiben, eine kontinuierliche Verlagsbeziehung zu Piper, die mit der Herausgabe seines Werks durch Morgensterns Witwe Margareta über seinen Tod hinaus Bestand hat. Die in vier anderen Verlagen
verstreuten Werke werden bei Piper versammelt, mit wenigen Ausnahmen; darunter das Erfolgsbuch *Galgenlieder*, das
Cassirer nicht freigibt, und Morgensterns Kinderbücher. Es
erscheinen die Schriften aus dem umfangreichen Nachlaß
sowie eine Briefausgabe und 1965 beziehungsweise 1979
Werkausgaben. Morgensterns Werk wird zu einem – auch
in finsteren Zeiten wirksamen – wichtigen Teil des literarischen Programms.

Nur zweimal ist Reinhard Piper Morgenstern, der aus
München stammte und am Ammersee heimisch war, persönlich begegnet, da dieser sich seiner – damals als unheil-
bar geltenden – Tuberkulose wegen meist in klimatisch
milden südlichen Regionen aufhielt. Zuletzt sah er ihn im
Herbst 1913, eine Begegnung, die sich dem in seinem
Brief- und Erzählstil in der Regel eher nüchtern-distan-
zierten Piper offenbar tief einprägte: »Seine ganze Erscheinung war da schon fast körperlos. Er konnte nur noch flü-
stern, um so eindringlicher sprachen seine wunderbaren
blauen Augen, die unter der hohen schmalen Stirn er-
glänzten. Ich habe bei keinem andern Menschen so strahlende Augen gesehen.«[15]

**Bauernerotik oder Schnackerlgaudi. Von Risiken und
Wirkungen altbayerischer Literatur**

Altbayerische Autoren im Programm zu haben, das gehörte
zum Ehrgeiz eines jeden Münchner Kulturverlags um
1900 – unabhängig von der Herkunft der durchweg zu den
»Zuagroasten« zählenden Verlagsgründer (auch Reinhard

Piper stammte ja aus Norddeutschland). Tonangebend war dabei Albert Langen, dem mit Ludwig Thoma bereits 1897 ein Erfolgsautor der Sonderklasse mehr zugefallen war, als daß er sich um ihn bemüht hätte. Auch Langens Gegenspieler, Pipers unmittelbares Vorbild Georg Müller, verlegte unter vielem anderen Werke aller namhaften bayerischen Autoren. Ob Ludwig Ganghofer, Josef Hofmiller, Georg Queri, Josef Ruederer oder Ludwig Thoma: ihre gemeinsame publizistische Heimat waren die Zeitschriften *Süddeutsche Monatshefte, Jugend, Simplicissimus*. Als ihr gemeinsamer literarischer Ausgangspunkt gilt der Naturalismus in seiner süddeutschen Sonderform, mit Max Halbe und Michael Georg Conrad als Präzeptoren. Erzählungen und Theaterstücke sind die bevorzugten Formen, realistische Thematik mit gesellschaftskritischem Einschlag, ein volks- und dialektnaher Sprachduktus jenseits aller Tümelei werden zum gemeinsamen literarischen Programm – wenn ein solches überhaupt auszumachen ist in der damals wie heute von Fall zu Fall ausufernden Konkurrenz der Heimatkunstvertreter um die einzig wahre altbayerische Literatur.

Als 1909, im Todesjahr Langens, ein junger bayerischer Schriftsteller Piper sein Manuskript anträgt, greift der jedenfalls sofort zu. Es ist Georg Queri mit den *Weltlichen Gesängen des Egidius Pfanzelter von Polykarpszell*. Auch Queri war mit Beiträgen für *Jugend, Simpl* und *Münchener Neueste Nachrichten* rasch populär geworden. Mit dem derben Humor seiner Erzählungen, der ihn an Arno Holz' *Dafnis* erinnert, seinen literarischen Erstling, hofft Piper an diesen Erfolg und den von Ludwig Thoma bei der verlegerischen Konkurrenz anzuknüpfen. Vergeblich, wie sich bald herausstellt:

> Ich riskierte von diesen weltlichen Gesängen eine Auflage von 10 000 Exemplaren, das Stück zu einer Mark. Paul Neu zeichnete viele lustige Illustrationen dazu, das Ganze wurde auf bräunliches Papier gedruckt und in einen fünffarbigen steifen Umschlag geheftet. Meine Hoffnung auf einen Dafnis-Erfolg erwies sich bald als Irrtum. Die Verbreitung des Bandes war durch den Dialekt sehr begrenzt, aber selbst in

2. Auflage von 1911, Umschlagzeichnung von Paul Neu

München wurde das Buch nicht viel gekauft. Die kleinen bayrischen Orte ohne Buchhandlung, aus deren Atmosphäre heraus diese Gesänge gedichtet waren, schieden ohnehin aus. Auch rochen sie für empfindliche Nasen zu kräftig. Der Misthaufen und die weiblichen Waden spielten darin eine zu große Rolle. Wer aus dem Buch vorlas, riskierte, mitten darin errötend abbrechen zu müssen. Den literarisch »Gebildeten« war das Buch zu unliterarisch. Und die unliterarischen Leute aus dem Volke kauften keine Bücher. [16]

Trotz dieses Mißerfolgs, der wohl vor allem auf die von Piper benannten Defizite des rudimentären bayerischen Buchmarkts zurückzuführen ist, bleibt der Verleger seinem Autor treu bis zu Beginn des Ersten Weltkriegs, der auch für die Buchproduktion neue Prioritäten setzt. Insgesamt verlegt Piper neun Bücher des Altbayern, meist Sammelbände mit Erzählungen, Späßen, Schnurren, viele in bibliophiler Ausstattung, illustriert von Karl Arnold, Paul Neu und anderen. Mit dem *Bayrischen Kalender auf das Jahr 1913* regt der Verleger seinen neuen Autor selbst zu einer Publikation an. Der Erfolg von Queris Büchern bleibt jedoch zunächst gering, eine Situation, die sich in der notorischen Geldnot des Autors drastisch widerspiegelt. Von nichts ist in seinen Briefen so kontinuierlich die Rede wie vom leeren Geldbeutel:

Sehr geehrter Herr Piper,
ich muß mit einem großen Anliegen zu Ihnen kommen: ich laufe seit gestern Mittag in der Stadt umher um Geld und kann keines auftreiben. In der Jugend habe ich noch Vorschuß stehen – da ist nichts zu holen. Ich kann nicht nach Starnberg zurück ohne Geld: ich habe über 260 Mark zu zahlen. Können Sie mir den »Rochus Mang« nicht gleich auszahlen? Vor November würde ich Sie auf keinen Fall mehr belästigen. […] Ich war gestern auch bei mir bekannten Buchhändlern, die für meine Bücher sich in's Zeug zu legen versprachen – bitte, helfen Sie. Ich komme heute Nachmittag, vergessen Sie mich nicht.

Ihr
Georg Queri[17]

Eine breitere Publikumsresonanz finden nur die unter Unsittlichkeitsverdacht stehenden und deswegen auf dem im Piperschen Kunstprogramm bewährten Weg des Privatdrucks erschienenen beiden Bände *Bauernerotik und Bauernfehme in Oberbayern* und *Kraftbayrisch*. 1912 ficht Piper zusammen mit Queri deswegen sogar einen Prozeß durch. Stein des öffentlichen Anstoßes ist – für Autor und Verleger nach dem Erscheinen der *Bauernerotik* nicht ganz unerwartet – *Kraftbayrisch. Ein Wörterbuch der erotischen und skatologischen Redensarten der Altbayern. Mit Belegen aus dem Volkslied, der bäuerlichen Erzählung und dem Volkswitz.* Im Oktober 1912, kurz nach Erscheinen, wird das Buch vom Königlichen Landgericht München I wegen des Verdachts der Unsittlichkeit beschlagnahmt, soweit die 900 numerierten Exemplare des Privatdrucks nicht bereits an die Subskribenten versandt sind. Im Dezember kommt es zum Prozeß, mit beträchtlichem, dem Bekanntheitsgrad von Verlag und Autor auch damals schon förderlichem Medienecho. Es verdankt sich vor allem dem Aufgebot der von beiden Parteien bestellten prominenten Sachverständigen. Als Gutachter tritt alles auf, was einschlägig Rang und Namen hat. Von seiten des Gerichts werden fünf wissenschaftliche und literarische Experten aus dem Bayerischen Zensurbeirat aufgeboten, neben Georg Kerschensteiner, Otto Mausser und Otto Crusius die Schriftsteller Josef Hofmiller und Josef Ruederer. Verleger und Autor stellen dem die Creme der bayerischen Literaten entgegen, mit Gutachten von Michael Georg Conrad, Ludwig Ganghofer und Ludwig Thoma. Als Verteidiger hat Piper den auch in literarischen Kreisen bekannten Anwalt Max Bernstein engagiert.

Erstausgabe von 1912

Die Gutachten[18] konzentrieren sich im wesentlichen auf zwei Argumente: zum einen die Wissenschaftlichkeit von Queris Buch, zum anderen Volksnähe und volkskundlichen Wert der hier gesammelten Redensarten. Der Verlag betont vor allem die wissenschaftliche Seriosität des Wörterbuchs. Der Autor habe die Belege, »unermüdlich landauf landab« fahrend, »in jahrelanger mühsamer Sammelarbeit unmittelbar aus dem Munde des Volkes zusammengetragen«.[19] Queris Kritiker halten dagegen, daß das Ergebnis dilettantisch sei und nirgends über Johann Andreas Schmellers *Bayerisches Wörterbuch* hinausreiche, dessen neueste Ausgabe bereits 1872 bis 1877 erschienen war. Sie greifen damit eine Eigenschaft Querischer Arbeiten auf, mit der bereits 1896/97 die Lehrer des Königlich Humanistischen Gymnasiums Neuburg an der Donau in einer »Geheimen Zensur« ihren Schüler – offenbar sehr zutreffend – charakterisiert hatten: Insgesamt gesehen sei er vor allem »ein rascher Wurstler«.[20]

Schwerer wiegen die Vorwürfe der wertkonservativen unter Queris literarischen Konkurrenten, vor allem die von Ruederer und Hofmiller. Sie unterstellen ihm, ein Vertreter jener »verlogenen«, mehr an spekulativ-pornographischen Interessen der aufkommenden Tourismusindustrie als an altbayerischer Tradition orientierten »oberbayerischen Schnackerlgaudi« zu sein, jener »krachledernen Sentimentalität«, die weniger im Milieu des bäuerlichen Altbayern zu Hause sei als an städtischen, sprich Münchner Stammtischen. Diesen Vorwurf unterstreicht ein ausdrucksstarker Verschreiber in der Maschinenabschrift von Hofmillers Gutachten, die Queris Buch *Bauernerotik und Bauernfehme* höchst vieldeutig als »Bananenerotik und Bauernfahne« zitiert.

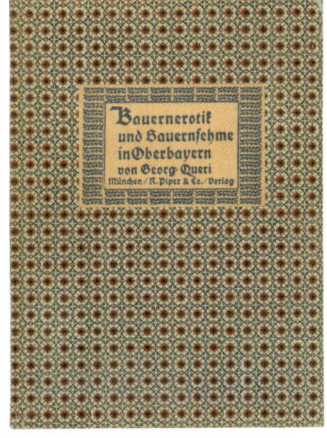

Erstausgabe von 1911

Dem stehen die positiven Gutachten von Conrad, Ganghofer und Thoma entgegen, der Queri schon vorab zugesichert hatte, sich im Bedarfsfall mit einem »Großfeldzug« für sein *Wörterbuch* einzusetzen. Er bescheinigt dem Werk nun, »volkskundlich außerordentlich wertvoll zu sein« – mit Formulierungen und Argumenten allerdings, die, kritisch gelesen, durchaus schon deutschnational durchsetzt erscheinen und in denen sehr viel vom gesunden altbayerischen Volksstamm und seinen legitimen sittengeschichtlichen Maßstäben die Rede ist:

Was nun das »erotische Element« und die »Zote« anlangt, so wollen wir Altbayern bei der feinen Umwelt nicht um Entschuldigung bitten. Unser Volk hat sich allzeit von versteckter Lüsternheit freigehalten und hat den ewigen Humor, der in der Beziehung der Geschlechter liegt, von je erkannt. Die Freuden der Liebe nicht für unmenschlich süß zu halten, das Animalische daran nicht zu vergessen, um eingedenk zu bleiben, daß diese Dinge der Jugend gut, dem Alter schlecht anstehen, das zeugt von dem prachtvollen Humor der Gesundheit und der Tüchtigkeit des altbayerischen Stammes, der darüber die Gebote der Sittlichkeit keineswegs vergessen hat.[21]

Die widersprüchlichen, teils scharf formulierten Gutachten wirken wie eine Frühform des immerwährenden Heimatpfleger-Wettstreits um den Alleinvertretungsanspruch auf einzig wahre Heimatkunst und echtes Altbayerntum. Auch das Hauptstadt-Provinz-Thema, das den literarischen Diskurs der zwanziger Jahre beherrschen wird, klingt bereits an.

So vernichtend ihr Urteil in literarischer Hinsicht auch sein mag, am zentralen Unsittlichkeitsvorwurf halten Queris Kritiker nicht fest: »Unzüchtig«, lautet Hofmillers Fazit, »sind die publizierten Sachen nicht, aber furchtbar geschmacklos.« Und so wird *Kraftbayrisch* letztlich freigesprochen. Der Prozeß erweist sich als ein Schuß, der nach hinten losgeht. Denn die Kosten des aufwendigen Verfahrens, über das die Münchner Presse ausgiebig berichtet, hat – zur Erleichterung des Verlegers, für den Queri nie zum Goldesel mutiert – die Staatskasse zu tragen. Autor und Verlag sind der Öffentlichkeit nun einschlägig bekannt, allerdings ohne daß sie dies publizistisch recht nutzen könnten. Piper bringt danach – wohl kriegsbedingt – nur noch eine weitere Publikation Queris. Das freundschaftliche Briefgespräch, auch über neue Kontakte für den verlegerisch nun heimatlosen Autor, jedoch besteht bis zu dessen Tod 1919 fort.

Queri bleibt vorerst allein in Pipers »bayerischer Ecke«. Ein Manuskript des 17jährigen Oskar Maria Graf, der 1912 mit ausdrücklichem Bezug auf und in tiefer Verehrung für Queri eigene bayerische »Schnurren« zum Verlag anbietet, lehnt Piper ab. Dies wird sich wiederholen, als Graf, längst ein anerkannter Autor, ausgewiesen auch durch sei-

nen Widerstand gegen den Nationalsozialismus, 1950 aus dem New Yorker Exil erneut den Kontakt aufnimmt und sein *Bayerisches Dekameron* offeriert. Wieder lehnt man – nun auf Initiative Klaus Pipers – ab, obwohl die Verleger sich über die hohe Qualität des Buches einig sind. Man scheut – so Piper in einer internen Verlagsnotiz – den Aufwand der Korrespondenz in die Vereinigten Staaten für ein Einzelwerk, zumal man dafür, angeblich seines »dämonischen« Charakters wegen, zu diesem Zeitpunkt keinen rechten Markt sieht. Und in der Tat teilt Graf das Schicksal vieler, vor allem politisch links orientierter Exilautoren; auch sein Werk wird – nicht zuletzt seiner sozialistischen Jugendambitionen wegen – von den Verlagen der Ära Adenauer abgelehnt und erst mit großer Verzögerung rezipiert.

Sofort aber greift der Piper Verlag zu, als sich nach 1945 mit der Neuordnung des deutschen Verlagswesens durch die Besatzungsmächte die Möglichkeit abzeichnet, die Rechte an den Buchausgaben jenes altbayerischen Schriftstellers zu erwerben, der in nahezu allen politischen Lagern als Vorzeigefigur galt und der zu Lebzeiten seiner Bindung an die verlegerische Konkurrenz wegen für Piper

Georg-Queri-Porträt auf einer Postkarte an Reinhard Piper vom 14. 2. 1919. Dazu ein Kommentar von Ludwig Thoma: »Wo Queri war, saß Altbayern mit seinem breiten Lachen und seinem schlagfertigen Witze am Tische, und er war nicht bloß der Lobredner, er war vor allem selber das Beispiel der Unverwüstlichkeit unseres Stammes«.[22]

unerreichbar war: Ludwig Thoma. Vermittelt wird die Lizenz durch Horst Kliemann, der im »Dritten Reich« als »Führer des Jungbuchhandels« aktiv war und nun als Direktor des Oldenbourg-Verlags wieder in Amt und Würden ist. Aus dem Arbeitsausschuß für den Bayerischen Buchhandel jedoch, der die Nachrichtenkontrolle der amerikanischen Besatzungsmacht beim mühsamen Geschäft der Demokratisierung einflußreich berät, muß Kliemann wegen seiner NS-Belastung ausscheiden.

Um 1900, als Thoma bei Albert Langen zum Erfolgsautor und Brotartikel avanciert war, ließ sich nicht absehen, welche verlagsgeschichtliche und politische Odyssee seinem Werk noch bevorstehen würde mit der Fusion des Langen Verlags mit Georg Müller 1932 und schließlich der Übernahme von Langen-Müller durch den NSDAP-Verlag Eher 1942. Jetzt, nach dem Ende des Zweiten Weltkriegs und nachdem das Verlagsvermögen von Langen-Müller durch die Alliierten beschlagnahmt worden ist, sucht Thomas Haupterbin Maidi Liebermann von Wahlendorf eine neue, politisch weniger belastete Heimat für Thomas Werk. Sie findet sie, nachdem sie die Verlagsrechte in einem durch drei Instanzen gegen den Langen-Müller Verlag ausgefochtenen Feststellungsverfahren zurückerhalten hat, im Piper Verlag. Ab Herbst 1947 bereits erscheinen hier Thomas Schriften neu: Erzählungen und zeitkritische Komödien, Zeitungsartikel und Essays, Briefe und Erinnerungen, über 30 Titel in Einzel-, Sammel- und Sonderbänden sowie in sechs Werkausgaben. Deren letzte, eine Ausgabe in Einzelbänden unter Federführung von Bernhard Gajek, präsentiert Thomas Gesamtwerk nun in einer vielgelobten kritischen Edition.

Mit dem in jeder Hinsicht erfolgreichsten und wirkungsmächtigsten der altbayerischen Autoren hat Pipers »bayerische Ecke« schwerwiegenden Zuwachs und einen veritablen Brotartikel für Jahrzehnte bekommen und Kollege Queri postum noch einmal massive Unterstützung. Auch sein Werk wird nun zum Erfolg. Und ein dritter bayerischer Schriftsteller, auch er eine Klasse für sich, gliedert sich an: Karl Valentin. Sein Werk, das bis zum Tod des

Volkssängers am Rosenmontag 1948 ungedruckt geblieben war, wird ab 1950 bei Piper verlegt, beginnend mit den Stegreifkomödien in *Karl Valentins Lachkabinett* und *Karl Valentins Panoptikum*. Es erlebt zunehmende Resonanz mit immer neuen Ausgaben und seit 1992 einer – ein singuläres Unternehmen – achtbändigen Werkedition. Ihre Kommentierung allerdings wurde sehr kritisch aufgenommen; sie ist kein Ruhmesblatt der Verlagsgeschichte. Rezeptionshöhepunkt für Valentins tiefsinnigen Humor sind die siebziger und achtziger Jahre. Seither ist er, den bayerisch-folkloristischen Rahmen sprengend, als Linksdenker des Absurden allgemein anerkannt. Pipers altbayerisches Programm aber verläßt mit Valentin endgültig das Genre der Regionalliteratur und wird weltläufig.

APOKALYPSE, EROTIK UND AVANTGARDE
Pipers Kunstprogramm

Eine weitaus glücklichere Hand als für die Literatur beweist Reinhard Piper – in durchaus schwierigen Zeiten – beim Aufbau eines Kunstprogramms. In drei Schlagworten läßt sich fassen, was dieses Kunstprogramm prägt: zum einen die programmatische Entscheidung für die Avantgarde; zum anderen die Apokalypse des Ersten Weltkriegs mit ihren tiefgreifenden Auswirkungen auch auf Künstler, Kunstprogramme und ihre Vermittlung; zum dritten schließlich die Quersubventionierung des so ambitionierten wie kostspieligen Programmsegments mit Hilfe gutverkäuflicher Privatdrucke erotischer Kunst.

Auch beim Aufbau seines Kunstprogramms greift Piper zurück auf die persönlichen Verbindungen, die er schon in seiner Lehrzeit durch den Malerfreund Ernst Neumann aufgebaut hat. Neumann war im Winter 1897/98 aus Kassel nach München gekommen und bald in der Schwabinger Künstler- und Bohemeszene heimisch geworden. Für

Japanische Erotik: »Der zudringliche Liebhaber« (Holzschnitt von Suzuki Harunobu, 1768)

den acht Jahre jüngeren Piper wird er zum Mentor. In seinem Umkreis rückt der junge Buchhändler und Verleger nicht nur seinerseits der Schwabinger Boheme näher, zum Beispiel als »Henkersknecht« bei den Vorstellungen des berühmten Kabaretts »Die elf Scharfrichter«, deren einer Neumann alias »Kaspar Beil« ist. Im Neumann-Kreis entwickelt Piper auch die Ideen, trifft die richtungweisenden Entscheidungen und findet die Autoren und Vermittler, mit deren Hilfe er sein Kunstprogramm erfolgreich umsetzen kann.

Bei Neumann lernt Piper den Schriftsteller, Kunst- und Theaterkritiker Hermann Esswein kennen, der zum Herausgeber des ersten Kunstprojekts von R. Piper & Co. wird, der Reihe »Moderne Illustratoren«. Hier trifft er die Maler und Graphiker Richard Winkel, Thomas Theodor Heine und Hans Baluschek, deren Werk er Bände dieser ersten Reihe widmen und die er als Illustratoren und Buchgestalter gewinnen wird. Hier macht Piper die Bekanntschaft des Indologen Karl Eugen Neumann, des Bildhauers Adolf von Hildebrand, des Bibliothekars Erich Petzet und des Philosophen Paul Deussen, die wichtige Funktionen im künftigen Verlagsprogramm übernehmen, sei es als Autoren, Herausgeber oder Vermittler.

Vor allem aber wird Piper durch Neumann auf das Werk des Malers Hans von Marées aufmerksam. Die Begegnung mit ihm wiederum bringt Piper in Verbindung mit dem Mann, der zum Mittelpunkt des Piperschen Kunstprogramms werden und auf den sich sein Ruf als Kunstverlag gründen wird: den so bekannten wie gefürchteten Kunstkritiker Julius Meier-Graefe. Mit seinem Namen verbindet sich die Entscheidung für die moderne Kunst, ihre ideelle Vermittlung und mediale Verbreitung. Durch Meier-Graefe wird der Piper Verlag zum Vermittler des französischen Impressionismus und des Expressionismus in Deutschland und infolgedessen auch zum Publikationsort des berühmten Manifests der Künstlergruppe »Der Blaue Reiter«.

Gleichzeitig beginnt Piper, sich als Kunstsammler zu etablieren. Der begeisterte Kunstfreund, Museums- und

Ausstellungsbesucher sucht die Begegnung mit den bildenden Künstlern seiner Zeit. Er lernt Ernst Barlach kennen, Max Beckmann und Alfred Kubin, mit denen ihn lebenslange Freundschaften verbinden – lebendig gehalten durch Pipers nimmermüdes Interesse am Werk dieser Künstler und den Wunsch, dieses zu publizieren.

Pipers Kunstprogramm mit Kunstbüchern, Mappenwerken und Kunstdrucken wird in den ersten zwanzig Jahren des Verlags zum Schwerpunkt des Gesamtprogramms. Seinen Höhepunkt erreicht es in den Jahren 1923/24, wo 21 von 23 Neuerscheinungen diesem Programmsegment zugehören. In der Gründungsphase des Verlags steht dabei die künstlerische Moderne im Mittelpunkt, primär die internationale europäische Gegenwartskunst. Doch man besinnt sich, vermehrt nach den Erfahrungen des Ersten Weltkriegs, auch auf die Werte der Vergangenheit, vor allem der eigenen, nationalen. Das Interesse an deutscher Kunst, vornehmlich der des Mittelalters, rückt zeitweise an die Stelle der Moderne.

Dieser Trend zur Abkehr von der Moderne erfaßt nicht nur die bildende Kunst, sondern schlägt sich in der Programmatik der Kulturverlage insgesamt nieder. Wieder gewinnt der Nationalismus an Boden und mit ihm ein neuer Irrationalismus. Bedingt durch die ökonomischen Probleme nach dem Ersten Weltkrieg, durch Verarmungstendenzen im traditionellen bildungsbürgerlichen Lesepublikum und einen radikalen Wandel von Buchmarkt und Käuferschichten, brechen die Absatzzahlen ein, was sich auf die teure Kunstbuchproduktion und die wirtschaftlich selten ertragreiche Vermittlung der Moderne besonders gravierend auswirkt. Wie in Krisenzeiten üblich, tritt – auch im insgesamt rückläufigen Piperschen Kunstprogramm – das Bewährte an die Stelle der Innovation, die Tradition an die Stelle der Avantgarde. 1929, beim 25jährigen Verlagsjubiläum, kommen nur noch vier von 23 Neuerscheinungen aus dem Kunstprogramm. Die Kulturpolitik der Nationalsozialisten wird ein übriges tun, der Moderne im Piperschen Verlagsprogramm fast vollends den Garaus zu machen.

Moderne Illustratoren. Von den Schwierigkeiten, Gegenwartskunst zu verlegen

Das Kunstprogramm startet, wie schon gesagt, mit »Moderne Illustratoren«, einer von Hermann Esswein herausgegebenen Reihe von Bildmonographien über zeitgenössische Zeichner und Graphiker. Es ist eines der ersten beiden schon vor der eigentlichen Verlagsgründung vereinbarten Projekte. Die Reihe erscheint 1904 bis 1906 und stellt in acht Bänden eine Auswahl so unterschiedlicher Künstler wie Thomas Theodor Heine, Hans Baluschek, Henri de Toulouse-Lautrec, Eugen Kirchner, Adolf Oberländer, Ernst Neumann, Edvard Munch und Aubrey Beardsley vor. Anders als Holz' *Dafnis*, Pipers Erstling, werden die »Modernen Illustratoren« nur bedingt ein Erfolg. Zwar ist die Presseresonanz gut, der Verkauf aber ist und bleibt miserabel. Daran kann auch Pipers als Verkaufsförderung gedachte Idee nichts ändern, die Reihe Wilhelm Busch als einem der Väter deutscher satirischer Zeichenkunst zu widmen; zumal Busch die Sache eher auf die leichte Schulter nimmt:

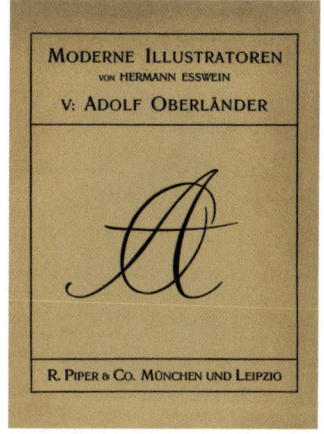

Aus der Reihe »Moderne Illustratoren«, 1905

> Ich hatte den verwegenen Einfall, die »Illustratoren« Wilhelm Busch zu widmen. Nach Durchsicht der Korrekturbogen ließ er sich das gefallen. Als er dann die fertigen Bände erhalten hatte und längere Zeit nichts darüber verlauten ließ, erlaubte ich mir, ihn zu mahnen. Da kam ein Briefchen, geschrieben mit Gänsekiel und Tusche: »Aus Ihrem Schreiben ersehe ich zu meiner Beschämung, daß ich den Empfang der hübschen Hefte, die mich ergötzten, noch nicht bestätigt habe. Da die Jahre, in denen man zögernd pardon sagt, längst hinter mir liegen, so spreche ich Ihnen nun umgehend für die freundliche Zusendung meinen verbindlichsten Dank aus.«[1]

Die Reihe scheitert zum einen an den Begleittexten Essweins, die sehr subjektiv, ganz auf psychologisch begründete Zeitanalyse und kaum auf Sachinformation ausgerichtet sind. Mehr noch aber wohl an der Gesamtidee, ein breiteres Publikum für größtenteils nur mäßig bekannte Gegenwartsillustratoren gewinnen zu wollen. Das Publi-

kum aber bleibt, so Piper selbst, »gänzlich ungerührt«. Nur
die Bände über die beiden populärsten und zugleich ero-
tisch attraktivsten Zeichner, Henri de Toulouse-Lautrec
und Aubrey Beardsley, erreichen eine Neuauflage. Insgesamt wird die Reihe zum Verlust, den auch des Heraus-
gebers Esswein hochherziger Honorarverzicht nicht ausgleichen kann.

Und doch sind in »Moderne Illustratoren« – betrachtet
man die langfristige Wirkung des Projekts – schon die
wesentlichen Ingredienzien für das verlegerische Erfolgs-
rezept des Piperschen Kunstprogramms enthalten: Innovation durch Konzentration auf die Gegenwartskunst, höch-
ste Qualitätsstandards für Abbildungen und Kunstdrucke
und deshalb bei Mappenwerken und Einzelblättern zunächst Beschränkung auf die – technisch einfachere und
authentischere – Reproduktion von Graphik; das Ganze
auf der Grundidee, einem breiten Publikum den Kauf von
Originalgraphik und guten Kunstreproduktionen zu er-
möglichen.

Und es zeigt sich auch schon, wie dieses ebenso idealistische wie ökonomisch problematische Ziel zu realisieren
ist. Den »Modernen Illustratoren« folgen 1906 bis 1912
die auf Anhieb erfolgreicheren »Klassischen Illustratoren«
mit zehn Monographien zur klassischen Kunst, womit
vorübergehend auf das Auswahlkriterium Moderne verzichtet wird. Ernst Buschor stellt hier griechische Vasen-
malerei vor, Wilhelm Worringer Lucas Cranach sowie alt-
deutsche Buchillustration, Meier-Graefe tritt 1907 mit
einer Monographie über William Hogarth erstmals bei
Piper in Erscheinung. Und aus dem erfolgreichen Band
über Toulouse-Lautrec entsteht 1906 das exklusive Lieb-
haber-Mappenwerk *Elles* mit elf Farblithos aus dem Leben
Pariser Kokotten. Die Auflage von 250 Exemplaren ist
bald restlos vergriffen. Mit den Holzschnitten *Japanische
Erotik* wird zumindest dieser Teil des Erfolgs- und Finan-
zierungskonzepts im Jahr darauf wiederholt.

Kunstpapst Julius Meier-Graefe. Avantgarde als Programm

Lieber Herr Meier-Graefe,

Ich glaube, daß wir uns mündlich recht gut verständigen könnten. Daß dies nicht früher geschehen ist, ist eigentlich nicht meine Schuld. Ich hatte früher immer geglaubt, Sie würden es einmal für der Mühe wert halten, bei einem Ihrer Münchner Besuche mit mir in die alte Pinakothek zu gehen, wie ich dies vor ein paar Tagen mit Beckmann tat; aufdrängen wollte ich mich aber nicht. Sie waren immer von Herren, die Ihnen gesellschaftlich näher stehen, wie Heymel und Sternheim in Anspruch genommen, und hatten im Verlag gerade nur Zeit für das Geschäftliche. Vielleicht haben Sie doch bei Ihrem Januarbesuch einmal etwas mehr Zeit für mich, doch möchte ich Ihnen keinesfalls zur Last fallen

Mit besten Grüßen
Ihre ergebenen
(Firmenstempel)
Reinhard Piper[2]

Darauf antwortet Meier-Graefe:

Lieber Herr Piper

An Ihrem sehr hübschen Almanach habe ich höchstens die schreckliche Type mit meiner Visage auszusetzen. Ein besseres Gesicht hat Ihr Verlag in dem Buch und das ist die Hauptsache. Viel ist schon, daß er überhaupt ein Gesicht hat. Es fehlen nicht ein paar schlechte Falten und Schönheitspfläster-chen, die Ihnen wohl ebenso bekannt sind wie mir. Aber die Anatomie ist da, das ist die Hauptsache.
Bitte schicken Sie mir noch gelegentlich gegen Berechnung meinen *ungebundenen Delacroix* und besorgen Sie mir bitte *Hodler-Cézanne* von *Burger*. Ich möchte lesen, was der Mann zu sagen hat, die Abbildungen sagen freilich allein schon genug.
Sehr reizend sind die Morgensterne, die Sie gewählt haben, viel besser als die mir geschickten.
Queri – hm! ein recht grobes Schönheitspflästerchen nach diesen Proben.

Herzlichen Gruß
Ihr Meier-Graefe[3]

Ton und Inhalt des Briefwechsels zeigen: In der Beziehung zwischen dem berühmten Kunsthistoriker und Schriftsteller Julius Meier-Graefe und dem um zwölf Jahre jüngeren Reinhard Piper wird Klartext geredet. Die Rollen sind fest verteilt, und das von Anfang an. Auf der Autorenseite steht der höchst einflußreiche, geschätzte, aber auch gefürchtete Kunstkritiker und militante Fürsprecher der künstlerischen Avantgarde, wortgewaltig, urteilsfreudig und zupackend, um nicht zu sagen übergriffig, immer auf dem Sprung, im Kampf um seine ästhetischen Maßstäbe Grenzen und Meinungen zu usurpieren. Auf Verlegerseite ein engagierter, ideenreicher Anfänger und Dilettant, der sich glücklich schätzen darf, den Kunstpapst als Verlagsautor und Motor vieler erfolgversprechender Projekte gewonnen zu haben und bei der Stange zu halten, der zugleich aber auch ständig in Gefahr ist, überrollt zu werden von dessen Begeisterung, Fachkompetenz und Professionalität.

So sind die Verhältnisse 1905, als Piper erstmals bei Meier-Graefe in Berlin vorspricht mit der Bitte um Adressen für die Subskriptionseinladung zur *Elles*-Mappe, einer Bitte, mit der ihn der Kunsthändler Paul Cassirer aus Furcht vor unliebsamer Konkurrenz hatte abblitzen lassen. Meier-Graefe jedoch erfüllt sie großzügig. So sind die Verhältnisse 1912/13, zum Zeitpunkt des oben zitierten Briefwechsels, als Meier-Graefe auf dem Höhepunkt seines Schaffens steht und bereits 16 der insgesamt 23 Titel bei Piper publiziert hat. Darunter sein Hauptwerk, die dreibändige Marées-Monographie, sowie Monographien über englische Malerei, die großen französischen Impressionisten und die Anfänge des Expressionismus – Kunstrichtungen, die durch ihn in Deutschland erst bekannt werden und zu heftigen kunstpolitischen Kontroversen führen. Auch für das kunsttheoretische und kunsthistorische Verlagsprogramm, in dem sich die bestrenommierten Wissenschaftler und Publizisten von Wilhelm Worringer und Wilhelm Hausenstein über Ernst Buschor, Oskar Hagen und Georg Dehio bis zu Max Dvořák und dem jungen Hans Sedlmayr versammeln, ist er zum Spiritus

Julius Meier-Graefe

rector und Hauptautor geworden. Und so bleiben die Verhältnisse nach dem Ersten Weltkrieg und in den zwanziger Jahren, der letzten Phase der Zusammenarbeit, als Autor und Verleger über ihre bisherige Beziehung hinaus Teilhaber eines gemeinsamen Unternehmens werden: der Druckerei »Ganymed«, in der die Graphikmappen des Verlags hergestellt werden.

Meier-Graefe trägt sich damals, 1922, bereits mit weitreichenden gemeinsamen Unternehmensplänen. Er betreibt die Fusion des Piper Verlags mit den Berliner Verlagen Bruno Cassirer und S. Fischer – mit sich selbst als Teilhaber und Verlagsleiter von Piper im neu zu gründenden Standort Berlin. Zu dieser Fusion kommt es aus vielerlei Gründen nicht. Doch das Projekt wirft ein bezeichnendes Licht auf die massive Einflußnahme, die Meier-Graefe auf den Verlag auszuüben sucht, und auf die schwierigen Machtverhältnisse, die Piper in dieser wechselvollen Beziehung zwischen zwei – so Piper rückblickend – »sehr verschiedenen Naturen«[4] auszutarieren hat.

Beispielhaft für die spezifische Eigenart dieser Autor-Verleger-Beziehung ist das Projekt der Marées-Monographie, erschienen 1909 bis 1910. Die Anregung dazu kam, wie so oft, vom jungen Piper. Ihm hatten Marées' düstere Bilder, halbvergessen vor sich hindämmernd in einem Seitenpavillon der barocken Schloßanlage von Schleißheim bei München, tiefen Eindruck gemacht, und er plante, das Werk in einer kleinen Monographie der Öffentlichkeit neu zu vermitteln. Nach der Lektüre von Meier-Graefes *Entwicklungsgeschichte der modernen Kunst* war er sich sicher, in ihm den richtigen Autor gefunden zu haben. Beide ahnten nicht, auf was sie sich damit einließen:

> Zunächst schwebte uns ein Werk mäßigen Umfangs vor. Als sich Meier-Graefe aber dann an die Arbeit machte, sah er bald, wieviel noch zu tun war. Die ganze Entwicklung von Marées lag noch im dunkeln. Er suchte alle Orte in Deutschland und Italien auf, wo irgendwelche Spuren zu erwarten waren. Immer neue Bilder und Zeichnungen brachte er zutage. Aus Erzählungen und zerstreuten Briefen baute er mühevoll die Lebensgeschichte des Einsamen auf. […]

Ausgabe von 1912

Das Buch wurde aus einem Einbänder ein Zweibänder und schließlich ein Dreibänder. Es sollten alle Gemälde und fast alle Zeichnungen abgebildet werden. Mit dem Umfang des Werkes wuchsen selbstverständlich die Kosten. Die ursprüngliche Kalkulation war längst überschritten, und wir konnten uns schließlich nicht verhehlen, daß die Herstellung aller drei Bände zusammen gegen vierzigtausend Mark kosten würde. Ich hatte mich mit dem Buch in ein Abenteuer gestürzt. Die Mittel des Verlags waren damals noch sehr bescheiden. Wie sollte das Geld durch den Verkauf wieder hereinkommen? Da hatte Meier-Graefe eine ausgezeichnete Idee. Es wurde eine »Museumsausgabe« in dreißig Exemplaren hergestellt, und diesen wurden als Auszeichnung je drei Mappen beigegeben mit Photographien von Zeichnungen, aufgelegt auf Karton, vor allem solcher, die in dem Buch selbst nicht reproduziert wurden. Der Preis des Exemplars wurde auf achthundert Mark festgesetzt und die Ausgabe brieflich Museen und Sammlern angeboten. Bevor noch das Werk ganz fertig war, lagen bereits Subskriptionen auf die Mehrzahl dieser Exemplare vor. Damit war schon die Hälfte der Gesamtkosten gesichert. [...] Ein vorher ungeahnter Marées war aus dem Dunkel hervorgetreten. Die äußere Krönung von Meier-Graefes Arbeit bedeuteten die beiden von ihm zusammengebrachten großen Ausstellungen des Gesamtwerks in München und Berlin. Auch in Paris zeigte er die Hauptwerke. [...] Auch für mich war die Ausstellung ein Höhepunkt in meinem noch so jungen Verlegerdasein. Was war aus meinem Marées-Plan geworden! Meier-Graefe war weit, weit über das hinausgegangen, was mir je hatte vorschweben können.[5]

Meier-Graefes außergewöhnliche Begeisterung für dieses wie für fast jedes Projekt, das er in Angriff nimmt, und seine ausschließlich an fachlichen, nicht an verlegerischen Kriterien orientierte unkontrollierte Ausweitung, der detektivische und zugleich identifikatorische Charakter seiner Recherche, hier mit dem Ziel einer vollständigen Bilddokumentation, die Entwicklung ungewöhnlicher Finanzierungsmodelle und schließlich die Öffentlichkeitsarbeit für die Monographie durch die Präsentation von Marées' Werk im Rahmen internationaler Ausstellungen − all das ist charakteristisch für die so intensive wie kreative Zusammenarbeit von Meier-Graefe und Piper auf dem damals noch weitgehend unbekannten, für Überraschungen immer offenen Terrain des Kunstbuchs. Die Marées-Monographie jedenfalls wird zum kunsthistorischen Ereignis. Das Ziel, der Öffentlichkeit Marées' Werk zurückzugeben, wird mehr als erreicht, der Ruf des Piper Verlags in der Kunstwelt damit begründet.

Für das Kunstprogramm hat das Projekt vielfältige Folgen. Meier-Graefe veröffentlicht weitere Arbeiten über Marées; es entstehen Publikationen mit Themen aus dem Marées-Umkreis. Vor allem aber kommt es 1917 zur Gründung einer Marées-Gesellschaft nach dem Vorbild der Schopenhauer-Gesellschaft. An deren erster Tagung, Pfingsten 1913 in Frankfurt am Main, hatte Piper, der sich seit seiner Jugend mit Schopenhauer beschäftigte, selbst teilgenommen und seither erlebt, wie stark diese Gesellschaft beitrug zur Resonanz einschlägiger Publikationen, vor allem der Schopenhauer-Gesamtausgabe. Dieser Effekt soll nun für das Kunstprogramm wiederholt werden. Die Marées-Gesellschaft wird konzipiert als Basis für Produktion und Vertrieb von kunstwissenschaftlichen Veröffentlichungen, von Kunstdrucken, Mappenwerken mit Originalgraphik und Faksimiles nach moderner und alter Kunst sowie von bibliophilen illustrierten Buchausgaben. Ein Jahrbuch mit dem Titel *Ganymed*, benannt nach Marées' letztem erhaltenem Werk, soll der Gesellschaft Kontinuität sichern;[6] die Mitglieder sollen als Subskribentenstamm für die geplanten Publikationen fungieren.

Das Projekt trifft offenbar auf ein bisher ungestilltes Publikumsbedürfnis. Als im Herbst 1917 die seit 1913 geplante und durch die Kriegszeiten verzögerte Subskriptionseinladung endlich verschickt werden kann, gehen innerhalb einer Woche Vorbestellungen in Höhe von 40 000 Mark ein. Im darauffolgenden Winter erscheinen die ersten vier Mappen, in einer Auflage von je 200 bis 300 Exemplaren.

Der Graphiker und Schriftkünstler Emil Rudolf Weiß hat die typographische Ausstattung übernommen, die Begleittexte stammen von namhaften Schriftstellern und Wissenschaftlern, darunter Gerhart Hauptmann, Richard Dehmel, Rudolf Pannwitz und Wilhelm Hausenstein, vor allem aber von Meier-Graefe selbst. Gedruckt wird zunächst in den Kunstanstalten Hanfstaengl in München und Albert Frisch in Berlin. 1918 kaufen Piper und Meier-Graefe gemeinsam eine kleine Lichtdruckerei in Berlin und gewinnen Bruno Deja, einen der besten Lithographen der Zeit, als Leiter und dritten Teilhaber. Damit erst ist gesichert, was zum Markenzeichen der Piperschen Kunstdrucke werden wird: die in ihrer Zeit singuläre Reproduktionsqualität auf der Grundlage eines extrem sorgfältigen Herstellungsprozesses. Um die Qualität der Drucke zu garantieren, beschränkt man sich, Meier-Graefes Anspruch folgend, zunächst auf die Reproduktion von Graphik und Aquarellen. Auch die Druckerei erhält – als Zeichen ihrer Bindung an Marées' Werk und an die Marées-Gesellschaft – den Namen »Graphische Anstalt Ganymed«.

Zwischen 1917 und 1929 erscheinen insgesamt 47 »Drucke der Marées-Gesellschaft«; zusätzlich zu den Mappenwerken auch Buchausgaben mit Originalgraphik, wie zum Beispiel Johann Wolfgang von Goethes *Prometheus* mit Radierungen von Felix Meseck, E. T. A. Hoffmanns *Ritter Gluck* mit Holzschnitten nach Zeichnungen von Rudolf Großmann und Hugo von Hofmannsthals *Ariadne auf Naxos* mit Farblithographien von Willi Nowak.

1923 wagt sich Piper auch an die Reproduktion von Ölgemälden, zunächst im Alleingang. Um Zweifel an der Reproduktionsqualität auszuräumen, versichert er sich immer wieder der Zustimmung von Künstlern wie Edvard Munch oder Lovis Corinth und Kunsthistorikern wie Wilhelm Pinder oder Heinrich Wölfflin. Ihre begeisterte Reaktion gibt ihm Auftrieb:

Oft wurde ich gefragt, um welches rätselhafte neue Verfahren es sich bei den Piper-Drucken handle. Es war dies kein neues Verfahren. Man konnte aber wohl sagen: Es war eine neue Qualität. Bis dahin wurden kaum mit solcher Rigorosität immer neue Vergleiche der Probedrucke mit dem Original durchgeführt, immer neue Andrucke gemacht, immer neue

Kosten aufgewandt, bis die Farben, soweit menschenmöglich, übereinstimmten. Ich habe ein gut Teil meiner Lebensarbeit der Reproduktion von Kunstwerken gewidmet, das heißt, ich habe ihnen dadurch zu erhöhter Wirkung verholfen, und so darf ich wohl auch sagen: Ich habe das Leben vieler Menschen durch Kunst bereichert.[7]

Meier-Graefe, der aus Qualitätsgründen nur Arbeiten vervielfältigen wollte, die selbst Papier als Bildträger nutzen, wie Zeichnungen, Aquarelle, Gouachen, Radierungen, gibt seinen Widerstand schließlich auf und beteiligt sich federführend an dem neuen Projekt. Schon im ersten Jahr erscheinen 23 Drucke, als erste Albrecht Dürers *Dresdner Altar* und Rembrandts *Lachendes Selbstbildnis*. Die Idee erweist sich über die wirtschaftlich schwierigen späten zwanziger Jahre hinaus als tragfähig. Die Piper-Drucke sind so erfolgreich, daß sie 1932 als eigener Verlag verselbständigt und dem Teilhaber Alfred Eisenlohr bei seinem Ausscheiden als Abfindung übertragen werden können. Der Verlag »Die Piperdrucke« existiert bis heute; bis 1986 im Besitz der Thiemig-Druckerei als Spezialverlag für die Reproduktion von Ölgemälden und Kunstpostkarten; seither wird er vom Kunstverlag Reisser weitergeführt.

Die vielfältigen Verflechtungen Meier-Graefes mit dem Piper Verlag und sein Dominanzstreben haben die Beziehungen mittlerweile problematisiert. Als er über die erwähnten Fusionspläne mit S. Fischer und Bruno Cassirer hinaus nach noch weiterreichender Beteiligung strebt, weiß Piper dem einen Riegel vorzuschieben. Auch wenn die wirtschaftliche Situation des Verlags in diesen Jahren schwierig ist und Inflation und heraufziehende Bücherkrise den gesamten Buchmarkt lahmzulegen drohen: Eine Fusion seines Verlags mit anderen kommt für Piper grundsätzlich nicht in Frage: »Verlage«, so Piper, »lassen sich einfach nicht so zusammenlegen wie industrielle Unternehmen«[8] – eine Haltung, mit der es dem Haus Piper jedenfalls gelungen ist, die Firma weitere 70 Jahre im Familienbesitz zu bewahren.

Meier-Graefes große Zeit neigt sich mit den Krisenjahren der Endzwanziger. 1927 erscheint – als letzte der Meier-Graefe-Publikationen – *Widmungen*, eine Festschrift zum 60. Geburtstag. Ab 1933 ist Meier-Graefe offenen Hetzkampagnen der Nationalsozialisten ausgesetzt; sein Werk wird geächtet und totgeschwiegen. Die Verfolgung gilt offiziell seiner jüdischen Herkunft, de facto aber wohl mehr seinem Einsatz für die von den Nazis inzwischen als »entartet« verbotene Kunst der europäischen Moderne und die Wiederentdeckung Marées'. 1935 stirbt Meier-Graefe im Schweizer Exil. Erst um 1960 erscheinen einige wenige seiner Arbeiten als Neuausgaben wieder im Piperschen Programm.

Wie breit das Beziehungsspektrum zwischen Distanz und Dominanz, Abwertung und Anerkennung im Verhältnis von Piper und Meier-Graefe ist, wie sehr es jedoch letztlich auf gegenseitiger Achtung gründet, das zeigen die folgenden Szenen aus Pipers Erinnerungen. Hier spricht der Kunstpapst zum Kunstsammler, der Autor zum Verleger:

Ich zeigte Meier-Graefe von Zeit zu Zeit meine Neuerwerbungen zeitgenössischer Graphik. Sein Urteil hatte drei Abstufungen. Höchstes Lob war es, wenn er nach längerer Betrachtung brummte: »Das hat etwas«. Ein Geltenlassen bedeutete es immer noch, wenn es hieß: »Doll is es nich.« Aber ganz verworfen war ein Blatt, von dem er sagte: »Das gönn' ich Ihnen!«
Meier-Graefe und ich waren sehr verschiedene Naturen. Es ist fast zu verwundern, daß wir uns so gut verstanden. […] Einmal formulierte der um zwölf Jahre Ältere, was ihm an mir gefiel: »Erstens, daß Sie aus Ihrem Beruf keine Industrie machen, und zweitens, daß Sie aus Ihrem Leben keinen Beruf machen. […] Und schließlich: Die Kunst war Ihnen immer mehr wert als Ihre Haut. Etwas Besseres kann man Ihnen nicht nachsagen.«[9]

Avantgarde und Apokalypse. Das Manifest
»Der Blaue Reiter«

Zum Markenzeichen von Pipers Kunstprogramm wird – fast ohne Zutun des Verlegers – das Buch *Der Blaue Reiter*. Ein Exemplar davon hält Piper auf der Karikatur der Münchner Verlegerschaft von 1913 dem Betrachter entgegen.[10] Als Verleger des *Blauen Reiters,* und damit der künstlerischen Avantgarde, wird Piper von den Zeitgenossen wahrgenommen, und nicht nur von ihnen. Heute gilt *Der Blaue Reiter* als eine der bedeutendsten Programmschriften der Kunst des 20. Jahrhunderts.

»Der Blaue Reiter – das waren zwei: Franz Marc und ich«,[11] schrieb Wassily Kandinsky, nachdem Franz Marc 1916 im Ersten Weltkrieg gefallen und damit auch »Der Blaue Reiter« Vergangenheit war. Piper begegnet den beiden, die im Zentrum der von München ausgehenden Avantgardebewegung stehen, in seiner direkten Nachbarschaft, den Schwabinger Künstlerkreisen. Dort lernt er 1910 bei der Suche nach Bildern für sein Buch *Das Tier in der Kunst* in »Brakls Galerie für Moderne Kunst« Marc kennen, der hier erstmals ausstellt, und kauft seine Lithographie *Pferde in der Sonne.* Über das gemeinsame Interesse an Tier und Tierdarstellung, für Marc der Inbegriff des Organischen, kommt man sich näher; Marc übernimmt in der Folgezeit graphische Arbeiten für den Verlag. Und auch Kandinsky hatte bereits Illustrationen für Pipers »Vertriebsstelle für Graphik« geliefert. So liegt es nahe, daß Piper seinerseits die Programmschrift verlegt, mit der Marc und Kandinsky ihre kunsttheoretischen Positionen öffentlich machen, das später so berühmt gewordene Manifest *Der Blaue Reiter.* »Piper ist doch die feinste Firma«, schreibt Kandinsky in der unmittelbaren Vorbereitungsphase. Für diese Einschätzung gibt es – außer dem, daß man sich kennt – gute Gründe. Schließlich publiziert hier der bekannteste Propagandist der Avantgarde, Julius Meier-Graefe, mit dem Marc und Kandinsky ihrerseits eng verbunden sind.

Der Plan zu einer Publikation namens *Der Blaue Rei-*

Einband des Almanachs von 1912 mit einem Motiv von Wassily Kandinsky

Titelseite von 1912

61

ter, ursprünglich in Almanachform konzipiert, stammt von Kandinsky. Er hatte 1909 zusammen mit Alexej von Jawlensky, Gabriele Münter, Marianne von Werefkin und anderen die »Neue Künstlervereinigung München« gegründet, die erste der sich dann über ganz Europa ausbreitenden Sezessionsbewegungen, und zwei Jahre später in einer weiteren Abspaltung in derselben Zusammensetzung die Künstlergemeinschaft »Der Blaue Reiter«, ursprünglich gedacht als Redaktion für das geplante Buch, nach der dann das ganze Unternehmen benannt ist: »Den Namen ›Der Blaue Reiter‹«, erinnert sich Kandinsky 1930, »erfanden wir am Kaffeetisch in der Gartenlaube in Sindelsdorf; beide liebten wir Blau, Marc – Pferde, ich – Reiter. So kam der Name von selbst.«

Handschriftlicher Text der Voranzeige von Wassily Kandinsky, September 1911

Mit zwei Ausstellungen tritt »Der Blaue Reiter« 1911/12 in München an die Öffentlichkeit. Sie sind wegweisend für die Entwicklung der Moderne, die Loslösung der Malerei vom Gegenständlichen und die Verselbständigung von Farbe und Form. Die Kunst – so Kandinskys programmatische Intention, die er in der Schrift *Über das Geistige in der Kunst* formuliert – muß befreit werden aus ihrer realistischen Abbildungsfunktion. Ein jährlich erscheinender Künstleralmanach soll zum Sprachrohr für die neuen Ideen und Überzeugungen werden, für die sich Kandinsky gemeinsam mit Marc mit missionarischem Eifer einsetzt. Denn, wie Marc es im Subskriptionsprospekt für das Manifest formuliert: »Die Kunst geht heute Wege, von denen unsre Väter sich nichts träumen ließen. Man hört die Apokalyptischen Reiter in den Lüften; man fühlt eine künstlerische Spannung über ganz Europa – überall winken neue Künstler sich zu: ein Blick, ein Händedruck genügt, um sich zu verstehen.«

1911 erscheint im Eugen Diederichs Verlag die gegen diese internationale Avantgarde gerichtete Schrift *Ein Protest deutscher Künstler* mit einer Einleitung des Worpsweder Malers Carl Vinnen. Sie wendet sich vehement gegen den Ankauf ausländischer Kunst durch deutsche Museen, der nicht zuletzt durch Meier-Graefes Publikationen zum Impressionismus und Expressionismus im Piper Verlag propagiert wird, gegen Meier-Graefe vor allem, gegen die für die neuen Kunstrichtungen aufgeschlossenen Museumsdirektoren wie Hugo von Tschudi, aber auch gegen die die Avantgarde repräsentierenden Künstler, namentlich Marc.

Die Angegriffenen reagieren mit der Gegenschrift *Im Kampf um die Kunst* sowie mit dem Manifest *Der Blaue Reiter,* in dem sich das Almanach-Projekt konkretisiert: eine Sammlung von 14 größeren Aufsätzen, drei Kompositionen und mehreren kürzeren Notizen und Zitaten. Autoren sind Künstler unterschiedlichster Gattungen und Richtungen. Neben bildenden Künstlern kommen auch Musiker wie zum Beispiel Arnold Schönberg zu Wort. Marc und Kandinsky fungieren primär als Herausgeber,

Wassily Kandinsky und Franz Marc mit dem Titelholzschnitt zum Almanach »Der Blaue Reiter«, 1912

sind aber auch mit je drei programmatischen Beiträgen vertreten, die den Ausgangs- und den Schlußpunkt des Buches bilden. Konzeptioneller Zielpunkt ist Kandinskys Bühnenkomposition *Der gelbe Klang,* in der eine mögliche Synthese der Künste untersucht und antizipierend verwirklicht wird. Dazu schreibt Marc in der Subskriptionsanzeige:

> Das hiermit angekündigte [...] Buch, dem andere [...] folgen sollen, umfaßt die neueste malerische Bewegung in Frankreich, Deutschland und Rußland und zeigt ihre feinen Verbindungsfäden mit der Gotik und den Primitiven, mit Afrika und dem großen Orient, mit der so ausdrucksstarken ursprünglichen Volkskunst und Kinderkunst, besonders mit der modernsten musikalischen Bewegung in Europa und den neuen Bühnenideen unserer Zeit.

Rund 150 Abbildungen illustrieren die Aufsätze; die epochen- und kulturenübergreifende Bildauswahl belegt den programmatischen Anspruch des Manifests: die Erhebung der abstrakten Form zum Ausdruck des inneren Gehalts. Moderne, abstrakte Bilder stehen neben solchen bayerischer und russischer Volkskunst, Kinderzeichnungen und Primitive neben Werken der klassischen europäischen Malerei, ein synthetisches Verfahren, das damals revolutionär wirkt. Es gilt den Herausgebern als »Feuerprobe« für die eigene Kunsttheorie – vor allem aber für die eigenen Werke, »die in die Zukunft zeigen und noch unerwiesen sind. Wir tun es in dem Gedanken, durch nichts unsere Ideen deutlicher zu illustrieren als durch solche Vergleiche. Echtes bleibt stets neben Echtem bestehen. So verschieden auch sein Ausdruck sein mag.«[12]

Piper steht dem Unternehmen, das ihm da angetragen wird und dessen epochemachende Folgen in der Entstehungszeit keinem der Beteiligten einsichtig sind, eher zurückhaltend gegenüber: als Kunstkenner und -sammler aus einer grundsätzlichen Skepsis gegen abstrakte Kunst, als Verleger aus ökonomischen Gründen. Das noch junge, durch kostspielige Großprojekte, in denen sich des Verlegers eigene bekenntnishafte Intentionen umsetzen, ohnehin belastete Unternehmen kann und will das finanzielle Risiko nicht tragen. Zudem zeichnet sich bald ab, daß die Vorstellungen davon, wie das Buch realisiert werden soll, bei Herausgebern und Verleger erheblich divergieren.

Piper bietet den Künstlern schließlich einen Kommissionsvertrag an: Er übernimmt Verlag und Produktion; die Finanzierung der Publikation liegt – abzusichern durch eine Garantiesumme von 3000 Mark – ganz bei den Herausgebern. Diese machen sich unverzüglich auf die Suche nach Garantiezeichnern. Der Berliner Fabrikant und Kunstsammler Bernhard Koehler, ein früher Mäzen Marcs, übernimmt mit 2000 Mark den Löwenanteil, der Düsseldorfer Kunsthändler Alfred Flechtheim und Karl Ernst Osthaus, der Gründer des Folkwang-Museums, steuern je 500 Mark bei.

Die Herausgeber betrachten sich nicht nur inhaltlich und finanziell, sondern auch in Fragen der Redaktion und Herstellung als völlig autark. Noch im Vorfeld des Unternehmens, als Piper zögert, den Verlag weiterer Schriften Kandinskys zu übernehmen, schreibt Marc: »Was Sie da über Piper erzählen, hat mich furchtbar geärgert. Dieser Esel! [...] Er ist es gar nicht wert, daß man seinen Entschluß als eine diskutable Meinungsäußerung behandelt; er ist Setzerlehrling und muß es eben thun.«[13]

Diese Haltung, geboren aus dem missionarischen Impetus der Überzeugungstäter, von Kandinsky rückblickend selbst als »diktatorisch« bezeichnet, führt zu schwerwiegenden Differenzen. Die Herausgeber sind unzufrieden mit Layout und Herstellung, »Setzerlehrling« Piper aber wehrt sich:

> Bei der Herstellung des Buches haben Sie mit Herrn Kandinsky aber völlig unabhängig von uns verfahren, bei der Annahme der Aufsätze und bei Bemessung der Anzahl, sowie der Größe der Klischees uns niemals um Rat gefragt, sondern einfach Druckauftrag bzw. Klischierauftrag gegeben. Auch den Ladenpreis von M. 10.– haben Sie festgesetzt ohne Rücksicht auf die Herstellungskosten. Sie gingen ja von der an sich ganz richtigen Voraussetzung aus, daß eine Propa-

gandaschrift nicht allzu teuer sein darf [...] Sie dürfen sich
nun nicht wundern, wenn die Kosten des Buches zu den Ein-
gängen trotz des ziemlich lebhaften Absatzes in einem Miß-
verhältnis stehen [...] Sie haben aber auf die Kalkulation keinerlei Rücksicht genommen und wir hatten unsererseits auf
Ihre redaktionellen Maßnahmen keinen Einfluß.[14]

Das Buch erscheint im Mai 1912 in einer Auflage von
1200 Exemplaren, nach bewährter Piper-Manier in vier
verschiedenen Ausgaben und Preisklassen: geheftet, gebunden, als Luxus- und als Museumsausgabe. Letztere zum
Preis von 100 Mark in nur zehn Exemplaren, denen je-

Werbezettel des Verlags mit einem
Bild von Henri Rousseau,
März 1912

weils ein Original, Zeichnung oder Aquarell eines der »Blauer Reiter«-Künstler, beigelegt ist. Das erste Exemplar geht an Koehler, denn, so Kandinsky, »ohne seine hilfreiche Hand wäre der ›Blaue Reiter‹ eine schöne Utopie geblieben«.

Trotz einer zweiten Auflage 1914 wird das Buch bei Erscheinen kaum beachtet. Und doch ist es eine epochemachende verlegerische Tat. Sie bringt den Verleger, als die Werke der Künstler des »Blauen Reiters« in der NS-Zeit als »entartete Kunst« diffamiert werden, zunächst noch weidlich in Schwierigkeiten. Doch zu diesem Zeitpunkt hat Pipers Ruf als Verleger von Gegenwartskunst bereits Tradition, eine Tradition, zu der er auch in schwierigen Zeiten steht. Daß Piper sich als Verlag der deutschen Künstleravantgarde etablieren kann, das verdankt er, wenn auch fast unfreiwillig, dem Unternehmen *Der Blaue Reiter*. Die eingangs erwähnte Verlegerkarikatur, auf der er das umstrittene Buch fast stolz vorzeigt, ist dafür der erste und der beste Beleg.

Seit 1965 liegt das Buch, dessen Originalausgabe heute eine vielgesuchte, auf Kunstauktionen hochgehandelte Rarität ist, in Neuausgaben mit Dokumentationsteil wieder vor.

KÜNSTLERFREUNDSCHAFTEN
Reinhard Pipers Beziehung zu Ernst Barlach, Alfred Kubin und Max Beckmann

Wie kritisch auch immer Kunstkenner Julius Meier-Graefe den Wert der Piperschen Graphiksammlung eingeschätzt haben mag: Der Sammler selbst bleibt unbeirrt – in seinem grundsätzlichen Interesse an bildender Kunst und seiner Neugier speziell auf Gegenwartskunst. Er sucht und findet den persönlichen Kontakt zu bildenden Künstlern, deren Werk ihn von Lehrlingszeiten an interessiert, und erfährt bei ihnen weitaus positivere Resonanz als in der persönlichen Begegnung mit Schriftstellern. Piper schreibt:

> Man geniere sich doch ja nicht, Künstler, um deren Schaffen man sich bemüht, aufzusuchen! […] die meisten freuen sich schon allein über das Interesse, das man ihrem Schaffen entgegenbringt. So besuchte ich im Lauf der Zeit Adolf Oberländer, Max Liebermann, Adolf v. Hildebrand, Ernst Barlach, Ferdinand Hodler, Max Beckmann, Götz v. Seckendorff, Felix Meseck, Gerhard Marcks, Olaf Gulbransson, Th. Th. Heine, Rudolf Großmann, Alfred Kubin, Franz Marc, Paul Klee, Wassily Kandinsky, Karl Caspar, Adolf Schinnerer, Emil Preetorius, Heinrich und Elisabeth Wolff, Max Unold, Peter Trumm, Adolf Jutz, Karl Knappe, Otto Pankok, Leo v. König, Rolf v. Hoerschelmann, Josef Scharl, Christof Drexel, Karl Meisenbach, Hermann Rothballer, Hans Münch, Walter Becker, Hans Gött, Joseph Mader und nicht zuletzt Fritz Fliege. Doch sind das lange noch nicht alle. Ich führe gern Gespräche mit Künstlern. Die meisten von ihnen haben eine ursprüngliche Lebens- und Kunstansicht. Ihre Worte sind unabgeschliffen, ohne journalistische oder gesellschaftliche Routine. Der Verkehr mit ihnen hebt aus der Alltäglichkeit heraus. Die Blätter, die ich auf solche Weise erwarb, haben ihre Atelieratmosphäre behalten.[1]

Mit welch geringen Mitteln der junge Verleger bei seinen
Erwerbungen auskommen muß, das verdeutlicht eine Be-
gebenheit, von der Klaus Piper berichtet. Er besuchte Anfang der fünfziger Jahre die Witwe Franz Marcs in Ascona,
um mit ihr die Herausgabe der *Botschaften an den Prinzen
Jussuff* in der Piper-Bücherei zu besprechen. Beim Abschied kam Maria Marc auf Reinhard Pipers Sammelleidenschaft zu sprechen und darauf, wie enttäuscht sie gewesen sei, daß er ihr Angebot, einige Arbeiten ihres 1916
gefallenen Mannes zu kaufen, ausgeschlagen habe. »Sie
wären nicht übermäßig teuer gewesen. Aber Ihr Vater
konnte sich nicht entschließen zuzugreifen. Offen gesagt,
hat mich das bis heute gewurmt.« – »Ich kann Ihnen die
Zurückhaltung meines Vaters wohl schon erklären«, er-
widerte Klaus Piper. »Er, der leidenschaftliche Kunstver-
leger, hatte nicht die Mittel, als Käufer eine Sammlung
aufzubauen. Deshalb verfuhr er so, daß er seine Künstler-
Autoren bat, ihm bei Gelegenheit eine Zeichnung oder
ein graphisches Blatt im Tausch gegen Piper-Verlagswerke

Olaf Gulbransson an Reinhard
Piper, 1931

zu überlassen.«[2] Dies aber hatte sich bei Maria Marcs Angebot offenbar verboten.

Aus Reinhard Pipers Atelierbesuchen erwachsen dauerhafte Beziehungen, die ihn sein Leben lang begleiten. Sie leben – über gegenseitige Besuche und gelegentliche Treffen hinaus – vor allem aus dem über Jahrzehnte hin auch in turbulenten Zeiten gehaltenen Briefkontakt:

> Durch die Käufe bei den Künstlern ergeben sich meist mancherlei Korrespondenzen. Die Schrift ihrer Briefe entspringt derselben Hand wie ihre Zeichnungen. Zeichnung und Brief zeigen denselben Rhythmus. Oft geht eins ins andere über. Von Alfred Kubin erhielt ich im Lauf der Zeit wohl an die hundert Briefe mit Randzeichnungen. Auch Gulbransson läßt [...] selten einen Brief hinausgehn, ohne ihm eine feinlinige Bleistiftvignette mitzugeben, und sei es auch nur seine Mundlinie mit den beiden Nasenlöchern drüber.[3]

Besuche, Gespräche und Korrespondenz bereichern nicht nur Pipers Graphiksammlung, sondern wirken auch höchst anregend auf seine verlegerische Arbeit. Exemplarisch sind die Beziehungen zu Ernst Barlach, Alfred Kubin und Max Beckmann.

Niederdeutsche Melancholie und »nationalsozialistisches Kunstempfinden«. Die Beziehung zu Ernst Barlach

Die älteste dieser Künstlerfreundschaften – sieht man von der Initialbeziehung zu Ernst Neumann ab – ist die zu dem Güstrower Bildhauer, Maler, Graphiker und Schriftsteller Ernst Barlach. Ihn lernt Piper im Januar 1900 in Berlin durch einen Freund kennen. Man verbringt die Freizeit gemeinsam, wandert, redet, musiziert miteinander, bis Piper seine Berliner Sortimenterzeit abbricht und nach München zurückkehrt. Der zwanzigjährige Buchhändler und der zehn Jahre ältere Künstler fühlen sich trotz großer Wesensunterschiede und unterschiedlicher Lebenspläne von Anfang an in grundlegender Sympathie und gegensei-

Reinhard Piper zwischen
Ernst Barlach und dessen Sohn
Klaus, 1922

tigem Vertrauen verbunden. Beide führen dies auch auf ihre gemeinsame niederdeutsche Herkunft zurück und auf eine als landsmannschaftliche Prägung verstandene melancholische Lebenshaltung.

Die Verbindung erweist sich, als Barlach sie 1906 – nach schwierigen Jahren der Suche nach künstlerischer Identität und Anerkennung – wiederaufnimmt, als tragfähig für ein ganzes Leben. Siebenmal sind Barlach und Piper sich in dieser langen zweiten Phase ihrer Freundschaft, die bis zu Barlachs Tod 1938 dauert, persönlich begegnet, meist bei Stippvisiten in Güstrow oder München; nur einmal bei einem längeren Aufenthalt. 1925 verbringt man einen gemeinsamen Familienurlaub im Bayerischen Wald.

Ihre singuläre Qualität jedoch entfaltet die Beziehung im Briefwechsel.[4] Mehr als 500 Briefe sind erhalten. Die treibende Kraft der Korrespondenz geht wohl von Barlach aus, der sich hier – bei aller grundsätzlichen Zurückhaltung – ein Forum schafft, seine immer wieder krisenhaften privaten Lebensumstände zu reflektieren: seine finanziellen Sorgen ebenso wie die sich stets neu entzündenden

Beziehungs- und Familienprobleme, in die der gehemmte und wenig bindungsfähige Künstler sich verstrickt. Dauerthema ist die symbiotisch enge Beziehung zum einzigen Sohn Klaus, um den Barlach einen erbitterten Rechtsstreit mit der unehelichen Mutter ausgefochten und schließlich gewonnen hat. Im Verleger- und Brieffreund Piper schätzt Barlach wohl den Antipoden aus einer ihm fernen geordneten bürgerlichen Welt mit Sicherheiten und geregelten Beziehungen – all dem, was ihm selbst so unerreichbar scheint. Und wenn nötig, unterstützt der Künstler den in einen finanziellen Engpaß geratenen Verleger auch einmal mit einem Darlehen.[5]

Piper wiederum bewundert an Barlach die radikale künstlerische Ausdrucks- und Gestaltungskraft, die ihm selbst trotz vielseitiger musischer Anlagen nicht gegeben ist, und er bewundert wohl auch die Konsequenz, mit der Barlach seine private Existenz der künstlerischen unterordnet. Gemeinsam ist beiden die in ihrer Generation weit verbreitete kulturpessimistische Grundhaltung in der Nachfolge Schopenhauers und Nietzsches.

Im Mittelpunkt der Korrespondenz steht der von dieser antimodernistischen Attitüde bestimmte ästhetische Diskurs zwischen Künstler und Sammler. Pipers Bücherpakete mit den jeweiligen Neuerscheinungen aus seiner Kunstbuchproduktion, in der Regel als Weihnachtsgaben überreicht, tragen dazu wertvolle Anregungen in Barlachs Güstrower Abgeschiedenheit:

> Güstrow 1. Weihnachtstag [25. 12. 1923]
> Lieber Herr Piper,
> […] Vielen Dank! Ihr schöner langer Brief kam sozusagen rechtzeitig an, nämlich um mir Zeit zu gönnen, mich auf den Empfang Ihres Pakets vorzubereiten, das wir aber wirklich erst am Heiligabend beim Baum der Lichter geöffnet haben. Wie Sie wohl denken können, haben Klaus und ich den Rest des Abends mit Bilderbesehen, also würdig, zugebracht. Den Gang in die Weihnachtsvesper im Dom, seit 1910 alljährlich gewissenhaft ausgeführt, haben wir uns dieses Jahr geschenkt. […] Ich komm auf meinen schuldigen Dank und das fürstlich reiche Paket zurück. […]

Ich habe also wieder einen Wundergarten mehr, als groß und weit abgestecktes raumloses Gebiet, wohin ich mich aus Güstrow begeben kann, sooft es mich verlangt. Ich habe mir vorgenommen, zu denken, daß Sie als Einlaßpförtner in my-thischer Gestaltung mich freundlich einladend lächelnd ein-lassen, wenn ich Einlaß begehre, und Ihnen jedes Mal einen ganzen Thaler Trinkgeld in die Hand zu drücken.[6]

In der ihm eigenen lakonischen Art kommentiert Barlach, manchmal ausführlich, manchmal beiläufig, die ihm zu-gesandten Bücher und Mappenwerke. Höchst bildhaft beschreibt er die Situationen, in denen er sich mit den verschiedenen Büchern und Inhalten auseinandergesetzt hat. Zum kunsthistorischen Markstein wird seine Stel-lungnahme zu Wassily Kandinskys Manifest *Über das Gei-stige in der Kunst,* das Piper als Vorausexemplar zu Weih-nachten 1911 geschickt hat. Barlach grenzt sich von Kandinskys avantgardistischer Position sofort radikal ab:

Ihr Buch zu lesen, was das Wort besagen will, dazu bin ich noch nicht gekommen. Aber ich sehe schon, daß ichs so-bald auch nicht thun werde. Nicht als ob ich nach dem was ich so erschnappt habe, dem Verfasser eindringlichste Gei-stigkeit absprechen könnte, oder gar möchte, im Gegenteil, das Buch scheint garnicht, was man so »gut gemeint« nennt. Um so knackender reagiert aber bei mir – oder funktionirt – der Sperrhaken, der heißt: ich mach nicht mit und zwar aus Instinkt. Es klafft ein Abgrund der nicht tiefer sein kann.[7]

Immer wieder unternimmt der Verleger Vorstöße, Barlachs Kreativität auch für den eigenen Verlag fruchtbar zu ma-chen, ihn für Buchprojekte zu gewinnen. Doch Barlach ist seit 1908 fest an Kunsthandlung und Verlag von Paul Cassirer gebunden, Pipers große Berliner Konkurrenz auf dem Gebiet des Kunstbuchs und der Druckgraphik. Und da die Verträge mit Cassirer seinen Lebensunterhalt si-chern, bleibt Barlach konsequent bei dieser Verbindung, bis sie im »Dritten Reich« nicht mehr aufrechtzuerhalten ist. Ab 1936 – als einer der beiden Rechtsnachfolger des 1926 gestorbenen Cassirer nach Holland emigriert – werden Vertrieb und Auslieferung von Barlachs Werk kommissarisch vom S. Fischer Verlag übernommen, der seinerseits bereits seit 1934 sein Interesse an Barlachs literarischem Werk bekundet hatte.[8]

Auch Barlach bekommt nun die Bedrohung durch die nationalsozialistische Ideologie in Gestalt von Kriegerverbänden und völkischen Organisationen hautnah zu spüren. In dieser Zeit gelingt es Piper, den Künstler, der sich immer mehr isoliert sieht und von seinem bisherigen Verlag nicht mehr ausreichend repräsentiert werden kann, wenigstens einmal für ein Buchprojekt zu gewinnen: den Bildband *Zeichnungen* mit einer Einführung von Paul Fechter, erschienen im Herbst 1935.

Erstausgabe von 1935 mit einer Barlach-Zeichnung von 1912

Dabei sieht sich Piper mit den Schwierigkeiten konfrontiert, im »Dritten Reich« ein Barlach-Buch zu publizieren. Der Münchner Ordinarius für Kunstgeschichte Wilhelm Pinder, der die Einleitung schreiben soll, lehnt dies ab. Er wolle sich durch die öffentliche Verbindung zum politisch mißliebigen Künstler nicht »diskriminieren«.[9] Mit Barlach selbst, der ihn der politischen »Leisetreterei« verdächtigt, muß Piper um die Auswahl der Zeichnungen argumentieren.[10] Der Buchhandel reagiert auf die Ankündigung des Buches mehr als zurückhaltend; schon die öffentliche Erwähnung Barlachs oder die Aufnahme des Titelblatts mit einer Zeichnung des Autors in einen Weihnachtskatalog, zum Beispiel in Bremen, wird zum Problem. Der bekannte Buchhändler Johannes Storm schreibt dazu an den Verlag:

Da der Weihnachtskatalog ein Gemeinschaftskatalog ist, wollte ich die Entscheidung über die Verwendung der Barlach-Zeichnung nicht treffen, ohne vorher einige Kollegen um ihre Meinung befragt zu haben. Sie waren durchweg nicht dagegen, zum Teil sogar sehr dafür. Auf Wunsch des Vertrauensmannes der Arbeitsgemeinschaft Bremer Buchhändler habe ich die Zeichnung dann noch dem Vorsteher der Bremer Kunsthalle (nicht Direktor Waldmann, sondern der ihm übergeordneten Instanz) gezeigt. Bei diesem Herrn war ich heute morgen. Er findet die Zeichnung persönlich sehr schön, glaubt aber, dass sie in Parteikreisen Anstoß erregen würde, zumal hier die Gemüter durch den Streit um Hoettger und Paula Modersohn sowieso sehr erregt sind. »Die Missachtung der körperlichen Verhältnisse«, die auch in dieser Zeichnung sich ausprägt, sei gerade das, was der Nationalsozialismus bekämpfe. Auf meinen Einwand, dass das in der so deutschen Gotik doch nicht anders gewesen sei, musste ich mir sagen lassen, dass die Spätgotik auch eine Verfallserscheinung sei und abgelehnt würde.

Unter diesen Umständen muß ich leider von der Verwendung der Zeichnung absehen.[11]

Im März 1936 wird das Buch durch das Reichspropagandaministerium in Berlin beschlagnahmt, da »der Inhalt geeignet ist, die öffentliche Sicherheit und Ordnung zu gefährden«. Als Verleger und Autor in einer Eingabe eine nähere Begründung des Verbots verlangen, schiebt man ein weiteres, vom ersten abweichendes Argument nach: Der Inhalt von Barlachs Zeichnungen sei »mit dem nationalsozialistischen Kunstempfinden nicht in Einklang zu bringen«.[12]

Ernst Barlach an Reinhard Piper,
4. 4. 1936

Weniger als 1000 Exemplare der *Zeichnungen* sind bis zur Beschlagnahmung verkauft; die Restauflage von 4000 Exemplaren wird vernichtet. Piper notiert dazu, mit gleichbleibend unabhängigem Urteil, in seinem Tagebuch:

> Der gegenwärtigen Sachlage entsprechend könnte der Verlag jetzt folgendes doppelseitige Inserat im Börsenblatt aufgeben:
>
> Verboten wurde: Gefördert wird:
>
> Ernst Barlach   Hans Reimann
>
> Zeichnungen   Das Buch vom Kitsch
>
> Die Barlach-Zeichnungen, dieses ernste künstlerische Werk, wurden beschlagnahmt, weil der Inhalt ›geeignet ist, die öffentliche Ordnung und Sicherheit zu gefährden‹. Von der Kunst Ernst Barlachs wird man reden und schreiben, so lange überhaupt eine Geschichte der deutschen Kunst geschrieben wird.[13]

Doch das Buch macht eine unerwartete Karriere. Es wird 1937 in der Münchner Ausstellung »Entartete Kunst« präsentiert. Piper berichtet darüber an den Künstler:

> Die Münchner Ausstellung »Entartete Kunst« in der Galeriestraße bewegt hier natürlich sehr lebhaft die Gemüter. Ich hatte sie schon vor ein paar Tagen besichtigt. Der Zustrom ist ganz ausserordentlich. […] Es sind etwa 6 grosse Räume mit im Ganzen vielleicht 500 Bildern und graphischen Blättern. Im Parterre ist eine Vitrine aufgestellt, worin u. A. auch der Band mit Ihren Zeichnungen liegt. Dazu ein langer Plakatstreifen mit folgendem Text: »Kulturschänder. Mindestens so toll wie die Ausgeburten unfähiger, boshafter oder krankhafter ›Künstler‹ ist die Verantwortungslosigkeit der literarischen Zuhälter, der beamteten Museumsleiter und Referenten, die den Widergeist dem Volke aufgezwungen haben und ihn auch heute noch als Kunst anbieten möchten.«
>
> In dieser Vitrine liegt Ihr Buch aufgeschlagen, dabei ist auf dem Titelblatt »München 1936« besonders unterstrichen und die Blätter 26, 41 und 45 sind eigens danebengelegt, aber ohne Titel, sodass das Publikum bei dem Blatt »Tiermenschen« z. B. annehmen kann, dies seien für Sie erwünschte Idealgestalten. Sonst ist von Ihnen nichts zu sehen.[14]

Eine Ausstellung mit Barlachs Plastiken in der Berliner Galerie Buchholz wird amtlicherseits geschlossen. Es ist die letzte zu Lebzeiten des Künstlers in Deutschland. Schon 1932 hatte er, mit feinem Gespür für die beginnende Diskriminierung seines Werks und seiner Person, formuliert, was sich in den kommenden Jahren bewahrheitet: »Wehe, wehe, die Luft weht eher schärfer als linder gegen mich.«[15]

Nach 1945 bemüht sich Piper erneut um die Herausgabe von Barlachs Werk, vor allem seiner Schriften. Bereits 1947 erscheint eine erste Briefauswahl in der Piper-Bücherei, 1948 dann *Ein selbsterzähltes Leben,* im Impressum deklariert als »erweiterte Neuausgabe«. Die Erstausgabe war bereits 1928 bei Paul Cassirer publiziert worden. Es folgen ab 1956 *Das dichterische Werk,* herausgegeben von

Ernst Barlach im Güstrower Atelier mit der Holzskulptur »Wanderer im Wind«, 1934

Klaus Lazarowicz und Friedrich Droß, sowie eine zwei-
bändige Briefausgabe; des weiteren eine Taschenbuchausgabe der Dramen, das *Güstrower Tagebuch 1914–1917* sowie Bände der Zeichnungen und des plastischen Werks.
Aus dem Nachlaß des Verlegers wird 1997 schließlich der
Briefwechsel zwischen Barlach und Reinhard Piper veröffentlicht, der den kulturgeschichtlichen Rang dieser
Künstlerfreundschaft eindrucksvoll dokumentiert.

»Abenteuer einer Zeichenfeder«. Alfred Kubins österreichische Gegenwelt

Es war im Februar 1927. Alfred Kubin holte mich in Passau
ab. Mit nervöser Lebhaftigkeit, den grauen Wettermantel um
die Schultern, trat der Fünfziger in die Tür des Gasthofs zum
»Passauer Wolf«, wo ich ihn erwartete. Es war ein nebliger
Tag, erst gegen Mittag war die Sonne durchgebrochen. Bald
machten wir uns auf, denn nach Zwickledt, dem Wohnsitz
Kubins – schon im Österreichischen gelegen – sind gute zwei
Stunden zu wandern. […]
Wir bogen alsbald in die große Landstraße ein, die über Schärding nach Linz führt. Sie stieg langsam immer höher. Zuletzt
waren wir im dichten weißen Winter, während unten im Tal
kaum noch Schnee gelegen hatte. Vorbei am bayrischen und

Haus Zwickledt in einer Zeichnung von Alfred Kubin (Erstveröffent-lichung 1939)

dann am österreichischen Zollhaus. Niemand trat heraus zur Kontrolle. Neben dem verwaschenen schwarz-gelben Grenzpfahl des alten Österreich glänzte der neue rot-weiße. Wir kamen nicht durch Dörfer, nur an einzelnen Gehöften vorbei und begegneten nur wenigen Menschen. [...]
Die Landstraße stieg wieder um eine Stufe. Wir wanderten auf der Höhe zwischen Inn und Donau; der Volksmund nennt diese ganze Landschaft den Sauspitz. Ein großer Hofhund, der seine losgerissene Kette im Schnee nachschleifte, verfolgte uns geraume Zeit mit höchst unfreundlichem Knurren. Endlich ließ er von uns ab. Wir bogen in einen Fußweg ein, hinab in eine Talsenkung und wieder aufwärts und sahen nun oben hinter den kahlen Bäumen des Gartens das gelbe, breite, zweistöckige Herrenhaus von Zwickledt. [...]
Wir traten in den gewölbten Flur und stiegen die Treppe hinauf in das kleine warme Wohn-, Eß- und Arbeitszimmer. Ein Buchenholzfeuer bullerte im weißen Kachelofen. Der Zeichentisch am Fenster ist vollgehäuft mit Papieren, Federn und sonstigen Zeicheninstrumenten. An ihm sind die Hunderte von Zeichnungen der letzten zwanzig Jahre entstanden. Durchs Fenster blickt man auf einen großen Lärchenbaum und auf verschneite bewaldete Höhenzüge. [...]
Wie anders liegt doch dies Haus als das Güstrower Ernst Barlachs, wo ich vor ein paar Wochen einkehrte! Das Zwickledter Haus steht pittoresk hoch über dem Flußtal auf einem Untergrund von Granit, Obstbäume ringsum; altösterreichische Lebenswärme scheint seine gelben Mauern zu erfüllen. Barlachs Haus aus bläulichroten Ziegeln liegt am Fuß eiszeitlicher Dünen, zwischen dunkelgrünen Kiefern, am stahlblauen See – nordisch kalte Farben, aber mir, dem nach Süddeutschland verschlagenen Mecklenburger, urheimatlich.[16]

Reinhard Pipers Beschreibung seiner Besuche bei Alfred Kubin in dessen Haus, dem Freisitz Zwickledt in Oberösterreich, macht bildhaft deutlich, welche Gegenwelt sich Piper – nicht nur topographisch – hier auftut. Mag die nordische Melancholie und Verschlossenheit Barlachs ihn auch heimatlich berührt haben: Die bei aller bewußt gewählten ländlichen Abgeschiedenheit doch spürbare Integration Kubins in die liebliche Landschaft des Innviertels bei Passau wirkt auf Piper – sein Bericht zeigt es – nicht

Alfred Kubin bei der Arbeit,
um 1950

weniger anziehend. Zumal auch sie ein attraktives Pendant
hat in der gastfreundlichen Atmosphäre des Zwickledter
Hauses und, wichtiger noch, in der bei aller Abgründigkeit
und Gefährdung doch auch verspielten Eleganz von Kubins graphischem Werk. Ihm war Piper vom ersten Blick
an zugetan.

Er hatte Kubin 1907 kennengelernt, kaum daß dieser
sich – noch zu Zeiten der österreichischen Monarchie – in
Zwickledt, nahe seiner böhmischen Kindheitslandschaft
und Schärding, dem Wohnort des Vaters, niedergelassen
hat. Knapp dreißigjährig, hatte sich Kubin nach schwierigen Entwicklungsjahren und elementaren Schaffenskri-
sen 1906, nach der Heirat mit Hedwig Schmitz aus München und seiner nicht unproblematischen Position in der
Schwabinger Boheme, zurückgezogen. Der Umzug nach
Zwickledt markiert zugleich den Abschluß seiner frühen
Schaffensperiode und eine ästhetische Neuorientierung,
in die auch die Anfänge der Illustration literarischer Texte
fallen.

In dieser Umbruchphase bittet Piper den Künstler um Illustrationen zu Heinrich Stadelmanns Untersuchung *Die*

»Der kleine Alfred Kubin zeigt dem
großen Verleger Reinhard Piper
seine ersten Zeichnungen.« Kubin-
Zeichnung aus einem Privatdruck
zum 20. Verlagsjubiläum, 1924
(Seite 81)

Der kleine Alfred Kubin zeigt dem
großen Verleger Reinhard Piper
seine ersten Zeichnungen.

Stellung der Psychopathologie zur Kunst, ein Thema, für das Kubins visionäre, sich auch aus psychopathologischen Kräften speisende Zeichenkunst prädestiniert scheint. Aus diesem ersten gemeinsamen Projekt entsteht eine lebenslange Verbindung, die zwei Weltkriege überdauert und erst mit Kubins Tod 1959 endet. Auch hier sind über 500 Briefe und Karten erhalten, viele davon mit Kubins Zeichnungen illustriert. Mehrfach besucht Piper den Künstler im abgelegenen Zwicklderter Haus und läßt sich bei der Betrachtung immer neuer Arbeiten aus jenen unergründlichen Mappen, in denen Kubin seine Visionen und düsteren Träume zu bannen sucht, bei Geschichten und Gesprächen entführen in dessen so gefährdete wie verführerische zeichnerische Gegenwelt.

Die Rollen in dieser Beziehung erscheinen, zumindest in der Außenwahrnehmung, ganz so verteilt, wie Kubin es in der Skizze *Der kleine Alfred Kubin zeigt dem großen Verleger Reinhard Piper seine ersten Zeichnungen* vorgibt. Hier steht der realitätsbezogene und damit scheinbar tonangebende Verleger dem »kleinen«, tendenziell unsicheren und bedürftigen Künstler gegenüber. Doch das ironische Augenzwinkern, mit dem das Blatt dieses Verhältnis vorführt, deutet auf die andere, verborgene Seite dieser wie manch anderer Kubinscher Beziehung, in der die Gewichte ganz anders verteilt erscheinen. Denn der Zeichner ist zwar darauf angewiesen, seine Arbeiten zu verkaufen – oder zumindest gegen die begehrten Piper-Bücher für seine 10 000 Bände umfassende Bibliothek einzutauschen, das intellektuelle Zentrum des ländlichen Haushalts. Doch auch Piper braucht Kubin und dessen Arbeiten, zum einen für seine Graphiksammlung, zum anderen für sein Verlagsprogramm.

In dem halben Jahrhundert der Zusammenarbeit gestaltet Kubin für Piper viele Buchumschläge, illustriert kongenial Romane und Erzählungen meist ihm seelenverwandter Autoren, darunter nach Stadelmanns *Psychopathologie,* die 1908 erscheint, 1913 Fjodor Dostojewskis *Der Doppelgänger* und 1921 Jean Pauls *Die wunderbare Gesellschaft in der Neujahrsnacht.* Kubin schreibt Textbeiträge für verschiedene

Verlagswerke und publiziert bei Piper vier Bände mit Zeichnungen: 1921 *Am Rande des Lebens,* 1924 *20 Bilder zur Bibel,* 1942 *Abenteuer einer Zeichenfeder* und 1952 *Abendrot;* außerdem 1959 – schon unter Klaus Piper – die illustrierte Autobiographie *Dämonen und Nachtgesichte.* Die Rechte an Kubins Gesamtwerk allerdings gehen an einen anderen Verlag.

Die Verbindung mit Piper ist bei weitem nicht die einzige Verlagsbeziehung des Zeichners, der ja im wesentlichen vom Ertrag seiner Arbeiten lebt. Davor und daneben veröffentlicht Kubin bei mehreren anderen Verlegern, die er während seiner künstlerischen Ausbildungszeit in München 1898 bis 1906 kennengelernt hat und die ihn begleiten auf dem Weg zunehmender Anerkennung mit Höhepunkt in den zwanziger Jahren: Beziehungen zu Bruno Cassirer, der 1901 in Berlin Kubins erste Ausstellung veranstaltet und immer wieder Mappenwerke mit seinen Zeichnungen veröffentlicht; zu Hans von Webers Hyperion-Verlag, der Kubin mäzenatisch fördert; zu S. Fischer, für den er den Titel der Erstausgabe von Thomas Manns *Tristan* illustriert, und zu Georg Müller, in dessen Verlag 1909 unter anderem Kubins berühmt gewordener illustrierter Roman *Die andere Seite* erscheint. Ab 1912 tritt Kubin auch als Zeichner für den berühmt-berüchtigten *Simplicissimus* in Erscheinung. Piper nimmt hier also eine Spur auf, die in seinem verlegerischen Umfeld durchaus schon angelegt ist.

Die *Abenteuer einer Zeichenfeder,* die einzige Veröffentlichung Kubins bei Piper während des »Dritten Reichs«, hat der Verleger in seinen Erinnerungen nachdrücklich dokumentiert. Die Entstehungs- und Publikationsgeschichte des Buches kann als Paradebeispiel gelten für die spezifischen Bedingungen verlegerischer Arbeit unter nationalsozialistischer Kontrolle. Die bitteren Erfahrungen mit dem Verbot von Ernst Barlachs *Zeichnungen* veranlassen Piper, für das neue Projekt strategische Vorkehrungen zu treffen. Sie tragen wohl entscheidend dazu bei, daß die *Abenteuer einer Zeichenfeder* erfolgreich enden.

Geplant wird der Band schon 1936, anläßlich Kubins 60. Geburtstag im April 1937. Das Buch soll eine Aus-

Erstausgabe von 1942, Einbandzeichnung von Alfred Kubin

wahl freier, noch unveröffentlichter Zeichnungen aus dem unerschöpflichen Zwickledter Fundus enthalten und ist ausdrücklich als Gegenstück zu Barlachs *Zeichnungen* konzipiert, die zu diesem Zeitpunkt noch nicht beschlagnahmt sind.

Ein wichtiges Auswahlkriterium neben dem der Qualität und Repräsentativität für Kubins Werk ist schon in dieser ersten Planungsphase eine gewisse politische Unverfänglichkeit der Themen. Durch sie soll – im unmittelbaren Vorfeld der Ausstellung »Entartete Kunst« – ein Gegengewicht geschaffen werden zu einem Zeichenstil, der den ideologischen Kriterien der NS-Kunst ganz offensichtlich nicht entspricht; zumal Kubin Mitglied des »Blauen Reiters« war. Der Autor, der das »Dritte Reich« zurückgezogen, aber relativ unbehelligt überlebt, steht den Vorstellungen von einem, wie er schreibt, »zahnlos mümmelnden Kubinband« mehr als skeptisch gegenüber, sieht sich jedoch gezwungen zu akzeptieren.[17] Denn er ist damals mehr denn je angewiesen auf die immer spärlicheren Einnahmen aus Verkauf und Vervielfältigung seines Werks und damit auch auf erhöhte Publizität.

Klärung und Absicherung bei diesem schwierigen publizistischen Balanceakt erhofft Piper sich von einer offiziellen Genehmigung des Projekts und jeder einzelnen Zeichnung durch die Reichsschrifttumskammer. Im Juni 1936 – der Barlach-Band ist inzwischen verboten – schickt er ein Konvolut von Kubin-Zeichnungen nach Berlin, mit der Bitte um Kennzeichnung unerwünschter oder als untragbar angesehener Blätter. Doch keine der angeschriebenen Stellen, weder in der Reichsschrifttumskammer noch in der Reichskunstkammer, hält sich für zuständig: Pipers Ansuchen bleibt unbeantwortet – der Losung entsprechend, daß es im NS-Staat eine Zensur ebensowenig gibt wie offizielle »Schwarze Listen« auszusondernden Schrifttums und daß jeder Verleger selbst wissen müsse, was im rechten Geist des Nationalsozialismus zu publizieren sei. Schließlich gelingt es Piper, den Leiter der »Reichsstelle für künstlerische Formgebung«, Hans Schweitzer, als zuständig auszumachen. Schweitzer aber,

der auch für das Verbot des Barlach-Buches verantwortlich
zeichnet, versucht weiterhin, mit bürokratischen Hinhal-
temanövern und nichtssagenden Bescheiden eine Entscheidung zu vermeiden. Piper erreicht, auch bei Andro-
hung persönlicher Besuche in der Reichsstelle, keine
offizielle Festlegung. Er ist gezwungen, sich mit der folgenden unverbindlichen Formulierung zu begnügen: »Ich
teile Ihnen mit, daß ich eine Publikation der mir vorgeleg-
ten Kubinschen Zeichnungen nach nochmaliger Prüfung
aus künstlerischen und weltanschaulichen Gründen für
bedenklich halte. Ich stelle anheim, von der Herausgabe
des Buches abzusehen. Heil Hitler!«[18] Kurz darauf werden
Kubins *20 Bilder zur Bibel,* ein Buch aus dem Jahr 1921,
nachträglich verboten. Der Verleger interpretiert dies als
Warnung und verzichtet, sehr zum Leidwesen des Künstlers, vorläufig auf die Publikation.

Einen neuen Anlauf wagt Piper nach dem »Anschluß«
Österreichs ans Deutsche Reich, 1938. Er erhofft sich
Schutz auch für reichsdeutsche Verhältnisse von Kubins
öffentlicher Hochschätzung in Österreich, vielleicht von
der Protektion durch seinen prominenten Autor Bruno
Brehm, beschafft sich befürwortende Schreiben, auch für
eine Papierbewilligung, und gewinnt nach vielen Absagen
in Max Unold endlich einen angesehenen Kommentator
und Herausgeber für das Buch. Mit *Abenteuer einer Zeichenfeder* ist zugleich ein ausreichend harmloser und dabei
doch offener und leichtfüßiger Titel gefunden. Als Testlauf
versteht Piper den Zeitschriftenvorabdruck von Unolds
Einleitung, der im Februarheft der *Neuen Rundschau* 1942
vorgesehen ist, vom Reichspropagandaministerium aber
in letzter Minute gestrichen wird. Dieser unmißverständ-
lichen Warnung zum Trotz wagt Piper die Veröffentlichung. Die *Abenteuer einer Zeichenfeder* starten im März
1942, nach viermaliger Verschiebung des Projekts, nun
zu Kubins 65. Geburtstag, mit einer Auflage von 12000
Exemplaren. Sofort nach Erscheinen wird das Buch von
Sicherheitspolizei und Sicherheitsdienst angefordert. Dort,
im Zentrum des ideologischen Überwachungssystems, arbeitet zu diesem Zeitpunkt bereits Hans Rössner, dem wir

ab 1958 im Piper Verlag in leitender Position wieder begegnen werden.

Um die Existenz des Buches öffentlich bekannt zu machen und es so gegen ein Verbot besser zu schützen, verschickt Piper 135 Geschenkexemplare an bedeutende Persönlichkeiten, mit der nachdrücklichen Bitte um Antwort, wobei er auch vor Mahnungen nicht zurückschreckt. Nachweislich reagiert haben unter anderen die Schriftsteller Heinrich F. Bachmair, Hans Brandenburg, Ernst Jünger, Ernst Wiechert und Wilhelm Worringer, der Typograph Emil Rudolf Weiß, die Dostojewski-Übersetzerin Less Kaerrick und Olaf Gulbransson, von denen die meisten dem Piper Verlag als Autoren verbunden sind.

Die auf diese Weise evozierte Resonanz in der Kunst-, Literatur- und Wissenschaftsszene dürfte das Buch gerettet haben; allen ungünstigen Vorzeichen zum Trotz entgeht es einem Verbot. Gulbranssons bewundernde Stimme für Kubins hintergründige Zeichenkunst sei stellvertretend für das gute Hundert positiver Rückmeldungen zitiert:

»Der Kubinmond geht unter – Der Pipermond geht auf«
Karte von Alfred Kubin an Reinhard Piper, 9. 11. 1935

Ja – ja – unheimlich bist Du – wirst nichts andres als besser. Oft spielst Du (wahrscheinlich um uns zu ärgern) wie ein Kind mit Deinen Zeichenfehlern. Aber wehe – wehe – wenn Du was erwischst – wie einwandfrei und schwer Du dann bist – kein Mensch kann Dich mehr heben! Aber Du hast Dir auch diesen Luxus leisten können: Du warst nie – Lohnzeichner. Du machtest immer bloß, was Du wolltest. Wie schön ist so ein Buch in die Hände zu bekommen! Zuerst das erste Durchblättern. Dann die besten – und allerbesten – immer wieder und wieder: Das Wattenmeer – Isis – Der Tiger – Seltsamer Besuch – Sprachunterricht – Eifersucht – Schildkröte – Hexenbesuch – Reiter im Wald. Ach – Alfred – wenn ich einen Hut hätte – ich könnte ihn nicht tief genug für Dich heruntertun. Dein alter Olaf.[19]

Kommis und Müllkutscher oder
Somnambulismus und Bewußtseinshelle.
Reinhard Piper und Max Beckmann

Ich würde gerne unter Ihren Zeichnungen einmal wieder
Razzia halten [...] Schließlich möchte ich Sie bitten, mich
doch noch mal zu zeichnen, nicht zu radieren. In der Radierung ist mir doch auf die Dauer zu wenig von mir drin. Dies
wird mir immer wieder bestätigt. Soeben noch von Meier-
Graefe, der die drei neuen Radierungen, die Zingler hat, [...]
aufs äusserste bewunderte, in meinem Porträt aber garnichts
von mir fand. Er sagte, die Radierung unterschätze mich. Der
dargestellte wirke durchaus als ungeistiger Typ, wie ein besse-
rer Kommis [...] Aber ich hatt nun mal die Absicht, die
Radierung nicht nur als ein Blatt von Beckmann, sondern
auch als eine Darstellung von mir an meine guten Freunde zu
verteilen.[20]

Zeichnung von Max Beckmann für
Reinhard Pipers Album, 1924

Und Max Beckmann antwortet: »Die Empfindungen der Anderen, die Sie mir schrieben, kann ich durchaus nicht teilen. Es lag mir gerade im Gegenteil daran, etwas Rassiges, Geistreiches und Gespanntes zu machen. – Na jedenfalls freue ich mich wie gesagt, sehr darauf es nocheinmal zu versuchen.«[21]

Das Ergebnis dieses neuerlichen Versuchs von Beckmann, den Kunstfreund, Sammler und Verleger Reinhard Piper zu porträtieren, eine Lithographie von 1921, gilt dem Porträtierten, der sich von befreundeten Künstlern eigener Aussage nach rund ein Dutzend Mal zeichnen, malen, radieren und modellieren ließ, als das gelungenste von allen. Mit Julius Meier-Graefe jedoch hat Piper einen Zeu-

Reinhard Piper vor seinem Porträt, einer Lithographie von Max Beckmann aus dem Jahr 1921

gen aus dem eigenen Verlagshaus aufgerufen, der Beckmann damals, Anfang der zwanziger Jahre, so kritisch
gegenübersteht, daß er ihn mit dem Aperçu »Beckmann –
der Müllkutscher« noch »denkbar günstig« charakterisiert
glaubt, während Beckmann selbst in den existentiell
schwierigen Jahren nach dem Ersten Weltkrieg für sich den
Rückzug in die höhere Sphäre der Kunst als einzig mögliche Daseinsform reklamiert: »Das einzige, was noch möglich, ist die Kunst und für mich die Malerei. Nur in dieser
Mischung von Somnambulismus und fürchterlicher Be-
wußtseinshelle kann man noch leben, wenn man nicht einfach stumpf wie ein Tier werden will.«[22]

Piper steht in dieser Kontroverse zwischen Müllkut-
scher-Image und höheren Bewußtseinswelten ganz auf
seiten Beckmanns. Er hat dessen außerordentlichen künstlerischen Rang früh erkannt, schon als er seinen Bildern
1906 in der Berliner Sezession erstmals begegnet. 1912 hat
er – nach bewährtem Muster – bei einem Atelierbesuch
auch die Bekanntschaft des Künstlers gemacht und begonnen, vor allem Graphik, aber auch einige Gemälde zu erwerben. Schon 1917 schreibt Piper an seinen Kompagnon
Adolf Hammelmann: »Ich halte ja Beckmann unbedingt
für die stärkste Nummer, die wir unter unseren Jüngeren
haben [...] Die Radierungen, die ich von ihm habe, sind
das Stärkste, was jetzt an Graphik in Deutschland gemacht
wird.«[23]

Die Beziehung zwischen Piper und Beckmann ist denn
auch in erster Linie die zwischen Sammler und Künstler. Beckmann-Graphiken, erworben meist in den Jahren
zwischen 1910 und 1930 unter beträchtlichen finanziellen Opfern, werden zum wertvollsten Bestand in Pipers
Kunstsammlung. Und auch gegen Meier-Graefes anfäng-
liche Ausfälle verteidigt er den Expressionisten vehement – überzeugt von Beckmanns künstlerischem Rang,
überzeugt allerdings auch von der Notwendigkeit, ihn an
das kunstinteressierte Publikum zu vermitteln.

Denn Piper liegt viel daran, Beckmann auch für seinen
Verlag zu gewinnen. Er veröffentlicht seine Arbeiten in
Mappenwerken mit Originalgraphiken: *Gesichter* 1919,

Stadtnacht mit Gedichten von Lili von Braunbehrens 1921,
Jahrmarkt 1922 und als Reproduktionen in den Piper-
Drucken. 1923 bringt Piper die erste Bildmonographie
über Beckmann heraus, begleitet von Texten namhafter
Kunstschriftsteller; sie bildet den Anlaß der oben geschil-
derten Kontroverse mit Meier-Graefe. Immer wieder sucht
Piper den Künstler auch mit Auftragsarbeiten für Buchumschläge und Illustrationen an den Verlag zu binden, jedoch
nur mit partiellem Erfolg. So werden zwar die von Piper
angeregten Illustrationen zu Fjodor Dostojewskis *Aufzeichnungen aus einem Kellerloch,* einem Werk, das der Verleger besonders hoch schätzt, nicht ausgeführt. Doch es entsteht

Lithographie von Max Beckmann,
angeregt von Dostojewskis
»Aufzeichnungen aus einem Kellerloch«, 1926

immerhin die Lithographie des *Helden*, in der sich das nicht realisierte Dostojewski-Projekt verdichtet hat.

Und es entsteht – aus einem Auftrag schon beim ersten Atelierbesuch – eine Umschlagzeichnung für den Verlagsalmanach zum zwanzigjährigen Jubiläum, mit einem Selbstporträt Beckmanns als konzentriertem Leser.

Auch Beckmann gehört im »Dritten Reich« zu den verfemten Künstlern. Und wieder steht der Verleger in der auch in Frankfurt am Main, Beckmanns langjährigem Lebens- und Schaffenszentrum, gezeigten Ausstellung »Entartete Kunst« fassungslos vor einem Buch aus der eigenen Produktion:

> Von Beckmann waren ganze zwölf Gemälde aus öffentlichem Besitz da, so daß er aus den Galerien so gut wie ausgerottet war. An allen Bildern klebten rote Zettel mit den Preisangaben und der Bemerkung: »Bezahlt von den Steuergroschen des arbeitenden deutschen Volkes.« Diese Preise stellten aber eine bewußte Irreführung des Publikums dar, denn es waren großenteils aufgeblähte Inflationsziffern, und in Wirklichkeit waren an die Künstler nur sehr bescheidene Summen gezahlt worden.
> […] Und wie erstaunte ich, als ich da auf einem Stehpult, mit Draht befestigt, mein Beckmann-Buch von 1923 antraf! An einem Bindfaden hing ein Bleistift. Die Kunstfreunde wurden also freundlich ermuntert, in Randbemerkungen ihrem Empfinden freien Lauf zu lassen. Eine dicke Madam, die wohl sonst noch nie einen Buchladen betreten hatte, stand davor und blätterte gewissenhaft vor jeder Lichtdrucktafel das Seidenpapier auf, doch fand sie sichtlich dahinter nicht die erwarteten Sensationen. […]
> Da mochte ich denn doch nicht so lange bei meinem eignen Verlagswerk »anstehn« und wandte mich den ausgestellten Kunstwerken zu, von denen es ja wohl für lange Jahre Abschied zu nehmen galt.[24]

Abschied zu nehmen gilt es auch von Beckmann selbst. Er zieht die Konsequenzen aus seiner Entlassung als Leiter einer Meisterklasse des Städelschen Kunstinstituts in Frankfurt und aus dem Boykott seines Werks. 1937 geht er zunächst nach Amsterdam, zehn Jahre später emigriert er in

die USA. Die ersten Beckmann-Ausstellungen der Nachkriegszeit, schon 1946 in München, finden ohne den
Künstler statt. Aus ihnen entsteht 1949 eine neue Werk-
monographie bei Piper, herausgegeben von Benno Reifen-
berg und Wilhelm Hausenstein. Beckmann stirbt 1950 in
New York. Reinhard Piper hat ihn nicht mehr wieder-
gesehen.

WEST-ÖSTLICHE WEISHEIT
Schopenhauers Werk und Buddhas Weltlehre

Zu den Initialprojekten aus Pipers Anfangsjahren gehören auch zwei große philosophische Werkausgaben: die Übertragung von Buddhas Reden durch den Wiener Indologen Karl Eugen Neumann und die große Schopenhauer-Ausgabe, herausgegeben von Paul Deussen und anderen. Mit diesen beiden Projekten wird das philosophische Programm begründet.

Die Auswahl, Buddha (unter dem Namen Gotamo Buddho) und Arthur Schopenhauer, beruht einmal mehr auf persönlichen Interessen und einem unübersehbar missionarischen Impetus des jungen Piper: »Ich war«, schreibt er in seinen Erinnerungen, »in jenen Jahren ergriffen von der Vergänglichkeit und dem Leiden der Welt. Manche nennen das etwas überlegen lächelnd ›Weltschmerz‹ und erklären es für eine Erscheinung der Pubertätsjahre. Aber

»Die Reden Gotamo Buddhos« in der Bibliothek Hermann Hesses

es ist doch ein zeitlos tiefes Gefühl, in dem die Geister aller Zeiten übereinstimmen: Buddho, die griechischen Tragiker, Michelangelo, Pascal, Jean Paul, Schopenhauer.«[1]

Es traf sich gut, daß dies Gefühl, ebenso wie das stark emotional getönte Interesse für fernöstliche Mystik, zur Grundstimmung einer ganzen Generation gehörte. Es deckte sich aufs schönste mit dem kulturpessimistischen Zeitgeist um 1900 und den Versuchen, die Zeichen des Verfalls durch »neue Religion« und »neuen Mythos« zu überwinden. Die Bücher des Eugen Diederichs Verlags führten vor, daß sich darauf erfolgreich ein Verlagsprogramm begründen ließ. Es gelingt Piper auch in diesem Fall, ausgewiesene Fachkapazitäten für die Verwirklichung seiner Ideen zu gewinnen und die Projekte über einen langen, politisch und wirtschaftlich schwierigen Zeitraum hin konsequent zu verfolgen.

Philosophie, Mythologie und Weltschmerz.
Von Idealen und verlegerischen Großprojekten

Im Zentrum von Pipers philosophischem Interesse steht damals Arthur Schopenhauer. Wie stark der Verleger persönlich involviert ist, zeigen seine Erinnerungen an die zufällige erste Begegnung mit dessen Werk schon als Buchhandelslehrling, an die Lektüre der *Neuen Paralipomena*:

> Ein unbekannter Käufer hatte im Laden einen sehr zerlesenen, braun gebundenen Reclamband liegengelassen, in den ich hineinschaute. Es war der vierte Band von Schopenhauers Nachlaß, die »Neuen Paralipomena« […] In Schopenhauer fand ich einen jener seltenen unbestechlichen Geister, die den Leser nicht mit schönen, harmonischen Phrasen abspeisen […] Nach der ersten Lektüre dieses Schopenhauerbandes sagte ich mir, da müsse man doch die entscheidenden Sätze auf einen Bogen zusammendrucken und an möglichst viele Menschen verteilen! […] Der Verleger regte sich zum erstenmal in mir.[2]

Für ein kleines Schopenhauer-Brevier in der Reihe »Die Fruchtschale« will Piper bereits im Gründungsjahr des Verlags den berühmten Indologen Karl Eugen Neumann gewinnen. Dieser lehnt das Projekt zwar ab, gibt Piper aber seine Übersetzung von *Krischnas Weltengang,* der ersten indischen Mythologie, zum Verlag, die 1905 unter Pseudonym erscheint, und schlägt von sich aus bald darauf eine Ausgabe der Reden Buddhas vor, die erste deutsche Übertragung in diesem Umfang. Sie erscheint ab 1907; zunächst aus der *Längeren Sammlung* in drei Bänden, nach Neumanns Tod 1923 bis 1928 dann Buddhas Gesamtwerk in einer zehnbändigen Neuausgabe, in der Neumanns auf verschiedene Verlage verstreute Übersetzungen gesammelt sind. Die Ausgabe wird einer ganzen Generation zum Ereignis. George Bernard Shaw hat ihre Bedeutung – so Klaus Piper in seinen Erinnerungen – sogar mit der von Martin Luthers Bibelübersetzung verglichen.

Auch sein Schopenhauer-Projekt hat Piper inzwischen

Verlagsanzeige zu »Die Reden Gotamo Buddhos«

THOMAS MANN:
Es ist im Publikum noch nicht hinlänglich bekannt, daß die Verdeutschung der Reden Buddhos durch Karl Eugen Neumann zu den größten Übersetzungstaten gehört, die für unser Volk geschehen, vergleichbar der Shakespeare-Übersetzung von Tieck und Schlegel.

GUSTAV MEYRINK:
Über Buddhismus ist so viel Mangelhaftes geschrieben worden, daß das Werk Karl Eugen Neumanns, das die Worte Buddhos selbst bringt, wie ein Monument anmutet. Es ist, als höre man die ruhevolle, eindringlich quellklare Stimme des Erhabenen selber, wenn man ein Kapitel liest.

RUDOLF PANNWITZ:
Die Lieder der Mönche und Nonnen sind Gipfel der Weltdichtung und in der ihnen eigenen Art vollkommen unvergleichlich. Die Übertragung durch Neumann ist Wiedergeburt in deutscher Sprache.

JAKOB WASSERMANN:
Wer die Mühe des Vergleiches mit anderen Unternehmungen, die dasselbe Ziel erstrebten, nicht scheut, wird ein schöpferisches Vermögen in dem bemerken, was man mit einem hier nicht zulänglichen Ausdruck Übersetzung nennt, für die ich kein ebenbürtiges Beispiel weiß.

STEFAN ZWEIG:
Von Zeit zu Zeit geschieht das Wunder, daß einer Sprache ein neuer Rhythmus geboren wird, die Möglichkeit der Entfaltung an neuem Keim fruchtend aufschließt, mit einem Male ungeborene Empfindung neugefundenen Formen zudrängt. Solch eine Übersetzung ist die Karl Eugen Neumanns.

R. PIPER & CO. VERLAG · MÜNCHEN

Röderdruck Leipzig

DIE REDEN GOTAMO BUDDHOS

ÜBERTRAGEN VON
KARL EUGEN NEUMANN

IN den Reden Gotamo Buddhos sind die tiefsten Aufschlüsse über das Leben gegeben; sie stellen keine orientalische Religion dar, sondern wenden sich, erhaben über alle Zeiten, Räume und Gebräuche, an jeden. In einer Sprache von bezwingender Größe lehren sie die Welt ohne Beschränktheit und Engherzigkeit betrachten. Sie sind als Gipfel menschlicher Erkenntnis bezeichnet worden, als die kostbarsten Urkunden des Menschengeschlechtes. — Ihre zweitausendfünfhundertjährige Geschichte ist in Europa noch sehr jungen Datums. Karl Eugen Neumann, der erste Übersetzer der Reden Gotamo Buddhos, hat damit das bewunderungswürdigste Schriftwerk unserer Epoche geschaffen. Jeder sollte die Reden Buddhos besitzen, jeder sie lesen, wie sie für jeden bestimmt sind.

weiterverfolgt, wie ein Brief an den Kompagnon Hammelmann belegt:

> Ich habe Ihnen einen Verlagsvorschlag von großer Tragweite
> zu machen. Er entspringt nicht einem augenblicklichen Einfall, sondern ich trage ihn schon seit einigen Wochen mit mir
> herum und wollte die Idee reifen lassen. Es handelt sich, ganz
> allgemein gesprochen, um die Schopenhauer-Ausgabe […]
> Ich füge noch hinzu, daß ich seit meinen Lehrlingsjahren
> stets ein eifriger Schopenhauer-Leser gewesen bin und deshalb die Sache nicht eine rein geschäftliche Angelegenheit
> ist.[3]

Hier manifestiert sich das Konzept des Verlegerverlags ein
weiteres Mal, einschließlich seiner bekenntnishaften Komponente. Diese wird besonders deutlich in den Briefen
an Paul Deussen, den Nietzsche-Freund und damals renommiertesten Philosophen in der Nachfolge Schopenhauers, den der junge Piper schon im Gründungsjahr als
Herausgeber und Übersetzer für seinen Verlag zu gewinnen sucht. 1910 endlich gelingt es ihm mit dem großangelegten, kühnen Plan einer Schopenhauer-Gesamtausgabe.
Sie wird jedoch immer auch Sorgenkind des Verlegers
bleiben.

Am 5. September 1910, zwei Wochen vor dem 50. Todestag
des Philosophen, übernimmt Deussen die Verantwortung
für die Edition: »Ihr Plan, eine würdige Ausgabe der Werke
Schopenhauers in 10 Bänden zu veranstalten, ist mir sehr
sympathisch, und ich wünsche dazu von Herzen Glück.
Gern will ich dem Unternehmen alle denkbare Teilnahme
widmen, aber die Ausführung der materiellen Arbeit muß
ich jüngeren, weniger beschäftigten Kräften überlassen, mit
bessern Augen als die meinen sind.« Gleichzeitig dämpft
Deussen Pipers Erwartung, zum bevorstehenden Jubiläum
mehr als eine Ankündigung, nämlich eine erste Textprobe
der neuen Ausgabe, vorlegen zu können: »Da«, meint er, so
professoral wie editionserfahren, »hätte man viel früher
anfangen müssen.«[4] Dies leuchtet – im unmittelbaren Vorfeld des Jubiläums – ein, und so bleibt es bei der Ankündi-

gung dieses wissenschaftlichen Großunternehmens: »Schopenhauers Werke in würdigster Ausstattung, absoluter Korrektheit und einer bisher unerreichten Vollständigkeit herauszugeben, ist die Aufgabe, welche sich die Verlagsbuchhandlung R. Piper & Co. in München für die nächsten Jahre gestellt hat«, heißt es im handschriftlichen Entwurf zu dieser Ankündigung, der auf einer Postkarte erhalten ist. »Der Preis der einzelnen Bände wird trotz der geplanten opulenten Ausstattung in Druck und Papier ein so mäßiger sein, daß auch der weniger bemittelte Freund des Philosophen in der Lage sein wird, sich in Besitz des ungeheuren Schatzes tiefer, weltumfassender Gedanken zu setzen, welche in Schopenhauers Schriften vorliegen.«[5]

Damit reagiert Piper auf die neue Aktualität des Philosophen und setzt sich von Brockhaus, dem ursprünglichen Schopenhauer-Verlag, dezidiert ab. Dort hatte sich das Werk zu Schopenhauers Lebzeiten, als niemand außer dem Verfasser selbst an seine Bedeutung glaubte, zunächst als Ladenhüter erwiesen und war deshalb wenig gepflegt worden. Zumal sich das als misanthropisch verrufene Genie als schwieriger und extrem anspruchsvoller Autor erwies. Erst in den letzten Lebensjahren fand Schopenhauer allmählich Anerkennung. Brockhaus entschloß sich zu einer Gesamtausgabe letzter Hand, die ab 1859 erschien. Auf ihr beruht Pipers Neuedition. Ziel der Herausgeber – neben Deussen vor allem Franz Mockrauer und nach Deussens Tod 1919 Arthur Hübscher – ist, wie es in der Vorrede heißt, die größtmögliche Werktreue, der »durchaus treue Abdruck der Ausgabe letzter Hand vom Jahre 1859, unter Wahrung der ursprünglichen Orthographie und Interpunktion«.

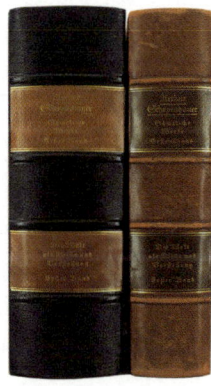

Arthur Schopenhauer, »Die Welt als Wille und Vorstellung«, Erstausgaben von 1911

Die Herausgeber stürzen sich offenbar mit voller Kraft in die Arbeit; Deussen so intensiv, daß er sich, sehr zum Kummer der besorgten Gattin, mit seinen Manuskripten nächtelang einschließt. Unter dem Siegel strengster Verschwiegenheit wendet sie sich anläßlich eines Schwächeanfalls ihres Mannes hilfesuchend an den Verleger: »Es liegt in erster Linie in meinem Interesse, dann aber auch in dem

Ihrigen, Herrn Geheimrat zu ermahnen, sich nicht zu überarbeiten. Wir, meine Kinder und ich möchten nicht vorzeitig den Vater und Ernährer verlieren und Sie gewiß nicht den zuverlässigen Arbeiter, der für Ihren Verlag unbezahlbar ist.«[6]

Bereits im Juni 1911 liegt der erste Band der neuen Werkausgabe vor, Teil 1 des Hauptwerks *Die Welt als Wille und Vorstellung*. Bis 1916 erscheinen acht Bände. Mit dem Ersten Weltkrieg und Deussens Tod 1919 gerät die Ausgabe ins Stocken. Erst 1942, also 32 Jahre nach der Ankündigung, erscheint der letzte der von ursprünglich zehn geplanten auf insgesamt sechzehn Bände angewachsenen Ausgabe, Band 3 des Briefwechsels. Als Gesamtprojekt, das auch Materialien zur Person des Philosophen umfassen sollte, jedoch bleibt die Schopenhauer-Ausgabe unvollendet.

Erhebliche Schubkraft gewinnt das Projekt aus der Gründung einer Schopenhauer-Gesellschaft, die ihrerseits wiederum ausgelöst wird von der Ankündigung der Piperschen Gesamtausgabe. Die Initiative geht aus von Dr. Posener, einem Berliner Rechtsanwalt, der sich an den Piper Verlag wendet. Es gelingt, Deussen als Vorsitzenden zu gewinnen. Mit Unterstützung von Reinhard Piper wird die Gesellschaft zum 50. Todesjahr des Philosophen am 30. Oktober 1911 in Frankfurt am Main gegründet, dazu ein Schopenhauer-Archiv und ein Jahrbuch. Das Unternehmen löst breite Resonanz aus und wird Piper, wie bereits erwähnt, zum Vorbild für die Gründung der ebenso erfolgreichen Marées-Gesellschaft.

Ob Buddha-, Dostojewski- oder Schopenhauer-Ausgabe: sie alle zeigen die typischen Merkmale der Piperschen Gründungsprojekte, auf denen der Ruf des Verlags basiert. Sie entstehen relativ spontan aus bekenntnishaftem individuellem Interesse, das zeitgenössische Trends aufnimmt, auch wenn sie wirtschaftlich kurzfristig nicht erfolgversprechend erscheinen. Die Projekte werden – getragen von diesem persönlichen Engagement für die Sache – in ihren Weiterungen für Jahrzehnte verlegerischer Arbeit

konsequent verfolgt. Piper akquiriert, stets durch persönliche Kontaktaufnahme, die bestausgewiesenen Fachleute – langmütig, wenn es gilt, Verzögerungen hinzunehmen, ausdauernd, wenn es darum geht, Schwierigkeiten zu überwinden. Er ist immer bereit, Anregungen seiner Autoren und Herausgeber aufzunehmen und umzusetzen. Davon lebt sein Verlagsprogramm. In der ausgeprägten Konkurrenz zu anderen Verlagen, die aus Pipers Spätlingsposition in der Reihe der Kulturverlagsgründer resultiert, bleibt er stets sachbezogen und vermeidet es, in bestehende Verlagsbeziehungen einzudringen. Andererseits kennt er auch keine Scheu, attraktive Themen aufzugreifen und Autoren, für die er sich interessiert, wegen neuer Projekte anzusprechen, selbst wenn sie bereits von anderen Verlagen vertreten sind. Singulär und verständlich nur aus seinem tiefen Sachinteresse ist die Durchhaltekraft, mit der Piper seine Großprojekte verwirklicht.

Sitzung der Schopenhauer-Gesellschaft, München 1914. Im Vordergrund sitzend Paul Deussen (2. von links), rechts daneben Reinhard Piper

IM MEKKA DER SCHWARZEN KUNST
Buchkunst und Buchgestaltung

»Mekka der Schwarzen Kunst«, so wird das München der späten zwanziger Jahre genannt. Denn hier entwickelt sich ab 1927 um die neugegründete »Meisterschule für Deutschlands Buchdrucker« und ihre Lehrer Paul Renner, Jan Tschichold und Georg Trump ein Zentrum der modernen Schriftbewegung. In den wenigen Jahren, bis der Nationalsozialismus auch der Buchkunst deutschnationale Maßstäbe vorgibt, entsteht der undogmatische, von subtilem ästhetischem Gespür getragene, vielgerühmte »Münchner Stil«.

Doch schon die Anfänge der Buchkunstbewegung, die sich, ausgehend von England, um die Jahrhundertwende gegen die mit der Industrialisierung auftretenden Verfallserscheinungen in der Buchherstellung wendet, hatten in München einen wichtigen Stützpunkt. Orientiert an den großen Vorbildern, an William Morris, Eugen Diederichs und dem Insel Verlag, an den Künstlern um die Zeitschrift *Jugend* und Melchior Lechter, dem Gestalter der Bücher Stefan Georges, arbeiten auch die Münchner Kulturverleger an einer neuen, den Inhalten adäquaten Buchgestalt. Sie soll, in einer Synthese von Ästhetik und Industrie, Künstlertum und Buchgewerbe, den Buchkörper als Ganzes umfassen: Einband und Umschlag, Vorsatzpapier, Illustration und vor allem die Typographie. Sie hat nun – gemeinsam mit dem Kriterium der materialgerechten Verarbeitung – Vorrang in der Buchgestaltung.

Das München der Prinzregentenzeit bietet dieser Entwicklung, wie eingangs schon erwähnt, die besten Voraussetzungen. Das Kunsthandwerk, darunter eine erhebliche Zahl hochqualifizierter Druckbetriebe, artistischer und graphischer Anstalten wie zum Beispiel Hanfstaengl oder Bruckmann, erlebt eine Blütezeit. Mit dem Aufschwung der populären Druckgraphik ist München neben Leipzig zum Zentrum der Reproduktionsindustrie in allen graphischen Techniken aufgestiegen. Was hier produziert wird, genügt auch den gehobenen Ansprüchen der Kunst- und Zeitschriftenverlage. Die damals stil- und geschmacksbildenden Journale erscheinen in München, und von München aus überschwemmt Georg Müller den Markt mit seinen Prachtausgaben und Luxusdrucken, noch im dekorativen Stil der Münchner Renaissance. Von hier aus macht Albert Langens modernes, vom Jugendstil geprägtes Buchdesign Furore.

Wirtschaftliche Grundlage dieses buchkünstlerischen Entwicklungsschubs ist − auch das sei hier nochmals erwähnt − der Wohlstand des Bildungs- und mehr noch des Besitzbürgertums vor 1914, das sich mit der Ästhetisierung des Lebens auch die des Buches leisten kann und will. Nach dem Einbruch durch den Ersten Weltkrieg erlebt die Buchkunst noch einmal eine wirtschaftlich bedingte, so kurze wie heftige Hochkonjunktur. Die Inflation begünstigt die Flucht in Sachwerte, was auch den Luxusdrucken zugute kommt. In dieser Phase allerdings gehen die buchkünstlerischen Initiativen nicht mehr von den Kulturverlegern aus, deren Interesse sich mehr auf das Gebrauchsbuch als auf das Luxusbuch konzentriert, sondern von Pressenverlegern und Bibliophilen. Insgesamt zeigt sich die Gestalt der Bücher aus Münchner Verlagen zwischen 1900 und 1930 als undogmatischer Querschnitt durch alle typographischen Tendenzen der Zeit.[1]

Einband und Titelseite von 1912, Signet von Karl Soffel

Von der Münchner Renaissance zur Neuen Sachlichkeit. Die Gestalt der Piper-Bücher

Der junge Piper hat die Buchkunstbewegung während seiner Ausbildungszeit intensiv miterlebt. Zunächst reflexiv während der Jahre im Münchner und Berliner Sortiment, wo er sich mit der höchst unterschiedlichen ästhetischen Qualität der Buchproduktion täglich konfrontiert sah und diese mit wachen Sinnen registrierte. Dann bei Callwey, in dessen Haus ihn vor allem anderen der Verlag des *Kunstwart* lockte, und bei Georg Müller, wo Piper die Arbeiten aller wichtigen Buchgestalter kennenlernte. Selbst aktiv wird Piper dann mit der Gründung des eigenen Verlags, der mit Arno Holz' *Dafnis* einen buchgestalterisch höchst eigenwilligen, neobarock inspirierten Erstling vorlegt und mit der Dostojewski-Ausgabe ein markantes, sich immer mehr ins Sachliche wandelndes Buchdesign.

Durch sein Interesse an zeitgenössischer Malerei und Graphik dürfte Pipers Blick für Buchästhetik zusätzlich geschult worden sein. Jedenfalls gewinnt er die tonangebenden Buchgestalter wie Paul Renner, Emil Rudolf Weiß, Fritz Hellmuth Ehmcke und später dann Emil Preetorius auch für den eigenen Verlag. Dieser wird schon 1910 auf der »Internationalen Ausstellung für Buchgewerbe und Graphik« in Leipzig mit der Goldmedaille für Buchkunst ausgezeichnet. Mit Renner, dem führenden Vertreter der Neuen Sachlichkeit und Mitbegründer des »Münchner Stils«, bekannt geworden vor allem durch seine die Typographie revolutionierenden Schriftentwürfe, steht Piper seit der Verlagsgründung in Verbindung. Der Einband der Dostojewski-Ausgabe 1906 ist Renners erste Arbeit für den Verlag. Er wird dessen ästhetisches Profil über viele Jahre prägen, bis er 1933 wegen seiner kulturpolitischen Haltung aus dem Lehramt an der Münchner Meisterschule entlassen wird.

Ehmcke, seit 1913 in München als Lehrer an der Kunstgewerbeschule und ab 1924 als Professor an der Kunstakademie tätig, steht für eine streng sachliche, klare Buchgestalt, die sich gegen Heimatkunst und jede Form des Historismus richtet. Für Piper gestaltet Ehmcke Bücher seit 1914, zum Beispiel Werke Christian Morgensterns.

Weiß, der vor allem durch seine Arbeiten für den Eugen Diederichs Verlag zu einer der Schlüsselfiguren der Buchkunstbewegung geworden ist, gewinnt Piper für die Gestaltung der »Drucke der Marées-Gesellschaft« ab 1917, darunter den berühmten Band 31 mit den Gedichten der Sappho, für die er die griechische Schrift entwirft. Bis zu seinem Tod 1942 ist Weiß dann regelmäßig für den Verlag tätig. Dem Verleger wird er zum so kompetenten

Einband- und Titelgestaltung zu Christian Morgensterns »Stufen« von 1922; Zeichnung von Hans Wildermann nach einem Entwurf des Autors

wie eigensinnigen Gesprächspartner und Widerpart bei oft stark divergierenden buchästhetischen Vorstellungen. »Der Teufel soll all diesen Tiefsinn in Vignettenform holen!«[2] faßt Weiß etwa die durch den Verleger übermittelten Wünsche von Morgensterns Witwe Margareta für einen neuen Einband der *Stufen* zusammen, der dann aber offenbar nicht verwirklicht wird. Die auf den Briefwechsel mit Weiß folgende 14. Auflage von 1941 jedenfalls zeigt – in leicht abgewandelter Form – noch immer den vignettenhaft-symbolistischen Innentitel der Erstausgabe von 1918.

Der einzige echt Münchner Illustrator, Paul Neu, wird seit 1909 vielfach für Piper tätig, nicht nur für Georg

Brief von Emil Preetorius an
Reinhard Piper, 21. 11. 1944

Queris Werk, sondern auch mit Umschlag-, Einband- und Textillustrationen weiterer Verlagstitel, zum Beispiel für die Reihe »Was nicht im ›Baedeker‹ steht« (1928) und »Was nicht im Wörterbuch steht« (1932). Ab 1930 arbeitet Olaf Gulbransson, der geniale Zeichner des *Simplicissimus*, für den Verlag, als Illustrator, Gestalter von Buchumschlägen und als Autor. Er illustriert zum Beispiel Bruno Brehms Roman *Wir alle wollen zur Opernredoute,* entwirft den Umschlag für die Verlagsalmanache von 1934 beziehungsweise 1939 und veröffentlicht hier 1934 seine eigene gezeichnete Lebensgeschichte *Es war einmal,* die 1954 mit *Und so weiter* fortgesetzt wird.

Preetorius schließlich, der seit 1907 für viele renommierte deutsche Verlage arbeitet, ab 1927 an der Akademie für Bildende Künste in München lehrt und von 1953 bis 1961 Präsident der Bayerischen Akademie der Schönen Künste ist, prägt das Gesicht der Piper-Bücher nach 1945. Von ihm stammt der erste Entwurf für die von Reinhard Piper 1944 als sein letztes großes Projekt konzipierte und ab 1946 realisierte Piper-Bücherei, deren Erscheinungsbild Preetorius bis in die fünfziger Jahre bestimmt. Insgesamt entwirft Preetorius mehr als hundert Umschläge für den Verlag. Auch seine eigenen schriftstellerischen Arbeiten sind hier erschienen – im Gegensatz zu denen von Weiß, die Piper zu des Autors Mißfallen offenbar nicht verlegen wollte.

Insgesamt zeigen die Piper-Bücher der ersten dreißig Jahre ein buntes Stilgemisch. Der dekorative Stil der Münchner Renaissance ist anfangs, vor allem bei den hochpreisigen Kunstbüchern, ebenso vertreten wie der Jugendstil; beides wird nach und nach abgelöst von den reinen Schriftlösungen der Neuen Sachlichkeit. Ein einheitlicher Stil, als frühe Form eines »corporate design«, ist nicht zu erkennen und bei der Vielfalt der Programmschwerpunkte wohl auch nicht realisierbar. Beeindruckend wirken noch heute die Gestaltung der Gesamtausgaben, die herstellerische Qualität der Bildbände, zum Beispiel bei Julius Meier-Graefes dreibändiger Marées-Biographie, sowie die gestalterische Sorgfalt der verschiedenen Editionen, in denen die Bände auf den Markt kommen.

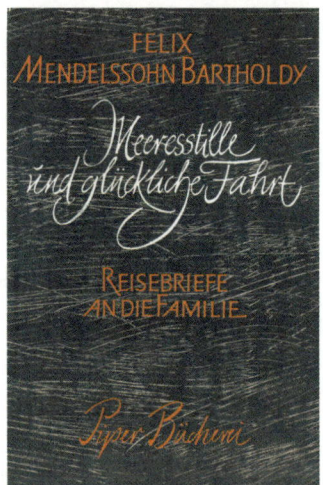

Aus der Piper Bücherei: Einband von Emil Preetorius, 1947, und von Gerhard M. Hotop, 1958

Die Zäsur, die der Nationalsozialismus in der Buchgestaltung setzt, ist unübersehbar. Überraschend schnell dominiert bei Piper-Büchern, vor allem in der Belletristik, die Fraktur, die ab 1934 amtlicherseits zur politisch opportunen »deutschen Schrift« erklärt wird. Auch die Gestalt bereits erschienener Titel wird der neuen Optik angepaßt. Exemplarisch sichtbar ist das an den Büchern des Bestseller-Autors Bruno Brehm, die in Neuauflagen und Neuausgaben zunächst auf Schutzumschlag und Innentitel, dann allmählich auch im Satz von Antiquaformen zur Fraktur wechseln, bis dann 1941 ein Erlaß des »Führers« dem latenten Frakturzwang ein jähes Ende macht. Man hat erkannt, daß die »deutsche Schrift«, die international als unrezipierbar gilt, zum Hindernis werden könnte auf dem Weg zur »Weltherrschaft«.

Seit Anfang der fünfziger Jahre, als nach Überwindung der Mangelwirtschaft die Zeit der bunten Bilder beginnt, dominieren starkfarbige Einbände und Umschläge zusammen mit dem einheitlichen Design der neuen Reihen das Erscheinungsbild der Piper-Bücher. Als stilbildend wirken – nach Preetorius – die Buchkünstler Gerhard M. Hotop, Werner Rebhuhn und Martin Kausche.

Reinhard Piper hat sich in seinen Erinnerungen über buchgestalterische Fragen kaum geäußert, was angesichts seines ausgeprägten kunsthistorischen Interesses und seiner Kennerschaft zeitgenössischer bildender Kunst, vor allem Graphik, verwundern mag. Im Briefwechsel mit den Buchgestaltern nimmt er gelegentlich am konkreten Fall Stellung zu Fragen der Umschlag- und Einbandgestaltung; von Typographie jedoch ist kaum je die Rede. Am ausführlichsten befaßt Piper sich mit den verschiedenen Signets, die er sich im Lauf der Jahre von seinen bekanntesten Buchgestaltern, Renner, Weiß, Ehmcke und Preetorius, hat zeichnen lassen. Einer von Renners Entwürfen bildet – in überarbeiteter Form – das bis heute gültige Verlagssignet.[3]

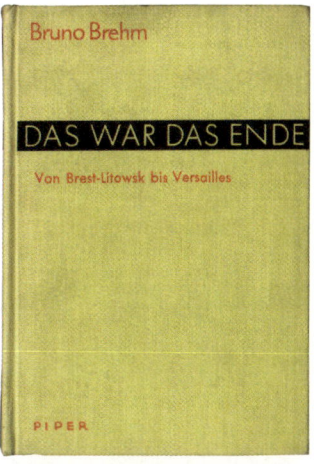

Umschlaggestaltungen von 1933 mit dem Wechsel von Antiqua (26.–30. Tausend) zu Fraktur (221.–230. Tausend)

105

BÜCHERKRISEN
Der Verlag im Ersten Weltkrieg und in den zwanziger Jahren

Man muß die Feste feiern, wie sie fallen, heißt es, und das gilt auch für Verlagsjubiläen. Doch für den Piper Verlag fallen sie zunächst in krisenhafte Zeiten, Zeiten auch von Bücherkrisen: Das zehnjährige Verlagsjubiläum 1914 fällt auf den Beginn des Ersten Weltkriegs, das zwanzigjährige 1924 in Inflation und Wirtschaftskrise, das zum Viertel-

15. Verlagsgeburtstag 1919 in der Römerstraße 1, im Vordergrund links Reinhard Piper, rechts Adolf Hammelmann

jahrhundert 1929 schließlich in die eigentliche »Bücher-krise«, Symptom für den endgültigen Zerfall von bürger-licher Gesellschaft und Lesekultur. Dennoch blickt man bei Piper zu Recht stolz zurück auf die Jahre des Aufbaus und das bisher Geleistete, begeht die Jubiläen mit Verlags-almanachen und Ausstellungen und zieht positive Bilanz.

In den zehn Verlagsjahren vor Beginn des Weltkriegs sind fast 300 Titel erschienen, damals eine stolze Zahl, dar-unter 21 von Fjodor Dostojewski, 19 von Julius Meier-Graefe und 14 von Arthur Schopenhauer als meistverleg-ten Autoren. Zwei epochemachende Gesamtausgaben sind auf den Weg gebracht, die Publikationen zur modernen Kunst weisen Piper als verlegerische Heimat der Avant-garde aus. Mit den von Anfang an favorisierten Bereichen bildende Kunst, Philosophie und Literatur hat Piper sich als Kulturverlag etabliert. Das ungleich verteilte Gewicht zwischen den drei Bereichen wird sich nach dem Welt-krieg weiter zugunsten des Kunstprogramms verschieben.

Kriegswirtschaft und Kriegsliteratur.
Der Verlag 1914 bis 1918

Rückschau und Resümee fallen zusammen mit dem un-widerruflichen Ende eines ganzen Zeitalters. Der Krieg hat auch für den Buchmarkt tiefgreifende Konsequenzen. Der Abbruch der Auslandsbeziehungen behindert die inter-nationalen Verlagskontakte und die internationale Rezep-tion deutschsprachiger Bücher; Deutschland isoliert sich auch kulturell. Alles Vermittlungsinteresse konzentriert sich auf das Kriegsgeschehen; die bisherigen Buchprogramme sind nur noch schwer zu verkaufen. Erstaunlich schnell stel-len sich die meisten Verlage um auf patriotisch-kriegerische Novitäten, teils bedingt durch die allgemeine Kriegseupho-rie, teils als Überlebensstrategie. »Alles deutet darauf hin, daß geschickt gemachte Kriegsliteratur gut gekauft wird und daß im allgemeinen das Lesebedürfnis im Felde groß ist«, schreibt Reinhard Piper den Teilhabern Alfred Eisen-lohr und Adolf Hammelmann, die bereits eingezogen wurden, zu Kriegsbeginn ins Feld.[1] Doch es zeigt sich bald, daß auch mit dem neuen, bitter aktuellen Thema Krieg, mit der Hoffnung auf neue Zielgruppen bei Soldatenfamilien und Frontverkäufen die massiven Umsatzeinbußen, vor allem bei der Belletristik, nicht auszugleichen sind. Hinzu kommen wachsende Versorgungsschwierigkeiten, Papierknappheit, die einschränkende Wirkung verschärfter militärisch-politischer Zensur sowie Personalmangel durch Einberufungen und sogenannte »Kriegsverluste«. Piper, dem es immer wieder gelingt, sich vom Kriegsdienst zurückstellen zu lassen, ist im Verlag bald der einzige Mann neben vierzehn weiblichen Angestellten. Die wirtschaftliche Ausnahmesituation verlangt immer kurzfristigere Kalkulation, führt zu Teuerungen und verschärfter Konkurrenz der Verlage untereinander. Wichtige Projekte werden verschoben, die Buchproduktion geht zurück.

Zeichnung von Alfred Kubin, 1914

Auch die Münchner Verlage leisten fast ausnahmslos ihren Beitrag zur ideologischen und psychologischen Kriegsführung. Bald beherrscht das mehr oder minder kriegsnahe Buch den Markt; sei es mit aktuellen Titeln über das Kriegsgeschehen und die beteiligten Nationen, sei es mit populärhistorischen Werken über frühere Kriege oder mit kriegsverherrlichenden Manifesten, Lyrik und Unterhaltungsliteratur.

Auf letztere verzichtet der Piper Verlag zwar weitgehend. Doch auch er bestreitet in den vier Kriegsjahren − bei massiver Titelreduktion − einen beträchtlichen Programmanteil mit kriegsnahen oder zumindest nationalen Themen, meist Bilddokumentationen über aktuelle Kriegsschauplätze oder einschlägige kulturhistorische Werke. Darunter sind beispielsweise Bildbände zu *Krieg und Kunst,* über das *Kriegsland Österreich-Ungarn, Zwei Jahre an der Westfront, Ein Gang in den Schützengraben zu den Pionieren* oder *Das schöne Ostpreußen,* ein Paul von Hindenburg gewidmeter Bildband, der in 20 000 Exemplaren verbreitet wird; aber auch Arthur Moeller van den Brucks Kulturgeschichte *Der Preußische Stil,* mit der er − fern der Front − patriotische Wiedergutmachung betreibt. Diese Art Kriegsliteratur erweist sich als so lukrativ, daß der

Buchumschlag von 1918

Verlag die zu Kriegsbeginn von den beiden Teilhabern aufgenommenen Kredite überraschend schnell zurückzahlen kann.

Daneben führt Piper trotz der reduzierten Produktions- und Absatzmöglichkeiten die vor dem Krieg begonnenen Großprojekte fort, wenn auch in eingeschränktem Umfang. Zukunftsweisend wirkt die seit 1913 verschobene Gründung der Marées-Gesellschaft 1917; mit ihr wird, wie bereits beschrieben, der Programmbereich Kunstbuch, Mappenwerk und Kunstdruck, Standbein des Verlags in den schwierigen Nachkriegsjahren, weiter ausgebaut. So gerüstet, kann Piper, »unbeeindruckt vom ideologischen Getümmel«,[2] seine Programmlinie auch in den zwanziger Jahren fortführen, anders als seine unmittelbaren Münchner Konkurrenten Albert Langen und Georg Müller, deren Rechtsruck schließlich den Niedergang der Unternehmen in der NS-Zeit und ihre Auflösung nach sich zieht.

Buchumschlag von 1916

Auf München, die bewunderte Metropole von Kunst und Lebensfreude, wirkt sich der Erste Weltkrieg, der auch das Ende der goldenen Prinzregentenzeit und zugleich das Ende der vielhundertjährigen Wittelsbacher Herrschaft bringt, besonders gravierend aus. Die Mannigfaltigkeit des literarischen Lebens, die vielstimmige Mischung von Fraktionen, Weltanschauungen und Lebensstilen wird nun abrupt ausgelöscht. Gleichzeitig mit dem politischen Zeitenwechsel verliert München viele seiner tonangebenden Literaten. Der frühe Tod von Ruederer, Thoma, Wedekind, Queri, Lautensack, Franziska von Reventlow, Lena Christ und Ganghofer kommt einem Aderlaß in der bayerischen Literaturszene gleich. Die sozialkritische Avantgarde mit Brecht, Feuchtwanger, Fleißer, Horváth, Heinrich Mann, aber auch Ricarda Huch und Rilke verläßt die Stadt. Der Abzug dieser freieren unter den literarischen Geistern, meist in Richtung Berlin, wo sie die Zukunft vermuten, hinterläßt bei den Zurückgebliebenen eine Stimmung der Resignation und Melancholie, die den ohnehin schon offensichtlichen Wandel hin zu Stagnation und Konservativismus weiter verstärkt. Die seit der Jahrhundertwende strahlende Kunststadt wird allmählich zur provinziellen Heimat der Reaktion.[3]

Dabei befindet sich München als Buchstadt – entgegen dem allgemeinen Trend – durchaus im Aufwind. Zwar trifft der politische und wirtschaftliche Zusammenbruch nach 1918 auch den deutschen Buchmarkt schwer, und die Krisenzeit hält auch nach Kriegsende an. Nichts – so stellen die Kulturverleger verzweifelt fest – erscheint nach 1918 so überflüssig wie das Buch.

München aber erlebt als Verlagsstadt durch Neugründungen und Zuzug von außen einen Aufschwung. Die Höhe der Titelproduktion von 1913 stabilisiert sich in den Kriegsjahren und wird, nach vorübergehenden Einbußen während der Inflationsjahre, 1927 fast wieder erreicht. In der Rangliste der Verlagsorte liegt München jetzt hinter Berlin und Leipzig an dritter Stelle.

1. Auflage von 1916

Das Kunstbuch als Geldanlage. Die Bücherkrise als Wirtschaftskrise

Auch Piper übersteht Nachkriegsjahre und Inflation zunächst gut – vor allem dank seiner hochpreisigen Kunstbücher und Mappenwerke, die sich in der Inflation als Geldanlage gut verkaufen. Das Kunstprogramm hat in dieser Phase eindeutig Priorität. Aber auch Buddhas *Mittlere Sammlung,* die 1921 in einer dreibändigen Neuauflage erscheint, ist plötzlich begehrt. In wenigen Wochen werden 5000 Exemplare verkauft, während sich der Absatz der 1000 Exemplare der Erstauflage über fünfzehn Jahre hingezogen hatte.

Ab 1924 aber gerät der Verlag in große wirtschaftliche Schwierigkeiten. Bedingt durch Wirtschaftskrise, Veränderungen in Käuferstruktur und Leseverhalten, stagniert seit dem Ende der Inflation nicht nur der Absatz der aufwendig konzipierten Gesamtausgaben, sondern auch der von Kunstbüchern und Mappenwerken. Eine Neuorientierung des Programms ist so notwendig wie schwierig. Denn die Kapitaldecke des Unternehmens ist der langen

Stagnationsphase wegen dünn. Kapitalzufuhr von außen soll die nötige Entspannung bringen. 1926 tritt Robert Freund als neuer Teilhaber und Geschäftsführer ein.

Piper hatte seinen Verlag seit der Gründung mit dem Kapital wechselnder Kompagnons geführt. Nach dem eher kurzfristigen Engagement von Georg Müller und Kurt Bertels in den ersten Verlagsjahren hatte er mit Adolf Hammelmann (ab 1909) und Alfred Eisenlohr (ab 1913) längerfristige Kapitalgeber gewonnen. Freund aber ist der erste, der nicht nur Kapital einbringt, sondern auch Impulse für die Neuorientierung des Verlagsprogramms.

Nach Freunds Einstieg reduziert man auch bei Piper zunächst einmal die Titelzahl. Im Kunstprogramm verschiebt sich das Gewicht von den teuren Mappenwerken allmählich hin zu den Piperdrucken. Das Literaturprogramm wird – nach Ende der patriotischen Phase, entgegen einem allgemeinen Trend – um internationale, vor allem englische und französische Literatur, aber auch den späteren Bestseller-Autor Bruno Brehm ergänzt; das Sachbuchprogramm um populäre Reihen, alternative Reise- und Sprachführer, deren Grundidee bis heute aktuell geblieben und oft kopiert worden ist. Zwar fehlt es Pipers Programm, wie dem der meisten Kulturverlage, in den zwanziger Jahren an Profil. Der Mangel an richtungweisenden neuen Kunstströmungen und die politischen Wirren der Weimarer Republik machen sich – bei Piper wie andernorts – in einer gewissen Beliebigkeit bemerkbar.

Dennoch gelingt es Piper, seine Grundlinie ohne größere ideologische Anbiederungen zu halten und seinen Rang innerhalb der Münchner Verlagsszene zu festigen. 1927 rangiert Piper unter den 21 wichtigsten Verlagen vor Ort zwar mit Platz 13 nur im Mittelfeld, bei den literarischen Verlagen aber belegt er nach Georg Müller, Kurt Wolff und Albert Langen den vierten Platz – gemessen an der Titelzahl. Nach Umsatz berechnet jedoch nimmt Piper – noch immer dank seiner Kunstbücher und Mappenwerke – unter den Münchner Kollegen nun eine Führungsposition ein.

Und so kann der 25. Verlagsgeburtstag trotz Bücherkrise

gebührend gefeiert werden. Höhepunkt ist die Jubiläums-
ausstellung »25 Jahre Piper Verlag«, gezeigt in der Berliner
Sezession und in der »Neuen Sammlung« in München.
Unter den Gratulanten ist neben vielen anderen auch die
Firma F. Volckmar Kommissionsgeschäft in Leipzig, heute
Koch, Neff & Oetinger & Co. GmbH in Stuttgart, die
die Bücher des Piper Verlags mittlerweile seit einem ganzen Jahrhundert ausliefert. Reinhard Piper hat seinen
Kommissionär nur zweimal in Leipzig besucht. Sein Verhältnis zu diesem technisch-logistischen Teil des Buchge-
schäfts, in dem Autoren und Künstler nur als Randerschei-
nungen wahrgenommen werden, soll ausgesprochen
distanziert gewesen sein.[4]

Jubiläumsschaufenster 1924 in
einer Wiener Buchhandlung

MIT DEUTSCHER INNERLICHKEIT DURCHS TAUSENDJÄHRIGE REICH
Der Verlag 1933 bis 1945

Deutsche Innerlichkeit, so heißt ein Buch von Ulrich Christoffel aus dem Verlagsprogramm von 1940, das – mit explizitem Sendungsauftrag und viel Gefühl – in Wort und Bild dem »deutschen Geist« in der Kulturgeschichte nachspüren will. Titel und Inhalt, Autorenname und Buchausstattung wirken programmatisch für die Überlebensstrategie des Piper Verlags im »Dritten Reich«: den Rückzug in ein »Nischendasein«, wie Klaus Piper es rückblickend formuliert.[1] Es ist die Strategie vieler Verlage, die sich, da sie von den medienpolitischen Repressionen der Nationalsozialisten nicht existentiell betroffen sind, darauf einrichten, das »Tausendjährige Reich« innerhalb Deutschlands zu überstehen. Dabei hilfreich ist der Rückzug ins Unverfängliche, ins Historische, Humoristische und Idyllische, mit Unterhaltungsliteratur aus der heilen Welt eines neuen Biedermeiers und »politisch korrekten« nordischen Autoren, mit kulturgeschichtlichen Werken, historischen Romanen und dem variantenreichen Genre der Blut-und-Boden-Literatur. Als lukrativ erweisen sich Lizenzausgaben für den Frontbuchhandel als neuem Segment auf dem durch Wirtschaftskrise und Medienkontrolle verunsicherten, durch die Kriegswirtschaft zusätzlich belasteten Buchmarkt.

Erstausgabe von 1940

Totale Medienkontrolle und mit ihr die »Ausmerzung« allen »schädlichen und unerwünschten Schrifttums« gilt dem Nationalsozialismus wie allen Diktaturen als zentrales Instrument ideologischer Gleichschaltung. Institutionalisiert ist sie im Reichspropagandaministerium, der Reichskulturkammer, dem Amt für Überwachung der gesamten geistigen und weltanschaulichen Schulung und Erziehung der NSDAP und den entsprechenden regionalen und örtlichen Unterorganisationen. Die Gleichschaltung beginnt mit der Bücherverbrennung im Mai 1933, die in München, nun »Hauptstadt der Bewegung«, an der Universität und auf dem Königsplatz unter großer öffentlicher Beteiligung inszeniert wird, sie setzt sich fort mit Medien- und Firmenboykotten, Diffamierungskampagnen, offiziellen Buch- bzw. Berufsverboten sowie der vom Börsenverein für den Deutschen Buchhandel in vorauseilendem Gehorsam unterstützten Arisierung des deutschen Buchhandels. Ab 1937 wird der Ariernachweis zur Bedingung für die Mitgliedschaft in der Reichsschrifttumskammer und im Reichsverband Deutscher Schriftsteller, beides Zwangsorganisationen, ohne die Publizieren in Deutschland nicht mehr möglich ist. Autoren und Verleger reagieren, sofern sie der NS-Bewegung nicht zugehören, je nach individueller Ausgangslage und politischer Überzeugung: mit Emigration oder Anpassung, Mitläufertum oder Rückzug in verschiedene Formen innerer Emigration oder inneren Widerstands.

Fundierte Aussagen darüber, wo im Spektrum zwischen Rückzug und Anpassung der Piper Verlag einzuordnen ist, sind derzeit kaum möglich. Wie bei den meisten deutschen Verlagen fehlt auch für Piper eine angemessene Darstellung seiner Geschichte im »Dritten Reich«. Die amtlichen Dokumente zu Verlegern und Verlagsvorgängen in den staatlichen Archiven sind spärlich.[2] In Verlagsarchiv und Verlagschronik ist der Zeitraum nur lückenhaft dokumentiert, und lückenhaft sind auch die Erinnerungen der Verleger; geprägt von innerer Distanz zum Regime, von politischer Abstinenz und dem Rückzug aufs Private. In Reinhard Pipers Memoiren, geschrieben in der unmittelbaren Nachkriegszeit, einer Blütezeit der Erinnerungs- und autobiographischen Rechtfertigungsliteratur, verschwindet die NS-Diktatur nahezu hinter individuellen Erlebnissen aus der Zeit des »Dritten Reichs«, wie den Begegnungen mit Olaf Gulbransson oder Josef Weinheber, hinter Urlaubsschilderungen aus der Bergwelt und Reiseberichten aus Italien.

In Klaus Pipers Erinnerungen, erschienen im Jahr 2000,

umfaßt das von ihm so genannte »Nazikapitel« ganze acht Seiten. Die nationalsozialistische Diktatur wird darin – nach bewährtem Muster – eher als »Störung« von außen dargestellt; Anfälligkeiten, etwa von Freunden oder Autoren, fürs Deutsch-Nationale, das den Pipers selbst sehr fremd erscheint, werden als »genetisch« bedingt verstanden.[3] Diese Grundhaltung ist dem allgemeinen Geschichtsbewußtsein der Nachkriegszeit verpflichtet – seiner Tendenz, die zerstörerischen Kräfte der NS-Bewegung hoch zu werten gegenüber der Verantwortung der alten Eliten für das Ende der Weimarer Republik, ebenso wie der Tendenz zum Schweigen und Verschweigen. Beides gehört zu den kollektiven Lebenslügen der Nachkriegszeit. Ernst Wiechert, trotz seiner deutschnationalen Grundhaltung nach 1945 als Mann des Widerstands und der inneren Emigration hoch geachtet, hat dies Selbstverständnis in dem 1938 bei Piper erschienenen und 1951 neu aufgelegten autobiographischen Buch *In der Heimat* an der Wiederbegegnung zwischen Vater und Sohn in der ostpreußischen Heimat beispielhaft formuliert: »Es war wie immer: daß wir von dem nicht sprachen, was uns bewegte. Aber daß wir es wußten, auch ohne Worte. Unser Blut floß nun den gleichen Weg.«[4]

Allgemein gilt der Piper Verlag als ein Unternehmen, das das »Dritte Reich« relativ unbelastet überstanden hat. Reinhard Piper ist Mitglied der Reichsschrifttumskammer; weder er noch Klaus Piper sind Mitglied der NSDAP.[5] Bereits im Januar 1946 erhält der Verlag von der amerikanischen Information Control Division (ICD) eine Lizenz zur Weiterführung des Unternehmens.

Einwände gegen diese ausschließlich positive Einschätzung wurden in letzter Zeit mehrfach formuliert. Zum einen im Zusammenhang mit Ingeborg Bachmanns Bedenken gegen die Beziehung des Piper Verlags zu dem österreichischen Bestsellerautor der dreißiger Jahre und bekennenden Deutschnationalen Bruno Brehm, die auch nach 1945 weiterbestand;[6] zum anderen im Fall der Anna-Achmatowa-Übersetzung durch Hans Baumann, über der

Klaus Piper, um 1935

es zum Eklat zwischen Verleger und Autorin kam.[7] Des weiteren wegen der Verlagsverbindung zu Josef Martin Bauer, die Klaus Piper 1946 in einer eidesstattlichen Erklärung zu legitimieren sucht. Und nicht zuletzt wegen der erst in den letzten Jahren bekannt gewordenen Causa des ehemaligen SD-Angehörigen Hans Rössner, den Klaus Piper 1958 zum Verlagsleiter und zum Ansprechpartner für Autorinnen und Autoren wie Ingeborg Bachmann, Hannah Arendt, Alexander und Margarete Mitscherlich macht, obwohl es kaum denkbar ist, daß er dessen politische Vergangenheit nicht gekannt haben soll. Darauf wird noch einzugehen sein.[8]

Aufzugreifen ist schließlich das Schicksal des Mannes, der Brehm in den Verlag brachte, des jüdischen Teilhabers Robert Freund. Von ihm trennt sich Reinhard Piper, den Zwängen der Arisierungsgesetze folgend, in einem langwierigen und schmerzhaften Ablösungsprozeß mit weitreichenden Folgen für den Verlag.

Um diese und einige weitere Aspekte, die mittlerweile erforscht und belegt sind, soll das bisher eher unscharfe Bild des Piper Verlags im »Dritten Reich« hier konkretisiert werden.

Rückzug in die Innerlichkeit. Verlagsalltag im »Dritten Reich«

I. Nach einer eingelaufenen Mitteilung des Sturmbannführers Ostberg SS-Standarte 1, soll durch den Verlag Piper & Co. hier Römerstr. 1. eine Verbreitung bolschewistischer Schriften erfolgen, nach der Mitteilung sollen die Angestellten des Verlages Kommunisten sein und in den Räumen des Verlages Kommunisten verkehren.

II. Durch den Unterzeichneten und Pol. Sekr. Winklhofer, Kr. O. K. Feil, Kr. H. W. Grassmann und Kr. H. W. Schlemmer wurde heute vormittags 8 Uhr in sämtlichen Räumen, sowie im Keller des Verlages Piper eine Suchung nach kommunistischen Schriften vorgenommen. Die Suchung erstreckte sich auch auf Schriften pornographischen Inhalts, weshalb außer Beamten der Abteilung VI auch noch Kr. O. K. Feil der Abt.

IV B 8 zugezogen wurde. Die Suchung verlief vollkommen ergebnislos. Während der Suchung war lediglich das Personal anwesend. […]

Nach Beendigung der Suchung in den Verlagsräumen wurde Piper von dem Unterzeichneten telephonisch von der Vornahme der Suchung verständigt und gebeten, sofort zu einer persönlichen Aussprache im Verlage zu erscheinen. Als Piper etwa um 10.30 Uhr eintraf, befand sich in seiner Begleitung der SA Mann Eugen S[…], Angehöriger des SA. Sturmes 15 L. S[…], der sich mit SA-Ausweis legitimierte, erklärte, daß er Reinhard Piper bereits seit Jahren schon als national gesinnten Mann kenne, der nach jeder Hinsicht als einwandfrei zu gelten habe. Piper selbst wurde von mir über den Zweck der Suchung aufgeklärt; darüber, was Anlaß zu der Suchung gegeben hat, wurde ihm keine Auskunft von mir erteilt. Da er unbedingt den Grund der Suchung zu erfahren wünschte, wurde ihm von mir bekannt gegeben, daß er weitere Auskünfte bei der Polizeidirektion, Abt. VI einholen könne.

Piper gehört der Kommission zur Bekämpfung der Schund- und Schmutzliteratur an; in diese Kommission werden nur ganz zuverlässige und einwandfreie Leute gewählt. Er ist nicht wie in der Mitteilung des Sturmbannführers Ostberg behauptet, tschechischer Staatsangehöriger […].

Bei der eingegangenen Mitteilung handelt es sich zweifellos um eine haltlose Denunziation.[9]

Aus einem anonymen Drohbrief vom November 1937 über den Autor Hans Reimann

Mit einer Hausdurchsuchung aufgrund einer Denunziation, die wohl dem jüdischen Teilhaber Robert Freund gilt, greift das neue Regime im März 1933 erstmals direkt bei Piper ein. Danach bleibt der Verlag zunächst relativ unbehelligt. Zu Repressionen hätte es auch keinen legitimen Anlaß gegeben. Keines der »verbrannten Bücher« ist bei Piper erschienen; keiner der Verlagsautoren gehört zu den von vornherein verfolgten und verbotenen. Der Name des Buchgestalters Paul Renner, der 1933 wegen seiner »kulturbolschewistischen Gesinnung« als Lehrer der Münchner »Meisterschule für Deutschlands Buchdrucker« suspendiert wird, tritt danach in Piper-Büchern kaum mehr in Erscheinung. Ab 1936, mit der konsequenten Arisierung des Kulturlebens, verschärft sich die Situation auch für Piper. Das Werk von André Maurois und Wilhelm Hausenstein wird verboten. Hans Reimann, erfolgreicher Sachbuch- und Reiseschriftsteller, wird 1937 in einem anonymen Drohbrief wohl aus dem Umkreis der SS-Zeitung *Schwarzes Korps* als »Kultur-Bolschewist«, »Konjunktur-Ritter und Allesmacher« beschimpft. Seine Haltung aber gilt als zwiespältig; war er doch 1936 vorübergehend selbst Mitarbeiter des Blattes. Dies trägt ihm nach 1945 ein Jahr Berufsverbot ein, gegen das er sich in langen Rehabilitierungsprozessen wehrt.

In den folgenden Jahren wird es immer schwieriger, als Verlag öffentlich präsent zu bleiben. Buchbesprechungen in der mehr und mehr gleichgeschalteten Presse zu erreichen ist kaum mehr möglich. Die Verhandlungen mit den Kontrollbehörden, auch um Papierzuteilungen, ein wichtiges Kontrollinstrument, gestalten sich immer aufwendiger. Hierfür ist nun in der Regel Klaus Piper zuständig, der ab 1937 Prokura hat und seit 1941 Teilhaber ist.

Ins Visier der Zensur gerät der Verlag mit seinem Kunstprogramm, den Bildbänden, Kunstdrucken und Kunstkalendern mit Werken der Avantgarde und der als »entartet« verfemten Künstler wie Ernst Barlach, Alfred Kubin oder den Malern des »Blauen Reiters«. Deren Parteigänger Julius Meier-Graefe ist, wie schon erwähnt, bereits seit Ende der zwanziger Jahre massiven Repressionen ausgesetzt, wegen seiner jüdischen Herkunft und als Propagandist der Moderne. Nach 1930 wird keines seiner Bücher mehr neu aufgelegt.

Einschneidend ist – so Reinhard Piper in seinen Erinnerungen – die Erfahrung mit Verbot und Beschlagnahmung von Barlachs *Zeichnungen* 1936. Wie der Verleger damit umgeht und wie er danach die Edition von Kubins *Abenteuer einer Zeichenfeder* in langwierigen Verhandlungen mit der »Reichsstelle für künstlerische Formgebung« in Berlin abzusichern versucht, das ist im Kapitel über Pipers Künstlerfreundschaften nachzulesen.[10] Im Kunstprogramm, mit dem der Verlag sich seit Bestehen am deutlichsten profiliert hat, lotet Piper planvoll und distanziert die Grenzen des noch Möglichen aus.

Zurückhaltender agiert der Verlag im schon seit den zwanziger Jahren relativ diffusen literarischen und kulturhistorischen Programmbereich. Die erfolgreichen Reihen der Reise- und Sprachführer werden – soweit möglich – fortgesetzt, ebenso die Schopenhauer-Ausgabe. Bei den Novitäten aber zieht man sich ganz auf deutsche Innerlichkeit zurück.

1932/33 plant der Verlag eine Übersetzung von Louis-Ferdinand Célines Roman *Reise ans Ende der Nacht,* der eben in Frankreich erschienen ist und lange als eines der

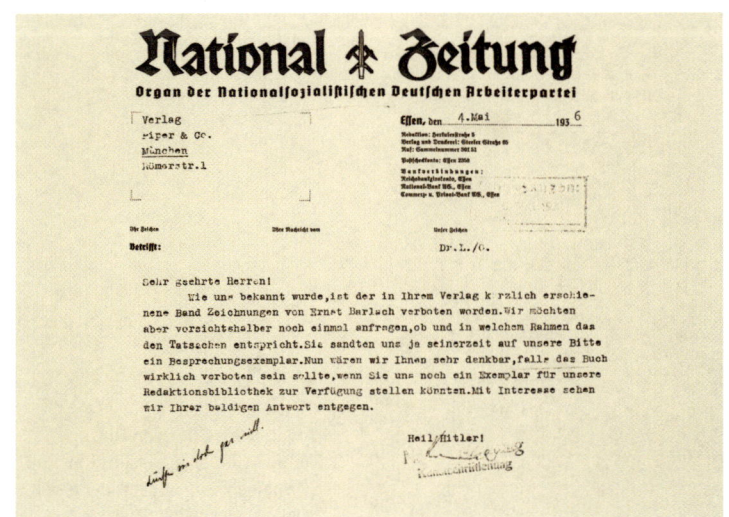

Brief der National Zeitung vom 1.5.1936 zum Erscheinen von Ernst Barlachs »Zeichnungen«

großen Skandalwerke des 20. Jahrhunderts gilt. Als die Übersetzung von Isak Grünberg, einem in Paris lebenden österreichischen Journalisten, Anfang 1933 vorliegt, zieht Piper das Projekt überstürzt zurück. Die Übersetzung, so teilt der Verlag dem Übersetzer mit, genüge sprachlich den Ansprüchen nicht, und verkauft die Rechte an den Verlag Julius Knittl Nachfolger (Mährisch-Ostrau/Leipzig). Es scheint, als habe Piper nach der nationalsozialistischen Machtübernahme das Interesse an diesem ganz unheldischen Roman der Welt- und Kriegsverneinung verloren. Ein unmittelbarer Eingriff durch NS-Kontrollorgane ist nicht nachweisbar.

Undatierter Brief von Olaf Gulbransson an Alfred Kubin zum Erscheinen von »Abenteuer einer Zeichenfeder«, 1942

Die deutsche Übersetzung erscheint zwar Ende 1933; Grünberg erkennt sie jedoch – der vielen Veränderungen wegen – nicht als sein Werk an. Damit verschwindet eine adäquate Übersetzung von Célines Roman für 70 Jahre vom deutschsprachigen Buchmarkt. Erst 2003 erscheint das Buch bei Rowohlt, neu und erstmals vollständig übersetzt von Hinrich Schmidt-Henkel.[11]

Das ideologisch sichere Gebiet des »Nordischen« ist bei Piper mit den relativ unbekannten skandinavischen Autoren Kristmann Gudmundsson, Hjalmar Bergman, Ronald Fangen und Haakon Bugge Mahrt abgedeckt, von denen nur Gudmundssons Romane Verkaufserfolge werden. Das Genre des historischen Romans, der Biographie und der Romanbiographie, in Krisenzeiten allgemein beliebte Terrains für den literarischen Rückzug, hat jetzt auch bei Piper Konjunktur. Hinzu kommt allerlei Besinnlich-Idyllisches, auch in lyrischer Form, in Brevieren, Anthologien und populären kulturhistorischen Sachbüchern, unter anderem denen des Theaterhistorikers und Publizisten Joseph Gregor, der seit 1934 bei den Opernlibretti des inopportun gewordenen Stefan Zweig für Richard Strauss zunächst als Alibi-, dann als Ersatzautor fungiert. Zum festen Programmbestand gehören nach wie vor die Werke von Richard Benz, literaturgeschichtliche Editionen sowie kunst- und kulturhistorische Monographien, darunter sein Hauptwerk *Die Kunst der deutschen Romantik* von 1939, Werke, die weit in die Nachkriegszeit hineinwirken.

Als literarische Neuentdeckung entpuppt sich der Dorfener Lokalzeitungsredakteur Josef Martin Bauer, dessen realistisch-bodenständige, dem Mythos von Blut und Boden entgegenkommende Erzählungen und Romane aus dem bäuerlichen Milieu ab 1930 bei Piper erscheinen. Am erfolgreichsten ist und bleibt der Erstling *Die Notthafften,* gegen den die darauf folgenden Romane, was den Absatz angeht, nicht mehr ankommen. Nach Meinung des Autors, weil der Verlag sie, wie etwa *Die Salzstraße,* nicht ausreichend bewirbt; nach Meinung des Verlegers, weil sie dem Publikumsgeschmack, speziell den Erwartungen der Lese-

Klappentext zu Ulrich Christoffel, »Deutsche Innerlichkeit«, 1940

Aus dem Verlagsprogramm von 1940

rinnen nach eskapistisch-unbeschwerter Unterhaltungsliteratur, nicht entsprechen. In dem so aufschlußreichen
wie amüsanten Briefwechsel zwischen Verleger und Autor
werden die Gründe von Erfolg und Mißerfolg ausführlich
diskutiert. Bauer erweist sich dabei als ein seine Interessen
konsequent vertretender Berufsschriftsteller, Piper – wohl
ökonomisch und zeitbedingt – als vehementer Verfechter
des rezeptionsorientierten Unterhaltungsromans rund um
Heimat und Scholle.

> Woran liegt es, wenn ein Autor wie ich, der von der Presse
> doch sehr herzlich aufgenommen worden ist und in den Krei-
> sen der Kritik zweifellos als Name von Rang gilt, in Ihren Sta-
> peln verhungert? Ich bin nicht sehr mutig und bin wahr-
> scheinlich gar kein propagandistisch veranlagter Mensch, aber
> 819 Exemplare eines neu herausgekommenen Buches getraue
> ich mir in anderthalb Jahren ohne jede weitere Propaganda als
> die der Kritik an den Mann zu bringen. Nehmen Sie das gar
> nicht als Vorwurf gegen Ihre Verlagsgebarung, aber ich habe
> das sehr bestimmte Gefühl, dass Ihre Vertreter neben den
> Autoren, die heute den Namen des Piper-Verlags ausmachen,
> neben Maurois, Brehm, den Nordländern usw. mit dem ver-
> lagsfremden Josef Martin Bauer gar nichts anzufangen wissen.
> Man sucht mich nicht bei Ihnen, weil man von Ihnen andere
> Sachen kaufen will als mich. Dabei deute ich nicht gerne zu
> Müller-Langen hinüber, weil hier ihre nächste Konkurrenz
> liegt.[12]

Darauf antwortet Piper:

> Die Sache liegt sehr einfach: *Das Publikum kauft die Bücher, die
> ihm gefallen!* Dazu kommt noch, dass Romane zu Dreivier-
> teln, wenn nicht Fünfsechsteln von Frauen oder für Frauen
> gekauft und von Frauen gelesen werden. Romane müssen also
> vor allem den Frauen gefallen.
> Ich habe nach Erhalt Ihres Briefes eigens den Vorsommer ge-
> lesen und muss sagen: die Erfolgsmöglichkeiten der Salz-
> strasse lassen sich mit denen des Vorsommers gar nicht ver-
> gleichen. Der Vorsommer ist ein Buch, das man jedem
> reiferen Mädchen, jeder Frau schenken kann und das von je-
> der mit Entzücken gelesen und in ihrem Bekanntenkreis

weiterempfohlen wird. Der Vorsommer ist wirklich, wie ich eben in einer neuen Literaturgeschichte lese, ein »beglückender Land- und Liebesroman von hoher Schönheit und tiefem Gemütsreichtum«. Was kann der Leser oder die Leserin sich noch mehr wünschen? […]
Schreiben Sie einen Roman, der für das Publikum stofflich so anziehend ist wie der Vorsommer oder wie Apis und Este und man wird auch Sie bei uns suchen.[13]

Trotz solch stark divergierender Vorstellungen bleibt Bauer, der sich mit *Die Kraniche der Nogaia. Tagebuchblätter aus dem Feldzug im Osten* 1942 dem Genre der NS-Kriegs- und -Erlebnisliteratur mehr und mehr angepaßt hat, Piper-Autor bis 1949. 1946 gibt Klaus Piper, der in den letzten Kriegsmonaten mit seiner Familie bei Bauer im ländlichen Dorfen unweit von München eine sichere Bleibe gefunden hatte, im Entnazifizierungsverfahren eine eidesstattliche Erklärung für seinen Autor ab. Er betont darin die Anfänge der Verlagsbeziehung in der Zeit vor 1933 und die freundschaftliche Verbundenheit mit dem Autor. Seine Bücher hätten – so Piper – den eskapistischen Lesebedürfnissen der Deutschen jenseits »künstlerisch minderwertiger Naziliteratur« entsprochen. Sie seien – trotz ihrer offiziellen Anerkennung und Ehrung durch die NS-Literaturpolitik – geschätzt worden vor allem als Ort »innerer Zuflucht und Stärkung«, wo »die harte Arbeit und das karge Glück einfacher Menschen unverfälscht mit künstlerischem Realismus dargestellt«[14] würden.

Ab 1955 erscheinen Bauers Bücher dann im Ehrenwirth-Verlag, darunter sein Bestseller, der Soldaten- und Heimkehrerroman *So weit die Füße tragen*. In Klaus Pipers Erinnerungen wird Bauer nicht mehr erwähnt.

Ein umstrittener Autor aus dem Programm von 1938

1937 gelingt es Reinhard Piper, den seit 1933 in Münsing am Starnberger See in früher innerer Emigration lebenden, literarisch hoch renommierten Ernst Wiechert für den Text zu einem autobiographisch angelegten Photobuch über seine ostpreußische Kindheit zu gewinnen, dem bereits erwähnten Band *In der Heimat*. Doch das Pro-

jekt gerät gleich zweifach in Gefahr. Zunächst aus sach-
lich-ästhetischen Gründen, weil der eigenwillig und empfindlich reagierende Wiechert mit der Qualität der eigens
angefertigten Photos des österreichischen Photographen
Walter Gerull-Kardas nicht zufrieden ist und deshalb seine
Zusage revidieren will. Dann, als man sich endlich geeinigt
hat, aus gravierenderen, politischen Gründen. Wiechert
wird im Mai 1938 wegen seiner öffentlichen Distanzie-
rung vom Nationalsozialismus verhaftet und bis Ende
August ins KZ Buchenwald gesperrt. Das Reichspropagandaministerium teilt dem Verlag mit, daß der Schriftsteller ab sofort aus der Reichsschrifttumskammer ausgeschlossen sei, was einem Berufsverbot gleichkommt, und
daß deshalb das Erscheinen des Buchs »nicht mehr an-
gebracht«[15] sei. Doch Piper läßt sich nicht beirren. *In
der Heimat* erscheint im November 1938, ohne negative
Folgen.

Zum 1. April 1938 zieht der Piper Verlag aus dem bisherigen Sitz, Römerstraße 1, um in die ebenfalls in
Schwabing gelegene Georgenstraße 4, den heutigen Verlagssitz. Die Abfindung des jüdischen Teilhabers Robert
Freund[16] hatte den Verkauf des bisherigen Verlagshauses

Georgenstraße 4, Verlagssitz seit
1938. Die Villa im Stil der italienischen Renaissance wurde 1892/93
von dem bekannten Münchner
Architekten August Thiersch
gebaut. Georg Dehio hat sie als
eines von nur zwei Häusern in der
Georgenstraße in seiner Bestands-
aufnahme Münchner Kunstdenk-
mäler erwähnt.

notwendig gemacht. Piper berichtet über das neue Domizil an Ernst Barlach:

> Zum 1. April steht mir mit dem Verlag ein Umzug bevor nach der Georgenstraße 4. Es ist dies nahe der pappelbepflanzten Leopoldstraße und dem Siegestor, wenn Sie sich dieser Gegend erinnern. Ich musste das Haus in der Römerstraße, das dem Verlag gehörte, verkaufen, um meinen ausgeschiedenen nichtarischen Teilhaber, Dr. Freund, auszahlen zu können und musste sehr froh sein, für diesen Zweck eine Reserve zu haben. […] Die neue Wohnung hat manche Vorteile. Das Haus liegt in einem Garten und mir selbst steht ein Zimmer, das 6 : 7½ m misst, in Aussicht. Ich fürchte, dass man mich in dem Zimmer kaum finden wird. Ausserdem hat es einen Kamin und eine Balkendecke. Das Haus wurde von einem Architekten gebaut, der offenbar dabei an italienische Palazzi dachte. Was mich dabei aber beruhigt, ist der Gedanke, dass die neue Wohnung weniger kostet als ich in der Römerstraße nach Verkauf des Hauses hätte zahlen müssen. Der Umzug erfolgt, abgesehen von den Möbeln, in 200 Kisten! Es steht mir also eine ungemütliche Woche bevor.[17]

In den Jahren des Zweiten Weltkriegs geht die Buchproduktion, ähnlich wie 1914 bis 1918, insgesamt stark zurück. 1939 erscheinen bei Piper zwölf Titel, 1941 nur noch acht. 1943 nimmt man *Die junge Front. Gedichte junger Soldaten,* herausgegeben von Georg von der Vring, ins Programm. Das Bändchen, das neben den Gedichten auch die Kriegseinsätze der jungen Lyriker, von Fall zu Fall auch ihren »Heldentod« säuberlich verzeichnet, enthält unter vielen Unbekannten auch fünf Gedichte des jungen Hermann Lenz. Der Herausgeber, den Piper als Verlagsautor 1941 neu gewonnen hat, zieht sich in seinem kurzen Vorwort auf eine ahistorische, pathetisch-verklärende Haltung zu Krieg und Tod zurück, aus der die lebensbedrohliche Gegenwart des Kriegsjahres 1943 völlig ausgeblendet bleibt.[18]

In einem »Zeitbild« schildert Reinhard Piper schon 1941 die als »grotesk« empfundene Verlagssituation:

Der deutsche Buchhandel ist schon seit Monaten geradezu von einer Panik erfüllt, dass er zu Weihnachten kein Lager mehr hat. Die Bestellungen laufen in einem Umfang ein, dass größere Neuauflagen einzelner Bücher, wie z.B. derjenigen von Brehm, in einer Woche verkauft wären, wenn man diese Bestellungen ausführen könnte. Dies wäre aber selbstverständlich ein Selbstmord des Verlags, denn er würde binnen Kurzem nur noch in einem leeren Titelverzeichnis bestehen, hinter dem keine Bestände mehr stehen würden. Der Verlag würde binnen kurzer Zeit ausverkauft sein und dann überhaupt keinen Umsatz mehr haben. Bis zur Neuherstellung der Auflagen würde ein halbes bis zu einem ganzen Jahr vergehen, da es oft Monate dauert, bis von der Wirtschaftsstelle das Papier für eine Neuauflage bewilligt wird. Dann vergehen wieder Monate bis die Papierfabrik das Papier geliefert hat und weitere Monate, bis der Druck ausgeführt und noch die längste Zeit bis die gedruckte Auflage gebunden werden kann. [...] Wenn jetzt Neuauflagen fertig werden, so reichen diese nicht einmal zur Ausführung der seit Langem zurückgelegten und vorgemerkten Bestellungen, sodass von den jetzt täglich einlaufenden Bestellungen etwa 9/10 an die Buchhandlungen unerledigt zurückgehen müssen. [...] Die großen Barsortimente würden, wenn man die Bestellungen ausführen wollte, allein schon jeweils die Neuauflagen in einer einzigen Lieferung abnehmen. So bestellte heute noch Neff & Oetinger je 10.000 Brehm, Apis und Este und noch 5.000 Brehm-Susanne. [...] In normalen Zeiten tat man sich etwas darauf zugute, dass das Barsortiment Koehler & Volckmar einmal von einem Band der »Schönen deutschen Stadt« 600 Ex. vorausbestellt hatte. [...] Obiges habe ich notiert, um für später eine Probe aus dem gegenwärtigen geradezu grotesken Zustand zu haben, da man dies sonst gar nicht glauben würde.[19]

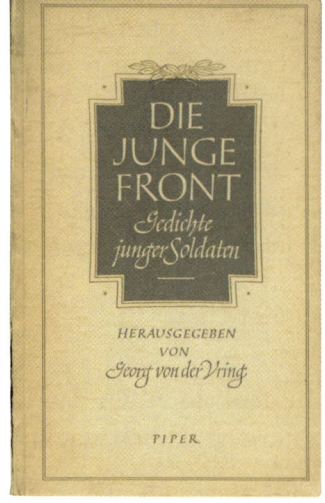

Aus dem Verlagsprogramm von 1944

Einziger wirtschaftlicher Lichtblick sind nun die an den Frontbuchhandel vergebenen Lizenzen, vor allem für zeitgenössische Unterhaltungsliteratur mit völkischem Einschlag, wie die Bücher von Bauer, Brautlacht, Brehm und Gudmundsson, sowie für Anthologien mit klassischen und humoristischen Texten, vom Goethe- bis zum Nestroy-Brevier. Lektor Karl Adolf Sauer berichtet aus dem Geschäftsjahr 1944:

Der Vergebung von Lizenzen an die Wehrmacht kann ohne Bedenken und mit reiner Freude begegnet werden. Die Soldaten-Ausgaben unserer Bücher, die fast alle dem Original unserer Ausgabe getreu gestaltet wurden, erfüllen einen dringenden, nahezu ins Unmeßbare gewachsenen Bedarf. Sie sind mehr oder minder kurzlebig und werben in weitesten Kreisen männlicher Leserschaft aller Stände und Altersstufen für den Verlag und sein Schaffen. Sie sind uns kaum irgendwie geschäftlich abträglich, sondern entlasten uns weitgehend von den sonst gewiß noch stärkeren Anforderungen von allen Teilen der Wehrmacht, die darüber hinaus ohnehin noch immer sehr groß gewesen sind. […]

In den Jahren 1940 bis 1944 sind insgesamt 62 Lizenz-Verträge für insgesamt 806.000 Bände abgeschlossen worden. Davon entfielen auf die Wehrmacht 52 Verträge mit insgesamt 570.000 Bänden. 33 Ausgaben aus den 62 Verträgen sind bereits erschienen.

In der Kriegszeit sind, wenn man einige demnächst sicher noch zustande kommende weitere Soldaten-Ausgaben vorweg hinzuzählt, rund eine Million Bände von Werken unseres Verlags in Lizenz-Ausgaben vertraglich vereinbart worden und erschienen.[20]

Der Verlagsalltag ist nun kaum mehr aufrechtzuerhalten, zum einen wegen der kriegswirtschaftlichen Einschränkungen, zum anderen wegen der Einberufung der Angestellten. Junior Klaus Piper allerdings bleibt, ebenso wie sein Bruder Martin, als »garnisonsverwendungsfähig Heimat« vom Kriegsdienst zurückgestellt.

Der 1941 abgeschlossene Generalvertrag mit Georg von der Vring ist Reinhard Pipers letzte große Autorenakquisition. Mehr und mehr zieht sich der alternde Verleger ins Privatleben zurück, umgeben von einem verläßlichen Freundes- und Autorenkreis: Ernst Penzoldt, Wolfgang und Ina Seidel, Hans und Dora Brandenburg und Hans Erich Blaich alias Dr. Owlglaß.

Fest hält man bei Piper noch immer an den seit den zwanziger Jahren eingeführten literarisch-musikalischen »Verlagsabenden«, Lesungen, Ausstellungen, Konzerten mit Werken moderner Komponisten, und an den beliebten »PIPLAKO«, »Pipers Platten Konzerten« in den Verlagsräumen. Während des Krieges werden die »Abende« wegen der Luftangriffe und der Pflicht zur Verdunkelung auf den Nachmittag gelegt. Mit ihnen schafft Piper eine der letzten, aufs Private reduzierten Möglichkeiten geselligen kulturellen Lebens in der ehemaligen Kunststadt: »Immerhin gab es«, schreibt dazu Hans Brandenburg, »nach dem Programm in beliebigen Mengen echten Tee, von den Angestellten gekocht und serviert, und jeder brachte sich die Brote dazu gern in der Tasche mit.«[21]

1944 wird das Verlagsgebäude Georgenstraße 4 bei einem Bombenangriff beschädigt; einen Großteil der rar gewordenen Buchbestände hatte man schon vorher ausgelagert. Die Verleger suchen Zuflucht im ländlichen Oberbayern: Reinhard Piper in Buchrain bei Isen, Klaus Piper in Dorfen.

Im letzten Kriegsjahr bricht die Buchproduktion dann vollends zusammen. Es erscheint kein einziger Titel mehr. Nach Kriegsende schließen die Militärregierungen alle deutschen Verlage. Bei Piper wird der oben erwähnte Lektor Sauer wegen seiner NSDAP-Mitgliedschaft mit Berufsverbot belegt.

Ein schwieriger Fall: Bestsellerautor Bruno Brehm

Zum erfolgreichsten belletristischen Verlagsautor der dreißiger Jahre und einzigen Brotartikel des Verlags im »Dritten Reich« wird der zunächst in Wien, nach 1945 in Altaussee lebende Österreicher sudetendeutscher Herkunft Bruno Brehm. Er kommt 1928 zum Verlag, vermittelt ausgerechnet durch den jüdischen Teilhaber Robert Freund. Brehms Romane und Erzählungen, vor allem die »Faction«-Werke zu zeithistorischen Themen, avancieren innerhalb weniger Jahre zu Bestsellern. 1938 bis 1941 gibt Brehm die Zeitschrift *Der getreue Eckart. Monatsschrift für die Ostmark* heraus; 1939 erhält er den »Nationalen Buchpreis« der Reichsschrifttumskammer.

Den literarischen Durchbruch und zugleich größten Erfolg erzielt Brehm mit seiner Romantrilogie über den

Ersten Weltkrieg, einem Sujet, das seit dem Ende der
zwanziger Jahre, als Reaktion auf Erich Maria Remarques
Im Westen nichts Neues, literarische Konjunktur hat. Der erste Band, *Apis und Este,* erscheint 1931, es folgen *Das war
das Ende* und *Weder Kaiser noch König.* Die Trilogie wird
von Ullsteins *Berliner Illustrirten* vorabgedruckt, in zehn
Sprachen übersetzt, in die 200 Bände der »Nationalsozialistischen Kernbücherei« und die Sonderausgaben für
den Frontbuchhandel aufgenommen.[22] Bis 1940 publiziert
Brehm dann Buch um Buch, insgesamt zwölf Titel.

Nach einer zunächst kriegs-, dann entnazifizierungsbe-
dingten Zwangspause wird die Trilogie 1951 unter dem
Titel *Die Throne stürzen* neu aufgelegt und erscheint bis
1972 in vier Auflagen, ebenso andere Brehm-Titel. Als
einziges neues Buch von Brehm nach Ende des »Dritten
Reichs« bringt Piper 1954 *Das Ebenbild.* Die Verlagsbeziehung besteht bis zu Brehms Tod 1974. Ein von Klaus Piper
1992 inszenierter Comeback-Versuch von *Die Throne stürzen* scheitert; nach Meinung des Verlegers an der un-
gerechtfertigt negativen Presseresonanz.[23] Doch vielleicht
hat er auch nicht wahrhaben wollen, daß dieses literarische
Relikt aus nationaler Vergangenheit längst passé war.

Ein schwieriger Fall war Brehm für den Verlag seit
langem; schon seit mit dem Erfolg auch seine Honorar-
forderungen gestiegen waren. Und Brehm bleibt schwierig, auch als der Erfolg ihn längst wieder verlassen hat. In
den Auseinandersetzungen zwischen Autor und Verleger
erscheinen finanzielle Argumente immer wieder mit politischen verquickt. Brehm tritt dabei von Anfang an schnei-
dig und dominant auf. Im Gästebuch bezeichnet er sich
als den »Steuermann« des Verlags, was Reinhard Pipers sarkastischen Kommentar provoziert haben soll, dann habe
er, der Verleger, sich wohl als Schiffsjunge zu betrachten.
Auch was seine politischen Ansichten angeht, nimmt
Brehm nie ein Blatt vor den Mund. Solange seine deutsch-
nationale Haltung den herrschenden Verhältnissen entspricht, versucht er, sie auch in den Vertrags- und Ho-
norarverhandlungen als Druckmittel zu seinen Gunsten
einzusetzen.

Buchumschlag von 1936

Ab 1934, auf dem Höhepunkt seines Erfolgs, droht er Piper mit Abwanderung und beginnt, auch in anderen Verlagen zu publizieren. Piper – so das zugleich kultur- und rassenpolitisch wie finanziell begründete Argument – sei nicht mehr der seinem Werk angemessene Verlag:

> Die Gründe [...] sind wirklich nicht Gewinnsucht. [...] Der Hauptgrund [...] war der, daß ich hier in Wien von vielen Seiten heftig angefeindet wurde, weil ich meine Bücher in einem *liberalen* (das war das mildeste Wort) Verlag erscheinen lasse. [...] Man warf mir vor, daß auf dem Umschlag meines letzten Buches zugleich auch der französische Jude Maurois angekündigt worden sei [...].[24]

Diese Argumentation verstärkt sich Ende 1936, als mit der zunehmend rigideren Anwendung der Rassengesetze die Angriffe auf Robert Freund, dem Brehm die Verbindung zu Piper verdankt, immer massiver werden:

> Durch Zufall erfuhr ich gestern von einem Herrn, der beim Münchner V[ölkischen] B[eobachter] mein neues Buch besprechen wollte, daß es dort abgelehnt wurde, ein Buch, das in einem halbjüdischen Verlag erschienen ist, zu besprechen [...] Ebenso beklagten sich in Deutschböhmen Buchhändler, daß der Reisende für Piper auch Emigrantenverlage vertrete. Sehen Sie zu, was sich da tun läßt. Ich habe in dieser Angelegenheit oft genug geraten und bin nicht gehört worden.[25]

Damit setzt Brehm den Verlag, der für sein wirtschaftliches wie politisches Überleben auf ihn und seinen Einfluß angewiesen ist, erheblich unter Druck. Nach langwierigen Verhandlungen, bei denen der Verleger weitreichende vertragliche Zugeständnisse macht, arrangiert man sich, zumal Freund inzwischen ausgeschieden ist. Denn, so Brehm: »Meine Habsucht tritt meist nur sporadisch auf und verebbt dann wieder [...] Einen angenehmeren Autor werden Sie nie erleben. Dies Selbstlob zu spenden tut mir wohl und ist vollauf berechtigt.«[26]

Letzteres darf allerdings bezweifelt werden, selbst wenn der Autor auch nach der Zeitenwende von 1945 weiterhin davon überzeugt bleibt und seinen Fall als nationaler Erfolgsschriftsteller nicht wahrhaben will. Nach Währungsreform und Abschluß des Entnazifizierungsverfahrens fordert Brehm die Verleger – noch immer im Brustton deutschnationaler Überzeugung – zu Solidaritätsbekundungen in Form von Neuausgaben seiner Werke auf:

Aber nun frage ich bei Ihnen an, wie Sie sich zu dieser Frage verhalten, welche Bindungen bezw Hemmungen Sie noch haben und was einer Neuauflage entgegensteht [...] Ich erwarte eine Erklärung Ihres Sohnes, wie er sich unser künftiges Verhältnis vorstellt und ich wünsche nicht, dass er dabei aus seinem Herzen eine Mördergrube mache [...] Ich habe nach 1945 mit so vielen Menschen gebrochen, die auf einmal nichts von einem mehr wissen wollten, dass es mir auf einen oder den

Verlagsanzeige für Bruno Brehms
Weltkriegs-Trilogie

BRUNO BREHM

Die weiße Adlerfeder

Geschichten aus meinem Leben
Kart. RM 3.60, Leinen RM 4.80

Brehm erweist sich in seinem neuen Buche als der geborene Erzähler. Mag er von der „Weißen Adlerfeder" oder vom „Gerechten Hauptmann", vom „Finnländischen Reitermarsch" oder von der „Versuchung am Weihnachtsabend", vom „Krieg der Adler und der Störche" oder von der „Heimat in Böhmen" erzählen – immer ist er mit dem Herzen dabei. Ergreifender Ernst, eine an Kleist gemahnende Straffheit des Tons wechseln mit feinem, auf tiefer Lebenskenntnis beruhendem Humor. Der Dichter hat an seinen vielen Leseabenden die zündende Wirkung dieser zwanzig Geschichten erprobt. Daß er sie alle selbst erlebt hat, rundet den reichen Band zur Einheit. Ein dichterisches Buch! Sein starker Lebenswille stärkt uns mit.

Bruno Brehm

Zu früh und zu spät

Das große Vorspiel der Befreiungskriege
Ein Band von 610 Seiten. 30. Tausend. Kart. RM 6.—, Leinen RM 7.50

Ein Entscheidungsjahr der deutschen und österreichischen Geschichte gestaltet Bruno Brehm in diesem Buche mit dramatischer Kraft. Erzherzog Karl und Napoleon, Kleist und Andreas Hofer stehen im Mittelpunkt des gewaltigen Geschehens. – Nach Preußens Sturz bei Jena waren die Augen ganz Deutschlands auf Österreich gerichtet. Zu früh erhebt es 1809 die Waffen gegen Napoleon. Es wird bei Regensburg an den Rand des Abgrunds geschleudert, stellt sich aber bei Aspern, von allen Bruderstaaten im Stich gelassen, noch einmal dem Gegner und besiegt ihn. Kleist feiert Erzherzog Karl als den „Überwinder des Unüberwindlichen". Ein Sieg – zu früh und zu spät! Niemand eilt herbei, Österreich verliert bei Wagram die Entscheidungsschlacht. Napoleon heiratet die österreichische Kaisertochter. Nur der Gemeinschaft aller deutschen Stämme konnte die Befreiung gelingen.

Völkischer Beobachter: „Wieder erweist sich in diesem neuesten Werk des sudetendeutschen Dichters Bruno Brehm seine meisterhafte Gabe, deutsches Schicksal zu gestalten. In der plastischen Darstellung von Menschen, Politik und allgemeinen Zuständen, in wunderbar menschlichen Zwiegesprächen, in großartiger Schilderung entscheidender Schlachten verliert sich Brehm doch niemals in Nebensächliches. Dies Maßvolle in der maßlos zerrissenen Welt seines Buchs und sein Schicksalsjahr 1809 ist bewundernswert.

Konrad Henlein, der Führer der Sudetendeutschen, an Bruno Brehm: „Wie Sie Geschichte sehen und gestalten, wird sie zur Kündung völkischen Schicksals in Vergangenheit und Gegenwart. Dieses Buch muß im Volke bekannt werden, weil es berufen ist, eine große Zeit unserer Geschichte uns Heutigen lebendig zu machen."

R. PIPER & CO. | VERLAG | MÜNCHEN

8

BRUNO BREHM'S

Trilogie über den Weltkrieg

Apis und Este / Das war das Ende / Weder Kaiser noch König
Gesamtauflage 90000

„Die ganze Welt sollte diese Bücher lesen, in alle Sprachen müßte man sie übersetzen."
Edwin Erich Dwinger

„Eine dichterische Leistung großen Formats!" (*Dresd. Anz.*) „Brehms Werk ist gleichzeitig hervorragendes Geschichtswerk, spannender Roman, packendes Drama." (*Magdeburg. Ztg.*)

Apis und Este

So fing es an. — 36. Tausend. 557 Seiten. Kart. RM 4.40, Leinen RM 5.80

„Apis und Este" ist ein Werk strengster Wahrhaftigkeit und zugleich die Schöpfung eines Dichters. Die Ermordung Alexanders von Serbien und seiner Gattin Draga ist der Auftakt. Der serbische Major „Apis" hat sie angestiftet, er ist auch die Seele des Attentats auf den „Este" Franz Ferdinand. Zwischen den beiden Schreckenstaten zieht das alte Österreich in seinem Glanz vorüber. Wir sehen Franz Ferdinand auf der Treibjagd und mit Frau und Kindern glücklich in seinem böhmischen Schloß. Gleichzeitig sind schon die Verschwörer unterwegs nach Serajewo, wo das Paar wenige Tage später ihren Kugeln erliegt.

Das war das Ende

Von Brest-Litowsk bis Versailles.
30. Tausend. 501 Seiten. Kart. RM 4.40, Leinen RM 5.80

In diesem Band erleben wir das Ende des Weltkrieges auf allen Schauplätzen: Die Revolution in Rußland, die Entente vor dem Abgrund, Amerikas Aufbruch, die letzten Schlachten in Frankreich, den Sieg der Tanks, die Intrigen im Lager der Entente, die deutsche Delegation in Versailles. Die ungeheure Spannung und Bewegung dieser Zeit ist vom Dichter in ergreifenden Szenen vergegenwärtigt.

Weder Kaiser noch König

Der Zusammenbruch der Habsburgischen Monarchie.
25. Tausend. 591 S. Kart. RM 4.40, Leinen RM 5.80

Mit dem Tode Franz Josephs, des letzten großen Habsburgers, setzt der Band machtvoll ein. Der junge Kaiser Karl will Frieden um jeden Preis. Der Krieg geht verloren. Karl wird gestürzt. In zwei Putschen ringt er vergebens um die Königskrone von Ungarn. Er wird verbannt und stirbt früh in der Fremde. Ein Werk von einer beispiellosen Ereignisfülle und Spannung.

Bruno Brehms Bücher werden übersetzt ins Englische, Französische, Schwedische, Holländische, Ungarische, Italienische, Tschechische und Jugoslawische

Kassette mit den 3 Bänden der Trilogie. Leinen RM 17.50, Halbleder RM 25.—

9

andern mehr gewiss nicht ankäme. Wenn Ihr Sohn mit Miss-
fallen festgestellt hat, dass ich vor der SS Vorträge gehalten habe, so kommt es wohl weniger auf den Vortrag als auf dessen Inhalt an und für den stehe ich heute genau so wie ich damals
stand.[27]

In dieser Situation setzt beim Verlag ein Distanzierungs-
prozeß auf Raten ein. Denn wenn Brehm während der
NS-Zeit im Piper Verlag eine Belastung für seinen Erfolg
gesehen hat, so dürften sich die Verhältnisse ab der »Stunde
Null«, seit Brehm öffentlich Persona non grata ist, wohl
umgekehrt haben. Die Verleger verhalten sich jedenfalls
ambivalent. Einerseits hat der Verlag Brehm für sein Überleben in der NS-Zeit viel zu verdanken. Zudem ist er in
Österreich offiziell als »minderbelastet« eingestuft worden
und damit wieder publikationsberechtigt. So bleibt Brehm
zwar Verlagsautor, mit Neuauflagen und -ausgaben allerdings hält man sich – aus politischen wie wirtschaftlichen
Gründen – zunächst zurück, trotz anhaltenden Verständnisses dafür, daß der ehemalige Erfolgsautor sich – so Klaus
Piper noch im Jahr 2000 in seinen Erinnerungen – »von
der besonderen österreichisch-deutschnationalen Politik-
verstrickung [...] nicht ganz [hatte] freihalten können«[28]
und daß er – so Reinhard Piper – ein Mann ist, »der von
seinem Anteil an der Zeit weiß und der noch Gewichtiges
zu geben haben wird«.[29]

Buchumschlag von 1951

Mit letzterem allerdings irrt der alte Piper. Die neue
Lektorengeneration, die, nach seinem Tod, Mitte der fünfziger Jahre mit Hansjörg Graf und Reinhard Baumgart
in den Verlag eintritt, geht anläßlich eines neuen Brehm-
schen Romantrilogie-Projekts, das das »Dritte Reich«
zum Thema hat, auf entschiedene Distanz zu einem Autor,
über den die Zeit längst hinweggegangen ist, auch wenn er
selbst es nicht wahrhaben will.

Brehm gehört, ähnlich wie Guido Kolbenheyer und
Hans Grimm, zu jenen Vertretern völkisch-nationaler Literatur im Nachkriegsdeutschland, die sich auf die politische Übereinstimmung, die ihnen intern von einem alt-
neuen Publikum in Witikobund, Vertriebenenverbänden

und Lippoldsberger Dichterkreis entgegengebracht wird, zwar nicht öffentlich berufen können, die aber doch von individueller Verpflichtung und einer heute fragwürdig erscheinenden Generationenkontinuität in den Institutionen profitieren. Verständlich, daß eine für die NS-Vergangenheit der deutschsprachigen Literatur so sensibilisierte Autorin wie Ingeborg Bachmann, als sie 1956 zu Piper kommt, am »Bissen Brehm«, der ihr hier als Autorenkollege zugemutet wird, schwer zu schlucken hat.[30]

Bruno Brehm auf dem Lippoldsberger Dichtertag 1958

Der jüdische Teilhaber

R. F. am Totenbett, so ist die satirische Zeichnung von Thomas Theodor Heine beschriftet, die Robert Freund seinem Kompagnon Reinhard Piper, dem leidenschaftlichen

133

Graphiksammler, als Neujahrsgruß für ein »friedliches und stilles Neues Jahr« 1933 verehrt. Sie zeigt Freund als Leiche aufgebahrt, in ewiger Ruhe, einer Haltung, die in krassem Gegensatz zu dem steht, wie Piper seinen stets aktiven und ungewöhnlich agilen Teilhaber erlebt und auch erlitten hat. In der Rückschau auf die elf Jahre ihrer Zusammenarbeit charakterisiert er ihn mit einem – nicht unangreifbaren – Zitat aus Wilhelm Buschs *Eduards Traum*, in dem die Ambivalenz von Pipers Haltung spürbar wird: »›Das Geschäft blüht, der Israelit auch. Frühmorgens ist er schon munter, wenn die anderen noch dösig sind.‹ Daran musste ich bei Dr. Freund's Tätigkeit denken. Er war wirklich immer munter und dabei auch fast immer guter Laune. Nur hatte das alles seine zwei Seiten.«[31]

Dem Motiv seines Neujahrsglückwunschs nach zu urteilen, scheint Freund die Ambivalenz seines Partners nicht verborgen geblieben zu sein. Nicht vorhersehbar war beiden die düstere Zukunftsperspektive, die diese Zeichnung auch enthält. Denn das Jahr 1933 bringt mit der Macht-

Neujahrsgruß Robert Freunds an Reinhard Piper vom Dezember 1932. Die Zeichnung »R. F. am Totenbett« von Th.Th. Heine zeigt Pipers Teilhaber Freund

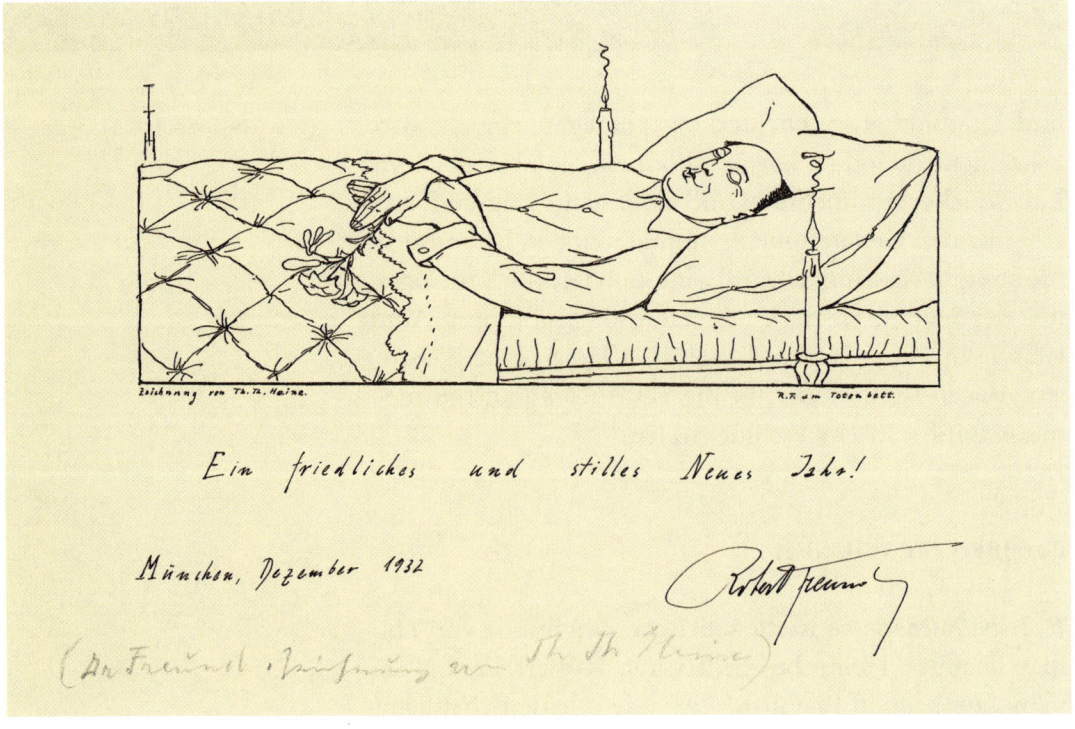

übernahme der Nationalsozialisten zugleich auch den Anfang vom Ende der Zeit Freunds im Piper Verlag, in
Deutschland, in Europa. Im Dezember 1932 aber, auf den
der Neujahrsgruß datiert ist, kann Freund sich noch auf
dem Höhepunkt seiner verlegerischen Laufbahn, wohl
auch seines Lebens wähnen.

Dr. Robert Freund aus Wien, tschechischer Staatsbürger
jüdischer Herkunft mit Vermögen aus der väterlichen Pil-
sener Malzfabrik, war am 1. Juli 1926 als Teilhaber und
Geschäftsführer in den Piper Verlag eingetreten, als dieser
in Zeiten der Wirtschaftskrise genötigt war, dem Unternehmen neues Kapital zuzuführen. Teilhaber Adolf Hammelmann schied zum gleichen Zeitpunkt aus, Teilhaber
Alfred Eisenlohr 1932. Die Verbindung zu Freund war
durch Ernst Reinhold, den Wiener Herausgeber der
Buddha-Übersetzung Karl Eugen Neumanns, zustande
gekommen. Und Freund erwies sich von Anfang an als
Kompagnon der etwas anderen Art. »Meine beiden anderen Teilhaber [...] haben jeder etwa zwanzig Jahre dem
Verlag angehört, ohne diesem jemals einen neuen Autor

oder eine neue Idee bzw. ein neues Unternehmen zuzuführen«, schreibt Piper. »Sie waren anständige, zuverlässige
Charaktere, aber die verlegerische Initiative war ausschließlich meine persönliche Leistung.«[32]

Mit Freund ändert sich das in zwei wesentlichen Punkten: seinem inhaltlichen Interesse am Kulturverlag und
dessen Programm sowie seinem Piper fremden Lebensstil
und Geschäftsgebaren. Der neue Partner, der in Wien studiert und in den Kreisen um Karl Kraus, Peter Altenberg
und Oskar Kokoschka verkehrt hat, ist literarisch, sprachlich, künstlerisch höchst kompetent und mischt sich damit
in Pipers ureigenes Ressort ein. Als moderner Typus des
international agierenden Geschäftsmanns tritt er, unermüdlich reisend und verhandelnd, für den Verlag ein und
öffnet ihm den Zugang zu neuen Autoren von Bruno
Brehm bis Marcel Proust, entwickelt neue Projektideen
und Vertriebsstrategien. Der Gegensatz in Mentalität und
kultureller Identität zwischen dem böhmisch-österreichi-
schen Juden und dem norddeutschen Protestanten enthält
jedoch – die Zeichnung zeigt es – zugleich beträchtliches
Konfliktpotential. In Pipers Aufzeichnungen über die Zeit
mit Freund wird seine ambivalente Haltung deutlich.

»Herr Dr. Freund [...] ist Jude, aber heutzutage geht es
ja nicht mehr ohne die Juden«, schreibt Piper schon zu Beginn der Partnerschaft an Ernst Barlach. »Sie selbst sagten
ja, daß Ihre Plastiken eigentlich nur von Juden gekauft
werden. Vielleicht hat unserem Verlag zu sehr nur der Jude
gefehlt, der ihn durchsetzt.«[33]

Im nachhinein allerdings erscheint Piper diese Partnerschaft eher als ein »Ritt über den Bodensee«:

Man konnte gut und gefahrlos mit ihm arbeiten, so lange alles
ungestört in festgelegten Bahnen ging und die beiderseitigen
Interessen parallel liefen. Veränderte sich aber die Situation,
so war er in seinem eigentlichen Element. Da war er uner-
schöpflich in Versuchen, die Situation zu seinen Gunsten weiter zu verschieben. Fortwährend brachte er neue Projekte
und Varianten. Konnte er bei solchen Gelegenheiten doch
durch einen einzigen Coup mehr verdienen als in einem Jahr
normaler Arbeit.

Wenn er in unsern Abmachungen irgend etwas vorschlug, so musste ich mich stets fragen, was wohl der wirkliche Grund für diesen Vorschlag sei und was er wohl auf Umwegen damit bezwecke. Denn der von ihm genannte Grund war meist nur ein vorgeschobener, der meine Aufmerksamkeit von dem eigentlichen ablenken sollte. [...]

Was schließlich aber doch alle negativen Seiten wettmachte, war seine persönliche Geschäftstüchtigkeit und die mancherlei Verbindungen, die er dem Verlag zuführte.

Er war kinderlos verheiratet. Seine Frau war bis vor Kurzem als Schauspielerin tätig gewesen und lebte meist in Berlin. Er dachte nicht daran, sich in München eine Wohnung einzurichten, sondern lebte stets im Hotel, zuerst in den »Vier Jahreszeiten«, später im Regina-Palast-Hotel. Er wusste mit den Hotels ein sehr günstiges Dauer-Arrangement zu treffen. Die Hotels waren ersten Ranges. Er nahm aber ein einfaches Zimmer im 4. Stock in der Voraussetzung, dass man ja doch Besuche nur in der Halle und nicht auf seinem Zimmer empfängt. Ohne Anhang wie er war, hatte er alle Abende für sich zur Verfügung. Infolgedessen traf er mit unzähligen Menschen zusammen. Es kam nicht in Betracht, sich gegenseitig einzuladen, sondern man traf sich stets am neutralen Ort. Er war durchaus der Mensch des Grand Hotels, sprach fließend französisch und englisch und machte sehr gern Reisen auf Verlagskosten. [...]

Er war von der täglichen Kleinarbeit des Verlags, die an mir hängen blieb, nicht belastet, sondern konnte sich freizügig umtun. Viele seiner Reisen brachten dem Verlag nur Unkosten, auf anderen aber heimste er gewisse Zufallstreffer ein, die die ergebnislosen Reisen bei weitem wieder wettmachten. [...]

So hat tatsächlich der Jude Robert Freund die erste Verbindung des Verlags mit dem späteren Nationalpreisträger Bruno Brehm hergestellt.[34]

Tatsache bleibt, daß das Verlagsprogramm durch Freund seit Ende der zwanziger Jahre entscheidende neue Impulse erhält, die bis in die Mitte der dreißiger Jahre und über 1945 hinaus wirken. Er bringt nicht nur Brehm zu Piper, dessen Büchern der Verlag sein wirtschaftliches Überleben im »Dritten Reich« weitgehend verdankt. Freund regt

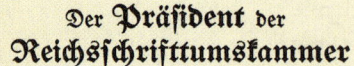

Der **Präsident** der
Reichsschrifttumskammer

Berlin W 8, den ....14. Nov., 1935....
Leipziger Str. 19
U 1 Jäger 3043/44

E/Sa.
Tgb.Nr. *7790*

An den
Verlag R. P i e p e r & Co.,

M ü n c h e n 13
Römerstr. 1.

Eingegangen von:
27. NOV. 1935

Ich bitte, mich über die Besitzverhältnisse Ihres Verlages
zu unterrichten. Angeblich arbeitet in Ihrem Unternehmen
nichtarisches Kapital. In Ihrem eigenen Interesse empfehle
ich genaue Auskunft zu erteilen und verweise auf den § 28
der Ersten Durchführungsverordnung zum Reichskulturkammer-
gesetz vom 1.11.1933 (RGBl.1933/I S.797), nach dem Sie zu
wahrheitsgemässen Auskünften verpflichtet sind.

Im Auftrage

auch die Verbindung zu Olaf Gulbransson an. Vor allem
aber initiiert er die Ausweitung des Programms auf internationale Literatur, von der hier nur die prominentesten
Autoren, André Maurois und Marcel Proust, sowie die
nicht realisierte Verbindung zu Louis-Ferdinand Céline erwähnt seien. Von Freund, der selbst sprachlich sehr versiert
ist, kommt auch die Idee zu zwei neuen Reihen, die zu
außerordentlichen Verkaufserfolgen werden: eine Sprach-
führer-Reihe, beginnend mit T. W. MacCallums *Englisch
lernen ein Vergnügen!* und *Englisch perfekt!,* sowie die alterna-
tiven Reiseführer »Was nicht im ›Baedeker‹ steht«, eine
journalistisch leicht formulierte Städteserie mit Zeichnungen bekannter Illustratoren und teils prominenten Autoren wie Klaus und Erika Mann.

Mit einem lapidaren Schreiben der Reichsschrifttumskammer, in dem Auskunft über »nichtarisches Kapital« des
Verlags verlangt wird, zeichnet sich im November 1935
das Ende der Partnerschaft mit Freund ab. Die national-

Brief der Reichsschrifttumskammer vom 14. 11. 1935 in Sachen
Robert Freund

sozialistische Arisierungspolitik beginnt ihre Wirkung zu entfalten. Fast zwei Jahre lang bemühen sich die Partner, bedrängt von immer härteren politischen Repressionen, um eine einvernehmliche Lösung. Man verhandelt über eine Reduktion von Freunds Funktionen, über einen schrittweisen Ausstieg im Zeitraum von zehn Jahren und über die Gründung einer Verlagsdependance in Wien. Eine Auszahlung des Kompagnons, der mit 50 Prozent am Verlag beteiligt ist, würde dessen wirtschaftliche Existenz bedrohen. Für Freund aber geht es ums Überleben.

Mit Ende September 1937, sieben Monate vor Erlaß der »Anordnung auf Grund der Verordnung über die Anmeldung des Vermögens von Juden vom 26. 4. 1938«, scheidet Freund schließlich ganz aus dem Piper Verlag aus. Um ihn auszahlen zu können, verkauft Piper das Verlagsgebäude Römerstraße 1 und mietet den Verlag im Haus Georgenstraße 4 ein. Ein Teil der Abfindung besteht aus Verlagsrechten und Beständen von Werken der ausländischen Autoren, die Freund eingeworben hat. Mit ihnen will er in Wien einen neuen Verlag gründen; ein Kapital, das sich spätestens mit dem »Anschluß« Österreichs als wertlos erweisen wird.

»Die Trennung von Herrn Dr. Freund«, so Piper 1948 in einem Schreiben an die amerikanische Militärregierung, »erfolgte unter voller Wahrung seiner Interessen. Die Bemessung seines Auseinandersetzungsguthabens war in keiner Weise durch die politischen Verhältnisse beeinflußt.«[35]

Von ebendiesen politischen Verhältnissen überrollt, geht Freund schließlich, nach einer weiteren Zwischenstation in Paris, ins amerikanische Exil. In New York gründet er mit einem neuen Partner die »Twin Prints«, farbige Gemäldereproduktionen in Anlehnung an die seinerzeit so erfolgreichen Piperdrucke. Piper wird durch die Trennung von Freund – erstmals in der inzwischen über dreißigjährigen Verlagsgeschichte – zum Alleininhaber. Die Geschichte ihrer Partnerschaft schreibt Piper noch während des »Dritten Reichs« auf.

Doch es zeigt sich, daß diese gemeinsame Geschichte noch nicht zu Ende ist. Als 1948 die Wiedergutmachungs-

dekrete der amerikanischen Militärregierung in Kraft treten, die auch Arisierungsgewinne betreffen, meldet sich
Freund aus New York mit dem Wunsch und Anspruch,
seine Teilhaberschaft am Piper Verlag zu erneuern. Reinhard Piper lehnt dies ab, unterstützt durch juristische Gutachten der Kanzlei Beisler. Allerdings erklärt er sich bereit
zu einer finanziellen Abfindung.[36]

»Freund hat uns nach dem Ende des Krieges in München besucht. Leider starb er wenig später«, heißt es dazu
lapidar in Klaus Pipers Erinnerungen.[37] Freund stirbt 1952
in New York, zwanzig Jahre nach jenem denkwürdigen
Neujahrsgruß, in dem er sich seinem Kompagnon Reinhard Piper als Leichnam präsentiert hatte.

KONTINUITÄT UND NEUBEGINN
Die Nachkriegszeit 1945 bis 1954

Heute spielt die Erinnerung für uns eine grosse Rolle. Nur durch sie können wir uns vergewissern, dass wir nicht ein so schreckliches Volk sind wie unser Antlitz der bösen 12 Jahre für die Welt und uns selber ausgesehen hat. Tief befriedigend ist der Blick auf einen Verlag, der von diesem Unheil in keinem Augenblick angesteckt war.[1]

Karl Jaspers, der im Deutschland der Nachkriegszeit mehr ist als ein Zeitzeuge, nämlich eine moralische Instanz, stellt dem Piper Verlag, als er 1947 dort Autor wird, das beste Zeugnis aus. Der Ruf, mit dem der Verlag nach 1945 in eine neue Phase seiner Geschichte aufbricht, scheint makellos. Neubeginn und Kontinuität; der Wunsch nach einer »Stunde Null« einerseits und Kontinuität, die Gegenwart der unmittelbaren Vergangenheit und ihre – wenn auch unbewußte – Verdrängung andererseits; das Thema Erinnerung wird auch in der neueren Geschichte des Piper Verlags noch eine große Rolle spielen.

Juniorverleger Klaus Piper bei der feierlichen Lizenzübergabe an Kurt Desch am 17. 11. 1945 in München. Knapp zwei Monate später erhält der Piper Verlag seine Lizenz. Im Vordergrund Colonel B. B. McMahon, der Vertreter der amerikanischen Militärregierung, und Kurt Desch, rechts hinten Klaus Piper

Zunächst aber ist Neubeginn – unter Bedingungen allerdings, die, mit der Blockierung des Außenhandels, einem Zuteilungssystem statt freiem Warenverkehr, Registrierungs- und Lizenzpflicht, eher denen der letzten Kriegsjahre gleichen. Schon drei Tage nach Kriegsende, am 12. Mai 1945, hatten die Besatzungsmächte alle Medienunternehmen in Deutschland geschlossen und ihnen jede Form von Veröffentlichung verboten. Die Wieder- und Neugründung von Verlagen ist nur nach einem förmlichen Lizenzierungsverfahren erlaubt. Voraussetzung für die Neuzulassung sind neben berufsspezifischen Grundkenntnissen vor allem eine einwandfreie demokratische Gesinnung – Bedingungen, die sich in Bayern allerdings bald als recht flexibel erweisen.[2]

Der Buchmarkt unterliegt bis zur Währungsreform 1948 einer strengen Kontrolle, für die neben Lizenz und Zensur auch die Papierzuteilung eingesetzt wird; Zustände, die selbst nach Meinung der Alliierten eher an die Methoden der Reichsschrifttumskammer erinnern als an die intendierte Demokratisierung. Ziel aller Reeducation-Maßnahmen ist die politische Selbstaufklärung, die Bewußtseinsbildung und Umerziehung der Deutschen hin zur Demokratie; Bücher und Zeitungen haben dabei die glei-

Die Verlagslizenz für Reinhard und Klaus Piper vom 4. 1. 1946

che zentrale Funktion wie in der nationalsozialistischen Diktatur, wenn auch unter umgekehrten Vorzeichen.

Der Piper Verlag erhält schon im Oktober 1945 eine vorläufige Publikationsgenehmigung für das Verlagsprogramm 1946. Der Schriftsteller Ernst Penzoldt, Reinhard Pipers Freund, bürgt für ihn.[3] Am 4. Januar 1946 dann erteilt die Information Control Division der amerikanischen Militärregierung Piper als 25. bayerischem Buchverlag die Lizenz zur offiziellen Wiedereröffnung des Unternehmens. Dabei wird, wie Berthold Spangenberg erinnert, der als Berater der ICD in München den Vorgang positiv begutachtete, eine Ausnahme gemacht: »Statt des bei allen Buchverlagen vorgeschriebenen einen Lizenzträgers gab es beim Piper Verlag deren zwei: Reinhard und Klaus Piper.«[4]

Keiner der beiden Verleger hatte einer nationalsozialistischen Parteiorganisation angehört. Das Programm des Hauses mit Schwerpunkten bei der künstlerischen Avantgarde und »entarteten« Kunst, das Engagement für Ernst Barlach, Max Beckmann, Alfred Kubin und den »Blauen Reiter«, der Einsatz für moderne ausländische Literatur, aber auch die Programmlinie des Rückzugs ins Unverfängliche sprechen für sich und entsprechen den Kriterien des US-amerikanischen Reeducation-Programms. Die Zugeständnisse an die nationalsozialistische Kulturpolitik werden als gering eingestuft.

Neubeginn auf dem Mangelmarkt. Piper in der »Stunde Null«

Mit dem Zusammenbruch des nationalsozialistischen Regimes wähnen sich die meisten Zeitgenossen an einem totalen Neubeginn, in einer »Stunde Null«, hinter der sie die jüngste Vergangenheit zurücklassen können und meist auch wollen. Die auf dem Buch- und Medienmarkt bestehenden institutionellen, personellen und kulturellen Kontinuitäten, mit denen sich bald auch der Piper Verlag konfrontiert sieht, werden lange unterschätzt. Die

Ablehnung des Nationalsozialismus verbindet sich – oft vorschnell – mit der Affirmation bestehender kultureller Traditionen.[5] Klaus Piper etwa zeigt sich noch 1991, rund ein Vierteljahrhundert nach dem Erscheinen von Mitscherlichs *Die Unfähigkeit zu trauern* und Arendts *Eichmann in Jerusalem* im eigenen Verlag, davon überzeugt, daß »in der Bundesrepublik in den entscheidenden Aufbaujahren nach 1945 nazistische und reaktionäre Tendenzen keine Chance öffentlicher Wirkung« hatten.[6] Seine Aussage belegt, wie lange die kollektiven Verharmlosungstendenzen in der Zeitgeschichtsschreibung nach 1945, ihr Bedürfnis nach vergangenheitspolitischer Integration und individualbiographischer Diskretion und Legitimation anhalten.[7]

Ein lebensnahes Bild von den Mühen des verlegerischen Wiederanfangs gibt Albrecht Knaus, der nach einem kriegsbedingt sehr kurzen Vorspiel von Juni bis August 1939 unmittelbar nach Kriegsende erneut zu Piper kam, zunächst anstelle des wegen seiner Parteimitgliedschaft ausgeschiedenen Lektors Karl Adolf Sauer, bevor er offiziell zum Verlagsleiter aufstieg:

Verlagsprospekt von 1949

Ende 1946 erschienen bei Piper die ersten Bücher nach dem Krieg. Neben den kartonierten, farbigen Bänden, mit denen die »Piper-Bücherei« eröffnet wurde, waren das Egon Friedells phantastische Novelle »Die Reise mit der Zeitmaschine«, die Erinnerungen des in München lebenden Arztes Dr. Mirok Li an die Jugendzeit in seiner koreanischen Heimat, »Der Yalu fließt«, sowie die ›Stafford‹-Biographie des Earl of Birkenhead und der Roman »Und doch will ich leben« von Frank Tilsley. Die beiden letztgenannten waren einmal als Neuerscheinungen für den Herbst 1939 geplant. [...] Ein »Weihnachtsgeschäft« gab es 1946 für den Verlag nicht. Die Bücher konnten nicht rechtzeitig im »Zuteilungsverfahren« ausgeliefert werden. Daß der Verlag im Herbst keine Neuerscheinungen hatte, zum ersten Mal seit seinem Bestehen, gab Reinhard Piper genügend Grund für seine trockenen, sarkastischen Anmerkungen. Die paar Leute, die damals neben ihm und Klaus Piper den Verlag darstellten, saßen leicht fröstelnd in ihren Mänteln und an den zusammengerückten Schreib-

tischen im östlichen Eckzimmer und hörten sich melancholisch amüsiert seine kurzen Sätze mit den kleinen Pausen da-
zwischen an.[8]

Nach den Einschränkungen in den Jahren des »Dritten
Reichs« ist eine Neuorientierung des Piperschen Verlagsprogramms notwendig. Die Programme der meisten westdeutschen Verlage zeigen, wie schwierig diese Erneuerung
ist. Sie sind in aller Regel wenig innovativ. Denn die Schubladen der Autoren sind – wider Erwarten – leer, die Erfahrungen der unmittelbaren Vergangenheit werden literarisch
kaum thematisiert.[9] Der Lesegeschmack des Publikums, das
über ein Jahrzehnt lang von den geistigen Entwicklungen
jenseits nationalsozialistischer Ideologie abgeschnitten war,
richtet sich aufs Bewährte, auf die Autoren des literarischen Kanons und der demokratischen Kulturtradition der
Weimarer Zeit. Unter den zeitgenössischen deutschsprachigen Autoren, die nicht dem Publikationsverbot unter-
liegen, sind – auch bei Piper – Mitläufer und »innere
Emigranten« stärker präsent als Exilanten; Übersetzungen
moderner ausländischer Literatur stehen in den Reeduca-
tion-Programmen zwar zur Verfügung, werden bei Piper
aber kaum genutzt.

Wie die meisten »Altverleger« greift auch Piper zunächst einmal auf die Backlist zurück, die noch verwert-
baren Autoren- und Publikationsrechte. Diese erweisen
sich jedoch als recht begrenzt. Das Kunstbuch, traditionell
stärkster Programmbereich, ist in Zeiten von Mangelwirtschaft und fehlender technischer Infrastruktur noch nicht
wieder produzierbar; man beschränkt sich deshalb zunächst auf Graphik, mit Büchern von und über Barlach,
Beckmann, Gulbransson und Kubin, sowie auf kunst- und
kulturhistorische Werke, unter anderem von Benz, Buschor, Hausenstein, Hübscher und Worringer. Wiederaufgenommen werden nach und nach die Großprojekte der
Schopenhauer- und der Dostojewski-Ausgabe, letztere in
durchgehend revidierter Übersetzung. Auch Morgensterns Werk wird in vielen Neuausgaben wiederaufgelegt.
Mit neuen Autoren wie Stefan Andres, Horst Lange und

Oda Schaefer, Rudolf Hagelstange, Hans Egon Holthusen und Günther Weisenborn entwickelt Piper Ansätze zu einem vielversprechenden literarischen Programm, die später jedoch nicht ausgebaut werden. Zum außergewöhnlichen Verkaufserfolg wird das Werk Ludwig Thomas, das, wie bereits beschrieben, aus dem Verlagserbe des Langen-Müller Verlags neu zu Piper kommt; des weiteren Paul Eippers Tiergeschichten und die humoristisch-leichten Bücher von Heinrich und Alexander Spoerl, beim Lesepublikum höchst beliebte Genres für den eskapistischen Rückzug in schwieriger Trümmer- und Trauerzeit.

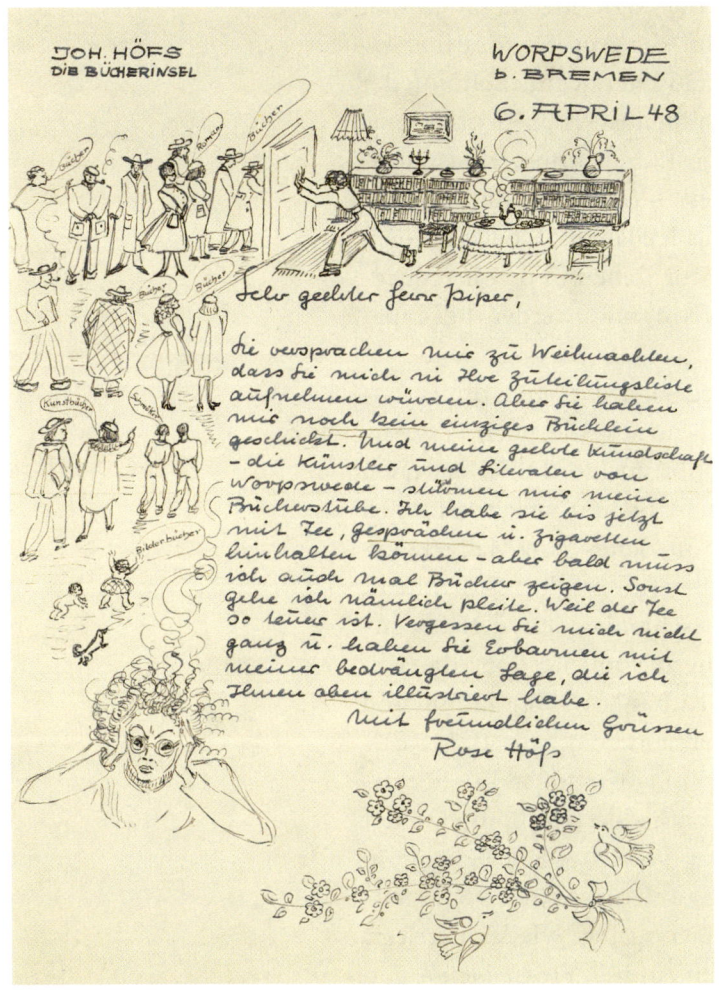

Brief der Buchhändlerin Rose Höfs
aus Worpswede vom 6. 4. 1948
zum Thema Büchermangel

Reinhard Piper mit den Söhnen Martin und Klaus im Herbst 1950

Zum neuen Programmschwerpunkt wird – nach zögerlichen Anfängen – das moderne Sachbuch und, von ihm typologisch nur unscharf getrennt, die Vermittlung populären Wissens durch hochrangige Fachkapazitäten. Am Anfang dieser neuen Entwicklung steht bei Piper 1947 Karl Jaspers mit dem schmalen Band *Vom europäischen Geist*.

Neu ist auch die von Reinhard Piper bereits 1944 konzipierte Piper-Bücherei, die nun im ersten Nachkriegsprogramm mit sieben Bänden endlich starten kann. Zwar wird hier eine bereits bestehende Idee aufgegriffen, die Sammlung »Die Fruchtschale« aus den Gründerjahren des Verlags. Entdeckt und vermittelt werden soll erneut das Unbekannte aus dem Werk bekannter Autoren, vor allem der zeitgenössischen Literatur und Geistesgeschichte. Die Piper-Bücherei bringt zunächst Werke der Verlagsautoren, unter anderen von Andres, Barlach, Brautlacht, Brehm, Dostojewski, Jaspers, Kubin, Marc, Morgenstern, Penzoldt, Schaefer, Heinrich Wolfgang Seidel, Ina Seidel, Thoma und Karl Vossler, wird aber auf Anregung von Klaus Piper bald auf Texte erstrangiger Autoren der internationalen Gegenwartsliteratur erweitert. Die Gestaltung übernimmt Emil Preetorius, nach ihm Gerhard M. Hotop. Die Auflagenhöhen liegen zwischen 5000 und 19 000 Exemplaren. Das Autorenhonorar, soweit eines anfällt, liegt bei fünf Prozent des Ladenpreises, das für die Einbandgestaltung bei 100.– DM. In den ersten zehn Jahren werden mehr als eine Million Bände der Reihe verkauft.[10]

»Denken wir uns einen Menschen unserer Tage«, heißt es in einer Rezension von 1949, »der im Monat nicht mehr als 1,50 DM für Bücher ausgeben kann und dennoch danach strebt, eine wirkliche Bibliothek als Schatzkammer des Geistes anzulegen – er greife zur Piper-Bücherei!«[11]

Zu diesem Zeitpunkt, als der Mangelmarkt nach der Währungsreform von einer neuen Bücherkrise samt Verlagssterben abgelöst wird, hat der Piper Verlag seinen Rang und Ruf in der westdeutschen Verlagsszene weiter gefestigt. In einer Publikumsumfrage von 1949 rangiert er

Drei Umschläge von Gerhard M. Hotop für die Piper Bücherei

auf Platz 6 nach Insel, Suhrkamp, Desch, Wunderlich und DVA, noch vor Bertelsmann und Rowohlt, eine Position, die sich sehen lassen kann. Auch wenn nicht zu übersehen ist, daß »Neuverleger« wie Suhrkamp und Desch, die ihr Programm – wenn auch höchst unterschiedlich – ganz auf die Lesebedürfnisse in der Nachkriegssituation ausrichten – der eine elitär, der andere populär –, Piper wie die meisten »Altverleger« in der Publikumsgunst auf die Plätze verweisen.

Piper wird 50. Der Tod des Verlagsgründers und das Jubiläumsjahr

Die Jahre 1953 und 1954 bedeuten für den Piper Verlag in mehrfacher Hinsicht einen tiefen Einschnitt. Im Oktober 1953 stirbt Reinhard Piper, fast 50 Jahre nachdem er den Verlag gegründet hat. Unter diesem Vorzeichen wird das Verlagsjubiläum im Mai 1954, am Anfang der Wirtschaftswunderjahre, zum besonderen Anlaß für Rückschau und Bilanz, signalisiert zugleich aber auch den Aufbruch in eine neue Ära unter Klaus Piper, dem Verleger der zweiten Generation. Er arbeitet seit 1932 im Verlag, hat seit 1937 Prokura, ist seit 1941 Teilhaber und nun alleiniger Geschäftsführer. Die neue Ära wird 40 Jahre dauern, fast ebenso lang wie die des Vaters. Die dritte Generation mit Ernst Reinhard Piper aber kommt – in Verlegerfunktion – nur mehr wenige Jahre zum Zuge. 1994, im Jahr des 90jährigen Firmenjubiläums, wird Klaus Piper den Verlag verkaufen.

Reinhard Piper hatte sich schon in den letzten Kriegsjahren weitgehend aus der Routine der Verlagsarbeit zurückgezogen. Nach 1945 liegt die Pflege der Autorenbeziehungen, aber auch die geschäftliche Leitung überwiegend bei Klaus Piper. Der Senior bleibt präsent, wirkt am Alltagsgeschäft jedoch nur noch beratend mit und beschränkt sich auf die Betreuung ihm persönlich besonders wichtiger einzelner Autoren wie Barlach, Kubin, Otto zur Linde und Georg von der Vring. Reinhard Pipers Hauptinteresse gilt nun der Aufarbeitung der Erinnerungen. Als »getreulicher Archivar seines Lebenswerks«,[12] so Sohn Klaus, hat er alle wesentlichen Autorenkorrespondenzen, Presseartikel, Rezensionen und andere Dokumente seiner verlegerischen Tätigkeit gesammelt, hat zudem persönliche Eindrücke und allgemeine Erfahrungen im Umgang mit Autoren, Freunden, Kollegen, Kunstwerken in Notizen festgehalten. Dies kommt nicht nur dem Verlagsarchiv, sondern auch der Niederschrift der Lebenserinnerungen zugute. Sie erscheinen 1947 und 1950 in zwei Bänden, *Vormittag* und *Nachmittag*, und stoßen, da Verlegermemoiren selten sind, auf breite Resonanz. Der geplante dritte Band, *Abend*, kommt nicht mehr zustande.

Der 70. Geburtstag Reinhard Pipers 1949, der mit dem 45. des Verlags zusammenfällt, bringt dem Jubilar viele Ehrungen für sein Lebenswerk, darunter die Ehrenbürgerschaft der Universität München. Das Haus Piper selbst veranstaltet in der »Neuen Sammlung« in München eine Ausstellung zur Verlagsgeschichte unter dem Titel *45 Jahre Münchner Kultur*. Bei der Eröffnung feiert Festredner Ernst Penzoldt den Verlag und damit auch seinen Gründer vor allem für die Verdienste um die Vermittlung der künstleri-

Reinhard Piper und Ernst Penzoldt als Spaziergänger. Zeichnung Penzoldts in einem Brief an Piper vom 25. 8. 1944

schen Avantgarde, als »wesentlich beteiligt an der unbluti-
gen Revolution der Kunst, die aus der wilhelminischen
Epoche zur modernen führte«.[13]

Am 19. Oktober 1953 stirbt Piper an den Folgen eines
im August 1952 erlittenen Schlaganfalls. Aus der Fülle der
Nachrufe seien zwei Stimmen zitiert: Es sind Albrecht
Knaus für die Mitarbeiter des Verlags und Albrecht Goes für
die Autoren, Stimmen, die eine Ahnung davon vermitteln,
wie Piper war und was er bedeutet hat in dem verlegerischen Kosmos, den er schuf.

»Etwas muß auch verbrennen!« sagte Reinhard Piper zu
einem Packer des Verlags, als er mit ihm während des Krieges
seine Bibliothek vor den zudringlicher werdenden Bomben
in Sicherheit brachte. Die Kisten hatten nicht ausgereicht, alle
Regale zu leeren, und so war er bereit, dem Schicksal seinen
eventuellen Triumph über das, was anscheinend für die Ewig-
keit geschrieben und verlegt worden war, im Vorhinein zu
gönnen. Es war eine seiner großen Fähigkeiten, sich rasch in
dieser unzulänglichen Welt zu orientieren und die unendlichen Möglichkeiten, die das Leben zu jeder Zeit für jeden
bereithält, schmunzelnd und gelegentlich leise pfeifend anzu-
erkennen. [...] Wenn er am Schreibtisch saß, den Kopf ge-
senkt und während des Zuhörens oder Überlegens mit dem
Zeigefinger an der Kante der Platte entlangfahrend, so pfiff er
sich meistens eins. Trat ich in sein Zimmer, um in einer Sache
seine Meinung oder eine Entscheidung zu hören, ging er
sofort auf den Gegenstand ein, auch wenn ich ihn beim Lesen
oder Diktieren gestört hatte. »Hier gibt es kein Stören«, sagte
er einmal, »solang ich mich nicht wehre.« Er war immer
sofort da, aber er konnte sich auch völlig abschließen. Dann
kam er nach einiger Zeit, oft auch erst nach einer Stunde, in
meine Tür und sagte, indem er mich aus seinen hellen, pfiffi-
gen Augen prüfend ansah: »Sie wünschen? Was gibt es Inter-
essantes?«
Bis in den Sommer des letzten Jahres kam Reinhard Piper
mit kleinen oder größeren Pausen doch immer wieder in den
Verlag und nahm an allem Anteil, was im Lektorat, in der
Herstellung und in der Werbung vor sich ging. Seine Gesundheit war seit Jahren nicht die beste, aber er gab das tägliche Geschäft nicht auf, und hatte wenig Vergnügen daran,

nach seinem Befinden gefragt zu werden. Manche Besucher zeigten unverhohlen ihre Überraschung, ihn noch im Verlag tätig zu sehen. So blickte ein junger Rheinländer Reinhard Piper, als dieser plötzlich aus seiner Tür trat, höchst verwundert an. Ich machte Reinhard Piper mit ihm bekannt. Er sagte nach kurzer Pause. »Ich sehe, Sie sind überrascht, mich hier zu treffen. Aber ich bin's.« Und schmunzelnd blickte er ihm nach.

Er war's. Und alle, die ihn kannten, haben ihn geliebt, den gebeugten, stillen Mann aus dem kleinen Penzlin in Mecklenburg, dem der Schalk im Nacken saß und der viel mehr als ein großer Verleger war.[14]

Litfaßsäule und Schaufenster der Münchner Buchhandlung Lehmkuhl zum 50. Verlagsgeburtstag

Und Albrecht Goes schreibt an Klaus Piper:

Es liegt mir sehr am Herzen, Ihnen zu sagen, dass mich der Tod des Vaters Piper, der nicht unerwartete und doch so herbe Abschied, sehr bewegt. Ich will die Stunde, die ich an seinem Tisch ihm gegenüber sass, das aufmerksam und gesammelt vorgebeugte Angesicht, das freundliche »gewiss ja«, das leise Vorsichhinpfeifen und jede Handbewegung, mit der er die Tischdecke glatt zu streichen schien, viel mehr aber noch das gute, kluge und behende Gespräch mit ihm nicht vergessen. Wenn ich, wie es oft in diesen Jahren geschah, »Vormittag« und »Nachmittag« zur Hand nehme, dann denke ich: Vielleicht, was wissen wir?, war das nun ein glücklicher Mensch, aber gewiss war das ein erfülltes Leben. Und die unvergesslich furchtbare Stelle vom schweigenden Vater hat er ganz gewiss vielen Vätern als Lektion ins Leben geschrieben.[15]

OFFENER HORIZONT – DER VERLAG UNTER KLAUS PIPER
Ein Überblick

Offener Horizont heißt die von Klaus Piper 1953 herausgegebene Festschrift für seinen Starautor Karl Jaspers. Der Titel charakterisiert nicht nur die Denkfreiheit und Denkweite von Jaspers' Werk. Er charakterisiert zugleich Programm und Entwicklung des Piper Verlags seit dem Generationswechsel von 1953: an erster Stelle die Neugier, mit der Piper neue Ideen, kulturelle und politische Strömungen, wissenschaftliche Probleme und Ergebnisse aufgreift und verlegerisch umsetzt; die Bereitschaft, mit der er – trotz notorisch knapper Kapitaldecke – die strukturellen Veränderungen für die notwendige Expansion einleitet; das Vertrauen, das er in seine neuen, jungen Mitarbeiter setzt; kurz, die Offenheit des Verlegers für jene Horizonterweiterung, aus der die spezifisch Pipersche Variante des Publikumsverlags moderner Prägung entsteht. Mit ihr setzt der Verlag unter Klaus Piper – so formuliert es Rein-

Das Arbeitszimmer des Verlegers in der Georgenstraße 4

hard Baumgart, der als Lektor dabei war – zu seinem eigenen »kleinen Wirtschaftswunder« an.

Piper, mittlerweile 42 Jahre alt, ist seit dem Tod seines
Vaters alleiniger Geschäftsführer und persönlich haftender
Gesellschafter des Piper Verlags, mit seiner Mutter Gertrud
und seinen Geschwistern Martin und Ulrike als Kom-
manditisten. Er war 1932 unter nicht einfachen Umständen in den Verlag eingetreten. »Vater und Sohn hatten, so
raunte ein Gerücht«, schreibt dazu Baumgart, »einen für
letzteren höchst unfreiwilligen Pakt geschlossen; der Sohn
Klaus durfte seine frühe Liebe nur heiraten, wenn er auf
ein Studium verzichtete und nach einer Buchhandelslehre
sofort in den Verlag eintreten würde, in den Schatten des
Vaters.«[1]

Mehr als zwanzig politisch wie wirtschaftlich schwierige, durch das konflikthafte Verhältnis zum Vater zusätzlich
belastete Jahre hat Klaus Piper bisher im Verlag gearbeitet:
geschützt zwar durch des Vaters verlegerische Kompetenz,
programmatische Zielsicherheit und Hellhörigkeit in der
Reaktion auf die Zeichen der Zeit, gebremst jedoch in der
eigenen Entfaltungsmöglichkeit. Die nun dringend nötige
programmatische Neuorientierung des Verlags dürfte im
noch immer mächtigen Vaterschatten nicht eben einfach
gewesen sein.

Klaus Piper, um 1950

»Du mußt meinen Verlag nicht wiederholen«,[2] lautet –
so Klaus Piper selbst – das scheinbar liberale, letztlich aber
höchst ambivalente Vermächtnis des Vaters. Du kannst ihn
auch gar nicht wiederholen, möchte man erwidern. Denn
die Zeiten haben sich verändert, und Reinhard Pipers rein
quantitativ bescheidener Kunst- und Literaturverlag mit
jährlich 15 bis 20 Titeln hätte in den kommenden Jahrzehnten nur schwer Bestand gehabt.

Mit der Zeit des deutschen Wirtschaftswunders beginnt
eine beispiellose Expansion auch des Buchmarkts. Auf sie
muß der Verlag sich einstellen, will er in der sich verschär-
fenden Konkurrenz bestehen. Seit der Währungsreform
und dem Ende der Lizenzpflicht hat sich der Mangelmarkt
der Nachkriegszeit in einen liberalisierten Nachfrage-
markt gewandelt. Nachdem auch die von diesem Wandel

ausgelöste »Reinigungskrise« überstanden ist, setzt ab Mitte der fünfziger Jahre mit dem quantitativem Anstieg der Buchproduktion eine fast zwanzigjährige kontinuierliche Aufwärtsentwicklung des Buchmarkts in der BRD ein. Die Titelzahl steigt von 14094 (1951) auf 45369 (1970) an.[3] Von den 850 nach 1945 neu lizenzierten Verlagen bestehen zehn Jahre später nur noch zwei Drittel. Das Gewicht verschiebt sich wieder zu den »Altverlegern«, von denen viele, darunter auch manche »belastete«, nun mit ihren umfangreichen Rechtebeständen und Longseller-Titeln auf den Markt zurückkehren. Hinzu kommen die Übersiedler aus der DDR, vor allem aus dem ehemaligen Buchzentrum Leipzig.

Gleichzeitig etabliert sich ein neuer Sachbuchmarkt nach dem Vorbild des hier tonangebenden Econ-Verlags, an dem auch Piper sich orientiert. Econs Erfolg mit deutschen Sachbuchautoren und deren internationaler Rechteverwertung regt viele belletristische Verlage zur Einrichtung von Sachbuchabteilungen als zweitem Standbein an.

Zudem entwickeln sich neue Buch- und Vertriebsformen wie Taschenbuch und Buchgemeinschaften und in der Folge davon – bei den noch zahlreichen unabhängigen mittelständischen Unternehmen wie zum Beispiel Piper – eine neue Form der Rechteverwertung beim Zusammenschluß mit anderen Verlagen. So etwa in der 1953 gegründeten Verlagsgemeinschaft »Die Bücher der Neunzehn« und dem Deutschen Taschenbuch Verlag (dtv), zu dem sich 1961 zwölf Gesellschafterverlage verbinden. Piper gehört in beiden Gruppen zu den Gründungsmitgliedern.

Um auf dem neuen Buchmarkt bestehen zu können, setzt Piper auf Expansion durch Evolution. »Philosophie war Klaus Pipers Sehnsuchtsziel, Musik sein Element, zur Literatur zog ihn vor allem der Ehrgeiz, mitzuspielen auf einem Feld, auf dem die großen deutschen Verlage wie Fischer oder Rowohlt sich ihren Namen gemacht hatten«,[4] so beschreibt Baumgart die programmatischen Intentionen des Juniorverlegers. Damit führt Piper die Grundlinien des etablierten Programms zwar fort, erweitert sie jedoch um ein für die Zukunft entscheidendes Gegengewicht zu den alten Sehnsuchtszielen: Sachbuch und populäre Wissenschaft. Sie werden zu Pipers ureigener Domäne, zu seiner größten verlegerischen Leistung. Die Programmlinien sollen im folgenden in eigenen Kapiteln zu Themenbereichen und Autoren näher beschrieben werden.

Zu einem wesentlichen Element der Neustrukturierung und planvollen Erweiterung der genannten Programmlinien werden die Buchreihen: als broschierte Bändchen und preiswerte Sonderausgaben, später als Paperbacks und schließlich auch als eigene Taschenbuchreihe.

In Reihen dachte und Reihen kreierte bereits der Verlagsgründer. Klaus Piper baut das Reihenprinzip in drei Richtungen aus: An erster Stelle steht die Erweiterung des Sachbuch- und Wissenschaftsprogramms durch preiswerte Ausgaben im Taschenformat und in Paperbacks. Beispielhaft hierfür ist die 1954 gegründete und ab 1959 als Reihe geführte »Sammlung Piper«, in der – so der Untertitel – »Probleme und Ergebnisse der modernen Wissenschaft« von der Philosophie über die Soziologie bis zur Kunst in Einführungen und Monographien erschlossen werden sollen, nach dem Vorbild von Jaspers' *Einführung in die Philosophie* von 1953. Hinzu kommt ab 1961 die Reihe »piper paperback« und ab 1970 die zweite große Reihe des Verlags, die »Serie Piper«.

Ihr Ziel ist es, »dem intellektuellen Potential des gesamten Verlagsprogramms durch die rationellen Herstellungs- und Vertriebsmöglichkeiten der zeitgemäßen, einheitlich gestalteten Taschenausgabe zu optimalen zusätzlichen Wirkungen zu verhelfen«[5] – ohne jedoch die vertragliche Bindung an den Deutschen Taschenbuch Verlag zu verletzen, in der sich die Gesellschafter zum Verzicht auf eigene Taschenbuchreihen verpflichtet haben. Begründet wird diese tragende Säule des Piperschen Reihengebäudes auf Titeln prominenter Piper-Autoren: Hannah Arendts *Macht und Gewalt,* Alexander und Margarete Mitscherlichs *Eine deutsche Art zu lieben,* Aldous Huxleys *Die Pforten der Wahrnehmung / Himmel und Hölle* sowie dem Band *Ich bin Bürger der DDR und lebe in der Bundesrepublik,* herausgegeben von

Barbara Bronnen. Diese vier Titel erreichen zusammen eine Gesamtauflage von 95 000 Exemplaren. In der Serie Piper erscheinen nun jährlich 40 Bände. Auf das Ende der sechziger Jahre aufblühende neue Programmsegment der Sozialwissenschaften antworten dann die Reihen »Erziehung in Wissenschaft und Praxis« und »Piper Sozialwissenschaft«. Speziell an Kinder und Jugendliche wenden sich die Reihen »pipers kinderlexikon«, später unter dem Namen »Piper Erklär mir Lexikon«, und »Piper Erklär mir Sachbuch«.

Eine zweite Linie verfolgt die Auswertung literarischer Texte. Sie erscheinen zum einen in der programmatisch bewußt offen gehaltenen Serie Piper, daneben in der »Reihe Roter Schnitt«, einem Zugeständnis des Verlegers an Themen und Autoren der achtundsechziger Jahre, oder auch in der Geschenkbuchreihe »Piper-Präsent«, wo eher leichte und unterhaltende literarische Texte auf hohem Niveau versammelt werden. Hinzu kommen von 1958 bis 1965 die »Piper-Sprechplatten«, frühe Vorläufer des Hörbuchs, mit Höhepunkten des literarisch-philosophischen Programms im Originalton, wie Texten von Ingeborg Bachmann, Karl Valentin oder Karl Jaspers, gesprochen von den Autoren.

Eine dritte Linie schließlich nimmt schon 1954 die Idee der Kunstbuch-Reihen aus der Gründerzeit des Verlags auf, mit den Projekten »Unesco-Sammlung der Weltkunst«, »Unesco Taschenbücher der Kunst« und später dann der »Piper Galerie«.

Eine eigene Taschenbuchreihe baut der Verlag erst nach dem Ausscheiden als dtv-Gesellschafter 1983 auf. In die neue Serie Piper fließt vieles ein aus dem seit den siebziger Jahren allmählich zum Labyrinth mutierenden Piperschen Reihengebäude, neu geordnet und um aktuelle Themenfelder erweitert, wie zum Beispiel die »Erklär mir«-Reihe, die Reihe »aktuell«, die »Serie Piper Porträt«, die Krimis der »Serie Piper Spannung«, die »Serie Musik Piper · Schott« und die »Serie Piper Frauen«.

Der Aufbau einer eigenen Taschenbuch-Abteilung verdankt sich vor allem der Initiative von Ernst Reinhard Pi-

Titel aus den Reihen des Verlags: Piper Paperback, Reihe Roter Schnitt

per, Klaus Pipers 1952 geborenem Sohn. Er tritt 1982, nach dem Studium der Geschichte samt Promotion, in den Verlag ein und ist seit 1984 Geschäftsführer und Mitinhaber.

Vom Verleger- zum Publikumsverlag.
Neue Strukturen und Mitarbeiter

Meine Chance war diesmal, daß der Verlag unter Klaus Piper gerade zu seinem kleinen Wirtschaftswunder ansetzte. Das Programm wuchs und mit ihm der Umsatz, doch streng genommen existierte kein arbeitsfähiges Lektorat. Da gab es nur Albrecht Knaus, der offiziell als Cheflektor amtierte, aber vor allem als Verlagsleiter und Stellvertreter des Verlegers in Anspruch genommen war, gemeinsam mit ihm zuständig für die großen, das heißt namhaften und umsatzträchtigen Autoren. Und da war ein Fräulein von Tümpling, der ich nun gegenübersaß im dämmerigen, holzgetäfelten Zimmer des gerade verstorbenen Verlagsgründers und Seniorchefs Reinhard Piper. Sie mochte eine halbe Generation älter sein als ich, also jung genug und doch für mich weit weg, fröhlich und schnodderig und ausgestattet mit einem lässigen Selbstbewußtsein, wie es wohl nur adlige Familien ihren Kindern vermitteln. Ihre Position im Verlag war und blieb unklar. Ein Wort wie »Angestellte« schien zu ihr nicht zu passen, sie schien nur zu hospitieren, aber das mit Schwung. Außerdem stand sie in fester und doch geheimnisvoller Verbindung mit einem hohen, allseits verehrten Herrn der Frankfurter Verlagsszene. Wenn sie sich leise lachend über die Telefonmuschel beugte, verließ ich diskret den dämmerigen Raum.

Wir drei also spielten Lektorat: welche Mühsal, welche Chance für den Anfänger, der halbtagsweise auch noch in anderen Abteilungen eingesetzt wurde, in Presse und Werbung und Herstellung, um das Geschäft rundum zu lernen. Denn als Lektor arbeiten, das hieß damals, vor den Zeiten strenger Aufgabenteilung, mehr als nur über Manuskripten brüten, mit Autoren verkehren oder sich durch den deprimierenden Stapel von unverlangt Eingesandtem zu wühlen, durch die Gedichte und Aphorismen, humoristischen und weltanschaulichen Versuche von schon sprachlich unbedarften Ta-

Titel aus den Reihen des Verlags: Serie Piper Aktuell, Serie Musik Piper Schott

lenten. Als Lektor mußte und durfte man bei Piper ein Buch durch alle seine Phasen begleiten, vom Manuskript über die Ausstattung und Drucklegung, die Vermittlung durch Presse und Werbung, bis hin zum Verkauf von Vorabdrucken, Buchclub- oder Taschenbuchlizenzen oder Übersetzungsrechten. So jedenfalls war es gedacht und sollte es sein, doch das schöne Ideal des Universallektors war schon bald utopisch.[6]

Als der junge Reinhard Baumgart 1955 zu Piper kommt, trifft er auf ein bereits etabliertes und relativ gut strukturiertes Tätigkeitsfeld, jedenfalls verglichen mit den Neuanfängen von 1945/46. Damals hatte man bei Piper wie überall mit wesentlich eingeschränkterem und entsprechend improvisatorischem Betrieb wieder begonnen. Neben den beiden Verlegern war da vor allem Albrecht Knaus – »schon als Temperament«, so Baumgart, »der Gegentyp zu seinem Chef: knapp, präzise, ironisch, ein Realist und kein Schwärmer und Entwerfer. So hatten die beiden viel aneinander zu leiden und ergänzten sich doch wunder-

Abschiedsfeier für Albrecht Knaus, 1955. Zu sehen u. a. Reinhard Baumgart (2. von links), Albrecht Knaus (4. von links), Dieter Lattmann (6. von links), Klaus Piper (7. von links) und Paul Weberbeck (ganz rechts)

bar.«[7] Da war des weiteren Paul Weberbeck, zuständig für den Vertrieb, der Hersteller Navratil und – nicht zuletzt – Käthe Pfister, Buchhalterin bei Piper seit 1911. Sie alle werden, je nach Bedarf, in unterschiedlichen Bereichen eingesetzt. Die Verleger selbst wie der Verlagsleiter sind zugleich auch Lektoren, Autoren fungieren von Fall zu Fall als Scouts und Berater, ein Vertreterstamm wird ab 1950 allmählich wieder aufgebaut. Eine klare Abgrenzung der Kompetenzen, auch in der Beziehung zu den Autoren, gibt es nicht, was die Arbeitseffizienz nicht immer verbessert.

Knapp zehn Jahre später, als Knaus den Verlag Ende 1955 verläßt, hat das Unternehmen rund zwanzig Mitarbeiter.[8] Im nächsten Jahrzehnt wächst die Mitarbeiterzahl auf etwa dreißig an und funktionalisiert sich zugleich mit der strafferen Organisationsstruktur. Heute arbeitet der Verlag mit rund fünfzig Mitarbeitern; die Zahl ist seit 1995, dem Zeitpunkt des Verkaufs, konstant.

Welche Leitvorstellungen Klaus Piper für die Neustrukturierung des Verlags hatte, das wird in den Einstellungsverhandlungen mit Hansjörg Graf deutlich, der 1956 vom Verlag Otto Müller in Salzburg zu Piper kommt.

Durch den bevorstehenden Fortgang von Herrn Dr. Knaus wie [...] durch die Ausdehnung des Verlagsprogramms hat sich in unserem Verlag eine Situation ergeben, die mir eine gewisse Änderung unserer Betriebsstruktur nahelegt. Ich beabsichtige, das Lektorat als Hauptträger der verlegerischen Mitarbeit zu erweitern. Der künftige Cheflektor soll sich in ausschließlicherem Maß, als es bisher der Fall war, dem Autorenverkehr und der Arbeit an den Manuskripten widmen können. Ein jüngerer zweiter Lektor steht seit einigen Monaten bereits zur Verfügung. Es ist möglich, daß ich noch einen dritten Herrn einstellen werde, etwa zur besonderen Pflege der Piper-Bücherei oder der mehr populären Werke, wie daneben für die Intensivierung der Zusammenarbeit mit dem Rundfunk oder für das leider (im Einzelfall, wenn auch nicht in der Gesamtwirkung) mit viel unproduktiver Kleinarbeit verbundene Gebiet der Auslandsrechte. – Für die Leitung je der Herstellungs- und Werbe-Abteilung stehen mir erfahrene Fachkräfte zur Verfügung. Die von mir angestrebte stärkere Ressort-Teilung soll nicht bedeuten, daß ich nicht auch künftig auf ein fruchtbares Zusammenwirken der einzelnen Abteilungen Wert lege.[9]

Graf wird schließlich als Lektor für die ausländische Gegenwartsliteratur verpflichtet, zu der Piper übrigens auch Grafs Spezialdomäne zählt, die österreichische Literatur. Was ihn nicht hindert, die Betreuung des mehr als heiklen Falls Bruno Brehm bei Baumgart, zuständig für deutsche Literatur, zu belassen. Er wird nun auch Lektor von Brehms Antipodin Ingeborg Bachmann. Damit erobert Baumgart das von der gesamten neuen Lektorengeneration begehrteste Ressort. Er kommentiert die neue Position später in seinen Erinnerungen:

> Ohne einen Schuß von Hochstapelei läßt sich das Buchverlegen sicher nicht betreiben, und wie ein Felix Krull auf der Reise durch das Universum der neuen, alten bürgerlichen Bildung fühlte ich mich oft auf meinen Verlagsexpeditionen. […] Überall und nirgends war ich nun zu Hause, gewann Kenntnisse und Übersicht und verlor einige Überzeugungen, lernte eine Fülle anregender Menschen, Ansichten, Weltausschnitte kennen und kaum jemanden und etwas gründlich.[10]

Mit und nach Graf und Baumgart arbeiten – bei je unterschiedlicher Spezialisierung – unter anderen Otto F. Best, Walter Hinderer, Gert Woerner, Walter Fritzsche, Rainer Weiss, Uwe Heldt und Anna Leube in der Belletristik, Albrecht Roeseler, Hans-Helmut Röhring, Karl Blessing, Renate Dörner und Ralf-Peter Märtin im Sachbuch- und Wissenschaftslektorat sowie Dieter Lattmann als Werbechef.

Als legendär in diesem komplizierten Geflecht der Zuständigkeiten ist denen, die damals dabei waren, zweierlei in Erinnerung geblieben: zum einen die intellektuelle Freiheit und vom Verleger geförderte Eigeninitiative der Lektoren; zum anderen die allen gemeinsame Neugier auf die neue Literatur, von der man zwölf lange Jahre ausgeschlossen war, das nachhaltige Interesse am Text. Seine Qualität und nicht der Verkaufserfolg gilt als Auswahlkriterium Nummer eins.

So entwickelt sich der Piper Verlag unter Klaus Piper vom Verlegerverlag, in dem die individuellen Präferenzen des Verlegers das Programm bestimmen, zum Publikumsverlag. Er lebt von der an aktuellen Themen und Leserinteressen orientierten, in den Lektoren repräsentierten Programmvielfalt.

Als der von Piper 1956 gesuchte neue Verlagsleiter wird übrigens – empfohlen von Hans Egon Holthusen – Kurt Heinrich Hansen eingestellt. Doch er bleibt Übergangserscheinung. Schon zum 1. März 1958 wird er abgelöst von Hans Rössner.

Unbewältigte Vergangenheit. Der Fall Rössner

Unbewältigte Vergangenheit heißt ein Vortrag, den der Piper-Autor Hans Egon Holthusen 1963 als Direktor des New Yorker Goethe House hält. *Unbewältigte Vergangenheit* heißt auch eine von ihm initiierte Vorlesungsreihe an der Universität München zum gleichen Thema: der Situation der deutschen Gegenwartsliteratur nach 1945. Unreflektiert bleibt dabei, wie aussagekräftig der Titel für Holthusens eigene Biographie sein könnte. Seiner einstigen Zugehörigkeit zur SS wegen war er gleichzeitig in den USA massiven Vorwürfen ausgesetzt.[11] Auch im eigenen Verlag sieht er sich mittlerweile – trotz der intensiven Freundschaft zum Verleger – in Verlagsleiter Hans Rössner mit einem kritischen Widerpart konfrontiert, wenn auch weniger aus politischen denn aus verlagsinternen Gründen. Und wieder bleibt unreflektiert, daß auch der neue Verlagsleiter eine »unbewältigte Vergangenheit« hat. Öffentlich bekannt wird dies erst ein Vierteljahrhundert später, lange nach Rössners Ausscheiden aus dem Verlag 1977 und mehrere Jahre nach seinem und des Verlegers Tod.

Wissenschaftliche Untersuchungen zur Führungselite des Reichssicherheitshauptamts und zur Geschichte des

Sicherheitsdienstes (SD) der SS decken Ende der neunziger Jahre auf, daß Rössner im »Dritten Reich« nicht nur, wie bekannt, NSDAP-Mitglied, sondern in führender Position im SD aktiv war.[12]

Im Mai 2002 greifen die Medien nach einem Bericht des *Spiegels* den Fall auf; zugespitzt auf die in der Tat bizarre, heute nur schwer nachvollziehbare Situation, daß mit Rössner ein Kollege Adolf Eichmanns die Bücher der jüdischen Philosophin und Totalitarismusforscherin Hannah Arendt, auch ihren Bericht über *Eichmann in Jerusalem,* verlegerisch betreute. Doch Rössner war nicht nur der Gesprächspartner von Hannah Arendt. Er war es ebenso für andere Piper-Autoren, die sich in ihrem Denken und Schreiben – auf ganz unterschiedliche Weise – mit der deutschen NS-Vergangenheit auseinandersetzten, wie

Hans Rössner und Klaus Piper
im Zimmer des Verlegers

Ingeborg Bachmann oder Alexander und Margarete Mitscherlich.

Der 1910 geborene Germanist und Historiker Rössner war als Mitglied der SA ab 1934 Abteilungsleiter im SD und ab 1936 Assistent am Germanistischen Institut der Universität Bonn, wo er als Leiter der Nachrichtenstelle die weltanschauliche Meinungsbildung der Universität zu beobachten hatte. 1937 promovierte er mit einer Arbeit über den Stefan-George-Kreis. Zusammen mit seinem akademischen Lehrer Karl Obenauer war Rössner auch am Verfahren der Aberkennung der Bonner Ehrendoktorwürde Thomas Manns beteiligt.[13]

Der offenbar brillante junge Wissenschaftler stand seit der Bonner Studienzeit in Verbindung mit Hans Ernst Schneider, später »Hans Schwerte«, der seine NS-Vergangenheit nach 1945 durch einen von den Fachkollegen lange gedeckten Identitätswechsel zu verbergen suchte. Mit Schneider arbeitete Rössner spätestens seit 1939 im Rahmen der NS-Kulturpolitik zusammen, so etwa beim »Ahnenerbe«-Projekt und beim Projekt »Germanistischer Wissenschaftseinsatz«, in dem der »totale Kriegseinsatz der Geisteswissenschaften« vorbereitet wurde. 1940 wechselte Rössner als Abteilungsleiter ins Berliner Reichssicherheitshauptamt (RSHA), die Zentrale des SD und später Schaltstelle der Judenvernichtung. Rössner leitete dort im Amt C II die Gruppe »Volkskultur und Kunst«. Die neuere Forschung hat gezeigt, daß das RSHA keine reine Verwaltungs- und Vollzugsbehörde war, sondern weltanschauliches Zentrum und Impulsgeber der nationalsozialistischen Bewegung, besetzt mit einer »Generation des Unbedingten« – darunter Rössner.

Nach 1945 sitzt Rössner drei Jahre im britischen Internierungslager. Bei den Nürnberger Prozessen tritt er als Zeuge der Verteidigung auf. In seinem Entnazifizierungsverfahren wird er als »Mitläufer« eingestuft. Danach kommt Rössner im Medien- und Verlagswesen unter, wie viele andere auch. Er geht als Lektor zum Stalling-Verlag, der im »Dritten Reich« durch seine Programmschwerpunkte bei Militaria und nationalpolitischem Schrifttum positiv aufgefallen war und von dem man, wie Baumgart schreibt, »gerüchtweise wußte, daß er besetzt war mit ehemaligen, hochrangigen NS-Funktionären, was man dessen Programm auch ansah«.[14] Zu den Autoren des Hauses gehören unter anderem Rössners ehemaliger Chef im SD, Wilhelm Spengler, und sein ehemaliger Kollege Hans Schneider alias Schwerte.[15] 1953 wechselt Rössner zum Insel-Verlag, als Lektor fürs klassische Programm. Seine Fachkompetenz, auch die Verdienste um die Innenorganisation des Hauses, lassen ihn dort bald zum Verlagsleiter aufsteigen. Noch die 1999 erschienene Insel-Verlagsgeschichte rühmt diese Verdienste »ganz unbeschwert«.[16]

Auch für Piper dürfte die Reputation, die sich Rössner in der Verlagsleitung der Insel erworben hat, nicht ohne Belang gewesen sein, als er 1958, in einer schwierigen personellen und organisatorischen Situation, einen Nachfolger für seinen Verlagsleiter Hansen sucht. Er stellt Rössner nach einer Bedenkzeit ein.

Im Verlag werden die Kompetenz und der sachlich-korrekte Führungsstil des neuen Cheflektors und Verlagsleiters – so ehemalige Kollegen heute – allgemein begrüßt. Als »Mann der Aktennotiz« wird Rössner geschätzt, im Ausgleich zur eher spontan-sprunghaften Art des Verlegers. Man erlebt ihn als einen sehr höflichen, sehr verbindlichen, gänzlich unfanatischen Menschen. Damit aber enden die Gemeinsamkeiten in der Wahrnehmung des Kollegen Rössner. Die einen, eher die älteren unter den ehemaligen Mitarbeitern, betonen seine lupenrein liberalen Ansichten. Rössner – so Baumgart – habe vielleicht eine Vergangenheit zu verbergen gehabt, aber sicher keine Gegenwart.[17] Die jüngeren Kollegen dagegen erleben die Art des Verlagsleiters eher als kalt und opportunistisch. Als auffällig gilt allgemein sein prononcierter Philosemitismus.

So wird ein ehemaliger Antisemit und ideologischer Funktionsträger des NS-Regimes – ausgewiesen vor allem durch hohe Fach- und Managementqualitäten – zum Ansprechpartner für Autoren wie Karl Jaspers, Ingeborg Bachmann und Hannah Arendt, Autoren, die sich für den

Piper Verlag auch deswegen entschieden hatten, weil sie ihn weitgehend frei glaubten von den Belastungen nationalsozialistischer Vergangenheit.

Die naheliegende Frage, ob, und wenn ja, wieviel Piper von Rössners NS-Vergangenheit wußte, ist nicht widerspruchsfrei zu beantworten. Piper selbst gab an, ihm sei nur Rössners NSDAP-Mitgliedschaft bekannt gewesen. Diese sei ihn »hart angegangen, da der Verlag durch die NS-Zeit gekommen sei, ohne daß einer seiner Angehörigen Parteimitglied geworden wäre«,[19] was im übrigen den Tatsachen nicht ganz entspricht.[20] Nichts gewußt aber habe er, Piper, von Rössners Zugehörigkeit zum SD. Die Familie Rössner jedoch behauptet, der Verleger sei über dessen politische Vergangenheit detailliert informiert gewesen. Archiv und Personalakten des Verlags geben darüber keine Auskunft.

So bleiben viele Fragen offen. Zumal wenn die politische Vergangenheit in den Themen der gemeinsam produzierten Bücher so präsent ist wie in Arendts *Rahel*-Buch, ihrem Bericht über *Eichmann in Jerusalem,* wie im *Malina*-Projekt der von Verleger wie Verlagsleiter so umworbenen Ingeborg Bachmann oder gar in Mitscherlichs *Die Unfähigkeit zu trauern.* Offen bleibt auch die Frage, wie weit die

»Emblematischer Epilog: Hans Rössner, der seinen Namen nicht wechselte, hat gleichwohl sein erstes Leben ähnlich wie Hans Ernst Schneider das seine in einer Kontrafaktur überschrieben. Auch er folgte der Maxime: ... *Schweigen* (ist) *überzeugender als Selbstbezichtigung und öffentlich zur Schau getragene Umkehr. Es ist die männlichere Art des Eingeständnisses von Irrtum und Schuld.* Ihre emblematische Verdichtung findet diese Haltung in einem Photo, das in einer Geschichte des Piper-Verlages enthalten ist. Hier sind 1967 zwei Autoren anläßlich der Präsentation ihres Buches nebeneinander sitzend zu sehen. Über sie beugt sich der freundlich lächelnde Verlagsleiter. Die Autoren sind Alexander und Margarete Mitscherlich. Das Buch heißt ›Die Unfähigkeit zu trauern‹. Der Verlagsleiter ist Hans Rössner.«[18]
Von links: Alexander Mitscherlich, Michael Wegner, Margarete Mitscherlich, Iring Fetscher und Hans Rössner

167

Tabuierung gerade der persönlichen Vergangenheit (und ihre thematische Objektivierung in der Verlagsproduktion) in einer Generation reichte, die – hier wie in anderen Institutionen und bis in die politischen Führungsebenen – bedenkenlos Konstellationen schuf wie die zwischen Rössner und Pipers prominenten Autoren.

Große Begegnungen. Klaus Piper und seine Autoren

Klaus Piper in der Begegnung, Klaus Piper im Gespräch mit bedeutenden Menschen: das Thema wird zum Leitmotiv seiner Erinnerungen. Zwei Kernszenen, beide aus seiner Kindheit und Jugend, erhellen, welcher Zauber von solchen Begegnungen auf den jungen Piper ausgegangen sein muß. Die erste erzählt davon, wie der Zwölfjährige den Maler Max Beckmann kennenlernt:

> Es war 1923. Mein Vater hatte mich von der Nordseeinsel Föhr abgeholt, auf der ich [...] zur Kräftigung meiner Gesundheit ein dreiviertel Jahr verbracht hatte, um mit mir über Frankfurt ins heimatliche München zurückzukehren. Beckmann trat uns, nachdem wir ins Empfangszimmer gebeten worden waren, auf eine äußerst unkonventionelle Weise entgegen: Er kam ins Zimmer, ein Hüne, sagte nichts, verzog keine Miene, sondern duckte sich plötzlich und schoß einen vollendeten Purzelbaum, der mich in atemloses Staunen versetzte. Der beabsichtigte Effekt funktionierte hundertprozentig. Dieser Großmächtige konnte das! Ich war wohl zwölf Jahre alt, aber doch noch ein kleiner Junge, dessen Verzauberung so groß war, daß mir die Szene so deutlich ist wie vor einem dreiviertel Jahrhundert, als sie sich ereignete.[21]

Die zweite Szene schildert, wie der Buchhandelslehrling die – zunächst spirituelle – Bekanntschaft des Philosophen Karl Jaspers macht:

> 1931 war ich Lehrling in der Buchhandlung Chr. Kaiser am Marienplatz in München. Von Karl Jaspers war gerade in der Sammlung Göschen erschienen: »Die geistige Situation der

Klaus Piper und seine Autoren:
Hans Küng

Heinz Zahrnt

Martin Gregor-Dellin

Zeit«. Das mußte ich lesen. Die politische Situation war erregt, die Luft erfüllt von unklaren Meinungen und Voraussagen. Hatte die Demokratie noch eine Chance angesichts der Wirtschaftskrise, von Apathie und aufgepeitschten Hoffnungen? [...]

Ich las mehr von Jaspers. Ich verdankte ihm eine neue Selbstbewegung meines Denkens, die mich auf eine neue Stufe meiner inneren Entwicklung brachte.[22]

Beide Szenen sind für den jungen Piper mit seinem Vater verknüpft; beide machen deutlich, wie stark die Verehrung für die Großen aus der Welt von Kunst und Wissenschaft von Piperscher Familientradition beeinflußt ist. Der Purzelbaum schlagende Maler steht dabei für die eher verehrungsresistente, die kindlich-nahbare Seite der »Großen«; jene heiter-unbeschwerte Lebenseinstellung, der Klaus Piper später bei den rund um den Tegernsee versammelten Autoren und Künstlern wiederbegegnet, bei Olaf Gulbransson, der Thoma-Erbin Maidi von Liebermann, den Kindern des Sängers Leo Slezak und den Erfolgsautoren Heinrich und Alexander Spoerl. Diese Autorenbeziehungen bestimmen, anekdotisch zugespitzt, das Bild von Pipers »lago degli autori«, dem bilderbuch-bayerischen Ambiente am Tegernsee.

Mehr noch aber zeigt Piper sich fasziniert vom Gespräch über die großen Menschheitsfragen in Philosophie, Theologie, Naturwissenschaft und Politik, jenen Fragen, denen er erstmals im Werk von Jaspers begegnet ist, die später im Zentrum seiner Besuche beim Philosophen in Basel stehen und an denen sich seine leicht entflammbare Neugier in der Begegnung mit seinen Autoren immer wieder entzündet. Diese Fragen spiegeln sich auch in den Piperschen Erfolgstiteln, seien es Jaspers' *Atombombe und die Zukunft des Menschen*, Zahrnts *Sache mit Gott*, Küngs *Christ sein*, Lorenz' *Acht Todsünden der zivilisierten Menschheit*, Alts *Frieden ist möglich* oder gar im schlichtesten und zugleich kühnsten von allen: Jaspers' *Von der Wahrheit*.

So verwandelt sich – entsprechend Pipers Credo – dem wahren Verleger im »Strom der Manuskripte, Bücher und

Klaus Piper und seine Autoren:
Paul Watzlawick

Ingeborg Bachmann (mit Hans
Werner Henze)

Richard Friedenthal

Projekte, der mündlichen und schriftlichen Gespräche, der Beratungen und Berechnungen« fast alles Leben in Buchthemen.[23]

Davor aber stehen Begegnung und Gespräch mit den Autoren, Beziehungen, die Piper gern selbst pflegt, sofern die Autoren prominent sind; seien es Karl Jaspers, Stefan Andres oder Ingeborg Bachmann, Konrad Lorenz, Lothar-Günther Buchheim, Ralf Dahrendorf oder – Pipers besonderes Steckenpferd – die großen Musiker und ihre Interpreten von Ernest Ansermet, Alfred Brendel und Yehudi Menuhin bis zu Joachim Kaiser.

Beispielhaft für die Art, wie Piper diese Beziehungen anknüpft und wie er in ihnen agiert, ist sein Bericht vom Kleiderkauf für Ingeborg Bachmann, der mittlerweile in die Literaturgeschichte eingegangen ist:

> … in Rom nahm mich Ingeborg Bachmann zu einer Generalprobe von Henzes ›Der junge Lord‹ mit. Ich fand, daß sie kein Kleid trug, das ihrer herben Schönheit adäquat war. Ich kaufte ihr eins in der Via Condotti. Es war bezaubernd, wie wir uns ganz leicht auf das passende Modell einigten, das sie dann im Theater verschönte. – Nicht nur die literarische, auch die philosophische und musikalische Dimension in Ingeborg Bachmanns Persönlichkeit bedeuteten mir viel für den Umgang.[24]

Andere Facetten von Pipers Autorenbeziehungen erschließt seine Korrespondenz. Hier zeigt sich der Verleger, gerade im Fall Bachmann, auch als einer, der zuzuhören und zu unterstützen versteht dort, wo es nötig und im Drang der verlegerischen Geschäfte möglich ist. Und so ist es wohl kein Zufall, daß Ingeborg Bachmann in einer der größten Krisensituationen ihres Lebens, nach der Trennung von Max Frisch, Piper zu Gespräch und Unterstützung zu sich nach Rom ruft.

Rom wird auch zum Ort der Begegnung mit Pipers Erfolgsautor Stefan Andres. Die Anfänge der Korrespondenz mit ihm zeigen, wie intensiv sich Piper, vor allem in den ersten Jahrzehnten der Verlagsleitung, mit literarischen

Manuskripten auseinandersetzt. Die Beziehung zu Andres wird – bei durchaus unterschiedlichem Temperament und Lebensstil – bald zur persönlichen Freundschaft, wie sie Piper von Jugend an auch mit Hans Egon Holthusen verbindet.

Des Verlegers nimmermüder Wunsch nach inhaltlicher Diskussion, selbst wenn sie schriftlich gelegentlich auszuufern droht, erstreckt sich auch auf eher heikle, etwa politische, oder stark fachspezifische, etwa musikologische Themen. Hier wagt der Verleger sich sehr weit vor; von Fall zu Fall weiter, als dies gegenüber den jeweiligen Fachkapazitäten angemessen erscheinen mag.

Später dann hat der Verleger das Geschäft des Lektorierens und die damit verbundenen Kontroversen mit den teils recht streitbaren Autoren an seine Mitarbeiter abgegeben. Der sich ausweitenden Geschäfte und Projekte wegen ist er nun immer mehr unterwegs im In- und Ausland, auf internationalen Kongressen, Schriftstellertreffen und Vortragsreisen, stets voller Neugier, stets auf der Suche nach neuen Buchthemen und Autoren – welch neue Dimension für Kontakte und Gespräche!

EIN GLÜCKSFALL ERSTEN RANGES
Die Beziehung zu Karl Jaspers

Als »Glücksfall ersten Ranges« für sich und seine Arbeit bezeichnet Karl Jaspers die Verlagsbeziehung zu Piper, als ihm der Verleger 1953 die Festschrift zum 70. Geburtstag überreicht.[1] Die Formulierung mag sich heute, fünfzig Jahre später, wie ein Versatzstück aus dem üblichen Festreden-Fundus ausnehmen; Jaspers aber, der so kühle wie klare Briefschreiber, meint, was er sagt. Seine positive Haltung zu Klaus Piper und dem Piper Verlag ist vielfach bezeugt. Zum einen durch die mehr als zwanzigjährige Kontinuität der Beziehung; zum anderen durch viele Briefaussagen, etwa in der Korrespondenz mit Hannah Arendt, in der von Piper immer wieder die Rede ist, aber auch im unveröffentlichten Briefwechsel mit dem Verlag selbst.[2]

Zum Glücksfall wird die Verbindung mit Jaspers nicht nur für den Autor, sondern mehr noch für den Verlag. Jaspers' Wirkung als Autor geht über die seiner Schriften und die persönliche auf Piper weit hinaus. Ihr wahres Potential entfaltet sich in der Wechselwirkung, die sein Denken und Schreiben in mehrfacher Hinsicht auslöst: einmal in der breiten Resonanz seiner Themen und Aussagen während der drei Entwicklungsphasen der bundesrepublikanischen Gesellschaft, die Jaspers nach 1945 erlebt und analysierend begleitet; dann in der Ausstrahlung und Anziehungskraft, die er auf andere Autoren hat; schließlich in den Impulsen, die von ihm auf Pipers Programm ausgehen, vor allem die bahnbrechende Wirkung seiner Veröffentlichungen auf den innovativen Typus des populärwissenschaftlichen Sachbuchs. So wird Jaspers für Piper mehr als ein Glücksfall; er wird Piperscher »Hausgott«.

Die Verlagsbeziehung beginnt 1946, unmittelbar nachdem Reinhard und Klaus Piper die Lizenz zur Wiedereröffnung ihres Verlags erhalten haben. Jaspers ist einer seiner ersten neuen Autoren. Erste, sozusagen probeweise Publikation ist der Vortrag *Vom europäischen Geist.* Die Broschüre kann trotz allgemeiner Papierknappheit in immerhin 20 000 Exemplaren erscheinen – in Zeiten der Mangelwirtschaft ein nicht unwichtiger Nachweis für die Leistungsfähigkeit des Unternehmens. Es folgt – denn Jaspers' Schubladen sind nicht leer – Band 1 von *Philosophische Logik. Von der Wahrheit,* eines von Jaspers' Hauptwerken. Ein Buch, das, wie Verlagsleiter Albrecht Knaus an Stefan Andres schreibt, nicht nur »die gelehrte Welt mit Spannung erwartet, es ist auch ein Triumph des Verlags. 1200 Seiten auf holzfreiem Papier in blauem Ganzleinen mit Goldprägung und Umschlag von Emil Preetorius!«[3] Auch für den Autor ist das Erscheinen dieses über lange Jahre hin ausgetragenen Werks ein bewegendes Ereignis:

Ich halte das fertige Buch in meinen Händen. Es ist ein Augenblick, der mich bewegt. Dass das Erscheinen dieses

Karl und Gertrud Jaspers in Basel, 1952

Werkes wirklich geworden ist, ist mir doch wie ein Wunder. Als ich es schrieb, habe ich mit meinem Verstand nicht erwartet, dass das Manuskript vor Feuer und Vernichtung bewahrt werde und dass eine Zeit käme, in der ich als Überlebender noch seinen Druck erleben könnte. […] Sie jedenfalls haben es übernommen, es in einem hervorragenden Zustand vor die Welt zu bringen, haben unendliche Mühen damit gehabt, haben mir und meinem Werke Vertrauen geschenkt und das Risiko übernommen. Ich habe wahrhaftig Grund Ihnen zu danken.[4]

Von nun an erscheinen – wenige Ausnahmen abgerechnet – alle Werke des von Piper seit langem verehrten Philosophen im Piper Verlag; bis zu Jaspers' Tod 1969 insgesamt 36 Titel mit rund einer Million Auflage.

Die Themen zentrieren sich um zwei inhaltliche Schwerpunkte. Neben den Arbeiten zur Philosophiegeschichte und systematischen Philosophie, wie *Philosophische Logik 1. Von der Wahrheit* (1947), *Einführung in die Philosophie. Zwölf Radiovorträge* (1953), *Die großen Philosophen. Erster Band* (1957), *Kleine Schule des philosophischen Denkens* (1965), publiziert Jaspers Schriften zur aktuellen gesellschaftlichen und politischen Situation. In der unmittelbaren Nachkriegszeit bieten sie dem deutschen Lesepublikum die ersehnte geistige Neuorientierung, zum Beispiel mit dem schon genannten Vortrag *Vom europäischen Geist* oder mit *Die Schuldfrage*.[5] In die Spätphase der Ära Adenauer greift Jaspers ein mit der Schrift *Die Atombombe und die Zukunft des Menschen* (1958); ins unmittelbare Vorfeld der Studentenbewegung mit *Wohin treibt die Bundesrepublik?* (1966) – Büchern, die in Auflagen von jeweils rund 100 000 Exemplaren im Erscheinungsjahr zu Bestsellern ihrer Zeit und Höhepunkten von Jaspers' öffentlicher Resonanz werden. Mit ihnen erreicht der Verlag eine für Philosophen bis dahin unbekannte Breitenwirkung.

Einer von Piper anläßlich des 70. Geburtstags vorgeschlagenen Gesamtausgabe hat Jaspers zu Lebzeiten nicht zustimmen wollen, da sein Werk ja in Einzelausgaben vollständig vorliege. Nach seinem Tod ist sein Werk aus dem umfangreichen, bis heute nicht gänzlich aufgearbeiteten

Nachlaß – rund 25 000 Briefe und 35 000 handschriftliche Blätter – weiter veröffentlicht worden. Betreut und herausgegeben von seinem Schüler Hans Saner und dessen Mitarbeitern, erschienen zum Beispiel die Fortsetzung der *Großen Philosophen,* eine *Weltgeschichte der Philosophie* und der *Nachlaß zur Philosophischen Logik.*

In Jaspers' Werk spiegelt sich der kulturelle und politische Wandel der Bundesrepublik. Mit ihm eröffnet sich Piper – an der Schwelle zum Übergang in die zweite Verlegergeneration – eine neue Programmlinie mit innovativen Bereichen modernen Denkens, von Philosophie, Soziologie, Psychologie und Pädagogik bis hin zu den Naturwissenschaften. Sie konturiert das Profil des Verlags unter Klaus Piper neu und wirkt bis heute nach.

Warum Piper? Drei Gründe für Jaspers' Verlagswahl

Als Karl Jaspers 1946 zu Piper kommt, ist er – zum einen als Verfolgter des Naziregimes und in Ehren rehabilitierter Philosoph und Hochschullehrer, zum anderen als Vertreter eines eher wertkonservativen Denkens – eine hochwillkommene öffentliche Figur. Zugleich steht er mit 63 Jahren kurz vor der Emeritierung aus seinem Professorenamt in Heidelberg. Mit Deutschland und dem akademischen Betrieb deutscher Universitäten hat Jaspers nicht die besten Erfahrungen.[6]

1948 folgt Jaspers einem Ruf der Universität Basel, in die »Windstille« des Schweizer Asyls, wo er bis 1961 lehrt.[7] Der Entschluß zur »Emigration«, der in der deutschen Öffentlichkeit sehr kritisch aufgenommen wird, ist begründet in dem Wunsch, sich von der aufgeregten westdeutschen Situation des Neubeginns, von Aufsicht und Zensur durch die Alliierten und Vergangenheitsbewältigung der deutschen Art zu distanzieren, auch seiner neuen Rolle als Starphilosoph zu entkommen. Schon 1947 hatte er verwundert und befremdet seinen Status als »Kinoberühmtheit« konstatiert.[8] Ganz bewußt geht Jaspers nun daran, neben der akademischen Lehre seine öffentliche philosophische Arbeit fortzusetzen, die Einmischung durch politisches Denken.

Diese Vorgeschichte und Jaspers' aus ihr resultierender unbedingter Wirkungswille legen für die Verlagswahl nach 1945 drei Gründe nahe, die er gelegentlich auch formuliert hat.

Der Verlag, dem Jaspers sein – wie er selbst sagt – »Lebenswerk« anvertraut, soll politisch unbescholten sein.[9] Die Wirkungsmöglichkeiten sollen über die Resonanz wissenschaftlicher Verlage (wie seiner bisherigen) hinausreichen, zunächst durch Zugriff auf ausreichende Papiervorräte, später durch eine umfassende und ausgefeilte Öffentlichkeitsarbeit. Dies wird im Briefgespräch mit Hannah Arendt vielfach deutlich. Immer wieder reflektiert Jaspers die Bedeutung und Notwendigkeit von »Propaganda« für sein Publizieren: »Es wäre einfach dumm heute, nicht die Propaganda zu nutzen. Wir haben kein geistiges Publikum mehr, keine ›Schicht‹, in der ein Schriftsteller vor 100 Jahren zu Hause war. Wir müssen sehen, wie wir die einzelnen treffen, das heißt: sich an die ›Masse‹ wenden.«[10] Diese Überlegungen zeigen: Jaspers sucht einen Publikumsverlag.

Als drittes Motiv kommt hinzu: der persönliche Kontakt Jaspers' zu Klaus Piper. Dieser hatte dem Philosophen, dem er seit einer ersten Jaspers-Lektüre von 1931 anhängt, während der Kriegsjahre in einem Brief ganz unbekannterweise seine Verehrung und sein Interesse am Verlag seiner Schriften ausgedrückt – eine Geste, die den so kühlen und unnahbaren Jaspers in diesen schwierigen, resonanzlosen Jahren dankbar berührt hatte.

Im November 1945 greift Klaus Piper die Verbindung wieder auf und bietet, sobald die Verlagslizenz erteilt ist, Veröffentlichungsmöglichkeiten an: »Es wäre für uns eine besondere Freude, eine Arbeit von Ihnen in unser Programm einfügen zu können. Ich darf Ihnen dabei sagen, dass wir über verhältnismäßig gute Druck- und Papiermöglichkeiten verfügen.«[11]

Diese Kombination aus persönlicher, verehrender Beziehung und Marktkompetenz mag – zumindest für den

Anfang – den Ausschlag gegeben und alle Verlagsverhandlungen a priori vereinfacht haben. Zumal Jaspers, wie die nun einsetzende umfangreiche Korrespondenz belegt, vom verlegerischen Alltagsgeschäft sehr genaue Vorstellungen hat: »Ihren Vertragsentwurf habe ich sorgfältig durchgedacht. Sie werden dem Verfasser, der über ein Werk, das er für sein Lebenswerk hält, entscheidet, nicht verübeln, wenn er nicht einfach unterschreiben kann. Ich habe mir erlaubt, Ihren Entwurf in einigen mir wichtigen Punkten umzugestalten.«[12]

Aufs Ganze gesehen verläuft die Beziehung sachlich und produktiv. Jaspers begleitet den Herstellungs- und Vermittlungsprozeß seiner Bücher in jedem Detail. Penibel prüft er jede Honorarabrechnung, liest jede Korrektur, kümmert sich um jede Übersatzzeile und verfolgt jede Werbekampagne. Seine grundsätzlichen Einwände richten sich gegen die sporadischen Sparsamkeitsanfälle des Verlegers bei Honorarsätzen und Ausstattungsfragen. Und in der Regel setzt Jaspers seine Vorstellungen so ruhig wie bestimmt durch. Denn die Verhandlungen sind immer geprägt vom Wunsch des Verlegers, mit dem großen Philosophen eine politische Integrationsfigur der jungen Bundesrepublik langfristig ans Haus zu binden. Durch Produktivität und Erfolg, öffentliche Präsenz in Gastvorlesungen und Vorträgen, Presse, Funk und Fernsehen wirkt Jaspers trotz Alter und chronischer Krankheit höchst anregend und attraktiv. Der Verlag hat durch ihn und seine Empfehlungen viele Autoren und Übersetzer gewinnen können, darunter neben seinen Schülerinnen Hannah Arendt und Jeanne Hersch auch Rudolf Bultmann und Alfred Weber. So wird diese Verlagsbeziehung für Piper zu einer wahren Erfolgsgeschichte.

Philosophie als Warenproduktion. Die Bestseller »Die Atombombe und die Zukunft des Menschen« und »Wohin treibt die Bundesrepublik?«

»Der Spiegel«, bemerkt Karl Jaspers nach Erscheinen seines Buchs *Wohin treibt die Bundesrepublik?*, analysiere anhand der Breitenwirkung seiner Bücher »Philosophie als Warenproduktion«.[13] Und er bemerkt es durchaus wohlwollend. Daß er zur Titelfigur des Magazins wurde,[14] läßt auch ihn, den »Philosophen der Vernunft«, durchaus nicht unberührt. Das – außergewöhnlich großzügige – Honorar für den Vorabdruck lehnt er zwar für seinen Teil kategorisch ab, um so seine betont kritische und unabhängige Haltung gegenüber den Medien auch nach außen hin zu wahren. Doch seit seinen beiden großen Verkaufserfolgen, die ihn monatelang auf Platz 1 der *Spiegel*-Bestsellerliste und damit im öffentlichen Diskurs halten, reagiert Jaspers auf Ton und Tenor des Magazins deutlich milder, ja, er verteidigt dessen Form der Berichterstattung sogar.

»Grenzdenker Jaspers«, SPIEGEL-Titel vom 31. 8. 1960

Mit seinen Büchern politisch zu wirken, das gehört, wie er selbst zu betonen nicht müde wird, zu Jaspers' Grundanliegen, seit er publiziert. An den Büchern *Die Atombombe und die Zukunft des Menschen* und *Wohin treibt die Bundesrepublik?* wird exemplarisch deutlich, wie er dieses Anliegen mit den ihm gegebenen Mitteln und mit Hilfe des Publikumsverlags Piper umsetzt und wie provokativ die ungewohnte Einmischung eines Philosophen in die aktuelle Politik damals wirkt. Sei es bei der Wiederbewaffnung der Bundesrepublik, den Diskussionen um den mit dem Beitritt zur NATO möglicherweise verbundenen Zugang zu Atomwaffen oder in der Frage nach den Gefahren nuklearer Energie.

Während er das Buch über die Atombombe vorbereitet, schreibt Jaspers an seinen Verleger:

Es zeigt sich das große Versäumnis der Adenauer-Regierung, sie hat nicht durch ständige Offenheit, durch Reden und diskutierende Belehrung durch Jahre die Bevölkerung politisch erzogen – sie konnte es vielleicht nicht aus Mangel an geistiger

Kraft – [...] Ich bin in Sorge und denke wohl augenblicks-
weise, was ich seit 50 Jahren törichterweise immer wieder
dachte: wäre ich doch gesund und könnte agieren![15]

Erstmals seit der Schrift über die *Schuldfrage* von 1946
greift Jaspers 1958 wieder ein aktuelles politisches Thema
auf. Und Piper setzt ganz auf Erfolg. Das Buch, schreibt er,
kaum daß er ein erstes Inhaltsverzeichnis in Händen hat,
sei ein »Ereignis ersten Ranges«.[16] Dem entspricht die für
damalige Verhältnisse großangelegte, hochmoderne PR-
und Werbeaktion. Vorabdrucke in großen Zeitungen sind
vereinbart, die wichtigsten Rezensenten informiert, eine
damals singuläre Sendereihe mehrerer Rundfunkanstalten
ist organisiert: sechs je dreiviertelstündige Lesungen aus
dem Buch, die dann sogar wiederholt werden. Auch zu
den von ihm in aller Regel gemiedenen Fernsehinter-
views hat Jaspers sich bereit erklärt. Selbst nach den höch-
sten Ehren, den angesehensten Buchpreisen, sogar dem
Friedensnobelpreis, hat Piper mit Hilfe prominenter Be-
fürworter die Fühler ausgestreckt.

Anfang Mai 1958 ist das Manuskript im Verlag. Beige-
fügt hat der Autor eine Art »Gebrauchsanweisung«, in der
er seine Vorstellungen zu Ausstattung und Layout bis ins
Detail festlegt, von der Größe der Kapitelüberschriften bis
zu Leerzeilen und Absätzen. Ende Juni kommt das Buch
auf den Markt – und es kommt an. Der Verlag verschickt
es an führende Persönlichkeiten aus Politik und Gesellschaft, darunter die politische Prominenz von Konrad
Adenauer, Willy Brandt, Thomas Dehler, Kurt Georg Kie-
singer, Martin Niemöller bis zu Erich Ollenhauer, Carlo
Schmid, Helmut Schmidt, Franz Josef Strauß (damals Ver-
teidigungsminister) und Herbert Wehner. Denn, so Piper,
»dies Buch ist ein Grund- und Handbuch für die weltpo-
litische Erziehung der heutigen Menschen«.[17] Es findet
breite Resonanz: »Die erste Auflage ausverkauft!« Der
Autor ist überwältigt. »Es ist ein enormer Erfolg, zu größ-
tem Teil dank Ihrer hervorragenden Propaganda. Nun
hoffe ich, daß das Buch in die Seelen dringt und weiter
seinen Gang geht.«[18]

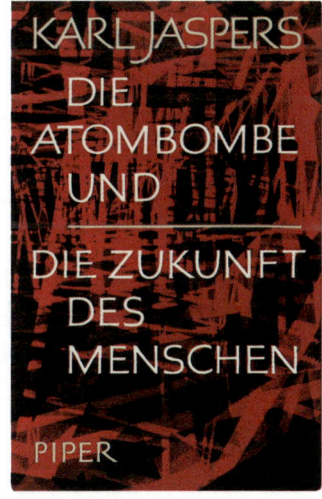

Erstausgabe von 1958

Am 28. September 1958 erhält Jaspers den Friedenspreis des Deutschen Buchhandels, im Jahr darauf den Erasmuspreis der Europäischen Kulturstiftung. Nur die Krönung, der Nobelpreis, bleibt unerfüllter Verlegertraum. Ob Jaspers von Pipers Bemühungen darum gewußt hat, ist unbekannt. Die Friedenspreisverleihung in der Frankfurter Paulskirche jedenfalls ist, folgt man der Presseberichterstattung, »eine seltene Stunde deutschen Geistes«. Hannah Arendt wird mit ihrer Laudatio für den verehrten Lehrer erstmals seit ihrer Emigration in Deutschland wieder öffentlich wahrgenommen. Die Dankrede Jaspers' feiert Karl Korn in der *Frankfurter Allgemeinen Zeitung* als »Sensation«: »Hier stand ein Mann, der ein Leben lang sein Philosophieren ins Öffentliche hinein vollbracht hat, ein Mann, den keiner anzweifeln kann, kein Emigrant und kein Nazi, kein Bischof und kein Kanzler und keine Opposition und prüfte sein Volk an der Grundfrage der Wahrheit.«[19]

Die Reden erscheinen als Broschüre bei Piper; auch sie wird ein großer Verkaufserfolg. Jaspers' Dankrede avanciert unter dem Titel *Wahrheit, Freiheit und Friede* zu Pipers erster Sprechplatte. Das Buch selbst erscheint in mehreren verschiedenen Ausgaben, unter anderem als preiswerte Studienausgabe mit neuem Vorwort des Autors, in dem er zur aktuellen Wirkungsgeschichte Stellung nimmt. Innerhalb Jahresfrist sind 100000 Exemplare abgesetzt. Für Autor und Verlag Anlaß genug, zum Jahresende eine sehr positive Bilanz zu ziehen.[20]

Noch größer ist acht Jahre später, in einem grundlegend veränderten politischen Klima, die Resonanz auf die Schrift *Wohin treibt die Bundesrepublik?*, Jaspers' letzte große Publikation und zugleich die politisch aktuellste und erfolgreichste. Das Buch ist zunächst geplant als Sammlung politischer Aufsätze. Erst allmählich bildet sich − mit Jaspers' zunehmendem politischem Engagement Mitte der sechziger Jahre − die thematische Konzentration auf die aktuelle politische Entwicklung der BRD heraus. Das Buch setzt sich aus drei selbständigen Teilen zusammen. Am Anfang steht das damals vieldiskutierte *Spiegel*-Gespräch des Philosophen mit Rudolf Augstein »Für Völkermord gibt es keine Verjährung«. Es folgen eine Analyse der Parlamentsdebatten vom März 1965 zur Verjährungsfrage und als dritter, weitaus umfangreichster Teil Jaspers' Folgerungen und Kritik der politischen Entwicklung in der BRD.

Anfang Januar 1966 ist das Manuskript fertig. Es hinterläßt beim Verleger einen »außerordentlich starken« Eindruck, den wiederzugeben er auch große Worte nicht scheut: »Dies ist eine Schrift von allergrößter Bedeutung. Als deutscher Verleger beglückwünsche ich mich dazu.«[21]

Ende April wird das Buch mit einer Erstauflage von 10 000 Exemplaren ausgeliefert, unterstützt von einer PR- und Werbekampagne ähnlich der für das *Atombomben-*Buch. Es wird, vor allem wegen des dritten, analytischen Teils, zur politischen Sensation, auch wenn dieser eher philosophisch »schwebend« und politisch wenig eindeutig bleibt. Innerhalb von vier Wochen erlebt das Buch drei Auflagen und steht über Monate auf Platz 1 der *Spiegel-*Bestsellerliste, damals ein unbezweifelter Erfolgsnachweis: »Jetzt stand bis in die letzten Provinzzeitungen durch einige Wochen mein Name in den Schlagzeilen«, schreibt

Friedenspreis des Deutschen Buchhandels 1958 für Karl Jaspers. Bei der Feier in der Frankfurter Paulskirche von links: Oberbürgermeister Werner Bockelmann, Gertrud und Karl Jaspers, Bundespräsident Theodor Heuss, Hannah Arendt

Jaspers an Hannah Arendt. »Ich könnte mir einbilden, daß jeder Deutsche, der Zeitungen liest, im Augenblick meinen Namen kennt. Nun ist das erledigt. Eine merkwürdige Erfahrung mit allem drum und dran.«[22]

Im Juli 1966 erreicht das Buch eine Gesamtauflage von 50000, Mitte Oktober von 81000 Exemplaren. »Ohne Zweifel«, schreibt Piper, »ist Ihr Buch das in Deutschland absolut am meisten verkaufte.«[23] Sogar der Staatsratsvorsitzende der DDR, Walter Ulbricht, fühlt sich zu einer Reaktion herausgefordert. Seinen zwölfseitigen Brief beantwortet Jaspers kurz und bündig:

Geehrter Herr Staatsratspräsident!
Ich erhielt Ihren Brief und Ihre Mitteilungen vom 1. Juni. Sie betonen mit Recht, wie sehr unsere politischen Ziele und Weltanschauungen voneinander abweichen. Zu einer Antwort fordern Sie rücksichtsvoll mich nicht auf, und ich könnte sie Ihnen auch kaum geben. So darf ich mich auf diese höfliche Bestätigung des Briefempfangs beschränken.
Mit freundlichen Grüßen[24]

Die außergewöhnliche Wirkung des Buchs verdankt sich wohl vor allem dem inzwischen spürbaren Wechsel des politischen Klimas, auf den Jaspers ja seinerseits reagiert. Zum Jahresende zieht der Verleger eine enthusiastische Zwischenbilanz, bei der auch der eigene Verlag nicht unberücksichtigt bleibt.[25]

Doch das Buch provoziert auch Polemik, Mißverständnisse und Fehlinterpretationen. Der Beifall kommt nicht durchweg von der gewünschten Seite. Und so wächst beim Autor mit der Befriedigung über den Erfolg der Wunsch auf Reaktion und Klärung durch eine Gegenschrift. Im Januar 1967 schon liegt das Manuskript der *Antwort* vor, von Piper begrüßt als »ein neues, eigenständiges Deutschlandbuch«.[26]

Der Verleger selbst lektoriert und kommentiert es mit vielen Anmerkungen zur Sache, was der Autor, dem über der ungewohnten Verwicklung ins Tagesgeschehen die philosophische Distanz abhanden zu kommen droht, dank-

Erstausgabe von 1966

bar akzeptiert. Die Fahnenkorrektur gerät – in allerletzter Minute – in die Hände von Verlagsleiter Hans Rössner. Er, der sich persönlicher Kommentare bei den vom Verleger selbst betreuten Autoren in aller Regel konsequent enthält, formuliert auf fünf eng beschriebenen Seiten mit sprachlicher Präzision und intellektueller Schärfe schwerwiegende wissenschaftliche, sachliche und politische Einwände. Es ist einer der wenigen Fälle, in denen eine inhaltliche Einmischung Rössners dokumentiert ist. Daß er seine übliche Zurückhaltung hier aufgibt, mag damit zusammenhängen, daß ein anderer prominenter, von ihm selbst betreuter Verlagsautor, Alexander Mitscherlich, schon einige Monate zuvor wegen Jaspers' militanter öffentlicher Äußerungen gegen die Psychoanalyse offen protestiert und damit gedroht hat, den Verlag zu verlassen.[27]

Der Grundtenor von Rössners Einwänden: Die Schrift sei zuwenig durchgearbeitet; sie enthalte »ungeheuerliche Simplifizierungen und die darin liegende Gefahr [...] daß sie nämlich wiederum Beifall von allen möglichen falschen Seiten bekommt. Meine Sorge ist, daß die ›Antwort‹ im Grunde in der Breite der Leserschaft wieder nur kurzschlüssige Urteile und Ressentiments bestätigt und provoziert, nicht aber ein wirklich kritisches Mitdenken auslöst.«[28]

Noch am selben Tag gibt der Verleger die Kritik in einem persönlichen zehnseitigen Schreiben an Jaspers weiter, der vieles davon anstandslos in sein Manuskript einarbeitet. Ohne jegliches spürbare Ressentiment gegenüber dieser außergewöhnlich kritischen Nachlese, deren Ursache und Urheber er nicht kennt. Jaspers' Vertrauen ruht weiterhin auf dem seit der NS-Zeit gewachsenen, auch auf verwandter Weltanschauung basierenden Konsens mit Klaus Piper. Es bewährt sich in dieser prekären Situation.

Mitte März 1967 wird die *Antwort* ausgeliefert. Ein Bestseller wie ihre Vorgänger wird sie nicht. Die kritischen Stimmen, nicht nur innerhalb des Verlags, mehren sich. Im unmittelbaren Vorfeld der Studentenrevolte ist der Zenit von Jaspers' Produktivität und Wirkungskraft überschritten. 1967 erscheint sein letztes Buch, eine – für ihn außer-

gewöhnliche – Rückwendung ins Persönliche: die autobiographischen Schriften mit dem bezeichnenden, in der
Anlehnung an Arthur Schopenhauer auch hochambitio-
nierten Titel *Schicksal und Wille*.

»Der trefflichste Verleger«. Die persönliche Beziehung zwischen Karl Jaspers und Klaus Piper

Die Stabilität der Beziehung zwischen Jaspers und Piper
gründet auf einer sehr persönlichen Bindung. Die Lektüre
von Jaspers' Schriften gehört schon für den Buchhandelslehrling Piper zu den wesentlichen Lese-, ja Lebenserfah-
rungen: als Welterhellung in einer schwierigen individuellen Entwicklungsphase, als Möglichkeit, Orientierung und
Halt in einer kritischen historischen Situation zu finden,
kurz vor dem Machtantritt der Nationalsozialisten. Piper
hat dies in seinen Erinnerungen an Jaspers mehrfach beschrieben.[29]

In diesem Initialerlebnis wiederholt Piper eine emotio-
nale Grunderfahrung seines Vaters Reinhard mit seiner
Schopenhauer-Lektüre. So wie sie den Verlag in der Gründungsphase prägte, prägt das Jaspers-Erlebnis den Verlag in
der zweiten Generation. Für Klaus Piper war die Erfahrung vielleicht noch intensiver. Denn ihm öffnet sich mit
der zunächst rein geistigen, später auch persönlichen Beziehung zu dem Philosophen eine Welt, aus der ihn das
väterliche Verbot eines akademischen Studiums zunächst
einmal ausgeschlossen hatte. In Jaspers findet Piper sein
Vorbild, im Gespräch mit ihm seinen eigenen, höchst privilegierten Zugang zur akademischen Welt – in der Rolle
des Vermittlers und Popularisierers, als »Propagandist« der
populären Wissenschaft.

Jaspers nimmt Pipers Angebot dankbar an. Der »nord-
deutsche Eisklotz«, als den er sich selbst bezeichnet, er, den
seine Mitarbeiter als einen Menschen beschreiben, in dessen Nähe man »das Frieren lernen« könne,[30] faßt Vertrauen
zu dem fast eine Generation jüngeren, ihm von Temperament und Talent her eher gegensätzlichen Münchner Ver-

leger. Ein Vertrauen, das offenbar über Pipers verlegerische Kompetenz hinaus auch auf Respekt und persönlicher Sympathie beruht.

Ab 1947, als sich beide erstmals persönlich begegnen, besucht Piper den durch Alter und lebenslange Krankheit meist ans Haus gebundenen Philosophen ein- bis zweimal jährlich, zunächst in Heidelberg, dann in Basel. Piper ist und bleibt ein stets neugieriger, bewundernder Gesprächspartner, sei es im Austausch über Buchprojekte, sei es im Diskurs über jene gesellschaftspolitischen, auch weltanschaulichen Themen, denen sein tiefstes Interesse gilt. Und stets kehrt er angeregt und voller neuer Buchpläne von den Besuchen in Basel zurück. Verhandlungen und Gespräche mit Jaspers führt der Verleger in der Regel selbst; Lektoreneinmischung, selbst die des Verlagsleiters Albrecht Knaus, wird zumindest anfangs vom Autor als Störung und Abwertung aufgefaßt.

Wie groß Jaspers' Einfluß auf Pipers verlegerische Entscheidungen ist, zeigt beispielhaft die langwierige Prozedur um Hannah Arendts *Rahel*-Manuskript, dessen Qualitäten Piper lange nicht einsichtig sind. Bis zu einem Gespräch mit Jaspers. Sein Urteil erst gibt der Angelegenheit die entscheidende Wendung. Durch Jaspers erst öffnet sich für Arendt der Weg in eine neue, dauerhafte Verlagsverbindung in Deutschland und für den Piper Verlag der Weg zu einer der bedeutendsten Denkerinnen und Publizistinnen ihrer Zeit. Es ist die fruchtbarste Autorenbeziehung, die Jaspers vermittelt hat. In Jaspers' Briefgespräch mit Arendt, die Piper gegenüber wesentlich kritischer ist und bleibt, wird spürbar, wie unbeirrt positiv die Einstellung des Philosophen zu seinem Verleger ist: »Piper«, heißt es dort immer wieder, »ist noch immer der angenehmste«, »Piper ist doch der trefflichste Verleger«.[31]

Als Jaspers 1969 stirbt und im kleinen Kreis beigesetzt wird, hält Piper die Trauerrede. Ihr Leitmotiv ist die Erinnerung an die Jaspers-Lektüre aus der Lehrlingszeit — für Piper die »Urzelle« der Begegnung mit dem großen Philosophen, die sein Leben und seinen Verlag geprägt hat.

VERGANGENHEITSBEWÄLTIGUNG DER DEUTSCHEN ART
Hannah Arendt, »Rahel Varnhagen« und »Eichmann in Jerusalem«

Ohne ihren Lehrer Karl Jaspers wäre Hannah Arendt wohl nie Piper-Autorin geworden. Und trotzdem hat es lang gedauert, bis aus den ersten Annäherungsversuchen eine produktive Verlagsbeziehung wurde. Jaspers weist Klaus Piper bereits 1951 auf seine ehemalige Schülerin hin. Doch das erste Projekt, ein Band über Totalitarismus in der Sammlung Piper, kommt nicht zustande, und auch in den nächsten Jahren, als man über weitere Buchpläne verhandelt, bleibt der Verlag bei seiner zögerlichen Haltung. Arendt, die 1933 emigriert war und seit 1941 in New York lebt, ist damals in Deutschland weitgehend unbekannt. Kontakt und Briefwechsel zu Piper intensivieren sich erst, als der Verleger sie persönlich kennengelernt hat und die Konkurrenz anderer Verlage ihm eine Entscheidung abverlangt.

1958 endlich tritt Hannah Arendt als Piper-Autorin in Erscheinung, mit der Schrift *Die Ungarische Revolution und der totalitäre Imperialismus*. Es folgen zu ihren Lebzeiten insgesamt neun Publikationen, darunter als bekannteste *Rahel Varnhagen. Lebensgeschichte einer deutschen Jüdin aus der Romantik* (1959) und *Eichmann in Jerusalem. Ein Bericht von der Banalität des Bösen* (1964). Daneben fungiert Arendt auch als Beraterin für Piper, mit vielfältigen Hinweisen auf Autoren und Bücher aus dem angloamerikanischen Raum sowie für Buchprojekte aus dem philosophisch-soziologischen Themenspektrum. Eine Mitarbeit als Herausgeberin und Beiträgerin für andere Verlagspublikationen aber lehnt sie aus Gründen der Arbeitsökonomie ab. Die Originalausgaben von Arendts Büchern erscheinen in amerikanischen Verlagen. Piper wird ihr Hauptverlag im deutschsprachigen

Raum, ohne daß sie auf andere deutsche Verlagskontakte je ganz verzichtet, auch ihrer rein wissenschaftlichen Publikationen wegen.

Mit Hannah Arendt hat Piper die bedeutendste Philosophin des 20. Jahrhunderts und eine erstklassige Autorin gewonnen, deren Untersuchungen zur Auseinandersetzung mit der NS-Zeit, zu Totalitarismus, Antisemitismus und Holocaust direkt auf die Reizzonen der Adenauer-Zeit mit ihren innenpolitisch restaurativen Tendenzen zielen – nicht immer zur Freude des Verlegers. Denn Arendts Thesen sind offen und kontrovers, stehen dem bundesdeutschen Geschichtsbewußtsein der fünfziger und sechziger Jahre diametral entgegen und sorgen so immer wieder für politischen Zündstoff.

Arendts Freundschaft mit Jaspers, auf der auch die Ver-

Hannah Arendt in München, 1958

189

lagsbeziehung zu Piper beruht, stammt aus ihrer Heidelberger Studienzeit. Seit 1926 ist sie ihrem akademischen Lehrer in Verehrung verbunden. In den Nachkriegsjahren hat sich diese Freundschaft, auf Initiative von Arendt, wiederbelebt und intensiviert. Sie sorgt zunächst buchstäblich für Jaspers' und seiner Frau Lebensunterhalt mit Carepaketen aus den USA, sorgt später für seine internationale Publizität und wissenschaftliche Anerkennung, indem sie die Übersetzung seiner Schriften in Amerika beaufsichtigt, sie dort in renommierten Zeitschriften plaziert, Jaspers für internationale Ehrungen und Preise vorschlägt und sich mit Widmungen ihrer Bücher und Laudationes zu ihm bekennt. Die regelmäßigen Besuche in Basel sind für Arendt eine ihr mögliche Form der Anknüpfung und sporadischen Heimkehr nach Deutschland: eine, wie sie es formuliert, »Garantie für die Kontinuität«.[1] Bei Jaspers in Basel findet Hannah Arendt nach Emigration und Holocaust ein europäisches und wohl auch ein geistiges Zuhause: »Hier«, schreibt sie über einen dieser Aufenthalte, »ist es wie immer, das heißt herrlich. Zu Gesprächen ist es schon reichlich gekommen, aber die eigentlichen Streitpunkte haben wir uns noch aufgespart. Mir ist bei Jaspers immer zumute wie bei Frühlings-Großreinemachen; es findet zwar nur (nur?) im Kopfe statt, hat aber den gleichen beschwingenden und im wirklichen Wortsinn erheiternden Effekt.«[2]

In ihrer Weltkenntnis, ihrer Lebendigkeit und geistigen Unabhängigkeit wird Hannah Arendt auch für Jaspers unersetzlich, selbst wenn er ihrem Engagement für ihn mit gewohnter Zurückhaltung begegnet. Daß er sie an Piper, den eigenen Verleger, vermittelt, ist einer der wenigen Akte, mit denen er seinerseits für sie tätig wird. Und bei Jaspers in Basel treffen Verleger und Autorin einander auch zum ersten Mal persönlich. Den Briefaussagen nach wohl Anfang 1956, nach einer fast fünfjährigen Annäherungsphase, in der Jaspers Piper wiederholt auf die Sach- und Schreibkompetenz der Philosophin und ihre publizistischen Erfolge in den USA hingewiesen hatte. Hier nun setzt die Korrespondenz zwischen Arendt und dem Piper

Verlag ein. Sie ist großteils noch unveröffentlicht, mit Ausnahme der Briefe zum *Rahel*-Buch, die Claudia Christophersen im Rahmen ihrer Dissertation publiziert hat.[3] An der Zusammenarbeit beteiligt ist neben dem Verleger ab 1958 auch Verlagsleiter Hans Rössner.[4]

Im Zentrum der verlegerischen Arbeit, gerade auch der mit Rössner, stehen die beiden trotz ihrer so unterschiedlichen Thematik zeitgeschichtlich und politisch aktuellsten und damit öffentlichkeitswirksamsten Bücher der Arendt: über Rahel Varnhagen und über den Eichmann-Prozeß. Bei beiden Büchern kommt es zwischen Autorin und Verlag – ausgelöst durch Details wie eine Titelformulierung oder eine Widmung – zu gravierenden, letztlich weltanschaulich motivierten Meinungsverschiedenheiten.

Eine schwere Geburt: »Rahel Varnhagen. Lebensgeschichte einer deutschen Jüdin aus der Romantik«

Die Rahel-Monographie in Deutschland zu veröffentlichen ist seit Beginn der Verlagsbeziehung Arendts Wunsch und seit 1956 Thema des Briefwechsels. Zu diesem Zeitpunkt ist das Rahel-Manuskript mehr als zwanzig Jahre alt. Es hat seine Verfasserin nach den Heidelberger Arbeitsanfängen von 1929 nach Berlin begleitet, wo sie es 1933 auf der Flucht vor den Nationalsozialisten fast fertig zurücklassen mußte. Erst 1942 kann sie es, nach den Emigrationsstationen Prag, Genf, Paris, Lissabon, während deren das Manuskript bei Gershom Scholem in Jerusalem überlebt, in New York wieder in Besitz nehmen und nach weiteren Unterbrechungen und Umarbeitungen endgültig abschließen. Ab 1952 wird das Rahel-Buch zum Thema von Arendts Briefwechsel mit Jaspers, der es Piper zur Veröffentlichung empfiehlt. Gleichzeitig bereitet Arendt die englischsprachige Ausgabe vor, die, unterstützt vom Leo-Baeck-Institut, 1958 beim Verlag East & West Library in New York erscheint.

Bei Piper kann man sich zur Veröffentlichung zunächst

nicht entschließen. Diese zögerliche Haltung ist wohl begründet in der damals in Deutschland verbreiteten Unkenntnis sowohl über die geistesgeschichtliche Bedeutung
der romantischen Schriftstellerin und Jüdin Rahel Varnhagen als auch über die der Autorin der Rahel-Monographie. Und so lehnt Piper das Manuskript ab:

Sehr verehrte, liebe gnädige Frau!
Es ist lange her, daß ich einen Verzicht auf die Annahme eines
Manuskripts mit einem so großen, persönlichen Bedauern
aussprechen mußte, wie heute im Falle Ihrer Darstellung der
Lebensgeschichte der *Rahel Varnhagen*. Zunächst hat sich unser Lektor, Herr Dr. Hansjörg Graf, eingehend mit der Arbeit
beschäftigt. Ich nahm mir dann – für das Thema, wie Sie wissen, sehr interessiert – das Manuskript in einen kurzen Win-
terurlaub nach Lech am Arlberg mit und habe es dort in
Ruhe und Konzentration gelesen. Eine Lektüre, die mir
selbst einen bleibenden Gewinn einbrachte. Die Darstellung
ist (es war ja gar nicht anders zu erwarten) von einer durch-
wegs großen geistigen Höhe. [...] Wenn wir trotz dieser be-
stechenden und unbestreitbaren Vorzüge des Manuskripts zu
einem Verzicht gekommen sind, so deshalb, weil unsere
Überlegungen [...] zu der Einsicht führen mußten, daß dieses Buch bei seinem durch Thema und Darstellung gegebenen, doch speziellen Charakter in unserem Verlagsprogramm
verhältnismäßig sehr isoliert stehen würde. [...]
Neben der eigentlich geisteswissenschaftlichen Produktion ist
unseren übrigen verschiedenen Büchern ein musisches, per-
sönlich-farbiges Element (dies in Andeutung) gemeinsam –
ein Element, das jeweils einen größeren Leserkreis durch unmittelbare Anschaulichkeit anspricht. Und so hatte ich es im
Falle des Rahel-Manuskripts für möglich gehalten, daß z.B.
die Lokal- und Zeit-Atmosphäre, die ganz realen Lebensumstände der Rahel und der Menschen um sie im Sinne einer
Biographie stärker hervortreten würden, während Ihre Darstellung in dem Leser, der nicht von vornherein dem rein
Gedanklichen ganz entschieden aufgeschlossen ist, in ihrem
Verlauf vielleicht ein gewisses Gefühl der Monotonie erzeugt.
Dies soll aber keine Kritik sein, da das Manuskript, wie es
vorliegt, sehr in sich geschlossen ist (ich würde nur empfehlen,
bei einer ev. nochmaligen Durchsicht gewisse Wiederholun-

Hannah Arendt und Karl Jaspers in
den Bergen bei St. Moritz, 1952.
Links: Gertrud Jaspers

gen in den individual-ontologischen Abschnitten auszumer-
zen).

Ich hoffe aufrichtig, daß Sie mir, liebe gnädige Frau, den negativen Bescheid nicht verübeln. Sehr hoffe ich, daß die Ihnen vom Phaidon-Verlag angetragene Veröffentlichung auch
der deutschen Ausgabe zu einem guten und Sie befriedigen-
den Ergebnis führen wird.[5]

Erst nach erneuter Intervention von Jaspers signalisiert der
Verlag wieder Interesse, ein Meinungswandel, dessen Ursache der Autorin nicht verborgen bleibt. Jaspers berichtet
an Arendt:

Als ich vor einigen Wochen Piper sprach, habe ich, ohne von
Ihnen autorisiert zu sein, die Sprache auf Ihre »Rahel« gebracht. Er meinte, das Buch sei keine eigentliche Lebenser-
zählung, es seien viele Wiederholungen darin, es sei für ein
weiteres Publikum nicht wirksam. Sie können sich meinen
Zorn vorstellen. Ich sagte: es ist viel mehr als Erzählung, die
jeder geben kann; eine neue Weise großartiger biographischer
Erhellung, ständig mit Anschaulichkeiten belegt; Wiederholungen nur als notwendige Wiederkehr der Grundzüge dieses
Wesens; neues Material, richtige Entdeckungen. Piper bekam
offenbar einen Schreck. Aber er sagte nicht, daß er das Buch
drucken wolle. Es ist sehr schade für Piper, nicht für Sie. Denn
Sie gewinnen sicher einen Verlag.[6]

193

Darauf antwortet ihm Arendt:

> Lieber Verehrtester –
> Piper hatte mir in der Tat geschrieben, daß er sich die Sache mit der »Rahel« nochmals überlegt habe. Ich dachte gleich: Er war in Basel. Wie schön von Ihnen, zornig zu werden.[7]

Im Juli 1958 wird der Verlagsvertrag abgeschlossen, nachdem Arendt die mittlerweile aufgenommenen Verhandlungen mit dem Verlag Kiepenheuer & Witsch zugunsten von Piper abgebrochen hat. Die gewünschten Änderungen, mit denen das Buch für eine breitere Leserschaft attraktiver gemacht werden soll, hat die Autorin abgelehnt. Sie weigert sich, die erzählerischen Passagen zu erweitern und die reflexiven zu reduzieren, und stimmt auch einer Ausweitung des Dokumententeils nicht zu. Arendt verteidigt ihr Buch, so wie es in seiner mittlerweile fast dreißigjährigen, die NS-Zeit einschließenden Entstehungsgeschichte gewachsen und geworden ist, im Bewußtsein seiner nicht unbedingt leserfreundlichen Qualitäten:

> Was Sie gerne wollten, die erzaehlerische Anreicherung bei gleichzeitiger Komprimierung des Reflektierenden, lieber Herr Piper, haette ich nicht gemacht. Es haette den Charakter des Buches vollkommen geaendert, – und vermutlich seine Verkaeuflichkeit sehr verbessert. Es ist in gewissem Sinne ein kurioses Buch und ich koennte heute so etwas gar nicht mehr schreiben. Aber es waere nicht besser geworden, wenn man es weniger seltsam gemacht haette.[8]

Zur neuerlichen Auseinandersetzung, diesmal vor allem mit Rössner, kommt es um die Titelformulierung. Rössner zielt darauf, den Begriff »Jüdin« aus dem Untertitel der amerikanischen Ausgabe (»Life of a Jewess«) in der deutschsprachigen Ausgabe zu eliminieren. Angeblich wegen des »zu umständlichen« Klangs, de facto wohl eher wegen seiner »semantischen Füllung« und ihrer als absatzhemmend eingeschätzten Wirkung.[9] Doch Arendt durchschaut dies argumentative Scheingefecht, wie ihre Antwort an Rössner zeigt:

Ja, der Untertitel. Natuerlich klingt der Ihre besser, aber das Wort »Jude« muss doch irgendwie in ihm erscheinen. Sonst ist es eine Irreführung des Lesers. Auch glaube ich nicht, dass dadurch der Kreis des Buches unguenstig verengert wird. Das Interesse in Deutschland an der Judenfrage ist augenblicklich bei den besseren Leuten doch recht rege. Aber das ist nicht ausschlaggebend. Also vielleicht: Eine Lebensgeschichte aus dem deutschen Judentum, oder Eine Lebensgeschichte aus den Anfaengen des deutschen Judentums.
Ich habe natuerlich einen viel schoeneren Untertitel, der aber leider eben doch nicht geht. Naemlich: Rahel Varnhagen. Die Melodie eines beleidigten Herzens, nachgepfiffen mit Variationen von Hannah Arendt. Das ist naemlich genau, was ich gemacht habe.[10]

Rössner kommentiert Arendts Forderung, das »Wort ›Jude‹« im Untertitel beizubehalten, mit einem an den Briefrand notierten »Nein!?«. Bis Piper nach ausufernden Vermeidungsvorschlägen schließlich im Februar 1959 eine Formulierung findet, der alle Beteiligten zustimmen können: *Rahel Varnhagen. Lebensgeschichte einer deutschen Jüdin aus der Romantik.* Unter diesem Titel erscheint das Buch im Juni 1959, begleitet von einer großen Werbeoffensive des Verlags in Presse und Rundfunk und entsprechend positiver öffentlicher Resonanz. 1962 erlebt es eine zweite Auflage. Für die Autorin selbst ist das Erscheinen des Buchs der befreiende Abschluß einer dreißig Jahre währenden Odyssee, der ihr eigenes Schicksal eingeschrieben erscheint:

Die Rahel ist wohl behalten angekommen und ich schreibe rasch, Ihnen und dem Verlag zu danken. Das Buch sieht sehr schön aus, vor allem der Einband, der Druck und die liebevoll ausgesuchten Illustrationen. Es hat mir richtiges Vergnügen gemacht. Auch der Text auf dem Umschlag gefällt mir. […] Es war ein merkwürdiges Gefühl, nach 25 Jahren das alte Manuskript als Buch wie einen Gegenstand in der Hand zu halten.[11]

Nachzutragen bleibt, daß Rössners Versuch, das Wort »Jüdin« im Titel zu unterdrücken, letztlich zumindest teilweise doch erfolgreich war. Denn der von Arendt lobend erwähnte Schutzumschlag, durch den die Leser das Buch primär wahrnehmen, trägt eine um das besagte »Unwort« verkürzte Formulierung: »Rahel Varnhagen. Eine Lebensgeschichte«. Vollständig erscheint der mit der Autorin abgesprochene Titel nur im Buchinneren. Rössner selbst, von Christophersen 1995 auf seine Erinnerungen an die Publikationsgeschichte des Buches angesprochen, berief sich auf Gedächtnislücken. Er habe »*keinerlei* Erinnerung« mehr an die damalige Lektoratsarbeit.[12]

Daß der Reflex auf die vergangenheitspolitischen Reizzonen der Adenauer-Zeit damals bei Piper ausgeprägt ist, belegen die fast gleichzeitigen Auseinandersetzungen bei Arendts erster Veröffentlichung *Die Ungarische Revolution und der totalitäre Imperialismus*. Geht es beim Rahel-Buch um das Reizthema Antisemitismus, so hier um die in Zeiten des Kalten Kriegs nicht minder konfliktträchtigen Begriffe Kommunismus und Sozialismus, ausgelöst von Arendts Widmung »Der Erinnerung an Rosa Luxemburg«. Auch sie stößt im Verlag, wiederum vor allem bei Rössner, auf Widerstand. Klaus Piper schreibt:

> Wie Herr Dr. Rössner richtig bemerkt, könnte die Widmung folgenden Zweifel hervorrufen: Diese Broschüre ist ein leidenschaftlicher Appell, das Wesen und die Gefahr des totalitären Imperialismus, konkret: des kommunistischen Gewalt-Regimes richtig zu erkennen. Dieselbe Broschüre ist aber der Frau gewidmet, die nach der üblichen Vorstellung aller, die nicht näher Bescheid wissen, zu den Vorkämpfern desselben Kommunismus in Deutschland gerechnet wird. Dadurch könnte hinsichtlich Ihrer eigenen Position bei demjenigen, der das Buch in die Hand nimmt und den Inhalt zunächst noch nicht kennt, eine Unsicherheit stattfinden.
>
> Wäre eine Lösung des Problems, daß Sie uns für die Widmung einen <u>erweiterten Text</u> liefern – etwa, ganz ins Unreine gesprochen:
>
> der Erinnerung an die freiheitliche Sozialistin
Rosa Luxemburg,
die keinen totalitären Kommunismus wollte.[13]

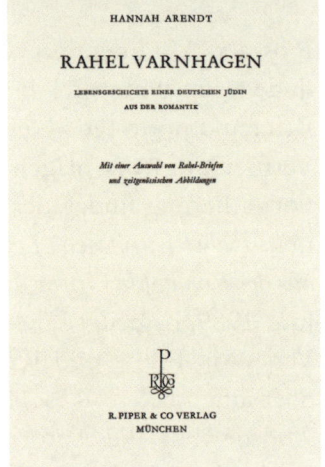

Unterschiedliche Titelformulierungen auf Buchumschlag und Innentitel der Erstausgabe von Arendts Rahel-Buch, 1959

Damals reagierte Arendt noch verständnisvoll und verzichtete:

> Mein Telegramm haben Sie sicher erhalten. Wenn wir gross erklaeren muessen, was wir meinen, muessen wir die Widmung streichen. Dann geht es eben nicht; erklaeren kann man in einer Widmung nichts. Die arme Rosa! Nun ist sie bald 40 Jahre tot und faellt immer noch zwischen alle Stuehle.[14]

Vom Umgang mit deutscher Vergangenheit: »Eichmann in Jerusalem. Ein Bericht von der Banalität des Bösen«

Von nun an beharrt Hannah Arendt gegenüber Piper jedoch immer entschiedener auf ihren eigenen Vorstellungen, bestärkt von ihrem wachsenden internationalen Erfolg und der zunehmenden Skepsis gegenüber der bundesdeutschen Entwicklung. Diese kommentiert die Philosophin seit längerem schon höchst kritisch: »Ansonsten eben Wirtschaftswunder weit und breit, und was darunter vorgeht, weiß kein Mensch«, schrieb sie schon 1955 von einem Deutschlandbesuch an ihren Mann Heinrich Blücher. »Aber das Gefühl, daß alles nur Fassade ist, hat man wieder einmal nirgends so stark wie hier. Ziemlich unheimlich! Alles überdeckt von einer verstunkenen Restauration!«[15]

Die wachsende Differenz zwischen der Haltung des deutschen Verlags und dem Bewußtsein der jüdischen Philosophin wird deutlich im Briefwechsel um die Publikationsgeschichte von *Eichmann in Jerusalem*. Und sie manifestiert sich dort auch in der Stildifferenz zwischen Arendts so leichtfüßig-witzigem wie direktem Briefton und Klaus Pipers umständlich-gewundenen Formulierungen.

Diesmal geht es nicht um die Lebensgeschichte einer jüdischen Romantikerin, sondern um einen höchst aktuellen Fall: um Adolf Eichmann, den Organisator der Judendeportationen in die nationalsozialistischen Vernichtungslager, dem von April bis August 1961 in Jerusalem der Prozeß gemacht wird. Der Fall trifft ins Zentrum der nachkriegsdeutschen Verdrängungspolitik, in der der Holocaust damals ebensowenig öffentlich gemacht wird wie die Wiederverwendung der NS-Funktionseliten.

Hannah Arendt nimmt am Eichmann-Prozeß teil als Beobachterin und Berichterstatterin der amerikanischen Zeitschrift *The New Yorker*. Ihr Manuskript ist im September 1962 abgeschlossen. Es erscheint im Februar und März 1963 als fünfteilige Artikelserie; die englischsprachige Buchausgabe bei Viking Press folgt im selben Jahr. Arendts Bericht löst höchst kontroverse Reaktionen aus, mit denen sie sich intensiv auseinanderzusetzen hat und die sich auch auf ihre Haltung bei der Vorbereitung der deutschen Ausgabe auswirken.

Diese entsteht parallel zur englischen, hat sich jedoch mit zwei spezifisch deutschen Sonderproblemen auseinanderzusetzen: dem Wunsch der Autorin nach einer angemessenen Übersetzung und dem Wunsch des Verlags, Probleme mit den Persönlichkeitsrechten im Text namentlich genannter deutscher Zeitzeugen zu vermeiden.

Arendts Wunschkandidatin für die Übersetzung ist Ingeborg Bachmann, die sie etwa gleichzeitig in New York kennengelernt hat. Im September 1962 schreibt Arendt an Piper:

> Nun habe ich eine ganz und gar wilde Idee. Glauben Sie, daß Ingeborg Bachmann es vielleicht macht? Wir denken in vielen Dingen ähnlich und sie wird nicht so schockiert sein wie vielleicht mancher andere. Ganz zu schweigen von der Schwierigkeit jemanden zu finden, der deutsch und englisch *kann*, und nicht nur meint er könne es.[16]

Doch Bachmann sagt ab; ihr Englisch sei dem Thema nicht gewachsen. So zieht sich die Übersetzerfrage hin. Arendt ist mit den von Piper vorgeschlagenen Experten nicht zufrieden, ja, sie fühlt sich vom Verlag mit zweitrangigen Namen abgespeist: »Die Frage der Übersetzung ist erheblich ernster, scheint mir, als Sie realisieren. Es kommt nur jemand in Frage, der ein Schriftsteller ist und einen Namen hat«, schreibt sie Anfang Januar 1963 und betont zwei Tage später noch einmal: »Ich will eben nicht, daß das Eichmann-Buch von einem Juden übersetzt wird. Ich hatte gehofft, daß Sie das verstanden haben [...] Seien Sie nicht zu entsetzt über mich, dies ist eine politische Frage.«[17]

Als Ende Januar trotz der Vermittlung von Kurt Wolff und Walter Jens noch immer keine befriedigende Lösung in Sicht ist, wird Arendt noch deutlicher: »Ich habe den vielleicht ganz ungerechtfertigten Verdacht, daß Ihnen ein erstklassiger Mann zu teuer für das Buch ist. Das täte mir leid, denn ich werde darauf bestehen.«[18]

Doch Arendt kann ihre Vorstellungen letztlich nicht durchsetzen. Man einigt sich auf die WDR-Redakteurin Brigitte Granzow, deren Übertragung die Autorin trotz anfänglicher Einwände schließlich akzeptiert.

Inzwischen hat Piper in einem ausführlichen Brief vom 11. Januar 1963 seine Bedenken gegen einzelne Formulierungen, bestimmte politische Aussagen und Thesen sowie die Erwähnung bestimmter Personen in Arendts Manuskript geäußert. Seine Einwände zielen letztlich darauf, den Text, der, wie Arendt von Anfang an warnte, generell »controversial« und »keineswegs deutschfreundlich« sei,[19] zu entschärfen und ihn durch Verzicht auf namentliche Hinweise auf die NS-Vergangenheit einzelner Personen, wie des Konrad Adenauer-Beraters Hans Globke oder des damaligen bayerischen Kultusministers Theodor Maunz, zu entpersonalisieren.[20]

Erstausgabe von 1964

Liebe gnädige Frau!
Heute schreibe ich Ihnen den angekündigten Brief mit meinen Fragen zum Eichmann-Manuskript. [...]
Bevor ich sie nachstehend aufführe, drängt es mich, Ihnen zu sagen, daß ich Ihren Bericht über den Eichmann-Prozess für außerordentlich wichtig halte. Der Bericht ist nicht nur klar, überlegen in der Darstellung des Prozessverlaufs, seiner politischen und geistigen Elemente. Man wird überzeugt von der Gesinnung der Wahrhaftigkeit und Gerechtigkeit, die niemanden schont. Die ganz unsentimentale Darstellung erreicht den Ton großer Geschichtsschreibung. Für einen Deutschen ist es sehr hart, den Bericht über das furchtbare Verbrechen zu lesen, das von Deutschen verübt wurde, für das

es in der Geschichte kein Beispiel gibt, da seine Natur mit den bisherigen Maßstäben zur Beurteilung verbrecherischer Handlungen nicht erfaßt werden kann. Das entsetzliche Geschehen ist unwiderruflich. Die Pflicht der Lebenden ist es aber, dazu beizutragen, daß die Menschen von heute und morgen e r f a h r e n , was geschehen ist und dadurch wenigstens um ein Kleines mehr zu Menschenwürde und Vernunft, zu Mut und Freiheit hingelenkt werden.

Dies ist meine Bejahung Ihrer höchst schwierigen und verdienstvollen Arbeit im Ganzen. Allerdings finde ich, daß ihr Wert und ihre Wirkung, soweit es den mir vorliegenden Wortlaut anbelangt, an einigen Stellen durch gewisse Überakzentuierungen oder durch, wie mir scheint, nicht ganz begründete Heraushebungen einzelner Personen, noch ein wenig beeinträchtig ist.[21]

Diese von Piper so genannten »Überakzentuierungen« und »nicht ganz begründeten Heraushebungen einzelner Personen«, das heißt, Arendts scharfe politische Analyse des Umgangs mit Naziverbrechen in der Ära Adenauer und die unverblümte Benennung von Fakten, Namen und Zusammenhängen versucht der Verlegerbrief auf acht eng beschriebenen Seiten zu entschärfen. Vergeblich. Arendt beharrt auf ihrer Textversion. Wieder hat sie ein Kernproblem damaliger Zeitgeschichtsschreibung berührt, die »spezifische Entpersonalisierung« der kollektiven Erinnerung.[22] Gegenüber Jaspers bemerkt Arendt, Piper habe »Angst vor der eigenen Courage«[23] und stellt ihm – mit Verweis auf andere Verlagsangebote – ein Ultimatum:

Haben Sie Dank für Ihre beiden Briefe. Leider enthalten sie das für mich doch Wesentliche nicht, nämlich 1. einen Vertragsvorschlag und 2. einen für mich annehmbaren Vorschlag eines Übersetzers. [...] Es sind an mich inzwischen andere Verleger herangetreten, und ich habe bisher alles sehr dilatorisch behandelt; aber Sie haben das Manuskript 4 Monate gehabt, und das ist schliesslich eine sehr lange Optionsfrist. Ich würde ausserdem von Ihnen, falls Sie das Manuskript drucken wollen, doch noch eine bindende Zusage erbitten, dass keinerlei Änderungen gemacht werden. [...] Ich gehe diesen Freitag nach New York zurück und möchte Ihnen vorschlagen, dass, wenn ich von Ihnen bis Montag den 4. Februar nichts höre, ich ruhig mit einem anderen Verlag verhandeln kann. Im Übrigen sehen wir uns in Basel.[24]

Erst daraufhin entschließt sich Piper zum Verlag. Vorher aber holt man, angepaßt an die kollektive Praxis individualbiographischer Diskretion, über die von Viking Press bereits bestellten hinaus weitere Rechtsgutachten ein. Die Autorin akzeptiert das Verfahren, über das Ergebnis aber ist sie empört:

Mit Piper habe ich übrigens dauernd Ärger. […] Jetzt will er plötzlich den »Eichmann« nur in Paperback herausgeben – Gott weiß warum; ich stimme natürlich nicht zu. Vorher hat er mir ein Memorandum eines Rechtsanwalts wegen möglicher Klagen eingeschickt. Daß er dies verlangte, ist völlig in Ordnung. Aber dies Memorandum hättest Du sehen müssen: Seitenlange Bedenken, abgeurteilte Naziverbrecher (vom Eichmann-Kommando), die in deutschen Gefängnissen sitzen, könnten sich in ihrer »Ehre« beleidigt fühlen. Absolut phantastisch und ganz unverwechselbar ein Dokument von Nazi-Sympathisierenden – was aber dort niemandem aufgefallen ist! Ich habe fast den Verdacht, daß er da solche Leute im eigenen Verlag drin hat, natürlich ohne es zu wissen. Aber auch dies nicht etwa zielbewußt, sondern konfus: Sie haben dann de facto überhaupt nichts geändert (ich habe gerade die Umbruchkorrekturen), vermutlich aus reiner Faulheit.[25]

Der hier ausgesprochene Generalverdacht verweist – ohne daß Arendt dies bewußt gewesen sein dürfte – direkt auf Rössner. Dieser verehrt Arendt, so zeigen es zumindest seine Briefe, auf eine fast devote Weise. Und er sieht selbst jetzt, wie Michael Wildt es formuliert, »noch immer keinen Anlaß, sich zurückzuziehen und Klaus Piper allein die Verbindung mit Hannah Arendt halten zu lassen«.[26] Arendt hat es bei ihrem generellen Ärger über das Verhalten des Piper Verlags belassen, eine Haltung, die sie übrigens mit Ingeborg Bachmann teilt, und den Vorfall der Mediokrität deutscher Verhältnisse zugeschlagen. Mit wem genau sie sich bei der deutschen Veröffentlichung

ihrer Antisemitismus- und Holocaust-Forschungen auseinanderzusetzen hatte, das hat sie nie erfahren.

Mit *Eichmann in Jerusalem* wird Hannah Arendt zur international bekannten Publizistin. Von nun an erscheint bei
Piper fast Jahr für Jahr ein Buch von ihr. Auch nach
Arendts Tod 1975 wird ihr Werk weitergepflegt. Unter
anderem mit der Sammlung ihrer Schriften und deren
Aufnahme in die Serie Piper, mit der Edition ihrer Briefwechsel, so dem mit Karl Jaspers, mit Heinrich Blücher
und mit Mary McCarthy, sowie mit der Herausgabe ihrer
Kolumnen für die Zeitschrift *Aufbau* und der zweibän-
digen Edition ihres *Denktagebuchs*.

VON UNBEHAUSTEN MENSCHEN UND ROMANEXPERIMENTEN
Versuche mit einem Programm deutschsprachiger Gegenwartsliteratur

Stefan Andres, Hans Egon Holthusen, Gabriele Wohmann, Albert Paris Gütersloh, H. C. Artmann, Andreas Okopenko, Peter Huchel, Angelika Mechtel, später Hilde Domin, Sten Nadolny und Hanns-Josef Ortheil, darüber als einsam strahlender Stern Ingeborg Bachmann – große Namen tauchen auf im literarischen Verlagsprogramm der zweiten Jahrhunderthälfte. Und doch wird man die deutschsprachige Gegenwartsliteratur unter Klaus Piper weniger noch als unter Reinhard Piper zu den Programmschwerpunkten des Verlags rechnen können.

Dabei hatte das literarische Programm in den ersten Nachkriegsjahren vielversprechend begonnen. Zum einen mit der Aktivierung der Backlist, in der sich nicht nur die deutschnationalen Altlasten Bruno Brehm und Josef Martin Bauer fanden, sondern mit Ernst Penzoldt, Georg von der Vring und Ernst Wiechert auch dem NS-Regime weniger assimilierte Schriftsteller und solche, die als der inneren Emigration zugehörig galten. Zum anderen – nach der Währungsreform von 1948 – mit der Akquirierung neuer Autoren wie Stefan Andres, Horst Lange, Hans Egon Holthusen, Rudolf Hagelstange, Oda Schaefer und Günther Weisenborn. Es sind Namen aus der Gruppe der in Haltung und Schreibstrategien eher traditionalistisch orientierten Autoren, die im Nachkriegsdeutschland die literarischen Erneuerungstendenzen bald dominieren. Ihre Konsequenz aus der lebensgeschichtlichen Erfahrung des Faschismus, schon seit der Weimarer Republik und der nicht immer widerspruchsfreien eigenen Existenz im »Dritten Reich«, heißt Rückzug und Distanz; Rückzug in eine restaurative Poetik der Weltferne, Distanz zur politischen Gegenwart. Es ist eine Haltung, die mit den konservativen Tendenzen der Adenauer-Zeit samt christlich-humanitären Grundwerten und militantem Antikommunismus aufs beste harmoniert.

Literatur hat Konjunktur in der Nachkriegszeit, und sie hat sie zunächst auch bei Piper. Das allgemeine Interesse am geistigen Leben, an literarisch-publizistischen Debatten ist groß, groß wie der Lesehunger und geistige Nachholbedarf nach zwölf auch literarischen Mangeljahren. Noch ist das Buch das beherrschende Medium, diese Bedürfnisse zu stillen. Das kommt den Verlagen zugute, auch dem Piper Verlag. 1949, am Anfang dieser Konsolidierungsphase, nimmt er, wie schon erwähnt, eine respektable Position ein in der Rangordnung der belletristischen Verlage, einem Kräftefeld, das sich bald stark verändern wird. Sei es durch spektakulären Bankrott wie beim Verlag Kurt Desch, sei es durch Tod und Generationenwechsel wie bei Suhrkamp oder durch Verkäufe und Fusionen.

Pipers gute Ausgangsposition verdankt sich primär wohl dem Ansehen von Karl Jaspers, der Popularität der Piper-Bücherei, dem kunst- und kulturhistorischen Programm und erst nachrangig seiner Belletristik.

Umschlag der 3. Auflage von 1955, gestaltet von Martin Kausche

Schon damals beginnt sich eine antipodische Situation abzuzeichnen, mit der sich Piper in den sechziger und siebziger Jahren noch auseinanderzusetzen haben wird – die zum Suhrkamp Verlag. Sie manifestiert sich in der Differenz der im Programm vertretenen gesellschaftlichen und ästhetischen Positionen und Themenschwerpunkte ebenso wie in der Konkurrenz um marktführende Autoren. Diese Konkurrenz, in der der Suhrkamp Verlag sich – lange vor der Erfindung des Schlagworts »Suhrkamp-Kultur« – zum imaginären Maßstab auswächst, beginnt schon unter Peter Suhrkamp, zum Beispiel beim Wettstreit um Ernst Barlachs Schriften. Markant wird sie unter Siegfried Unseld. Beim wissenschaftlichen Sachbuch etwa mit Jaspers' deutlicher Kritik am neuen Suhrkamp-Autor Ernst Bloch nach dessen Wechsel aus der DDR in die BRD,[1] einer Haltung, die mit Klaus Pipers ausgeprägtem Antikommunismus korrespondiert und im strikten Gegensatz zur literarisch wie gesellschaftlich aufgeschlosseneren Position des Suhrkamp Verlags steht. Dorthin orientiert sich in der Folge nicht nur einer von Pipers erfolgreichsten Wissenschaftsautoren, Alexander Mitscherlich, wenn er sich mit seiner Reihe »Literatur der Psychoanalyse« ab 1970 für Suhrkamp und nicht für Piper entscheidet. Etwa zeitgleich verliert das Haus auch seine prominenteste literarische Autorin an Suhrkamp, Ingeborg Bachmann. Diese Entwicklung hat sich im rückläufigen Engagement des Verlegers für die Gegenwartsliteratur längst vorbereitet. Manifest wird das Defizit bereits in Pipers Randposition innerhalb der »Gruppe 47« spätestens seit 1962, während Unseld dort immer mehr zur festen verlegerischen Bezugsgröße wird.[2]

Später dann, in den Jahren der Bestsellerjagd, wird Droemer für Piper zum neuen Vergleichsmaßstab.

Noch aber befinden wir uns in der Phase des literarischen Programmaufbaus Mitte der fünfziger bis etwa Mitte der sechziger Jahre, eine wahre Hoch-Zeit, in der zunächst Ingeborg Bachmann in den Verlag kommt, dann Gabriele Wohmann, Albert Paris Gütersloh, Peter Huchel und Angelika Mechtel, dazu als Schriftsteller, Kritiker und Essayisten Walter Jens und Marcel Reich-Ranicki; ersterer mit Essaysammlungen und Romanen, letzterer mit Anthologien, Aufsätzen und Kritiken vor allem zur deutschen Gegenwartsliteratur.

Diese kreative Zeit wird wesentlich bestimmt durch den personellen Ausbau des Lektorats. Mit Albrecht Knaus, nach ihm Reinhard Baumgart und Hansjörg Graf, dann Walter Hinderer, Otto F. Best, Walter Fritzsche, später Rainer Weiss und Uwe Heldt gewinnt der Verleger junge und kompetente Partner für die belletristischen Autoren; Lektoren, mit deren Präsenz, Einsatz und kritischem Vermögen das Programm steht und – wie ihr Ausscheiden zeigt – auch fällt. In der Rückschau erinnern Knaus, Graf und Baumgart diese Jahre als eine ungewöhnlich spannende Zeit des Neubeginns; geprägt von der Neugierde auf das Unerwartete, Neue bei literarischen Strömungen und

Autoren, in Sprache und Themen, bei Programmentwick-
lungen, Kollegen und Konkurrenzen. In seinen Erinnerungen an diese frühen Jahre des »Büchermachens« bei
Piper beschreibt Baumgart Eindrücke und Erfahrungen,
die in manchem exemplarisch erscheinen. Auch in ihnen
spielt Suhrkamp – als Gegentypus und Konkurrenz – eine
nicht unerhebliche Rolle:

Ich [...] hatte nun bei Piper viel nachzuholen. Denn mit der
Literatur, der sogenannten schönen und vor allem der jungen
deutschen, wollte jeder Lektor im Verlag zu tun haben, und
wir waren inzwischen vier oder fünf [...], in Eifersucht und
Konkurrenz miteinander freundlich verbunden. Wer entdeckt und gewinnt die wichtigsten neuen Talente und überzeugt von ihnen auch den Verleger? Die ersten erzählenden
Bücher von Jürg Federspiel, Urs Jaeggi, Gabriele Wohmann,
Klaus Roehler wurden unter meiner Obhut publiziert, immer als Investition in die Zukunft, in der Hoffnung auf einen
großen deutschen Roman. Auch die Manuskripte mit den
frühen Geschichten von Martin Walser waren im Verlag gelesen und geprüft worden, doch wir hielten sie für epigonal, zu
kafkaesk, und ein Entwurfskapitel zu einem gesellschaftskriti-
schen Roman aus der Chauffeursperspektive schien uns nur
interessant gescheitert. Also ging Walser zu dem entschlosse-
ner, risikofreudiger zugreifenden Suhrkamp Verlag, wie mit
seinem »Canto« später auch Paul Nizon, von dessen Genie
wir weniger überzeugt waren als Siegfried Unseld und Walter
Boehlich, wie später, Anfang der sechziger Jahre, noch Wolfgang Koeppen.
Auch um Koeppen hatten wir lange geworben, erst der Verleger und nachher im Alleingang ich, doch er konnte und
konnte sich nicht entscheiden zwischen den um ihn kämp-
fenden Verlagen, das fiel ihm so schwer wie das Schreiben. Bis
er eines Tages, gebückt, bedrückt und leise lächelnd wie immer, in mein Dämmerzimmer kam, tief in seinen Sessel ver-
sank und mich so demütig anschaute, daß ich es ahnte, nein
wußte: also doch Suhrkamp. Ja, das mußte er mir nun gestehen und auch, wie gern er zu uns, zu mir gekommen wäre –
aber. Aber was? Immer wieder sei ihm Siegfried Unseld im
Traum erschienen, freundlich und drohend, und ich eben
nicht. Das konnte ich mir vorstellen, das mußte ich einsehen.

Es war auch ein guter, richtiger Traum, denn ich bezweifele, daß Klaus Piper mit diesem nur noch spärlich publizierenden, immer wieder stockenden, verstummenden großen Autor über Jahrzehnte so treu und zäh und fest durchgehalten hätte wie Suhrkamp und Unseld.[3]

Die wache Intelligenz der Lektoren, ihre Sprachfähigkeit und spielerische Formulierungslust wird spürbar auch in den Briefwechseln mit den Autoren, selbst bei Standardthemen der Geschäftskorrespondenz, wie der immer neuen Mahnung ausstehender Manuskripte, Terminabsprachen, Absagen oder Anfragen bei der oft langwierigen Überzeugungsarbeit zur Gewinnung neuer Autoren.

Ihre Kompetenz hat später viele Lektoren auch nach neuen Lebens- und Berufsperspektiven suchen lassen, nach Positionen, in denen sie ihre Fähigkeiten weiter entfalten konnten, zum Beispiel in der freien Publizistik, Professuren in den USA oder neuen Aufgabenbereichen in anderen Verlagshäusern.

In den Jahren nach 1968 führt diese Entwicklung zu einer spürbaren Reduktion des literarischen Programms. Nach dem Rückzug von Mechtel und Wohmann (die 1992 zu Piper zurückkehrt) tritt eine große Pause ein. Darin – als Außenseitererfolg – Lothar-Günther Buchheims Bestseller *Das Boot*. Diese Leerstelle füllt erst in den achtziger Jahren eine neue Erzählergeneration, mit Barbara Bronnen, Gert Heidenreich und Hanns-Josef Ortheil, vor allem aber mit den großen Romanerfolgen von Sten Nadolny, allen voran *Die Entdeckung der Langsamkeit* 1983. Die Lesung aus dem noch unveröffentlichten Manuskript hatte Nadolny 1980 beim Klagenfurter Bachmann-Wettbewerb einen spektakulären Kritikererfolg und den Ingeborg-Bachmann-Preis eingebracht, und es war gelungen, den noch wenig bekannten Autor für Piper zu gewinnen. Die Geschichte des Seefahrers John Franklin, eine Studie über die Zeit und die Langsamkeit als Kunst, dem Rhythmus des Lebens Sinn zu geben, wurde auf Anhieb zum Best- und Dauerseller und auch zum Maßstab für Nadolnys künftiges Werk.

Doch zurück zu den ersten Jahrzehnten unter Klaus Piper. Trotz literarischer Glanzlichter und spektakulärer Bestseller hat sich die Kontinuität eines Programmschwerpunkts »deutschsprachige Gegenwartsliteratur« unter ihm nicht recht entwickeln können. Die primären Interessen des Verlegers galten anderen Gebieten. War es beim Verlagsgründer vor allem die bildende Kunst gewesen, so beim Verleger der zweiten Generation, der sich zudem mit dem Problem der Abgrenzung vom Gründervater und seinem »künstlerischen« Programm konfrontiert sah, der Bereich des populären Wissens und die Philosophie. Dahinter steht die schöne Literatur immer mehr zurück, zumal sie sich für Piper junior von Anfang an als unsicheres Terrain erweist, auf dem er in der Konkurrenz zu literarisch traditionsreichen, renommierten und ambitionierten Häusern wie S. Fischer und Suhrkamp, später Goverts, Luchterhand und Hanser nicht immer glücklich agiert. Der Aufbau eines kontinuierlichen literarischen Programms erfordert zudem einen längeren Atem, als der Verlag ihn, auch der notwendigen betriebswirtschaftlichen Erfolgsorientierung wegen, aufbringen kann. So fehlt den Lektoren in dieser entscheidenden Aufbauphase streckenweise die volle Unterstützung des Verlegers. Auch deshalb können ihre Bemühungen um neue Autoren nur partiell gelingen.

Die folgenden Autorenporträts entstammen der hier skizzierten Aufbauphase.

Utopia, Welterfahrung und Sintflut. Die Beziehung zu Stefan Andres

Es war im Jahr 1948 im Nymphenburger Schloß. Autoren und Verleger, in Deutschland gebliebene und nach Deutschland heimgekehrte, trafen sich unter den Augen der Behörden, die in menschlicher Gestalt zwischen uns standen und uns mit Pfefferminztee und transparenten Sandwiches bewirteten. Aber die Stimmung warf Wogen, viele von uns glaubten wirklich, die neue Zeit sei angebrochen. […] Da standen nun an den Wänden des Schlosses viele Verleger, fast so viele wie Heilige an Sankt Peters Pfeilern, und ich konnte mir meinen Protektor ganz aus der Nähe aussuchen. Indes – ich wollte die Entscheidung noch ein wenig hinauszögern.

Auf der Vortragsreise, die sich an das Nymphenburger Fest anschloß, bemerkte ich nun bei jeder Lesung in jeder Stadt vorn in der ersten Reihe das immer gleiche schwarze Kinnbärtchen eines strammen Enddreißigers, der sich mir schließlich als Piper-Lektor vorstellte und die ganze, sehr turbulent verlaufende Vortragsreise mir nicht mehr von der Seite wich, bis er den unterzeichneten Vertrag in der Tasche hatte und gleich am nächsten Tag, wie jener Gott der Diebe und Kaufleute, münchenwärts entschwand.

Wochen danach wurde ich dem »alten Piper« vorgeführt.[4]

Stefan Andres schreibt an
Reinhard Piper, Ostern 1952

In Kürze erscheint das langerwartete Werk von

Stefan Andres DIE SINTFLUT

Der erste Roman: **Das Tier aus der Tiefe**

814 Seiten · *Naturleinen mit mehrfarbigem Schutzumschlag* · DM 19.80

Jeder Leser der zeitgenössischen großen Romanliteratur
ist ein Leser dieses Buchs

Der neue große Roman von Stefan Andres spielt in einer Welt, in der sich Schicksale der jüngsten Vergangenheit und Elemente einer jederzeit und überall möglichen Zukunft zu einem phantastischen und zugleich sehr wirklichen Geschehen verbinden. Die Sintflut, die mit dem Erscheinen des „Normers", Professor Dr. Alois Moosthaler, in der süditalienischen Felsenstadt Città morta aufschwillt, reißt Menschen und Ordnungen unwiderstehlich mit sich. Sie ist die Verkörperung jener furchtbaren, von der Geschichte scheinbar gewollten Kraft, deren Dynamik nur wenige widerstehen können. Überwältigend ist die Entfaltung menschlichen Daseins in diesem Roman. Wie Andres mit sinnenkräftiger Sprache jede seiner Gestalten in das Gewebe dramatischer Abhängigkeit verflicht, wie sich die Spannungen unserer Epoche in Szenen und Gesprächen dem Leser mitteilen - das verleiht seinem Werk Lebensfülle und geistige Bedeutung. Was wir von Andres' letztem erfolgreichem Roman „Ritter der Gerechtigkeit" sagten, gilt auch von der „Sintflut": Dieses Werk stellt uns selbst vor innere Entscheidungen. Darin liegt seine verwandelnde Kraft.

Auf das bevorstehende Erscheinen des ersten Romans der Sintflut-Trilogie wurde schon in Presse und Rundfunk hingewiesen; Zeitungen und Zeitschriften veröffentlichten Auszüge als Vorabdruck; der Dichter las vor kurzem aus dem Werk in Düsseldorf, Bielefeld, München und anderen Städten.

Für Ihre Arbeit stellen wir Ihnen wirksame Werbemittel zur Verfügung: 24seitige Leseprobe und ein mehrfarbiges Schaufensterplakat mit dem Bild des Schutzumschlags von 35x50 cm (wird bei Aufgabe einer Bestellung von mindestens drei Exemplaren mitgeliefert).

R. PIPER & CO. VERLAG MÜNCHEN

So also beginnt – zumindest aus der Sicht des Autors – eine der erfolgreichsten literarischen Verbindungen des Piper Verlags. Stefan Andres schildert die wesentlichen Momente dieses Anfangs, der zugleich symptomatisch ist für die Neuanfänge nach 1945, im Fokus eines Festabends anläßlich des Internationalen Jugendkongresses 1948 in München. Noch steht das Treffen, stehen die Verlage unter Aufsicht der Besatzer. Spürbar ist – trotz aller äußeren Kargheit – die Aufbruchsstimmung in der Hoffnung auf eine »neue Zeit«. Erkennbar sind auch die Grundkonstanten von Andres' Schreiben: der römisch geprägte Katholizismus, präsent im Vergleich der Verleger mit den Säulenheiligen des Petersdoms, sowie ein in der Regel ebenfalls christlich konnotierter Humanismus. Der humanistische Habitus macht sich nicht nur im gern verwendeten lateinischen Zitatenschatz bemerkbar; er läßt sogar den Abgesandten des Piper Verlags, jenen Mann mit dem schwarzen Kinnbärtchen, als Merkur, den antiken Gott der Händler

Verlagsanzeige von 1949

und Diebe figurieren: Andres' künftigen Lektor, Verlagsleiter Albrecht Knaus, mit dem ihn eine lebenslange Freundschaft verbinden wird.

Noch im selben Jahr 1948 wird Andres Piper-Autor und bleibt es bis zu seinem Tod 1970, trotz gelegentlicher Verzweiflungs- und Vitalitätsausbrüche in fremde Häuser und Genres, auf die noch zurückzukommen sein wird.

Andres lebt damals schon seit über einem Jahrzehnt in der italienischen Emigration, in der internationalen Boheme von Positano und doch im Abseits. Der Ehe mit einer Halbjüdin wegen hatte er seine Anstellung beim Kölner Rundfunk verloren und war schließlich 1940 auch aus der Reichsschrifttumskammer ausgeschlossen worden. Von Italien aus konnte er noch bis 1943, teils mit Sondergenehmigungen, in Deutschland publizieren und war unter diesen auch materiell sehr schwierigen Bedingungen mit seinen ersten Büchern, vor allem mit *El Greco malt den Großinquisitor* (1935), den *Moselländischen Novellen* (1937) und *Wir sind Utopia* (1943), in literarischen Kreisen bekanntgeworden. Auch dem jungen Piper. Nach der ersten persönlichen Begegnung beschreibt er den neuen Autor als imponierende Figur: einen »in Gestalt und Gebärde breit ausladenden Mann« mit »muskulösem, großflächigen Gesicht, das von vielerlei Blutströmen geprägt schien: eine mächtige Lebenskraft, nicht ohne Pathos und doch höchst sensibel«.[5] Entschieden setzt Klaus Piper sich dafür ein, Andres in den Verlag zu holen und ihn dort zu halten.

1948 wird der erste Vertrag geschlossen, mit dem Ziel, auch frühere Arbeiten von Andres zu übernehmen und als Gesamtwerk bei Piper zusammenzuführen. Bereits im selben Jahr erscheinen zwei Titel, dabei das Drama *Tanz durchs Labyrinth,* mit dessen Veröffentlichung sich für den Autor »die Sehnsucht des fünfzehnjährigen Klosterschülers Andres erfüllt, einmal sein ›gedrucktes Drama‹ in der Hand zu halten«.[6] 1949 folgt *Das Tier aus der Tiefe,* der erste Teil der Romantrilogie *Die Sintflut,* an der Andres seit 1940 arbeitet. Hier wie in vielen seiner Bücher setzt er sich mit dem Nationalsozialismus und Möglichkeiten eines christlich fundierten Widerstands auseinander. Insgesamt stehen drei Themenkomplexe im Mittelpunkt des Werks: Andres' humanistisches Ethos, die eigene Kindheit und – ebenfalls biographisch zu orten – der Lebensraum Süditalien.

Jahr für Jahr legt Andres nun neue Bücher vor, meist Romane und Erzählungen, aber auch Essays und Gedichtbände – insgesamt, zusammen mit den Neuausgaben der vor 1948 in anderen Verlagen publizierten Bücher, 33 Titel. Zwei davon erscheinen auch bei den »Büchern der Neunzehn«; andere werden zusätzlich durch Verfilmungen populär und erreichen Bestseller-Auflagen. Am bekanntesten geworden sind wohl *Wir sind Utopia* und *Der Knabe im Brunnen,* Andres' moselländische Kindheitsgeschichte. Innerhalb weniger Jahre avanciert Andres zu einem der angesehensten und meistgelesenen Autoren der Nachkriegszeit. Insgesamt hat die deutsche Gesamtauflage seiner Bücher noch zu Lebzeiten des Autors die Zahl von 1,5 Millionen überschritten, zahlreiche Übersetzungen nicht mitgerechnet.

Auf dem Höhepunkt seines Erfolgs ist Andres Mitte der fünfziger Jahre. Von seinem Verlag durch Werbekampagnen großen Stils unterstützt, ist er zu einem der ersten Groß- und Berufsschriftsteller modernen Typs avanciert, der seine Rechte, vor allem die nun zum wichtigen wirtschaftlichen Faktor aufrückenden Nebenrechte für Funk, Film und Fernsehen, schon lange vor Heinrich Bölls Aufruf zum »Ende der Bescheidenheit« mit Verve durchzusetzen weiß. Mit Preisen und Ehrungen überhäuft, in den Medien omnipräsent, eilt Andres auf Lese- und Vortragsreisen vor vollen Sälen von Erfolg zu Erfolg: als Repräsentant der Ära Adenauer, deren restaurative Grundwerte in seiner religiös gestimmten passiven Faschismuskritik und »Poetik der Weltferne« aufs schönste bestätigt werden.

Als mit den sechziger Jahren der gesellschaftliche Liberalisierungsprozeß vorankommt und die Auseinandersetzung mit der politischen Vergangenheit konkreter wird, hat die Andres-Rezeption ihren Zenit bald überschritten. Auch wenn er in seinen späten Romanen, darunter *Der Mann im Fisch* und *Die Versuchung des Synesios,* aktuelle gesellschaft-

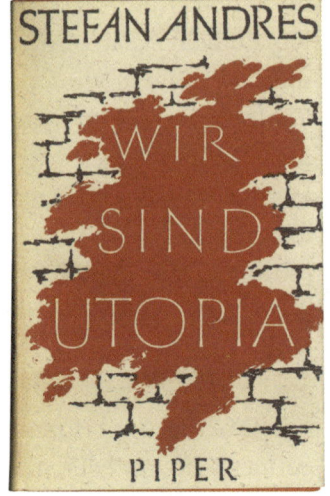

129. Tausend von 1953, Umschlag von Emil Preetorius

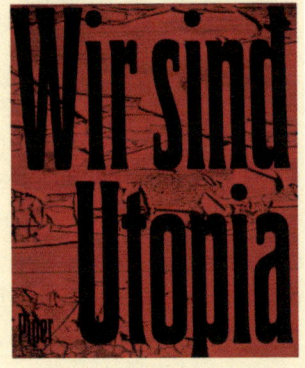

266. Tausend von 1965, Umschlag von Gerhard M. Hotop

liche Konflikte aufgreift, wie die in Zeiten des Kalten Kriegs allgegenwärtigen zwischen Kapitalismus und Kommunismus sowie die Bedrohung durch die Atombombe. Nicht immer zur Zufriedenheit seines Verlegers, der von solch oft impulsiver politischer Einmischung des Romanciers nicht viel hält und dies auch deutlich ausspricht. Vor allem als dieser sich 1958 für die Aktion »Gegen den Atomtod«, eine SPD-Initiative, engagiert.

In seiner italienischen Zeit – erst 1950 kehrt Andres vorübergehend nach Deutschland zurück, ab 1961 lebt er in Rom – wird Andres für Piper auch als Scout und Gutachter aktiv. Er begutachtet auf Bitten des Verlegers deutschsprachige und italienische Manuskripte und empfiehlt ihm auch mehrfach Autoren und Werke. So zum Beispiel den Verlag der Alfred-Kubin-Briefe, ein nach der Vorgeschichte unter Reinhard Piper naheliegender Vorschlag; später Natalia Ginzburg oder Mitte der sechziger Jahre das Projekt einer Reihe mit italienischen Gegenwartsautoren – wertvolle Tips, von denen Piper jedoch, zum Ärger Andres', keinen einzigen aufgreift.

Die Korrespondenz zwischen Verlag und Autor ist von Anfang an lebhaft, offen und oft auch kontrovers. Sie beginnt mit einem zwölfseitigen Brief Pipers, seiner so grundlegenden wie detailgenauen Resonanz auf das Manuskript des ersten Bandes der *Sintflut*, das gleichzeitig angenommen wird. In den ersten Jahren der Verlagsbeziehung führt Andres die Korrespondenz persönlich. Es ist der Beginn einer dauerhaften Freundschaft mit Klaus Piper und Albrecht Knaus, in der auch die in Autor-Verlags-Beziehungen gängigen, hier durch Andres' Temperamentsausbrüche verschärften Konflikte ihren Platz haben.

Zwei Konfliktfelder sorgen immer wieder dafür, daß Autor und Verleger sich nicht nur bei Festtagsanlässen persönlich in den Geschäftsgang einmischen: zum einen die Verhandlungen um Honorare und Verträge, die Grundlage der ökonomischen Zusammenarbeit also, auf der die Existenz des Berufsschriftstellers Andres beruht; zum anderen die Auseinandersetzungen um die Texte selbst.

Letztere begleiten die gesamte Zusammenarbeit. Bereits

Erstausgabe von 1953

213

1952/53, beim Manuskript zu *Der Knabe im Brunnen,* massiver noch 1958/59, beim letzten Teil der *Sintflut*-Trilogie, formuliert das Lektorat seine Einwände sehr deutlich. Man bemängelt Figuren- und Handlungskonzeption, die allzu christlich-konservative Weltsicht und den wenig überzeugenden Schluß. Verlagsleiter Hans Rössner hat die undankbare Aufgabe, den Disput mit dem Autor auszutragen. Andres reagiert, wie schon 1953, als Knaus die Arbeitsgespräche führt, konstruktiv auf diese Kritik, die an Deutlichkeit nichts zu wünschen übrigläßt.[7] In intensiven Arbeitssitzungen werden die Manuskripte gemeinsam durchgearbeitet.

Gegen den Widerstand von Verlag und Verlagsvertretern beharrt Andres auf dem werbepsychologisch denkbar ungünstig düsteren Titel *Der graue Regenbogen* gegenüber dem viel positiver, wenn auch christlich assoziierten Gegenvorschlag *Das Weizenkorn.* Die Bedenken erweisen sich als nur zu berechtigt. Das Buch wird von der Kritik kaum zur Kenntnis genommen. Ein früher, aber deutlicher Hinweis darauf, daß Andres' große Zeit vorbei ist, auch wenn er selbst es noch nicht wahrnimmt und – wie viele Autoren vor und nach ihm – die Schuld in der mangelnden Unterstützung durch den Verlag sucht.

Die *Sintflut*-Trilogie wirkt in Andres' Gesamtwerk singulär und monolithisch, in der Anlage wohl den barocken

Tendenzen eines Wolf von Niebelschütz und Albert Paris Gütersloh verpflichtet, Tendenzen, die sich auf Dauer literarisch als wenig zukunftsträchtig erweisen. *Die Sintflut* kommt über die Erstauflage nicht hinaus.

Stefan Andres und Albrecht Knaus 1953 bei der Arbeit an »Die Reise nach Portiuncula«

Die Indizien für nachlassende Resonanz in der literarischen Öffentlichkeit mehren sich Anfang der sechziger Jahre: in negativen oder ganz ausbleibenden Besprechungen, in der Klassifizierung Andres' als »kleinem« Autor, als Natur- und Heimatdichter oder gar mit der 1963 in der *Welt* aufgeworfenen Frage, ob Andres überhaupt noch zur modernen Literatur zu zählen sei.[8] Diese Einschätzung ist auch auf das gewohnt scharfe öffentliche Urteil des hauseigenen Literaturpapstes Hans Egon Holthusen zurückzuführen, was verlagsintern Turbulenzen auslöst. Mehr noch als durch die Literaturkritik aber sieht Andres seinen Rang und damit auch seine schriftstellerische Existenz durch den Erfolg des Konkurrenten Böll gefährdet.

Lieber Klaus,
es ist tiefe Nacht, gerade habe ich die Novelle »Das gekrönte Tier« beendet. Nun ist die Spannung vorüber, und ich möchte Dir auf Deinen letzten Brief antworten. […] Ich befinde mich in menschlicher und künstlerischer Hinsicht in einer ganz besonders schwierigen Situation meines Lebens. Ein großer Teil der modernen deutschen Kritiker schreiben

über mich wie über einen literarisch Toten. Oder sie schreiben nicht einmal mehr. [...] Zu meinem persönlichen Pech habe ich weit und breit keinen einzigen literarischen Freund, der einmal für mich vom Leder zöge (ich tat es öfters für andere, früher!) Und auch der Verlag hat ja offenbar keine literarischen Partisanen, wenigstens nicht für mich! (so hätte man z. B. nach meiner Lesung in München die Bemerkung des Kritikers in der SZ »die Studenten hätten den Saal verlassen« einfach bei der Redaktion scharf als Lüge zurückweisen müssen – denn Du warst ja schließlich da und sahest, wie voll der Saal war!) Das ist die Situation.[9]

In dieser auch finanziell bedrängten Lage sinnt Andres auf Abhilfe und provoziert damit den zweiten seiner Grundkonflikte mit Piper, die vertraglichen Vereinbarungen. Er weicht aus auf weniger »belletristische« und um so besser honorierte Projekte, und zwar in andere, fremde Verlage. Auf Anregung von dort schreibt er für Ullstein *Biblische Geschichten,* moderne Nacherzählungen der Bibel, primär gedacht für Kinder, aber nicht nur für sie. Und er verfaßt – seinen Kenntnissen und Erfahrungen ebenso angemessen und ebenso finanziell erfolgreich wie das biblische Thema – für Droemer/Knaur einen Weinführer. Piper sieht durch solches »Fremdgehen« seine Vertragsansprüche verletzt und protestiert. Es kommt erneut zum Konflikt. Doch wieder kann Andres seinen Standpunkt durchsetzen, ebenso wie zuvor seine Forderungen auf eine angemessene Honorierung der Nebenrechte für Funk, Film und Fernsehen, die nun finanziell immer mehr zu Buche schlagen.

Drei Jahre später, 1967, als sich die Wogen geglättet und die Beziehungen wieder stabilisiert haben, beschreibt Andres den Streit, der die Verlagsbeziehung zu Piper grundlegend erschüttert hat, in gewohnt launiger Festschriftmanier: humorig, humanistisch, harmonisierend. Daß sich dahinter eine existentielle Krisensituation des alternden, vom Vergessen bedrohten Schriftstellers verbirgt, eine Situation, die seine letzten Jahre dauerhaft überschattet, das läßt sich bestenfalls in der leicht ironisch distanzierten Zeichnung des eloquenten Verlegerfreunds spüren.

Das Verhältnis Autor–Verleger wird zu Recht durch das Bild der Ehe ausgedrückt, und da muß ich an dieser Stelle gestehen, daß mein Ehe-Herr für mich sehr viel Geduld aufbrachte – wegen gewisser Seitensprünge –, und er war schrecklich anzusehen, als er mich mit unerhörter Anstrengung andonnerte: »Schluß mit diesem Herumhuren!« Nur wenige Autoren können sich rühmen, ihn derart aus der Fassung gebracht zu haben. Denn K. P. ist, wenn man ihn nicht auf besagte Weise seelisch mißhandelt, ein höflicher, wohltemperierter, freundlicher Mann mit viel Selbstkontrolle. Was ich am meisten an ihm bewundere, ist die nimmermüde geistige Intensität, die ihn ins Planen und Verwirklichen treibt. […] Ich kenne keinen andern deutschen Verleger, der das, was er von seinem Vater erbte, so ganz und gar neu erworben hat wie er. Um es zu besitzen? Ich fürchte, dazu hat er kaum Zeit, und oftmals sage ich mit Vergil: nimis iste laborat![10]

Transzendentalismus und literarische Totschlagversuche. Der kulturpolitische Großinquisitor Hans Egon Holthusen als Piper-Autor

Der unbehauste Mensch – die Essaysammlung von 1951 macht ihren Autor Hans Egon Holthusen berühmt. Der Titel wird zur Chiffre für das Lebensgefühl der Nachkriegszeit. Ihr Erfinder, der sich selbst als »Transzendentalisten« versteht, der die Wahrheit außerhalb einer als vordergründig verstandenen Realität, »hinter den Erscheinungen des irdischen Zustandes«, zu suchen habe, avanciert zu den Protagonisten der Nachkriegsliteratur. Bald jedoch gerät er mit seinem Roman *Das Schiff* selbst in die Kritik. »Der unbehauste Mensch,« schreibt Franz Schonauer in der *Frankfurter Allgemeinen Zeitung,* »das klang wie eine Zauberformel, mit ihr verstand man sich und seine Zeit, fühlte sich stolz auf verlorenem Posten, als Nihilist in der Nähe des magischen Nullpunktes, doch beruhigend aufgehoben in der Tradition des christlichen Humanismus. (Man kann ja nie wissen!)«[11]

Holthusen ist seit 1949 Piper-Autor; er veröffentlicht dort insgesamt 13 Bücher. Die Bekanntschaft und Freundschaft mit dem fast gleichaltrigen Klaus Piper, für den er, seiner Körpergröße wegen, zeitlebens »Gulliver« bleibt, stammt aus den Kriegsjahren. Holthusen hatte sie – anders als Piper – an der Front verbracht. Nach 1945 lebt er als freier Schriftsteller in München, in den sechziger Jahren in den USA, als Gastprofessor amerikanischer Universitäten und 1961 bis 1964 als Direktor des New Yorker Goethe House. In dieser Zeit muß er sich mit massiven Vorwürfen wegen seiner NS-Vergangenheit auseinandersetzen. Des ungeachtet wird er nach seiner Rückkehr nach München 1968 Präsident der Bayerischen Akademie der Schönen Künste und bleibt es bis 1974.

Mit den Gedichtbänden *Hier in der Zeit* (1949) und *Labyrinthische Jahre* (1952) macht sich der junge Autor in der literarischen Nachkriegsszene schnell einen Namen. Bald avanciert Holthusen zum führenden, seiner Dominanz wegen aber auch bestgehaßten Kritiker. Zum einen

Hans Egon Holthusen und Klaus Piper, Mai 1969

Skandal – oder kritischer Streit?

Liebe Kollegen vom Sortiment!

Es ist meine Überzeugung, daß es kein literarisches Leben gibt ohne eine unabhängige Kritik und daß auch für den Buchhandel die Funktion der Literaturkritik unentbehrlich ist. Was aber hat sich das bisher immerhin beachtete Literaturblatt der FRANKFURTER ALLGEMEINEN ZEITUNG vom 13./14. Oktober geleistet? Statt einer ernsthaften Auseinandersetzung mit Holthusens neuem Buch DAS SCHIFF brachte sie - nahezu eine halbe Seite füllend - ein Pamphlet von Franz Schonauer, dessen Tendenz keine andere sein kann, als mit niveaulosen Invektiven den Autor und seine gesamte bisherige Produktion »fertigzumachen«.

Wir könnten über diesen beschämenden Vorgang nach der häufig bewährten Regel »Tiefer hängen!« zur Tagesordnung übergehen. Doch der Rezensent diffamiert auch die literarische Urteilsfähigkeit der Buchhändler. Viele von Ihnen lernten Holthusens Einsichten zur modernen Literatur schätzen und befinden sich dabei mit Benn, Wilder, Jaspers und anderen in bester Gesellschaft. Der Rezensent stellt dagegen Buchhändler als Leser dritter Güte, als intellektuelle Halbstarke hin, wenn er mit entrüstetem Erstaunen konstatiert: »Welche Windigkeit unter den Intellektuellen muß bei uns herrschen, daß dieses Buch mehrere Auflagen erlebte - von Buchhandelslehrlingen und -gehilfen allein kann es doch nicht gekauft worden sein?« (Über den UNBEHAUSTEN MENSCHEN). Nur in einem Punkt, allerdings darin allein, stimme ich mit der »Besprechung« der FAZ überein, nämlich wenn sie widerwillig einräumt, daß DAS SCHIFF ein Erfolg werden wird.

Nach meinen Erfahrungen gehören die literarisch ambitionierten Kollegen unter den Buchhändlern zu den interessiertesten und kritischsten Lesern. Um allen Buchhandels-Mitarbeitern Gelegenheit zu geben, sich selbst als Leser mit Holthusens neuem Buch zu befassen und sich ihr Urteil zu bilden, bieten wir Ihnen je ein Exemplar zum persönlichen Gebrauch mit Sonderrabatt* an. (Der Rezensent bezeichnet es als »Irreführung«, daß der Verlag Holthusens SCHIFF als »erzählendes« Buch ankündigt; offen gesagt, hatten wir nicht daran gedacht, dieses Werk etwa als Marinekalender oder Kochbuch vorzustellen.) Für Ihr tätiges Interesse dankt Ihnen bestens Ihr

*HANS EGON HOLTHUSEN
Das Schiff
Aufzeichnungen eines Passagiers
361 Seiten, Leinen DM 15.80
Sonderangebot auf dem [Z]

R. PIPER & CO VERLAG

Offener Brief des Verlegers an den Buchhandel zur Kontroverse um Holthusens Roman »Das Schiff«, Anzeige im Börsenblatt für den Deutschen Buchhandel vom 23. 10. 1956

wegen seiner außergewöhnlich treffenden Formulierungskunst und der leidenschaftlichen Haltung »kritischen Verstehens«.[12] Zum anderen wohl auch wegen der konservativen kulturpolitischen Haltung seiner Essays.

Die Verlagsbeziehung besteht formal bis zum Tod des Autors 1997, auch wenn sie phasenweise – der ökonomisch schwierigen Genres Lyrik und Essay, vor allem aber Holthusens unverbesserlicher Polemisierungslust wegen – stark strapaziert wird. Schon seit Anfang der achtziger Jahre sind nur mehr zwei seiner Bücher lieferbar.

Zum Problem wird zunächst Holthusens Genrewechsel zum Roman, ein Wechsel, den der Verleger selbst dem zögernden Autor immer wieder nahegelegt hatte; sicher nicht ganz selbstlos, auch wenn er wirtschaftliche Motive a priori von sich weist:

> Lieber Gulliver!
> [...] Du wirst es nicht mißverstehen, wenn ich immer wieder auf das »Prosabuch« oder das »Erzählwerk« zurückkomme. Ich will Dich nicht gewaltsam oder unvernünftig zu einem »Erfolgsbuch« drängen, um damit ein Geschäft zu machen. Daß dies nicht der Fall ist, dazu kennst Du mich ja inzwischen lang genug. Aber ich werde das Gefühl nicht los, daß in Dir, in Deiner Art, die Welt und die Menschen zu sehen und in Deinen schriftstellerischen Mitteln Möglichkeiten liegen, die einmal auch zu etwas anderem als zu Lyrik oder Essays führen werden.[13]

Doch das Erscheinen des ersten – und einzigen – Romans *Das Schiff. Aufzeichnungen eines Passagiers* 1956 gerät Autor und Verleger zum Schiffbruch, in dem Holthusens schriftstellerische Existenz und in der Folge auch seine literaturkritische Kompetenz unterzugehen drohen. Die Kritik Schonauers in der *FAZ* ist ein regelrechter Verriß. Unter dem Titel *Der Hang zum Mondänen* wird dem »literarischen Großinquisitor« Holthusen rundweg abgesprochen, »ein Repräsentant der ernst zu nehmenden deutschen Literatur von heute« zu sein. Angegriffen wird nicht nur der Roman, der höchstens als »Parodie seiner selbst« ernst zu nehmen sei, sondern Holthusens gesamtes literarisches Werk:

> Existenzphilosophie und Daseinsanalysen in Ehren, als feuilletonistische Reizmittel sind sie ein Greuel und Probleme der Literatur auf Salonebene beplaudert nicht minder. [...] Alles in allem: der Fall Holthusen ist ein Symptom. Er zeigt einmal, daß wir besonders anfällig sind für Mythologeme und Legenden, für jeden Halb- und Unsinn, wenn er nur tief und philosophisch erscheint. Diese Neigung mischt sich wundersam mit der anderen, um jeden Preis modern – oder besser – high brow zu sein.

Was den Roman selbst angeht, so wird des Autors Fähigkeit zum Erzählen generell in Frage gestellt. Selbst aus der hohen Symbolkraft seines Themas, einer Schiffsreise zwischen USA und Europa, Chiffre für das Transitorische moderner Existenz, gelinge es ihm nicht, erzählerisch Kapital zu schlagen; ja

das vorliegende Thema macht [...] Holthusens Grenzen besonders deutlich, denn seine eigentliche Fähigkeit liegt im Aufnehmen bestimmter Reize, die er dann mit kombinatorischem und kompilatorischem Geschick reproduziert. So kommt es in dem Buch nie zur Darstellung, alles bleibt permanente Nachempfindung; bei jedem seiner Sätze scheint der Verfasser sich gefragt zu haben: Ist das nicht schön gesagt? Bin ich nicht ein kostbares Instrument meiner eigenen Nachgefühle? Das Resultat ist nicht ein erzählendes und deutendes Werk, sondern ein literarisiertes Surrogat, maniert bis zur Unerträglichkeit.

Diese fundamentale Kritik an einem seiner angesehensten Autoren, den er zudem selbst zu einem Roman animiert hat, läßt der Verleger nicht auf sich beruhen. In einem zweiseitigen Inserat im *Börsenblatt* vom 23. Oktober 1956, das speziell an den Buchhandel adressiert ist, nimmt er gegen Schonauers Artikel Stellung. Er bezeichnet ihn als »Pamphlet« und »Versuch einer literarischen Totalabschlachtung« und provoziert damit eine heftige Debatte. Sie dreht sich zum einen um Möglichkeiten und Grenzen literarischer Kritik, ein Thema, das den in seinen kritischen Methoden selbst nicht eben zimperlichen Holthusen unmittelbar angeht, zum anderen um den Zustand der deutschen Gegenwartsliteratur und ihrer Instanzen. Alle namhaften Blätter greifen den Fall auf, gern unter Betonung der Aspekte Narzißmus und autobiographische Schamlosigkeit, zum Beispiel wegen der Namensgebung für Holthusens Romanhelden, einen Schriftsteller namens Hans oder auch Gulliver.

Das Buch wird nach der Erstauflage vom Oktober 1956 nicht mehr neu aufgelegt. Im Verlagsarchiv ist der Fall nicht dokumentiert. Doch die Korrespondenz der nächsten Jahre bezieht sich immer wieder auf diesen literarischen Schiffbruch. Holthusen reagiert darauf ganz offensichtlich mit der Radikalisierung seiner eigenen, ohnehin zur Militanz neigenden literaturkritischen Strategien bis hin zu jenen »Totschlagversuchen«, die immer wieder Thema des Briefwechsels werden.[14] Da diese »Totschlagversuche« auch hauseigene Autoren treffen, vor allem Walter Jens, sieht sich der Verlag zum Eingreifen gezwungen. In seinen Erwiderungen auf die Vorhaltungen des Verlegers kommt Holthusen – offensichtlich tief gekränkt – immer wieder auf die vernichtende Kritik seines Romans zurück.

Die empfindliche Reaktion mitbewirkt haben mag allerdings auch die öffentliche Kritik, der sich Holthusen seit 1961 wegen seiner NS-Vergangenheit ausgesetzt sieht. In Emigrantenkreisen in den USA ist man – anders als Verleger Piper – nicht bereit, die – wenn auch nur vorübergehende – SS-Mitgliedschaft des neuen Direktors des New Yorker Goethe House als Jugendsünde durchgehen zu lassen. Die Auseinandersetzungen, von deren Anfängen der folgende Briefauszug berichtet, belasten Holthusens gesamte Amtszeit:

[…] Im Augenblick ist mir durchaus nicht besonders farbig und munter zu Mute, eher wie durchgedreht und ausgehöhlt und überanstrengt. Dieser neue Managerberuf – du lieber Gott, was habt Ihr bloss alle durchgemacht die ganzen Jahre, Du und der arme Jochen und jeder, der eine Zeitschrift oder einen Verlag zu leiten hat! […]
Trotzdem scheint es, als ob die Leute, mit denen ich hier zu tun habe, der Meinung wären, als ob ich hier am richtigen Platz wäre und schon in den ersten Wochen ganz gute Arbeit geleistet hätte. Sie setzen sich jetzt, wie man sagt, energisch für mich ein. Das ist deswegen notwendig, weil es hier gleichzeitig eine heftige Opposition gegen mich gibt und das deutschjüdische New York von wilden Gerüchten schwirrt über den SS-Mann Holthusen. Eingebrockt haben mir das die Herrschaften von der »Kultur« (Kesten vor allem!), aufgegriffen wurde es dann von hiesigen Denunzianten und Kopfjägern, die aus dem »Fall« eine »Affäre« machen wollen (siehe

Frankfurter Neue Presse vom 18. März) und alles tun, um mich hier unmöglich zu machen. Da man aber hier seine Pappenheimer kennt und offenbar viel vorsichtiger und im guten Sinne politischer denkt als in der Romanstrasse, ist es uns bisher gelungen, jede Veröffentlichung zu verhindern und die ersten Vorstösse abzufangen. Der Prozess ist noch nicht beendet, aber ich habe Grund zu der Annahme, dass ein Skandal vermieden wird. Noch vor vier Wochen wäre ich liebend gerne sofort nach München zurückgegangen, jetzt geht es natürlich nicht mehr – »nu jrade nich!«[15]

Zwei der literarischen »Totschlagversuche«, die Holthusen anschließend an den vermeintlichen kulturpolitischen Gegnern aus der linksliberalen Literaturszene inszeniert, treffen Jens: die Rezension seines ersten bei Piper veröffentlichten Buchs *Deutsche Literatur der Gegenwart* 1961 in der Zeitschrift *TAT* und – drei Jahre später – die Besprechung eines Gedichtbands von Peter Huchel, in der wiederum Jens (und mit ihm Marcel Reich-Ranicki) angegriffen wird. In beiden Fällen verwahren sich sowohl Lektor Reinhard Baumgart wie Verlagsleiter Hans Rössner und schließlich auch der Verleger selbst entschieden gegen Holthusens Angriffe auf den Tübinger Wissenschaftler, Schriftsteller und erfolgreichen Literaturkritiker, der als Protagonist einer neuen Intellektuellen-Generation für den Piper Verlag zum bedeutenden Autorengewinn wird. Holthusens Rezension von 1961 wird von Verlagsseite in einem Brief Rössners zurückgewiesen, als von Ressentiments aufgeladene Haßtirade jenseits jeder sachlichen Auseinandersetzung, als Akt der Provokation gegen einen Autorkollegen aus demselben Haus und als Attacke gegen den Verlag selbst.

Holthusens Antwort zeigt, bei aller polemischen Brillanz, wenig Einsicht für das provozierte Konfliktpotential. Zugleich aber wird deutlich, daß das Movens seines kritischen Handelns die persönliche Kränkung ist und die Furcht vor dem drohenden Verlust seiner Kritikermacht an eine jüngere Generation.

Der Konflikt wiederholt sich und eskaliert 1964, anläßlich einer Rezension Holthusens zu dem bei S. Fischer erschienenen Gedichtband *Chausseen Chausseen* des damals noch in der DDR lebenden Lyrikers Peter Huchel; er wird später ebenfalls zu den Piper-Autoren zählen. Hier nun greift der Verleger persönlich ein. Bestrebt, seine Autoren vor weiteren Angriffen zu schützen, stellt er selbst die langjährige Verlagsbeziehung zu seinem Freund Holthusen zur Disposition, weil diesem mit der transatlantischen Entfernung das kritische Augenmaß offensichtlich verlorenzugehen drohe. So entsteht die pikante Situation, daß sich Piper, der erklärte Antikommunist und Verfechter konservativer literarischer Werte, aufgerufen sieht, die von seinem langjährigen Weggefährten Holthusen der linksintellektuellen Frontbildung verdächtigten Autoren Huchel und Jens zu verteidigen und ihm sogar mit der Beendigung der Verlagsbeziehung zu drohen.[16]

Auch diesen Brief erwidert Holthusen weniger mit wertungsästhetischen Argumenten als mit der bekannten Referenz auf den mittlerweile schon acht Jahre zurückliegenden Verriß seines Romans und die Angriffe auf seine SS-Vergangenheit.

Zur angedrohten Trennung kommt es – trotz dieser gravierenden Meinungsverschiedenheiten – nicht. Die Verlagsbeziehung hat Bestand, auch wenn Holthusen die attackierten Autoren künftig neben – und was den Erfolg angeht – sogar über sich dulden muß: Huchel mit dem Gedichtband *Die Sternenreuse,* seiner einzigen Publikation bei Piper; Jens mit immerhin neun Büchern, literaturgeschichtlichen und kritischen Schriften, Fernsehspielen und Romanen. Damit aber vermag sich Holthusen nur schwer abzufinden, ebenso wie mit der nachlassenden Resonanz seiner eigenen Veröffentlichungen und dem Verlust seiner Position als literarischer Großinquisitor.

Ernste Absichten mit Gabriele Wohmann und was daraus wurde

Ernste Absicht heißt der Roman, mit dem Gabriele Wohmann 1992, nach mehr als dreißig Jahren, zu Piper zurückkehrt, in eine Verlagsbeziehung, deren erster Anlauf an einem Romanprojekt gescheitert war. Damals hatte die junge Autorin in dem Programm »in die Zukunft weisender deutscher Literatur«,[17] das man bei Piper seit Mitte der fünfziger Jahre auf- und auszubauen suchte, eine hervorragende Stelle eingenommen. Doch die Verbindung war über Anfänge nicht hinausgelangt.

Damals, 1957, kommt die 25 jährige Wohmann zu Piper durch Reinhard Baumgart. Sie steht, nach ersten Publikationserfolgen in Zeitschriften und Hörfunk, am Anfang einer vielversprechenden literarischen Karriere und sucht nach einer festen Verlagsverbindung. Mehrere Verlage haben ihr Interesse signalisiert, darunter neben Luchterhand und Walter auch Piper. Wohmann schickt erste Erzähltexte, dann das Manuskript eines »Kurzromans«, Talentproben, die Lektor Reinhard Baumgart eingehend kommentiert, schon damals beeindruckt von Wohmanns »erstaunlicher erzählerischer Produktivität«. Beim ersten Besuch im Verlag im Dezember 1957 zeigt man bei Piper ernsthaftes Interesse; es folgt eine Phase intensiver Zusammenarbeit. Im Wunsch, einen Fehlstart zu vermeiden, rät Baumgart zur sorgfältigen Vorbereitung des literarischen Buchdebüts. Er favorisiert die Erzählungen, das Romanprojekt soll vorerst zurückgestellt werden:

Gabriele Wohmann, um 1960

> Das elementare Hindernis für die Bewältigung des Romans scheint mir sein Stil zu sein. Ich glaube jetzt sicher zu erkennen, daß man mit dieser sich bewußt selbst amputierenden Prosa, diesen atemlosen Sätzen ohne Subjekt, diesen sich dauernd verstümmelnden Jargonformen, selbst in einem Kurzroman erzählerisch nicht über die Runden kommt. Nur in kleineren Dimensionen läßt sich ein so selbstmörderischer Stil ertragen und bändigen. [...] Wir müssen uns im Augenblick wohl damit abfinden, daß Sie mit diesen Sprachmitteln wohl kaum eine längere, zusammenhängende Erzählung

225

werden bauen können, weil ihre Intensität, die nur in der Konzentration wirken kann, von einem einzigen Zustand ausgehen muß.[18]

Diese Zurückhaltung widersteht dem Interesse der jungen Autorin, die es auf den Buchmarkt drängt. *Jetzt oder nie*: Der so betitelte erste Roman erscheint noch im selben Jahr – jedoch nicht bei Piper, sondern bei Luchterhand. Die Kritikerreaktionen bestätigen Baumgarts Vorbehalte. Dennoch verschenkt Piper damit die Möglichkeit, eine literarische Neuentdeckung aufzubauen, die bald zu den wichtigsten und erfolgreichsten unter den deutschen Gegenwartsautoren zählen wird. Erst zwei Jahre später zieht Piper nach, mit Wohmanns erstem Erzählungsband *Sieg über die Dämmerung* (1960). Er wird zwar ein Kritiker-, aber kein Verkaufserfolg.

Abgeschreckt von diesen Startschwierigkeiten und den langfristig notwendigen Investitionen, verliert sich des Verlegers Interesse bald. Weitere Romanprojekte und Erzählungen Wohmanns werden, nun von Baumgarts Nachfolger Otto F. Best, abgelehnt, bis die Autorin schließlich ganz zu Luchterhand wechselt. *Sieg über die Dämmerung* bleibt – von einem Band mit Fernsehspiel- und Hörspieltexten (1978) und der Komödie *Plötzlich in Limburg* (1989) in der Serie Piper abgesehen – für mehr als dreißig Jahre Wohmanns einzige Publikation bei Piper. Ähnlich verlaufen die Kontakte zu Peter Huchel und Angelika Mechtel Ende der sechziger Jahre, Beziehungen, die ebenfalls über bescheidene Anfänge nicht hinauskommen.

So werden Pipers ernste Absichten mit Gabriele Wohmann erst in einem zweiten Anlauf verwirklicht. Als sie 1991 anläßlich des Verkaufs von Luchterhand ihre Verlagsbeziehungen neu ordnet, ist unter den vielen Angeboten, die Gabriele Wohmann erhält, auch das des Juniorverlegers Ernst Reinhard Piper. Sein Brief ist nicht nur der erste, der sie erreicht, sondern auch der persönlichste und überzeugendste. Und so wird Wohmann erneut Piper-Autorin. Wieder reüssiert sie zunächst mit einem Band Erzählungen. *»Das Salz, bitte!«* erscheint 1992 auf einem prominenten Programmplatz und wird zum Überraschungserfolg. Der bereits erwähnte Roman *Ernste Absicht,* ursprünglich bei Luchterhand erschienen, schließt sich als Ausgabe in der Serie Piper an. Als etablierte Schriftstellerin auf der Höhe des Erfolgs wird Gabriele Wohmann nun eine feste Größe des Piperschen Literaturprogramms.

Doch der Erfolg hält auf Dauer nicht an; im Wege steht ihm vor allem die riesige Backlist der Wohmann-Titel in Hardcover- und Taschenbuchausgaben. Seit 1997 kommen jährlich ein bis zwei neue Titel dazu – eine Marktpräsenz, die sich auf die öffentliche Aufmerksamkeit eher inflationär auswirkt und deshalb eine adäquate Vermittlung von Wohmanns Werk zu einer nicht einfachen Aufgabe macht.

»›Sonne und Mond‹ gehen auf«. Die Inauguration des Albert Paris Gütersloh

»Aktendeckel zu. ›Sonne und Mond‹ gehn auf.«[19] So resümiert Heimito von Doderer 1962, nach Erscheinen des Romans, sein höchst ambivalentes Verhältnis zu Albert Paris Gütersloh, seinem Wiener Freund und Kollegen und dessen Werk. Es ist das Ende einer mehr als zwanzigjährigen Beziehung, in der sich Doderer, selbsternannter »Schüler« des »Meisters« und literarisch früher erfolgreich als dieser selbst, auch um den Verlag von dessen Opus magnum bemüht hatte, unter anderen bei Piper. Für Piper bedeutet der Verlag des »kosmologischen Romans« *Sonne und Mond* den Anfang einer vielversprechenden, langjährigen Autorenbeziehung. Auch wenn sich die beiderseitigen Erwartungen an den Erfolg von Güterslohs literarischem Gesamtwerk letztlich ebensowenig erfüllen wie die der beiden Autoren in ihre Freundschaft.

Auch die Kenner abgelegener literarischer Provinzen sind sich im Jahre 1962 darüber einig, daß es nicht mehr allzuviel zu entdecken gibt. Die Zeit der großen Jagd ist vorbei. Die Trophäen in den Verlagsmuseen aufgereiht. Man beginnt zur

Klein- und Pionierarbeit zurückzukehren, zum geduldigen lektoralen Begießen unscheinbarer Sprößlinge und zur Aufzucht mittlerer Ernten zu mächtigen Gewächsen durch propagandistisches Kraftfutter.

Und nun zeigt sich doch noch unverhofft eine große Beute. Sie kommt aus Österreich, dem Land, das man trotz Hofmannsthal und Musil und obwohl sich Doderer ganz gut verkauft und Herr Qualtinger den Herrn Karl auf die Beine gestellt hat, nicht ganz auf der Rechnung hat. Dabei war der Name des Autors durchaus bekannt. Albert Paris Gütersloh alias Albert Konrad Kiehtreiber (wobei man auf den ersten Blick schwer entscheiden könnte, welcher Name nun mehr nach einem Pseudonym aussieht, und man den Verdacht nicht los wird, der richtige Name müßte noch ganz anders lauten).[20]

So knapp wie treffend beschreibt Helmut Heißenbüttel in seiner Einführung zur Neuausgabe von *Sonne und Mond* (1984) die literarische Situation zu Anfang der sechziger Jahre. Gütersloh, der zunächst als Schauspieler und Maler bekanntgeworden war, ist damals Professor an der Akademie für Bildende Künste in Wien und Präsident des ART-CLUB. Er gilt als eine der Schlüsselfiguren des österreichischen Kunstbetriebs der Nachkriegszeit.

Sein erster Roman *Die tanzende Törin,* erschienen schon 1910, wurde als Geniestreich des österreichischen Expressionismus gefeiert und machte den Autor über Nacht literarisch bekannt. Danach hat Gütersloh zwei Jahrzehnte lang zwar viel geschrieben und veröffentlicht, unter anderem vier Bücher bei J. Hegner in Hellerau, und 1923 auch den Fontane-Preis erhalten. Dennoch blieb er ohne breite Resonanz. Er lebte als Maler meist in Italien und Frankreich und nur sporadisch in Wien.

1931 wurde Gütersloh Professor an der Kunstgewerbeschule in Wien und begann gleichzeitig mit der Arbeit an *Sonne und Mond*. Zusammen mit Doderer entwickelte er, basierend auf den damals verbreiteten Ideen vom »inneren Reich«, elitär-konservative Wertvorstellungen, in denen nationalsozialistisches Gedankengut gelegentlich anklingt. Von dieser Anpassung an den politischen Mainstream erhofften sich beide Autoren wohl auch den bisher ausgebliebenen literarischen Erfolg. Anders als Doderer war Gütersloh nie Parteimitglied, ja, nach dem »Anschluß« Österreichs 1938 wurde er zwangspensioniert und erhielt Berufsverbot. Dies trug ihm nach 1945, trotz seiner offensichtlich opportunistischen Haltung gegenüber dem Nationalsozialismus, die Anerkennung als NS-Opfer und schon 1945 die Berufung an die Akademie für Bildende Künste in Wien ein. In den nächsten Jahren wird Gütersloh mit literarischen Preisen und Anerkennungen überhäuft.

Die in den zwanziger Jahren entwickelten wertkonservativen Denkstrukturen prägen sein literarisches Werk weiterhin. Durch seinen barocken Bilder- und Gedankenreichtum, aber auch durch das Postulat des als experimentell verstandenen, bewußt kompositionslosen »totalen Romans« ohne kausale Erzählzusammenhänge gilt Güterslohs Werk als einzigartig in der deutschsprachigen Literatur des 20. Jahrhunderts. Er selbst bezeichnet es als eine »Materiologie«, eine Art Lehrbuch, in dem man alles »zum Zeug Gehörende« erfährt.[21]

Die »Inauguration« dieses im Nachkriegs-Österreich inzwischen so hoch geehrten Autors im Piper Verlag betreibt der zuständige Lektor Hansjörg Graf seit 1958.[22] Er hat den damals bereits über siebzigjährigen Gütersloh in der Wiener Kunstszene kennengelernt, wo das unveröffentlichte Spät- und Hauptwerk *Sonne und Mond* als Geheimtip gilt. Der Verleger zögert zunächst, und erst in einem zweiten Anlauf kann Graf ihm das Projekt – mit Hinweis auf den damals bereits erfolgreichen Doderer – näherbringen: »Alle maßgeblichen Leute, die ich in Wien diesmal sprechen konnte, haben mich beschworen, das Opus von Gütersloh für eine Veröffentlichung zu empfehlen, es enthalte alles in Essenz, was später Doderer geschrieben habe, und ich selbst bin überzeugt davon, daß dies nicht übertrieben ist.«[23]

Piper jedoch steht dem schwierigen, in seinen inhaltlichen wie formalen Dimensionen noch nicht überschaubaren Manuskript noch immer skeptisch gegenüber.

Wir haben uns in den letzten Wochen mit der von Ihnen übersandten Auswahl aus Ihrem großen Roman-Manuskript eingehend und intensiv befaßt. […] Um das Wichtigste gleich zu sagen: Wir sehen ein durchaus ursprüngliches, höchst eigenartiges, bedeutendes Prosa-Werk vor uns, zu dessen verlegerischer Realisierung und Veröffentlichung wir grundsätzlich bereit sind. Ich möchte Sie diese unsere Bereitschaft heute wissen lassen und Ihnen auch sagen, daß wir uns bewußt sind, daß mit Ihrem großen Roman ein wahres Lebenswerk – ein poetisch-didaktisch-humoristisches Welttheater vor uns liegt, also ein Werk, für das auch mit gewissen Schwierigkeiten und Opfern sich einzusetzen, für den Verleger und seine Mitarbeiter zu den schönsten und vornehmsten Aufgaben zählt. […] Voraussetzung für unsere weiteren Verhandlungen muß sein, daß wir uns mit Ihnen […] über Art und Umfang einer sicher notwendigen Straffung des Gesamt-Manuskripts unterhalten und verständigen können.[24]

Gütersloh, von verlegerischer Aufmerksamkeit bisher nicht eben verwöhnt, weiß Pipers intensive Auseinandersetzung mit seinem Manuskript zu würdigen:

Was Ihr loberfülltes Schreiben im besonderen anlangt, bin ich, Zweifler von Beginn an meines sogenannten Dichtens und bis jetzt, durch es sowohl beglückt wie tief beschämt. Ich werde anläßlich Ihrer Gegenwart diesen zwiespältigen Gefühlen, soweit sie mitteilbar sind, Ausdruck verleihen, nebst dem großen Danke, einen Verleger gefunden zu haben, der Kritik und Zustimmung in so einziger Weise vereint.[25]

Im Oktober 1960 wird der Verlagsvertrag über *Sonne und Mond. Ein historischer Roman aus der Gegenwart* geschlossen. Es beginnt ein ausufernder Lektorierungsprozeß, der sich über fast zwei Jahre hinzieht. Der Autor hält die Termine nicht ein, weder bei der Abgabe fehlender Manuskriptteile noch bei den umfänglichen Korrekturgängen. Graf, der inzwischen zum Verlag Kohlhammer gewechselt hat, zeichnet als Außenlektor weiter für das Projekt verantwortlich.

Als wir eines Tages in das ominöse, aus vielen Paketen bestehende Romanmanuskript »Sonne und Mond« eingedrungen waren, befanden wir uns bald in der Lage einer mit vielen Fährnissen ringenden Urwaldexpedition. Nur den nie verlöschenden Leuchtfeuern und Blinksignalen des Autors sowie den auf freundlichen Schneisen eingerichteten Jausenstationen verdanken wir die glückliche Durchquerung dieser terra incognita. »Wir haben, wie der Leuchtturm, den Kopf voll Augen und drehen uns um uns selbst, sehen alles und bleiben am Platze. Diesen Platz wird der geduldige Leser, sooft er ihn auch schon endgültig verloren zu haben glaubt, immer wieder unter seinen Füßen finden.« Soweit einer der tröstlichen Hinweise von Gütersloh. Die Frage nach der Handlung dieser »universalen Chronik« dürfte nicht gestellt werden, obwohl sie beantwortet werden kann. Handlung ist hier Vorwand, die Geschichte selbst ist belanglos, wichtig sind die Nachträge, die Interludien, Kabinettstücke und »angeschwollenen Randbemerkungen«.[26]

Schon plant der Verlag für das Frühjahr 1962 ein »Gütersloh-Jahr« mit verschiedenen Sonderpublikationen als Begleitprogramm zum Erscheinen des Romans, zum 75. Geburtstag des Autors und seiner Ehrung mit dem Großen Österreichischen Staatspreis für Literatur. Doch die Fertigstellung des Romanmanuskripts verzögert sich weiter und durchkreuzt alle Pläne, bis Piper dem säumigen Autor ein Ultimatum setzt. Im November 1962 endlich, als das »Gütersloh-Jahr« fast um und auch der Vertrieb des Herbstprogramms bereits abgeschlossen ist, erscheint das Buch. Graf schreibt dazu:

Erstausgabe von 1962

> Die Veröffentlichung, lange erwartet, kaum noch erhofft, besaß alle Vorzeichen einer glanzvollen Opernpremiere: ein »Programmheft« wurde mitgeliefert, und in einem alten Wiener Palais feierte man den Autor im Rahmen eines Empfangs. Dieses Zeremoniell entsprach in jedem Detail dem Anlaß. [...] Gütersloh, selbst eine ›sagenhafte Figur‹, war nach vielen Jahrzehnten der Klausur mit dem dezidierten Anspruch aufgetaucht, in die Literatur einzugehen – ein Anspruch, den Gütersloh allerdings nie in eigener Person erhoben hätte. Man mußte den aus der Eremitage Gezerrten zu seinem zweifelhaften Glück zwingen.[27]

Der Verkaufserfolg dieses Opus magnum ist bescheiden. Im ersten Jahr werden 3000 Exemplare abgesetzt; zu einer zweiten Auflage kommt es nicht. Erst mehr als zwanzig Jahre später, 1984, erscheint eine Neuausgabe in der Serie Piper. Als der Autor jedoch meint, sich entschuldigen zu müssen für den geringen Erfolg, den »*Sonne und Mond* beim Lesepublikum – sozusagen – erlitten haben«, da widerspricht der Verleger ganz entschieden und verweist seinerseits auf den experimentellen Charakter des Romans.[28]

Piper nimmt damit den Tenor der literarischen Kritik auf, die teils respektvoll, teils hilflos reagiert, deren prominenteste Vertreter wie Walter Jens, Willy Haas, Karl Heinz

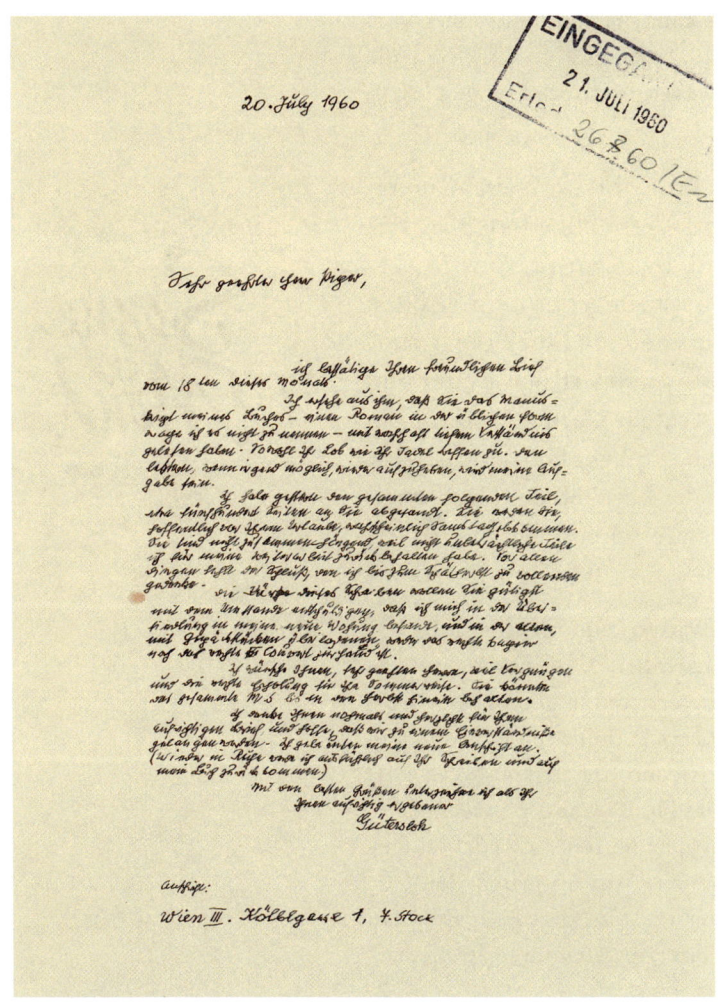

Albert Paris Gütersloh an Klaus Piper, 20. 7. 1960

Kramberg, Helmut Heißenbüttel jedoch begeistert sind von Güterslohs Vision von der Macht und ihrem Verfall – ein in einem »historischen Roman aus der Gegenwart« durchaus aktuelles Thema. Kritischer äußert sich allein der alte literarische Weggefährte Doderer, der sich durch das Buch persönlich brüskiert fühlt (vom einst gemeinsamen Konzept des »totalen Romans« hat er ohnehin längst Abschied genommen). Gütersloh aber gelingt mit *Sonne und Mond* trotz des bescheidenen Verkaufserfolgs der lang erhoffte literarische Durchbruch.

1963 übernimmt Piper die Generaloption für Güterslohs Gesamtwerk, das in den folgenden Jahren herauskommen soll. Noch im selben Jahr erscheint *Kain und Abel. Eine Legende* in der Piper-Bücherei, mit Illustrationen des Verfassers; im Jahr darauf als Neuausgabe der Roman *Der Lügner unter Bürgern*; im Herbst 1966 ein weiterer Teil aus dem Universalprojekt *Sonne und Mond,* die *Wörterbücher* zu Begriffen, Orten und Figuren des Romans, als *Der innere Erdteil. Aus den »Wörterbüchern«.*

Vom Plan einer Neuausgabe des Romanerstlings *Die tanzende Törin,* die als nächstes vorgesehen ist, zieht Piper sich wieder zurück. Und nachdem Otto F. Best, der den Autor damals betreut, 1968 den Verlag verlassen hat, nimmt man – auch des rapide sinkenden Absatzes wegen – keine weiteren Werke mehr ins Programm. 1969 erscheint als vorläufig letztes von Güterslohs Büchern *Die Fabel von der Freundschaft. Ein sokratischer Roman,* ein Manuskript, das Best bereits 1964 angenommen und euphorisch begrüßt hatte.

Mit 1968 scheint die Zeit des anachronistischen Universalchronisten Gütersloh vorbei. Erst im Umkreis des 100. Geburtstages 1987 erscheinen weitere Werke: 1985 die Neuausgabe des Romans *Eine sagenhafte Figur,* zum Jubiläum selbst ein Band mit Erzählungen, *Die Menschenfreunde,* sowie ein von Jeremy Adler herausgegebener Materialienband. Damit aber ist – um noch einmal Doderer zu zitieren – der »Aktendeckel« zum Fall Gütersloh auch bei Piper endgültig »zu«. Heute ist keines seiner Bücher mehr lieferbar.

Wie Ingeborg Bachmann zum Piper Verlag kam und ihn – vorübergehend – wieder verließ

Die gestundete Zeit – mit dem Gedichtband von 1953 beginnt Ingeborg Bachmanns in der deutschen Literatur nach 1945 beispiellose Karriere. Sie beginnt ganz unauffällig, denn das Buch wird öffentlich zunächst kaum wahrgenommen. Sein Verlag, die Frankfurter Verlagsanstalt, löst sich auf, während der schmale Band erscheint. Doch der Titel wird zum Zeichen; zum einen für die intensive Beziehung, die die Autorin für die Dauer ihrer literarischen Existenz über den Tod hinaus mit ihrem neuen Verlag, dem Piper Verlag, verbindet; zum anderen für die Konflikte, die diese Zusammenarbeit begleiten.

Zum geflügelten Wort wird die »gestundete Zeit« im verlegerischen Alltagskampf um Texte, Daten und Termine, den der Verlag mit der in Fragen praktischer Lebensbewältigung oft hilflos und nicht immer verläßlich agierenden Autorin phasenweise zu führen hat. Über die Routine des verlegerischen Tagesgeschäfts hinaus aber wirkt das Bild von der gestundeten Zeit fast symbolisch für den Verlauf dieser Beziehung einschließlich ihres Grundkonflikts. Bis dann – nach Trennung und tiefgreifender Zäsur – die gütliche Einigung und mit der Edition der Gesamtausgabe und der Schriften aus dem Nachlaß die postume Fortsetzung gelingt.

Erste bei Piper erschienene
Ausgabe von 1957

Die Ära Bachmann. Daten und Fakten

Über Ingeborg Bachmann schreiben heißt, »unter Wahrung des Briefgeheimnisses« schreiben. So formuliert Sigrid Weigel im Titel ihrer Monographie die Tatsache, daß der Bach-

mann-Nachlaß bisher gesperrt ist.[1] Nur partiell aus den
Briefen der Schriftstellerin an die vielen Ansprechpartner aus einer intensiven, wenn auch phasenweise nicht un-
schwierigen Verlagsbeziehung zitieren zu können, mag dort
besonders mißlich erscheinen, wo es, wie im folgenden,
darum geht, neben dem historischen Verlauf dieser Beziehung unterschiedliche Haltungen und divergierende Positionen der Partner möglichst faktennah und ausgewogen
darzustellen.

Die Beziehung Ingeborg Bachmanns zum Piper Verlag
teilt sich in drei Phasen, die mit denen von Bachmanns
Werkbiographie korrespondieren: 1955 bis 1958 der ra-
sante Aufstieg und internationale Erfolg der Lyrikerin im
Piper Verlag; 1959 bis 1967 der hindernisreiche Wechsel
zur Prosa, der mit der Trennung vom Verlag endet; ab 1972
dann die allmähliche Rückkehr von Bachmanns Werk in
den Piper Verlag.

Ingeborg Bachmann, um 1953

Die »Ära Bachmann« bei Piper, wie Lektor Reinhard
Baumgart es genannt hat, beginnt 1955. Zwar hatte Albrecht Knaus, der den spektakulären Start Ingeborg Bachmanns ins literarische Leben bei der Tagung der »Gruppe
47« in Mainz 1953 miterlebte, Klaus Piper schon damals
auf die neue Begabung aufmerksam gemacht, doch erst
zwei Jahre später gelingt es, Bachmann für den Verlag zu
gewinnen.[2] Schon im Jahr darauf, 1956, erscheint ihr
neuer Gedichtband *Anrufung des Großen Bären* bei Piper.
Auf ihm gründet der Ruhm der Lyrikerin – für viele sogar
der Ruhm der Schriftstellerin Ingeborg Bachmann überhaupt. Bis 1974 gibt es sechs Auflagen mit insgesamt
22 000 Exemplaren. 1957 folgt die Neuausgabe des Erst-
lings *Die gestundete Zeit,* den der Piper Verlag übernommen hat. Auch dieser Gedichtband erreicht sechs Auflagen
mit insgesamt 18 000 Exemplaren. 1958 erscheint – ein
weiterer durchschlagender Erfolg bei Literaturkritik und
Öffentlichkeit – die Buchausgabe des vielfach preisgekrönten Hörspiels *Der gute Gott von Manhattan.* Es erreicht
in der Originalausgabe vier Auflagen mit 36 000 Exemplaren. Innerhalb weniger Jahre hat Bachmann den Gipfel
ihres literarischen Ruhms erreicht.

Es folgt eine Zäsur von drei Jahren, in denen sie den Gattungswechsel zur Prosa vorbereitet; mit vielen Hemmnissen, wie in der Korrespondenz mit Verleger und Lektorat nachzulesen. *Das dreißigste Jahr,* eine Sammlung von sieben Erzählungen, erscheint, obwohl bereits für 1959 angekündigt, erst im Frühjahrsprogramm 1961. Die Kritik nimmt den Wechsel der Lyrikerin zur Prosa verständnislos, ja ungnädig auf. Der Verkaufserfolg jedoch ist eindeutig, ebenso eindeutig wie die Unterstützung durch Verleger und Lektor in dieser Phase eines ersten Rückschlags.

Nach dem Erscheinen des ersten Prosabands beginnt in der Beziehung zwischen Autorin und Verlag eine Durststrecke von mehr als zehn Jahren. Der Verlag hält Bachmanns bisher erschienenes Werk zwar durch Neuauflagen, Sonder-, Auswahl- und Lizenzausgaben auf dem Buchmarkt präsent; auf ein neues Buch jedoch wartet er und mit ihm die literarische Öffentlichkeit vergebens. Die seit Ende der fünfziger Jahre virulenten Romanpläne, die ab 1963 im *Todesarten*-Projekt konkretere Gestalt annehmen, kommen nur langsam voran. Der Verlag sichert sich die Option für beide und unterstützt die Arbeit daran mit Vorauszahlungen in beträchtlicher Höhe. Bachmann jedoch zögert, den von Piper im März 1966 vorgeschlagenen neuen Vertrag zu unterschreiben, obwohl die Vertragsbedingungen für sie günstig sind und ihrem hohen literarischen Ansehen durchaus Rechnung tragen.

Im März 1967 entschließt sich Bachmann, die Zusammenarbeit mit dem Piper Verlag aufzukündigen. Auslöser ist die Übersetzung von Anna Achmatowas *Requiem,* mit der der Verlag den ehemaligen Nazipoeten Hans Baumann beauftragt hat. Obwohl der Verleger von der Publikation dieser Übersetzung nach dem Einspruch Bachmanns letztlich Abstand nimmt, sieht sie ihre latenten Vorbehalte gegen die Pipersche Verlagspolitik während der NS-Zeit und der unmittelbaren Nachkriegszeit bestätigt. Bedenken gegen das Festhalten an dem während der Nazizeit höchst erfolgreichen Hausautor Bruno Brehm auch nach 1945 haben die Beziehung Bachmanns zum Piper Verlag von Anfang an begleitet.

Erstausgabe von 1958

Im April 1967 kündigt sie ihren Vertrag mit dem aus ihren Verpflichtungen gegenüber dem Verlag resultierenden Zugeständnis, ihm ein weiteres Prosawerk anzubieten – nicht jedoch den seit langem angekündigten und erwarteten Roman, in den der Verlag seit Jahren hoch investiert hat. Eingelöst wird dieses Versprechen 1972 mit *Simultan. Neue Erzählungen*. Das Buch erreicht bis zu Bachmanns Tod 1973 zwei Auflagen mit 30 000 Exemplaren. *Malina*, Zentrum des Romanprojekts, den ersten und einzigen zu Lebzeiten der Autorin vollendeten Teil daraus, publiziert sie 1971 im Suhrkamp Verlag.

Nach Ingeborg Bachmanns Tod (1973) pflegt der Piper Verlag ihr Werk weiter. 1978 erscheinen dort die vierbändige Ausgabe der *Werke*[3] und später zahlreiche nachgelassene Schriften. Sie entstehen zum Teil unter erheblichen editorischen Anstrengungen und sorgen für Aufsehen unter Kritikern und Wissenschaftlern. Die Publikation des mehrbändigen *Todesarten*-Zyklus (1995) etwa, zu dem unter anderem die schon in der Werkausgabe enthaltenen Titel *Requiem für Fanny Goldmann* und *Der Fall Franza* zählen, führt unter Germanisten zu erbitterten Debatten über die Belegbarkeit der Textzusammenstellung. 1999 erscheinen zu Lebzeiten Bachmanns ungedruckt gebliebene *Römische Reportagen,* die sie in den fünfziger Jahren für Radio Bremen und die *Westdeutsche Allgemeine Zeitung* geschrieben hat. 2001 entschließen sich Ingeborg Bachmanns Geschwister Isolde Moser und Heinz Bachmann zur Publikation bisher unveröffentlichter Gedichte und Gedichtfragmente, darunter auch Vorstufen bereits bekannter Texte. Die heftige Feuilletondebatte, die dieser Band auslöst, aber auch die Verkaufszahlen belegen eindrucksvoll, wie lebendig Ingeborg Bachmanns Werk im deutschsprachigen Raum nach wie vor ist.

Noch unveröffentlicht sind auch Bachmanns Briefe, mit Ausnahme des Briefwechsels mit dem langjährigen Freund, dem Komponisten Hans Werner Henze, der 2004 erscheint.

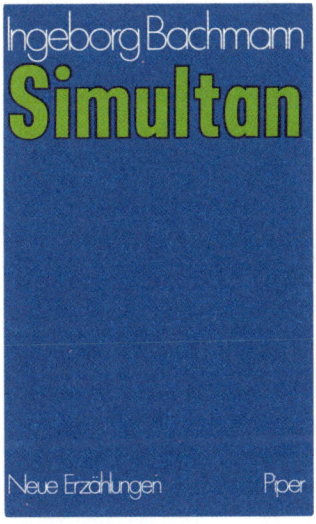

Erstausgabe von 1972

Denn ich habe zu schreiben. Ingeborg Bachmanns Professionalität

Hinter diesen Fakten öffnet sich, belegt durch eine umfangreiche Verlagskorrespondenz, der Blick auf eine außergewöhnlich intensive Autorenbeziehung. Sie greift – besonders in der Phase der Auseinandersetzungen um das Romanprojekt – in Selbstverständnis und Strukturen des Verlags tief ein. Als Akteure beteiligt sind außer dem Verleger Klaus Piper vor allem Reinhard Baumgart, bis 1962 der für Ingeborg Bachmann zuständige Lektor, sowie seine Nachfolger Otto F. Best und Walter Fritzsche, des weiteren Verlagsleiter Hans Rössner.

Thema Nummer eins der Beziehung ist der Produktions- und Vermittlungsprozeß von Bachmanns Büchern. Schon bei der Neuausgabe der *Gestundeten Zeit* zeichnet sich ab, was zum Erkennungsmal der Verlagsarbeit mit Ingeborg Bachmann wird: ihre hochgradige Professionalität.

»Sanft im Ton, aber hart in der Sache«, so charakterisiert Rössner Bachmanns Haltung. Sie wirkt mit an allem, was von Belang sein könnte für ihre öffentliche Wahrnehmung als Schriftstellerin und die Publikation ihrer Texte: seien es Titelformulierung, Klappentext oder Umschlaggestaltung, Schrift und Satz der Gedichte, Pressearbeit oder Buchpräsentationen, Sonderveröffentlichungen, Sprechplatten, Übersetzungen, das immer wieder diskutierte Thema der Auslandslizenzen oder die Auflagen- und Absatzzahlen, besonders in ihrer Heimat Österreich. Ingeborg Bachmann will genau informiert sein und mischt sich ein. Die ihr oft nachgesagte Attitüde der »hilflosen Dichterin« bestätigt sich in dieser ersten Phase der Zusammenarbeit mit dem Verlag nicht. Erkennbar ist vielmehr ein genauer, ernsthafter und sehr sachlicher Umgang mit allen Fragen des Publizierens. Alles Persönliche bleibt – bis auf knappste, dezenteste Sachmitteilung – ausgespart. Von Anfang an ist spürbar, wie sehr das Schreiben und Publizieren im Zentrum von Bachmanns Existenz stehen, gemäß ihrem Lebensmotto: »Denn ich habe zu schreiben.«

Die Facit-Reiseschreibmaschine von Ingeborg Bachmann

Regen Anteil nimmt die Autorin am Verlagsgeschehen, beteiligt sich daran mit der Empfehlung von Autoren, Büchern, Übersetzungen. Daß italienische Literatur später zum Programmschwerpunkt bei Piper wird, mag auch in der spezifischen Kompetenz der bald ganz in Italien ansässigen Autorin begründet sein. Immer wieder holt der Verleger ihre Meinung zu verschiedenen Verlagsprojekten ein und fordert sie zur Mitarbeit auf. Im Zentrum aber steht die Arbeit an Bachmanns eigenen Manuskripten. Ihre Gedichte hat sie stets in druckreifer Fassung vorgelegt. Bei der Prosa aber zählt sie auf die Kompetenz des Lektorats – in intensiven Arbeitsprozessen, die die Beteiligten bis zum Äußersten fordern. Für die einen verwirklicht sich hier der Traum von kreativer Autorenbetreuung, für andere, vor allem im Bereich von Herstellung und Pressearbeit, artet er gelegentlich zum Alptraum aus, wie der folgende Herstellerbrief, einer von vielen, ahnen läßt:

> Sehr verehrtes Frl. Dr. Bachmann! Am 13. II. sandten Sie uns ein Telegramm mit den lieblichsten Auspizien auf Ihr Manuskript, das – dem Telegramm zufolge – am 14. II. mit Express abgehen sollte. Es ist bis heute nicht eingetroffen. Als leidgeprüfter Hersteller darf ich Ihnen sagen, dass, wenn wir Ihnen weitere Zeit stunden, der Erscheinungstermin wirklich ernstlich gefährdet ist.[4]

Bald werden mit den wachsenden Skrupeln und Hemmungen der Autorin im Schreibprozeß auch die Belastungen sichtbar, denen diese Beziehung ausgesetzt ist. Die Bachmann besteht auf intensiver eigener Auseinandersetzung mit ihren Texten, die ihr – beispielhaft bei der Neuausgabe der *Gestundeten Zeit* – erst in langwierigen Prozessen schmerzlicher Wiederbegegnung befriedigend gelingt. Diese Skrupel schlagen sich nieder in immer größeren Schwierigkeiten mit Termin- wie Lebensplanung. In der Verlagsarbeit wirken sie retardierend auf die Fertigstellung von Manuskripten und Korrekturen, auf die Verabredung von Presseterminen, Lesereisen, Fernseh-, Funk- und Schallplattenaufnahmen, aber auch auf Arbeitsbesprechun-

gen mit Verleger und Lektoren. Die Effizienz der Piperschen Publikationsstrategien wird so immer wieder gefährdet.

Prosa-Rückschläge. Die Arbeit am Romanprojekt

Im Mai 1958 hockten Ingeborg Bachmann und ich Abende
und halbe Nächte lang in ihrem Appartment hoch über
einem Hinterhof in der Münchener Franz-Joseph-Straße, um
das Hörspiel Der Gute Gott von Manhattan für den Druck
zu redigieren. Man hätte das sicher auch kürzer und nüchter-
ner erledigen können, doch sie liebte dieses gemeinsame
Überlegen, Abwägen, Entscheiden über noch nicht endgültige Textstellen, das Autoren sonst eher scheuen. Draußen war
Nacht und Mai, die Luft schwül und schwer, um uns rauschte
der Gesang der Maria Callas, von der ich bis dahin nicht einmal den Namen gehört hatte, die Wahnsinnsarie aus Lucia di
Lammermoor, immer wieder, und wir beide beugten uns
über die Fahnen eines auch ekstatischen, auch verrückten,
entrückten Textes, der einen Fall von weltaufsprengender,
weltverneinender, unsäglicher Liebe erzählt.
Genau dieses Unsägliche aber sollte so genau wie möglich in
Sprache gebracht werden, und dafür brauchte die Bachmann
offenbar die Situation des Dialogs, das begeisterte Gespräch
zweier Stimmen, die einen Text zum letzten Mal auf seine
Gültigkeit, Endgültigkeit prüfen. Ihr Text war es zwar, aber
von ihr doch schon so abgerückt, abgetrennt, daß sie auf Änderungsvorschläge nicht mehr empfindlich reagierte, wie die
meisten Autoren – auch ich. Im Gegenteil: gerade dieses gemeinsame Ringen um den endgültigen Text schien sie zu begeistern. [...]
Diese schöne, heikle Spannung löste sich auch nicht, als wir
fast zwei Jahre an den Texten ihres ersten Erzählungsbands
»Das dreißigste Jahr« arbeiteten. Zu ihrer Heimlichkeitsstrate-
gie gehörte, daß sie mir nie gestand, wie oft sie sich in ihrer
Jugend schon versucht hatte an Erzählprojekten. Nein, ich
sollte und mußte glauben, daß sie, die souveräne Lyrikerin –
nie hätte sie einen Lektor für ihre Gedichte gebraucht, die waren immer druckfertig – daß sie vor meinen Augen die ersten
Gehversuche im Erzählen wagte. Und also auch wagte, mir

vollkommen unfertige Versionen ihrer gewagtesten Geschichten wie Ein Wildermuth oder Ein Schritt nach Gomorrha vorzulegen, um im Dialog mit mir Schritt für Schritt, Änderungsvorschläge aufnehmend oder verwerfend, eine Endfassung zu erarbeiten.[5]

»Die Arbeit an der Prosa«, das geben Bachmanns knappe Sachmitteilungen aus diesen Jahren immer wieder zu verstehen, »geht doch sehr langsam voran, die ersten Rückschläge kommen.«[6]

Mehrfach muß das Erscheinen des für Herbst 1959 vorgesehenen und bereits angekündigten Prosabands *Das dreißigste Jahr* verschoben, müssen alle Terminplanungen wieder gestoppt, die Reisepläne der Verlagsvertreter zurückgenommen werden. Extremer noch wird ab 1963 die Zusammenarbeit für das Romanprojekt. Jetzt, bei der Vorbereitung des ersten Erzählbands, steht an vorderster Front Lektor Reinhard Baumgart im Kampf gegen kreativitätshemmende Skrupel und »writer's block«:

Ohne Stockungen konnte es ja bei diesen Versuchen auf einem neuen Feld nicht abgehen. Halten Sie es mir zugute, dass ich trotzdem sehr optimistisch bin. Wie ich hoffe, mit gutem Grund, denn ich kenne ja eine Erzählung von Ihnen, die Sie inzwischen vollkommen verworfen haben, und die mir doch seitdem nachgeht, auch wenn sie noch im Detail keine Gültigkeit erlangt hatte. Wie werden also erst die Erzählungen aussehen, mit denen Sie diese endgültige Form erreicht zu haben glauben?[7]

Erstausgabe von 1961

Um was genau es sich bei dem geplanten Band mit Erzählungen handelt, das weiß zu diesem Zeitpunkt im Verlag niemand: »Der Titel ist also bisher das einzige, was wir von dem ganzen Buch kennen. Bis jetzt hat es noch kein Autor verstanden, mich so außer Atem zu halten.«[8]

Als das Buch nach einem Lektorierungsprozeß, von dessen Intensität und Sorgfalt Lektoren unter den Produktionsbedingungen des neuen Jahrtausends nur träumen können, 1961 endlich da ist, zeigen sich Autorin und Lektor sehr erleichtert:

Bei mir löst sich jetzt ein großes, von Akten, Fahnen und Entwürfen angeschwollenes Fach »Das dreißigste Jahr« auf mit lauter überlebten Sorgen. Für Sie ist es mehr, was mit dieser Publikation zu Ende geht. Noch erinnere ich genau diesen Vormittag in dem Zürcher Hotel, als für mich mit der Lektüre von ALLES die Geschichte dieses Buches begann, vor gut zwei Jahren. [...] Überlassen wir also jetzt das Kind der Welt. Ich habe keine Bange darum.[9]

Am selben Tag hält Bachmann in Rom das erste Exemplar des neuen Buches in Händen. Sie hatte der Veröffentlichung bis zuletzt mit den allergrößten Zweifeln gegenüber der Qualität der sieben Erzählungen und dem Erscheinungsbild des Buchs entgegengesehen. Auch sie wirkt nun spürbar erleichtert:

Das Buch ist wunderschön, der Autor ist tief zufrieden und dankbar gestimmt. Das Buch soll so bleiben; Inhaltsverzeichnis hinten, Anmerkung hinten, alles soll so bleiben – und *so* bleibt mir nichts weiter zu tun, als Ihnen noch einmal und noch einmal zu danken für Ihren Beistand und alle großen und kleinen Hilfen aus langen Jahren![10]

Der Euphorie nach glücklicher Geburt folgt bald die postnatale Depression. Die Enttäuschung über die ablehnende Haltung der Literaturkritik mag das ihre dazu beigetragen haben: Kein einziger renommierter Kritiker äußert sich zu dem von der literarischen Öffentlichkeit mit solcher Spannung erwarteten Buch, keine einzige Besprechung ist durchweg positiv. Es überwiegen – so Bachmann – die »Damenkritiken«, womit ihr das Buch abgewertet, weil in die »Frauenecke« abgeschoben erscheint – Anfang der sechziger Jahre eine für das literarische Renommee in der Tat tote Ecke. Die Rezeption als Vermächtnis der »Frauenliteratur« hat die Wirkung von Bachmanns Prosa – zunächst jedenfalls – mehr beschnitten als gefördert; das weist Sigrid Weigel in ihrer Bachmann-Monographie überzeugend nach. Ihre These, daß die Kritikerdiagnose vom Fall der »poeta assoluta der Gruppe 47« in die Niederungen der Prosa einer grundsätzlichen Abwehr gegenüber der weiblichen Intellektuellen Bachmann entspringt,[11] wird durch die Entwicklung bestätigt, die die Verlagsbeziehung in dieser Phase nimmt.

Die Auseinandersetzung mit einem »Denken nach Auschwitz«, die Ingeborg Bachmann im *Todesarten*-Projekt aufnimmt, das nun in den Vordergrund ihres Schreibens rückt, bleibt auch für die Verlagsbeziehung nicht ohne Folgen. Zwar tun Verleger und Lektoren alles, um die Autorin in dieser schwierigen Phase intellektuell, emotional und finanziell zu stützen. Doch ihre seit längerem spürbare Unzufriedenheit mit dem Verlag nimmt zu. Das äußert sich vordergründig in dem sich wiederholenden Vorwurf, es werde dort »zu wenig getan für sie«. Dahinter sind tiefergreifende Ursachen zu vermuten.

Die Hemmungen und Verzögerungen, denen Bachmann in der Arbeit an ihrem Romanprojekt ausgesetzt ist, drohen sie auch im Literaturbetrieb ins Abseits zu manövrieren. Andererseits leistet sie diesem Prozeß Vorschub, indem sie

Ingeborg Bachmann in Rom, um 1968

sich der literarischen Öffentlichkeit, zu der sie ohnehin ein ambivalentes Verhältnis pflegt, bewußt immer mehr entzieht, mit wechselnden Wohnsitzen und Aufenthaltsorten, wohin sie für Wochen und Monate einfach verschwindet.[12]

Es ist nicht zu leugnen, daß Bachmanns Tendenz zum Rückzug und die nun einsetzende Unzuverlässigkeit in Terminfragen der öffentlichen Präsenz ihres Werks abträglich sind. Und das ausgerechnet zu einem Zeitpunkt, als sich neue Erzähl- und Sprachtalente wie Günter Grass, Uwe Johnson, Hans Magnus Enzensberger mit geballter Medienmacht zu Wort melden, während sie – belastet vom eigenen sprachkritischen Anspruch, von der Auseinandersetzung mit der NS-Vergangenheit der deutsch-österreichischen Literatur und ganz konkret immer mehr auch von Krankheit und finanziellen Engpässen – mit ihrem eigenen Erzählprojekt kämpft. Die Bemühungen des Verlags um die öffentliche Wahrnehmung und Anerkennung von Werk und Autorin und um ihre finanzielle Sicherung können diese Schieflage nicht ausgleichen. Es fehlt eine Neuerscheinung, es fehlt der seit langem angekündigte Roman.

»Vermischte Zustände«. Die Trennung

Die Situation verschärft sich mit dem gesellschaftlichen Politisierungsprozeß seit Beginn der sechziger Jahre, an dessen Diskursen Bachmann als kritisch-intellektuelle Zeitgenossin und als Autorin aktiv teilhat. In der Verlagskorrespondenz ist nachzulesen, wie dieser Prozeß die für Bachmann von Anfang an latent vorhandene Frage nach dem Standort des Piper Verlags in dieser gesellschaftlichen Entwicklung, nach seiner Vergangenheit und dem persönlichen Standpunkt des Verlegers aktualisiert.

Mit Befremden hatte Bachmann von Anfang an auf die nach 1945 weiterbestehende Beziehung des Verlags zu Bruno Brehm reagiert, Reinhard Pipers Hausautor aus der NS-Zeit. Schon vor Vertragsabschluß erkundigt sie sich bei Wolfgang Hildesheimer nach Brehms Beziehung zum

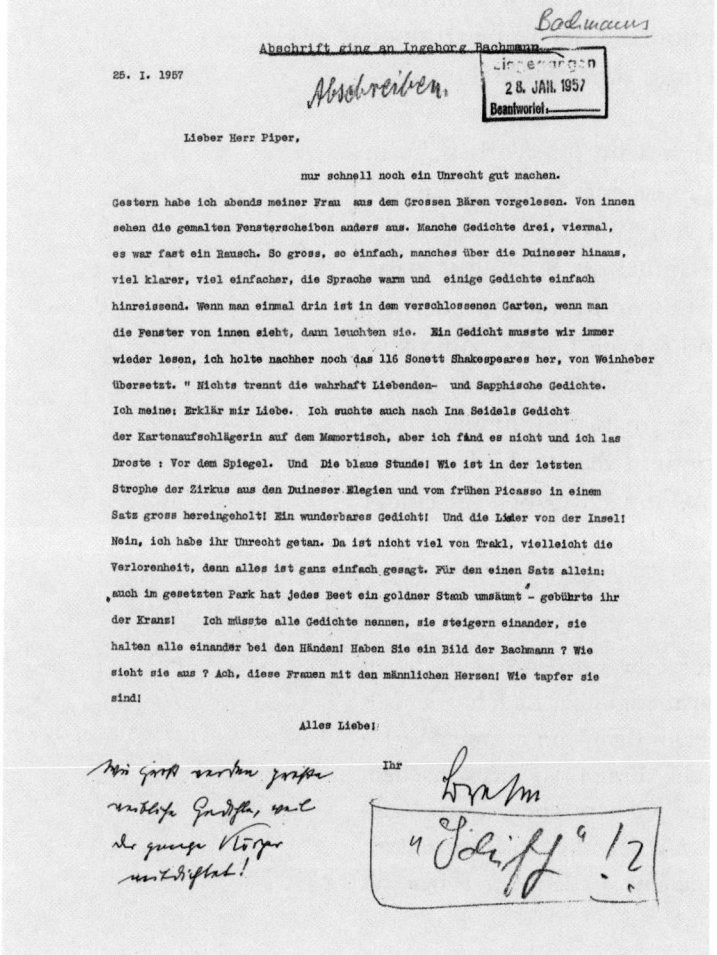

Bruno Brehm am 25. 1. 1957 an Klaus Piper (mit Abschrift an Ingeborg Bachmann). Der handschriftliche Zusatz des Autors unten links lautet: Wie groß werden große weibliche Gedichte, weil der ganze Körper mitdichtet! [14]

Piper Verlag und stellt nach dessen Antwort fest: »Das Fatale ist, daß Piper – der mit seiner Frau im Rom war, vor meiner Abreise in die United Iceteas – wirklich kein Nazi ist, und *diese vermischten Zustände* machen es am allerschwersten für einen.«[13]

Wie berechtigt Bachmanns Vorbehalte sind, zeigt ein Brief Brehms an Klaus Piper vom Januar 1957, den dieser an die Autorin weitergibt. Brehm, der die Lyrik der Bachmann ursprünglich völlig abgelehnt, ja abgewertet hatte, tut ihr nach Lektüre der *Anrufung des Großen Bären* nun Abbitte – in einem Ton, dessen Überheblichkeit und chauvinistische Ignoranz zum Beleg werden für die in der

Nachkriegszeit fortbestehenden Denk- und Wertnormen der national grundierten Reaktion, die sich unbeirrt noch immer für die legitime Vertretung abendländischen Geistes hält.

Bestätigt findet Ingeborg Bachmann ihre Vorbehalte in der hochpolitisierten, durch die eigene Schreibkrise zusätzlich verschärften Situation von 1967 im Fall der Achmatowa-Übersetzung Hans Baumanns. Sie selbst hatte Piper Anna Achmatowas Gedichtband *Requiem* wiederholt zur Publikation empfohlen und für die Übersetzung keinen Geringeren als Paul Celan vorgeschlagen. Statt dessen sieht sie sich nun mit der des vormals prominenten NS-Jungdichters Baumann konfrontiert, die der Verlag vorab in einem Sonderdruck als Weihnachtsgabe verschickt hatte. Vehement wendet sich die Bachmann gegen dieses Projekt,

> des Hauses Piper wegen, vieler seiner Autoren wegen, denen diese Nachbarschaft einfach nicht zumutbar ist. Ich jedenfalls empfinde den Gedanken, mit Hans Baumann in einem Verlag zu sein, als unerträglich. [...] Sie dürfen das nicht machen, und ich darf es nicht dulden, dass Sie es machen, denn es gibt doch ein paar wichtige Dinge, von denen eines Integrität ist, und es kann keine so verschiedene Bedeutung haben für einen Verleger und einen Autor.[15]

Bachmann geht in ihrem Schreiben ganz offensichtlich davon aus, daß es sich bei der Wahl des Übersetzers um eine Art »Unfall«, eine aus politischer Instinktlosigkeit herrührende und deshalb reversible Ungeschicklichkeit handelt. Doch sowohl Piper als auch Lektor Otto F. Best verteidigen ihre Entscheidung in persönlichen Gesprächen und mehreren ausführlichen Briefen wort- und argumentationsreich. Best führt für die Person Baumanns das Argument des »Rufmords« ins Feld, der Verleger für die Qualität der Übersetzung, die die Bachmann zusätzlich in Frage stellte, mehrere Kronzeugen, darunter solche über jeden Zweifel erhabene literarische und Kritikergrößen wie Helmut Heißenbüttel und Marcel Reich-Ranicki.

Was die von Piper so genannte »politisch-moralische« Dimension der Auseinandersetzung angeht, so beruft er sich in einem neunseitigen Brief auf seine eigene politische Integrität. Dort heißt es unter anderem:

> Schließlich darf ich, in aller Bescheidenheit […] auch auf den Verleger zu sprechen kommen, der damals den Plan faßte und der mit seinem Namen die Erscheinungen des Piper-Verlags zu verantworten hat. Gert Kalow schrieb mir erst kürzlich, daß der Piper-Verlag heute politisch unter den deutschen Verlagen an erster Stelle stehe. Das ist natürlich eine Anerkennung, die mich freut. Seit meiner Gymnasiastenzeit wurde mir die Unerläßlichkeit des Politischen existentiell wichtig. Mein Ausgangspunkt war, im Gegensatz zu dem Baumanns z. B. allerdings günstig. Das habe ich schon dem ersten amerikanischen Vernehmungsoffizier 1945 klar zu machen versucht: Baumann war in kleinbürgerlichem Haus, in einer beschränkten Welt aufgewachsen. Für ein Kind Reinhard Pipers war es sozusagen physisch unmöglich der Nazi-Illusion oder -verführung zu verfallen. Aber natürlich waren viele Menschen aus »kleinen Verhältnissen« nie in die Nähe der NS-Partei geraten, und umgekehrt viele, die aus weltläufigeren Verhältnissen kamen, sind trotzdem Mitläufer geworden oder mehr. Aber der Ausgangspunkt, – das ist schon eine schwerwiegende Sache im Leben jedes Menschen.
>
> Was ich sagen will: ganz gleichgültig ist es vielleicht nicht, welcher Verleger Hans Baumann als Übersetzer für die Achmatowa akzeptiert hat.
>
> Die politisch-moralische Bewährung als Verleger habe ich seit dreissig Jahren vor aller Öffentlichkeit erlangt. Es ist mir nicht unangenehm, feststellen zu können, daß meines Wissens in keinem der Piper-Bücher (von 1933–1944 – zum Produktionsende) das Wort »Adolf Hitler« oder der »Führer« vorgekommen ist. […]
>
> Der Piper Verlag stellt sich in den Dienst keines Autors, der Vergangenes vertuscht, der die Menschen durch Lügen und Illusionen verführt, der gegen Freiheit und Menschenwürde wirkt.[16]

Der Brief schließt mit der Bitte an das »liebe, verehrte Fräulein Dr. Bachmann«, wie Piper die zu diesem Zeit-

punkt immerhin vierzigjährige charismatische Autorin –
dem Stil der Zeit entsprechend – immer noch anspricht,
ihre Haltung zu überdenken und zu revidieren. Diese Erwartung allerdings erweist sich als so wenig realitätsnah
wie die Anredeformel. Die Bachmann antwortet:

> Meinen Brief kann ich nicht revidieren, Vorurteile hatte ich
> keine, und mein Urteil resultiert aus eben den Informatio-
> nen, die Sie auch haben, und der Lektüre der Uebersetzung.
> Nicht Herr Baumann, sondern der Verlag macht mich seit
> Wochen krank. Die Bereitschaft, sich mit einer schlechten
> Uebersetzung und einem deutschen Lebenslauf, und dies auf
> Kosten der Achmatowa, abzufinden, also mit etwas viel auf
> ein Mal, ist mir schon unbegreiflich. Mehr noch: dass Sie in
> Ihrem Brief diesen Entschluß mit Argumenten stützen und
> Töne in Ihrem Plädoyer finden, die ich nie erwartet hätte.
> Dass im Jahre 1967 solche Briefe gewechselt werden, das
> kommt mir gespenstisch vor. [...] Eine unerlässliche Voraus-
> setzung für eine weitere Zusammenarbeit und das Vertrauen
> sind nicht mehr da.[17]

Für Bachmann zählt – jenseits durchaus möglichen sub-
jektiven Verständnisses – die objektive Unverträglichkeit
zwischen der Sprache Anna Achmatowas, in der sie die
Kronzeugin der Belagerung von Leningrad sieht, und der
Baumanns. Daß Baumann sich – für viele überzeugend –
von seiner Vergangenheit distanziert und in den sechziger
Jahren als Jugendschriftsteller international erfolgreich ist,
daß er sich – mit ausdrücklicher Zustimmung russischer
Autoren – als Übersetzer aus dem Russischen einen Namen gemacht hat, Fakten, die die Entscheidung des Verlags
mit begründen – all das zählt für Bachmann nicht. Sie
kündigt ihr Vertragsverhältnis mit dem Piper Verlag.

Dieser zieht daraufhin die Achmatowa-Übersetzung zurück, obwohl sie bereits gedruckt und gebunden ist. Der
Verlag Langewiesche-Brandt kauft den Bestand auf und
bringt ihn unter neuem Titel im Herbst des Jahres auf den
Markt.

Autorin und Verlag verkehren einige Monate lang per
Anwalt, Vermittlungsversuche von außen scheitern. Piper

besteht auf seinem Vertragsrecht an Bachmanns Romanprojekt, in das der Verlag – weitgehend in Unkenntnis von
Inhalten, Umfang, Zeitplan – seit Jahren investiert hat.
Noch im Februar des Jahres 1967 hat der Verleger seiner
Autorin alle Freiheit und Unverbindlichkeit für den Fortgang des Buchprojekts zugestanden: »Wir respektieren wie
stets, dass Sie keine nähere, keine ›verbindliche‹ Auskunft
geben wollen.«[18]

Es zeichnet sich nun bereits ab, daß daraus wohl ein Zy-
klus entsteht, der die Autorin noch lange beschäftigen
wird. Für das sich herausbildende erste Teilprojekt mit dem
Arbeitstitel *Todesarten*, aus dem dann der *Malina*-Roman
entsteht, hat der Piper Verlag die Option, und darauf besteht Piper in der nun folgenden Auseinandersetzung. Die
Autorin jedoch will dieses Langzeit-Roman- und Lebens-
arbeits-Projekt, das mittlerweile auch für andere Verlage
zum Objekt der Begierde geworden ist, mit in die neue
Freiheit nehmen. Doch sie ist durch ihre vertraglichen
Verpflichtungen gegenüber Piper gebunden.

Nach einer zweijährigen Kommunikationspause gelingt
es Rössner, der weiterhin das persönliche Vertrauen Bachmanns hat, verlagsintern zu vermitteln. In einem sehr offenen Brief an Piper weist er darauf hin, welche fatale
öffentliche Signalwirkung eine juristische Auseinandersetzung um die Rechte an Bachmanns Romanprojekt im
Zusammenhang mit Baumanns Achmatowa-Übersetzung
zu diesem Zeitpunkt – 1970 – hätte. Die Tabuierung der
NS-Vergangenheit durch die Vätergeneration gehört immerhin zu den zentralen Themen der Studentenbewegung. Rössner verweist auch auf persönliche Trennungs-
motive Bachmanns in ihrem ambivalenten Verhältnis zum
Verleger. Piper, wie immer darum besorgt, sich gegenüber
den Verlagsmitarbeitern loyal zu verhalten, gibt schließlich
nach und macht so – ohne daß dies vorauszusehen war –
den Weg frei für die spätere erneute Zusammenarbeit am
Werk seiner großen, wenn auch schwierigen Autorin.

Daß sich hinter Rössners Argumentation, der Begründung von Bachmanns Kündigungswunsch primär aus der
persönlichen Autor-Verleger-Beziehung, möglicherweise

andere, die Vergangenheit des Verlagsleiters selbst betreffende Interessen verbergen könnten, das wird erst eine ganze Generation später bekannt. Die Vorbehalte, die Ingeborg Bachmann gegen das NS-Erbe »vermischter Zustände« im deutsch-österreichischen Verlagswesen hatte, sie, die nicht wissen konnte, wem sie und andere Verlagsautoren ihr Vertrauen schenkten, bestätigen sich auch für ihren eigenen Verlag.

Die Achmatowa-Affäre im Kontext. Versuch eines Fazits

Die Achmatowa-Affäre selbst sollte im Konflikt um die Trennung Bachmanns vom Piper Verlag nicht überbewertet werden; sie ist – bei aller damals verdeckten politischen Brisanz – wohl nicht mehr als ein Auslöser für ohnehin zu bereinigende Verhältnisse.

Bachmanns Unzufriedenheit mit dem Piper Verlag setzt weit früher ein, schon Anfang der sechziger Jahre, und ihr zeitlicher Zusammenhang mit einer Schreib- und Lebenskrise der Autorin ist evident. Zudem wird die »poeta assoluta« der deutschen Nachkriegsliteratur seit dem Erfolg ihrer Lyrikbände auch von anderen Verlagen heftig umworben, darunter auch dem Hause Suhrkamp. Beim Blick zurück fragt man sich ohnehin, warum diese Verlage, die sich der Vertretung der literarischen Moderne weit extensiver verschrieben hatten als Piper und die der »Gruppe 47«, dem bevorzugten Forum Bachmanns bis 1962, durch intensivere Kontakte verbunden waren – warum sie den aufgehenden Stern am Literaturhimmel nicht schon damals ans eigene Haus banden. Siegfried Unseld jedenfalls kannte Bachmann nachweislich seit 1955, als sich beide gleichzeitig an der Harvard Summer School aufhielten.[19] Seither standen beide in kontinuierlichem Kontakt und Austausch. Unseld vermittelte der Bachmann 1959 die erste der später so berühmt gewordenen Poetikvorlesungen an der Universität Frankfurt. Bei den Tagungen der »Gruppe 47« begegnete man sich regelmäßig. Bachmann bezeichnet Unseld gegenüber Piper als Freund und Berater. Bei der Auseinandersetzung um die Vertragsauflösung hätte sie ihn gern als Vermittler gesehen.

Daß Ingeborg Bachmann mit ihrem Romanprojekt zu Suhrkamp wechselt, erscheint 1966/67 vom literarischen Kontext her plausibel, auch wenn der Verlag Max Frischs nach der traumatischen Trennung für sie wohl lange eine Art verbotenes Terrain gewesen sein dürfte. So großzügig Piper das Projekt auch vorfinanziert hatte, so sorgfältig es auch literarisch betreut wurde: Was das literarische Umfeld der deutschsprachigen Gegenwartsliteratur angeht, steht Bachmanns Werk bei Piper isoliert. Bei Suhrkamp dagegen ergänzt es das ganz auf die Literatur der Moderne ausgerichtete Programm aufs beste, Bachmanns literarischer Rang entspricht dem der hier führenden Verlagsautoren.

Bei Piper aber gibt es nach dem Weggang von Lektor Baumgart offenbar keinen adäquaten Adressaten mehr für sie. Im Briefwechsel um die Achmatowa-Übersetzung wird deutlich, daß der großbürgerliche, wertkonservative Verleger Piper und die kritisch-intellektuelle Schriftstellerin Bachmann seit Mitte der sechziger Jahre in verschiedenen Bewußtseinswelten leben und sehr unterschiedliche Sprachen sprechen. Daß die Haltung des Verlegers in diesem Konflikt auch von Loyalität gegenüber seinen Mitarbeitern bestimmt ist, das nimmt Bachmann erst im nachhinein wahr.

So gilt noch immer, was Unseld 1981 in der Festschrift für Klaus Piper leicht kryptisch formuliert und worüber zu sprechen er sich zeitlebens nicht bereit gezeigt hat: »Ja. Dies Kapitel der Verlagsgeschichte zu schreiben, das Ingeborg Bachmanns Beziehung zum Piper Verlag zum Thema hätte, wäre wohl spannend, doch nicht ohne Diffizilitäten, wir wissen es.«[20]

VON LEOPARD, SCHAKAL UND ANDEREN GROSSEN TIEREN
Das internationale Literaturprogramm

»Ich wünschte dem Piper-Programm eine internationale Ausrichtung zu geben«,[1] so lapidar begründet Klaus Piper die Bemühungen um ein Programm zeitgenössischer ausländischer Literatur. Mit diesen Bemühungen steht er nicht allein. Die Erweiterung der Programme auf internationale Literatur gehört in der Aufbauperiode des Buchmarkts nach 1945 zu den gängigen Marktstrategien deutschsprachiger belletristischer Verlage. Und sie haben Erfolg. Zum einen, weil der ohnehin überschaubare Fundus deutschsprachiger Gegenwartsliteratur durchweg in festen Verlegerhänden ist und die steigende Nachfrage nach Zuwachs von außen verlangt. Zum anderen, weil der deutsche Nachholbedarf an Welthaltigkeit nach zwölf Jahren NS-Ideologie sich nicht nur in Reiseneugier auf die Länder jenseits der Landesgrenzen niederschlägt, sondern auch in einem ausgeprägten Interesse an ausländischer Literatur.

Mit ihr waren die deutschen Leser nach 1945 durch die Reeducation-Programme der Besatzungsmächte bekannt geworden, wobei englisch- und französischsprachige Literatur naturgemäß Priorität hatte. Piper nutzt die Übersetzungsangebote der Alliierten kaum. Seit Mitte der fünfziger Jahre aber bemüht man sich planvoll um Anschluß an den internationalen Buchmarkt, zunächst mit Hilfe von Scouts. Besonders erfolgreich zum Beispiel Elli Lill für die italienische, Celina Winiewska und Almeda Glassey für die englischsprachige Literatur.

Im Mittelpunkt des internationalen Literaturprogramms steht bald die italienische Gegenwartsliteratur. Damit betritt Piper weitgehend verlegerisches Neuland: »Früh, für das deutsche Publikum zu früh«,[2] wie Reinhard Baumgart rückblickend anmerkt. Deutschland gilt zwar, schon seiner geographischen Mittellage wegen, seit jeher als klassisches Land der literarischen Übersetzungen; nirgends in der westlichen Welt ist ihr Anteil an der Buchproduktion so hoch wie hier. Italienische Literatur aber blieb in der deutschen literarischen Tradition bisher bestenfalls eine Randerscheinung. Der verzögerten politischen Entwicklungsprozesse im 19. Jahrhundert wegen hat sich die neuere italienische Nationalliteratur erst spät entfaltet.

Das ändert sich erst mit dem Ende des italienischen Faschismus. Als generationen- und formübergreifende »Literatur der Selbstbesinnung« mit »schonungslos offener nationaler Selbstkritik« bezeichnet der Wiener Romanist Hans Hinterhäuser die nun, in den unmittelbaren Nachkriegsjahren, entstehende moderne italienische Literatur.[3]

»Auf der Einlaßkarte, mit der sich das neue Italien im Nachkriegseuropa präsentierte, stand das Wort ›Neorealismus‹.«[4] Seine literarischen Hauptvertreter Elio Vittorini, Cesare Pavese, Vasco Pratolini, Italo Calvino, vorübergehend auch Alberto Moravia, dazu als römische Avantgarde Luigi Malerba und Giorgio Manganelli, propagieren den Neorealismus als neues Verhalten zur Wirklichkeit, einschließlich eines schroffen Bruchs mit allen sprachlichen Traditionen. Der Turiner Verlag Einaudi wird – aus seiner antifaschistischen Tradition heraus – zum bevorzugten Publikationsort der neuen literarischen Richtung. Nach 1950 kehren dann als »Unzeitgemäße« auch die Schriftsteller der älteren Generation auf die literarische Szene zurück. Darunter Carlo Emilio Gadda und Mario Soldati, künftige Piper-Autoren. Mit einer Welle von aufsehenerregenden Neuerscheinungen avanciert Italien innerhalb weniger Jahre vom buchfernen Land ohne Leser zum Mittelpunkt innovativer literarischer Entwicklung. Sie erweist sich als höchst anziehend auch für deutsche Leser.

Der Piper Verlag, beraten zunächst von seinen in Italien lebenden Autoren Stefan Andres und Ingeborg Bachmann und von kompetenten Übersetzern, später mehr und mehr von Scouts und Agenten, erkennt die Attraktion dieser Literatur und setzt frühzeitig auf sie – wenn auch, neben der Lyrik, zunächst auf die eher traditionellen Erzähler.

Als erstes bringt Piper 1954 Mario Soldatis *Die geheimen Gründe,* im Jahr darauf seinen Roman *Briefe aus Capri.* Zum eigentlichen Grundstein des italienischen Programms aber wird vier Jahre später Giuseppe Tomasi di Lampedusas Roman *Der Leopard* – ein Überraschungs- und Welterfolg und einer der größten Erfolge in der Piperschen Verlagsgeschichte. Als Bestseller wird sich mit ihm – viel später – ein ebenso knapper wie prägnanter Titel messen können: *Der Schakal* von Frederick Forsyth.

»Il gattopardo – Der Leopard«. Zur Geschichte eines Welterfolgs

»U gattupardu«, der Ozelot oder die Pardelkatze – so nannte die sizilianische Dienerschaft fälschlicherweise das Raubtier mit dem löwenähnlichen Haupt, das die Fürsten Lampedusa seit Jahrhunderten im Wappen führten; de facto war es nämlich ein Leopard. Den Hausherrn, Giuseppe Tomasi Fürst von Lampedusa und Herzog von Palma, einen Melancholiker und Solipsisten, aber amüsierte die Verwechslung des mächtigen Leoparden mit dem kleineren und unbedeutenderen »gattupardu«. Denn er verstand die Ironie, die in diesem vermeintlichen heraldischen Abstieg lag und den auch die lange literarische Tradition der Pardelkatze seit Bibel und Dante nicht wettzumachen vermochte, als nur zu wahren Hinweis auf das schwindende Ansehen seines eigenen Geschlechts. *Il gattopardo* nannte Tomasi denn auch seinen ersten und einzigen Roman. In den Übersetzungen jedoch steigt der »gattopardo« fast durchweg wieder auf zum »Leopard«; als solcher setzt er an zum Sprung in den Weltruhm. Der Autor erlebt den Erfolg seines Werks nicht mehr. Er stirbt, bevor das Manuskript einen Verlag findet.

Das Wappen der Fürsten von Lampedusa mit dem »Gattopardo« (Ende des 17. Jh.)

Er war ein großer, korpulenter und schweigsamer Herr; bleich und von jener grauen Blässe im Gesicht wie sie bei Südländern mit dunklem Teint vorkommt. Mit seinem akkurat zugeknöpften Mantel, seiner bis in die Augen heruntergezogenen Hutkrempe und dem Knotenstock, auf den er sich beim Gehen schwergewichtig stützte, hätte man ihn auf den ersten Blick für einen General im Ruhestand halten können [...] immer schweigsam, immer mit dem gleichen bitteren Zug um den Mund.[5]

So beschreibt Giorgio Bassani, der Entdecker des Manuskripts, eine Begegnung mit dem späteren Autor, und so beschreibt dieser auch seinen Romanhelden Don Fabrizio.

Tomasi, 1896 in Palermo geboren, wächst nach dem frühen Tod einer älteren Schwester als verhätscheltes einziges Kind in den Stadtpalästen und auf den Landgütern seiner Inselheimat auf, wo er auch die meiste Zeit seines Lebens verbringt; berufslos, in seinem Selbstverständnis so elitär wie fatalistisch, mit der Lethargie des seit 2500 Jahren politisch fremdbestimmten Sizilianers. Tomasis klassisch-humanistische Bildung ist so exzellent wie seine Sprach- und später seine Literaturkenntnisse, doch ohne konkretes Ziel. Das Jurastudium, das er auf Wunsch des Vaters in Rom beginnt, bleibt fragmentarisch, auch durch den Beginn des Ersten Weltkriegs und seine Einberufung. Ausgedehnte Reisen führen Tomasi in den zwanziger Jahren durch ganz Europa. 1932 heiratet er in Lettland die frisch geschiedene deutsch-baltische Baronin Alexandra Alice Maria Wolff-Stomersee, genannt Licy, die in der Geschichte des *Leoparden* noch eine nicht unwichtige Rolle spielen wird. Es ist eine emanzipierte, zumindest sehr unkonventionelle Ehe, die der Fürst der eigenen Familie lange verschweigt. Das Paar bleibt kinderlos.

Während des Zweiten Weltkriegs kehrt Tomasi, später gefolgt von seiner Frau, in seine Heimatstadt Palermo zurück. Ausgiebige Lektüre wird zu seiner einzigen ernsthaften Beschäftigung. Er ist damals, so der sizilianische Schriftsteller Gesualdo Bufalino, »nichts weiter als ein palermitanischer Aristokrat, der aus dem Krieg mit einer geschichtlichen Enttäuschung und dem unglücklichen Bewußtsein von der Hinfälligkeit der Zeit hervorgegangen ist [...] als eine Bombe den Palazzo seiner Familie und mit

ihm alle Bücher und teuren Erinnerungsstücke dem Erd-
boden gleichmachte; ein Aristokrat, der vom Paradies der
Literatur Ersatz für all diese verlorenen Güter verlangte.«[6]

Tomasi fängt, angeregt durch einen Freund, an, seine
Lektüreerfahrungen – von Dante bis D'Annunzio, von
Shakespeare über Stendhal und Tolstoi bis zu Joyce – in
improvisierten Vorträgen einem jugendlichen Zuhörer-
kreis mitzuteilen. Und ein Jahr später, im Herbst 1954, beginnt er, angeblich nach einer Inkubationszeit von 25 Jahren, mit der Niederschrift seines Romans.

»Der Leopard‹, das bin im Grunde ich«, soll Tomasi über
seinen Helden gesagt haben, den so sympathischen wie melancholischen palermitanischen Fürsten Fabrizio. Aus dessen Perspektive schildert der Autor den Übergang Siziliens

Der Autor Giuseppe Tomasi mit
seinem Hund Crab auf der Terrasse
des Palazzo Lampedusa, Ende der
dreißiger Jahre

von der Bourbonenherrschaft zum italienischen Einheitsstaat um 1860, einen Zeitraum von rund fünfzig Jahren.

Mit der Landung Giuseppe Garibaldis in Marsala bricht für Sizilien ein neues Zeitalter an. Das uralte Feudalsystem gerät ins Wanken. Don Fabrizios jugendliches Alter ego, sein Neffe Tancredi, verbündet sich mit der neuen Zeit, indem er sich in einer Liebesheirat mit Angelica liiert, der verführerischen Tochter eines der nun tonangebenden Emporkömmlinge, und nicht, wie standesgemäß üblich, mit einer der Töchter des sizilianischen Adels. Doch diese Liebe, symbolisch hochaufgeladene Versöhnung der politischen und Standesgegensätze, entpuppt sich bald als Schein. Der Roman endet in Untergang und Auflösung. Der Fürst stirbt, auf einer Reise, in einem schäbigen Albergo, zu schwach, noch heimzukehren auf den eigenen Besitz, die Grundlage seines Daseins. Die unverheiratet gebliebenen Töchter suchen Zuflucht in der Religion. Doch die Reliquiensammlung, auf die sie – stellvertretend – den Sinn ihrer dies- und jenseitigen Existenz nun konzentrieren, erweist sich am Ende als gefälscht, ihr Leben als nichts denn mumifizierte Erinnerung, verstaubt und mottenzerfressen wie das ausgestopfte Fell von Don Fabrizios Lieblingshund Bendicò, der am Schluß des Romans auf dem Müll landet; ein letztes, schäbiges Abbild des fürstlichen Wappentiers: »Während des Fluges vom Fenster hinunter nahm das Häufchen Fell für einen Augenblick wieder seine Form an: man hätte meinen können, in der Luft tanze ein Vierfüßer mit langem Schnurrbart – die rechte Vordertatze drohend erhoben. Dann fand alles Frieden in einem Häufchen bleichen Staubes.«

Mit dem Tod Don Fabrizios, der sich selbst als den letzten »gattopardo« versteht, ist das Ende einer Epoche unwiderruflich besiegelt, die den vergehenden Glanz des alten Europa noch einmal beschwört.

Auf Zetteln und in Heftchen, meist im palermitanischen Caffè Mazzara oder in seiner Privatbibliothek, schreibt der Fürst an seinem Roman – »pour m'amuser«, wie er, in der traditionellen Umgangssprache des europäischen Adels, seine ungewohnte Geschäftigkeit der Fürstin gegenüber gerechtfertigt und wohl auch kaschiert haben soll. Aus dieser ersten Fassung entstehen ein korrigiertes und verändertes Typoskript und eine weitere handschriftliche Fassung für den Adoptivsohn Gioacchino.

Die beiden damals führenden italienischen Verlage, an die Tomasi das Typoskript 1957 aus seiner selbstgewählten Isolation heraus und ohne Kontakte in die literarische Szene schickt, lehnen es ab; Mondadori mit einem Formbrief, Einaudi mit einer ausführlichen Begründung des Schriftstellers und Lektors Elio Vittorini, einem Vertreter des Neorealismus. Sie erreicht den Autor fünf Tage vor seinem Tod in Rom. Sein Testament zeigt, daß Tomasi die Hoffnung darauf, daß der Roman veröffentlicht wird, dennoch nicht aufgegeben hat.

Ein Jahr später gerät das Typoskript des unbekannten Sizilianers, auf den Weg gebracht von der Witwe des Autors, in die Hände des Schriftstellers Bassani. Und er erkennt die literarische Bedeutung: »Über eines war ich mir, kaum daß ich die köstlichen Anfangssätze gelesen hatte, sofort im klaren. Hier handelte es sich um eine ernsthafte Angelegenheit, um das Werk eines wirklichen Schriftstellers. Das genügte. Die vollständige Lektüre des Romans [...] bestätigte nur meinen ersten Eindruck.«[7]

Noch im Herbst 1958 erscheint *Il gattopardo* bei Feltrinelli, einem damals noch kleinen Verlag, für den Bassani als Berater und Herausgeber einer Romanreihe fungiert – und wird auf Anhieb zum Bestseller; ohne nennenswerten Werbeaufwand und trotz durchaus kontroverser Aufnahme durch die italienische Literaturkritik. Die Leser begeistern sich – abseits aller literaturtheoretischen Formdebatten – für die anachronistisch, ganz in den literarischen Traditionen des 19. Jahrhunderts erzählte Geschichte des Don Fabrizio, eines Mannes, der in seiner Zeit nicht mehr zu Hause ist und auch nicht auf bessere Zeiten hofft – wie sein Erzähler.

1959 wird das Buch mit dem angesehensten italienischen Literaturpreis, dem Premio Strega, ausgezeichnet. Zum internationalen Erfolg wesentlich beigetragen hat die Verfilmung von Luchino Visconti von 1962, mit Burt Lancaster in der Titelrolle, Alain Delon als Tancredi und Claudia Cardinale als Angelica. Kongenial setzt der Film den Parabelcharakter des *Leoparden* in Szene, seine latente geschichtliche Aktualität, was den Neubeginn Italiens nach Garibaldi und wieder in der nachfaschistischen Ära angeht.

Zu Piper kommt *Il gattopardo* über den Mailänder Scout Elli Lill, die wiederum Bassani selbst auf das Buch aufmerksam gemacht hatte: »Eines Tages«, erinnert sich Klaus Piper, »kam eine Sendung von unserem italienischen Scout Elli Lill mit dem Vermerk ›Wichtig! Eilig!‹. Sie enthielt den Roman ›Il gattopardo‹. [...] Bereits im voraus positiv gestimmt, schickte ich das [...] Prüfexemplar an Fritz Jaffé, den anerkannten Übersetzer aus dem Italieni-

Giuseppe Tomasi, 1956

schen, in Stuttgart. Nach drei Tagen erhielt ich ein Telegramm von Jaffé mit dem lapidaren Wortlaut: ›Ein Meisterwerk! Sofort nehmen!‹«[8] Bereits im Herbst 1959 erscheint das Buch, übersetzt von Charlotte Birnbaum, in Deutschland und wird hier zum bis dahin größten Erfolg italienischer Literatur im 20. Jahrhundert.

»Ja, der ›Leopard‹ ist ein sehr schönes Buch«, schreibt dazu Ingeborg Bachmann, »und da die Fama hinzukommt, wird er wohl ein Riesensprung, in der Auflage.«[9] Sie behält recht. Bereits im Erscheinungsjahr werden 50 000 Exemplare verkauft; bis heute sind es insgesamt weit über 700 000. Für ein Vierteljahrhundert wird *Der Leopard* international zum Leucht- und Markenzeichen für die italienische Gegenwartsliteratur, ein Solitär wie sein Autor, in Resonanz und Wirkung vergleichbar nur mit Umberto Ecos später ebenso unvermutet auftauchendem Roman *Der Name der Rose*.

Nachzutragen bleibt ein letztes Geheimnis des *Leoparden*, ein Akt der Familienzensur, der noch einmal die Autorenwitwe, die kapriziöse Fürstin Licy, ins Spiel bringt. Besorgt um die Standesehre, hatte sie das Romanmanuskript um mehrere Kapitel verkürzt, bevor sie es aus der Hand gab. Entdecker Bassani, irritiert durch eine gewisse Unlogik in der Handlungsführung, hatte ihr durch hartnäckige Nachfragen zwei dieser Kapitel entlocken können. Sie betrafen Schilderungen der einfachen sizilianischen Landbevölkerung, die die Fürstin für die Adelsgeschichte als nicht standesgemäß genug ansah. Unbemerkt aber blieb, daß die Witwe aus Gründen der Familienehre einen weiteren, weitaus pikanteren Teil unterschlagen hatte: die Vorgeschichte jener vermeintlichen Liebesheirat zwischen Tancredi und der schönen Angelica, die den Höhepunkt des Romans bildet. Die zensierten Passagen schildern die dieser Heirat vorangegangene, so geheime wie leidenschaftliche Affäre Angelicas mit dem Romanhelden Don Fabrizio selbst. Und diese Vorgeschichte entspricht den Fakten der fürstlichen Familiengeschichte, der Affäre des Urgroßvaters und realen Vorbilds für Don Fabrizio mit jener Baronesse, die er danach mit seinem Neffen verheiratete.

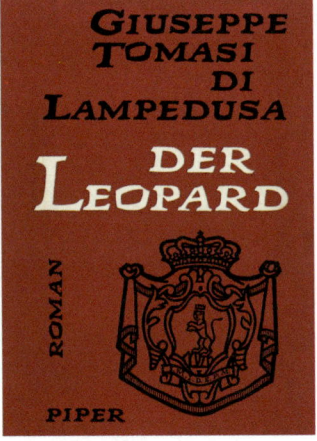

Erstausgabe von 1959

Erst der Adoptivsohn des Autors, Gioacchino Lanza Tomasi, hat die zensierten Textpassagen aus dem Dunkel des
Familienarchivs gehoben. Im Frühjahr 2002 ist die er-
gänzte Neuedition bei Feltrinelli erschienen. Zum 100.
Verlagsjubiläum legt Piper die erweiterte Fassung in neuer
Übersetzung vor – unter dem Titel *Der Gattopardo.* Denn,
wie Feltrinelli zur Neuausgabe schreibt: »»Il gattopardo‹ è
ormai un classico.«

Erinnerungen des Herzens. Giorgio Bassanis »Romanzo di Ferrara« und andere italienische Geschichten

Ein Wochenendausflug, der – eher zufällig – mit dem
Besuch der Etruskergräber von Cerveteri endet, weckt
bei Giorgio, dem Erzähler in Bassanis *Die Gärten der
Finzi-Contini,* unvermutet die Gedanken an eine andere
Gräberstätte, den jüdischen Friedhof seiner Heimatstadt
Ferrara und das verfallene Familiengrab der Finzi-Contini. Er wird überwältigt von der Erinnerung an seine un-
erfüllte Jugendliebe zu Micòl. Sie steht im Mittelpunkt des
Romans; präludiert von der gemeinsamen Kindheit, kul-
minierend in der Zeit des italienischen Faschismus, en-
dend mit Deportation und Tod Micòls. Weder sie noch
ihre Familie findet die letzte Ruhe im Ferrareser Familiengrab.

Die Gärten der Finzi-Contini sind die wohl bekannteste
von Bassanis *Ferrareser Geschichten,* so der Titel des 1955 erschienenen ersten Bandes mit Erzählungen. Ob *Ein Arzt
aus Ferrara* (später unter dem Titel *Die Brille mit dem Goldrand), Der Geruch von Heu, Hinter der Tür* oder *Der Reiher*: als
Il Romanzo di Ferrara hat Bassani sein erzählerisches Gesamtwerk denn auch später zusammengefaßt.

Historischer Ort und Milieu der *Gärten der Finzi-Con-
tini,* das jüdische Ferrareser Bürgertum in den Jahren des
Präfaschismus und Faschismus, sind typisch für Bassanis
Werk. Und typisch ist auch die Bedeutung, die dabei das
Erinnern hat: Es ist in aller Regel nicht nur Auslöser des

Erzählens, sondern auch sein Ziel. »Ich schreibe, damit man sich erinnere«,[10] sagt der Autor. Die Erinnerung an eine verschwundene Zeit und verschwundene Orte könnte es auch gewesen sein, die ihn so spontan für Tomasis *Gattopardo* eingenommen hat, dessen Entdecker er wurde. »Worüber sollten die Dichter denn sprechen, wenn nicht über ihre eigene Stadt«,[11] meint Bassani. Wenn Palermo und das Sizilien des ausgehenden 19. Jahrhunderts der literarische Ort Tomasis sind, so sind es Ferrara und die Bassa Ferrarese der zwanziger und dreißiger Jahre für Bassani.

Ferrara, eine mittelgroße italienische Provinzstadt, wird ihm zum exemplarischen Schauplatz für den Niedergang des städtischen Bürgertums, vor allem der Juden im Faschismus, und – durch ihn bedingt – zum Ort verlorener Kindheit und Heimat.

Das Ferrara, über das ich geschrieben habe, ist ausschließlich das Ferrara aus der Zeit des Faschismus. Soweit ich mich er-

Gedenktafeln am Eingang der Synagoge in Ferrara mit den Namen der Opfer des Faschismus aus der dortigen jüdischen Gemeinde. Genannt werden auch Mitglieder der Familie Bassani

innere, war die Stadt dem Regime treu ergeben, so daß die wenigen Nichtfaschisten eine Randgruppe bildeten, die mit den anderen, der Mehrheit, nicht in Berührung kam. Selbst die Ferrareser Juden, die in so großer Zahl in den nazistischen Gaskammern umkommen sollten, waren zum großen Teil Faschisten. […]

Was mich betrifft, so gehörte ich, wie gesagt, einer privilegierten Familie an, die wie viele andere, wie fast alle jüdischen und katholischen Familien des städtischen Bürgertums, faschistisch gesinnt war. Ich verlebte eine Jugend, wie man sie sich nicht glücklicher vorstellen kann, in einem prächtigen Haus, innerhalb dessen Mauern sich alle von Herzen zugetan waren; daher bemerkte ich erst reichlich spät die Abgründe der Ungerechtigkeit, die mich umgaben. […]

Ich machte mein Abitur im Juli 1934. Vom darauffolgenden Herbst an hörte ich Literatur an der Universität von Bologna. Ich bestieg jeden Morgen den Zug, der in meiner allerersten Erzählung mit dem Titel *Dritter Klasse (Terza classe)* vorkommt, und an den ich mich viele Jahre danach, 1957, beim Schreiben von *Die Brille mit dem Goldrand (Gli occhiali d'oro)* wieder erinnerte. […]

Im Laufe dieser für mich schicksalhaften Jahre von, ich wiederhole, 1937 bis 1943 trennte ich mich völlig von meiner Familie, von meiner Stadt; ich war gewissermaßen allem, was mich bis dahin umgeben hatte, fremd geworden.[12]

Umschlag der Erstausgabe von 1964, gestaltet von Werner Rebhuhn

Der Erlaß der faschistischen Rassengesetze im Herbst 1938, am Ende seiner Studienzeit, nimmt Bassani jede weitere berufliche Perspektive. Er zieht sich als Lehrer an die Schule des Ferrareser Ghettos zurück, wo er – neben seiner politischen Untergrundarbeit – die von den öffentlichen Schulen verwiesenen jüdischen Schüler in Literatur und Philosophie unterrichtet. 1943 wird er als Antifaschist verhaftet. Erst Benito Mussolinis Sturz beendet seinen Gefängnisaufenthalt. Erneut arbeitet er im Untergrund, nun in Rom, bis zur Befreiung der Stadt durch die Alliierten im Juni 1944. Und in Rom bleibt Bassani auch. Die Heimatstadt Ferrara aber wird – aus der Distanz der Erinnerung – zum Zentrum seines nun einsetzenden literarischen Werks.

Breitere literarische Anerkennung erreicht Bassani erst

Giorgio Bassani mit Klaus Piper
auf der Frankfurter Buchmesse,
1963, anläßlich des Erscheinens
von »Die Gärten der Finzi-Contini«

ab 1953. *Die Gärten der Finzi-Contini* bringen 1960 den internationalen Durchbruch. Gleichzeitig, unmittelbar nach dem Erfolg von Tomasis *Leopard*, kommt Bassanis Werk zu Piper, vermittelt wiederum durch Elli Lill, übersetzt von Herbert Schlüter.

Wie Tomasi gehört auch Bassani zu den eher traditionell erzählenden Autoren, und die scheinbare Regionalität seiner Themen mag die Rezeption seines Werks zunächst eingeschränkt haben. Bis dann das Bildhaft-Exemplarische seiner Figuren und ihrer Schicksale, getragen von einem durchgängig melancholischen Grundton, seine sogartige Wirkung entfaltet. So wie in der Geschichte Giorgios und Micòls und ihrer am jüdischen Schicksal gescheiterten, in der Erinnerung jedoch noch immer gegenwärtigen Liebe.

Etwa gleichzeitig nimmt Piper erstmals zeitgenössische italienische Lyrik ins Programm. Es erscheinen Gedichtbände von Eugenio Montale und Salvatore Quasimodo, beide Nobelpreisträger für Literatur; 1974 kommt Giuseppe Ungaretti hinzu. Schon 1961 hatte der Verlag Carlo Emilio Gadda gewonnen, den Autor des Romans *Die gräßliche Bescherung in der Via Merulana,* einem weiteren Meisterwerk italienischer Erzählkunst, wiederum aus den Reihen der »Unzeitgemäßen«. Das Buch, kongenial übersetzt von Toni Kienlechner, ist – seiner planvoll-verwirrenden Anlage wegen – mit dem Werk von François Rabelais, Jean Paul und James Joyce verglichen worden.

»Das Leben ist wie ein Wollknäuel mit seinen vielen verschiedenen Fäden«, soll Gadda selbst einmal Klaus Piper seine literarische Grundidee erläutert haben. »Um dahinterzukommen, was in ihm steckt, zieht man an einem Faden, der aber nimmt beim Abwickeln einen anderen mit und dann einen dritten und so weiter, und sie hindern sich gegenseitig beim Abspulen. Wie es um das Innere des Knäuels steht, wird nie wirklich klar.«[13]

Dieses auf Verwirrung zielende, mit Verwirrung spielende Konzept läßt den Verleger – zunächst zu Recht – um eine breite Resonanz für das Buch fürchten. Doch à la longue findet es, unterstützt von einer enthusiastischen Kritik, auch in Deutschland seine Leser.

Das Autorenduo Fruttero & Lucentini (1. und 3. von links) bei der Präsentation von »Die Sonntagsfrau« 1974 im Verlag, mit François Bondy und Klaus Piper

»Wie Jean Paul taucht Gadda ins Inwendige der Welt«, schreibt Hans Magnus Enzensberger über *Die gräßliche Bescherung,* »doch seine Innerlichkeit ist von einem anderen Schlag: es ist die blutige Innerlichkeit der Innereien. Die Eingeweide – und das ist in seinem Werk ein Schlüsselwort – sind das labyrinthische Urbild seiner Sprache.«[14]

Aus dem Umkreis Bassanis, der auch Drehbuchautor gewesen war, kommt ab 1963 das literarische Gesamtwerk des Filmregisseurs und Schriftstellers Pier Paolo Pasolini ins Programm. Als erstes *Vita violenta,* sein bekanntester Roman, danach mehr als zehn weitere Bände mit Romanen und Erzählungen, aber auch Drehbüchern, Essays und Gedichten. Sie zeigen einen Querschnitt aus Pasolinis Opus, exemplarisch für dessen literarischen Rang und langfristige Wirkung als Teil der künstlerischen Avantgarde, vom Lesepublikum jedoch zunächst zu wenig wahrgenommen.

1974 fügt Piper – trotz eher rückläufiger Nachfrage für italienische Gegenwartsliteratur – seinem Programm ein weiteres Highlight hinzu, das Autorenduo Fruttero & Lucentini mit seinen gesellschaftskritisch fundierten Kriminalgeschichten. Carlo Fruttero und Franco Lucentini leben und arbeiten bis zu Lucentinis Tod 2002 als Lektoren, Übersetzer und Autoren in Turin. Wie es ihnen gelungen ist, »vierhändig« mit einer gemeinsamen literarischen Handschrift zu schreiben, bleibt bei aller vermeintlichen Auskunftsbereitschaft, ihr Geheimnis:

> Dabei ist es so einfach. Erst sprechen wir sehr ausführlich über die einzelnen Szenen und Charaktere, dann macht sich jeder an die Arbeit. Und anschließend nehmen wir uns gegenseitig auseinander! Zum Schluß ist es dann allerdings auch für uns ein Mysterium, wer was geschrieben hat.[15]

Insgesamt hat das Duo bei Piper zehn Bände seiner kriminalistisch-satirischen Bestsellermischung veröffentlicht. Die erfolgreichsten Romane, *Der Liebhaber ohne festen Wohnsitz* und der Erstling *Die Sonntagsfrau,* wurden bisher in Deutschland mit jeweils weit über 250 000 Exemplaren (ohne Lizenzausgaben) verbreitet.

An die durch die Zeitgeschichte bedingten Grenzen literarischer Interkulturalität stößt der Verlag 1976 mit Elsa Morantes Roman *La Storia,* der im Zweiten Weltkrieg spielt. Er erzählt, eng verquickt mit der politischen Situation, die Geschichte vom kurzen Leben des kleinen Useppe im faschistischen und nachfaschistischen Rom. Useppe, mit zweitem Namen Felice, der Glückliche, ist das Kind einer italienischen Halbjüdin, Ida, gezeugt bei der Vergewaltigung durch einen deutschen Soldaten in Rom 1941; ein Kind, dessen Existenz durch seine Herkunft positiv wie negativ stigmatisiert ist, letztlich mit tödlichem Ausgang für Mutter und Kind.

In Italien wird das Buch zum Bestseller, dem größten seit dem *gattopardo,* ein Erfolg, der sich in Deutschland – trotz aller Werbeanstrengungen – nicht wiederholen läßt. Die Geschichte des kleinen Useppe, vor allem die mit dem Kriegsgeschehen verbundene Vergewaltigung in der Eingangsszene, die sein Schicksal begründet, stößt beim deutschen Buchhandel zunächst auf Widerstand und kann die deutsche Leserschaft erst nach und nach gewinnen. Insgesamt werden schließlich mehr als 100 000 Exemplare verkauft.

In den achtziger Jahren differenziert Piper mit Lektorin Anna Leube sein Engagement für die italienische Literatur noch weiter aus. Man nimmt moderne Klassiker ins Programm, zum Beispiel den in Deutschland so gut wie unbekannten Sieneser Federigo Tozzi, den Sizilianer Giovanni Verga und den Triester Umberto Saba. Dazu kommen Autoren der jüngsten Generation wie Stefano Benni, Marta Morazzoni, Paola Capriolo und Alfredo Antonaros. 1986 erscheint erstmals *Zibaldone,* die einzige deutsche *Zeitschrift für italienische Kultur der Gegenwart,* gegründet in Zeiten von Italienboom und Toskanafraktion als Medium zwischen akademischer und populärer Kultur. Die Halbjahresschrift ist jeweils auf einen Schwerpunkt zentriert, der von »Frauen in Italien heute« über die literarische Bedeutung der Stadt Triest bis zum Thema »Resistenza« reicht. Entgegen den Erwartungen des Verlegers wird das Unternehmen, wohl weil es einem Zeitbedürfnis entspricht, zum Publikumserfolg. *Zibaldone* wird 1989 mit dem »Premio Montecchio« ausgezeichnet. Bei Piper erscheint die Zeitschrift bis 1995 und geht dann in andere Hände über.

Auch die neunziger Jahre eröffnet Piper mit einem italienischen Bestseller, Dacia Marainis Roman *Die stumme Herzogin*. Mit ihm kehrt das italienische Programm an den literarischen Ort seines ersten großen Erfolgs *Der Leopard* zurück, nach Sizilien, nun ins 18. Jahrhundert. Weitere Werke Marainis folgen.

Insgesamt hat Piper in den fünfzig Jahren seit Bestehen seines italienischen Literaturprogramms mehr als hundert Übersetzungen von mehr als dreißig Autoren veröffentlicht. Es ist das früheste, umfangreichste und wohl auch erfolgreichste Italien-Programm eines deutschsprachigen Verlags.

Vom »nouveau roman« zum Bestseller.
Auf Haupt- und Nebenwegen eines internationalen Literaturprogramms

Die Hauptlinie von Pipers internationalem Programm, die italienische Literatur, wird von vielen teils recht verschlungenen und weitverzweigten, gelegentlich auch bald wieder verlassenen Pfaden begleitet, Pfaden, die manchmal in Sackgassen enden, aber auch überraschende Höhen erreichen.

Vielversprechend beginnt das Engagement für die französische Literatur 1957 mit dem in Georgien geborenen Schriftsteller Romain Gary. Er wird Pipers einziger französischer Erfolgsautor, gleich mit seinem ersten in Deutschland erschienenen Buch, dem mit dem Prix Goncourt ausgezeichneten Afrikaroman *Die Wurzeln des Himmels*. Bis 1972 schließen sich sechs weitere Titel an; am be-

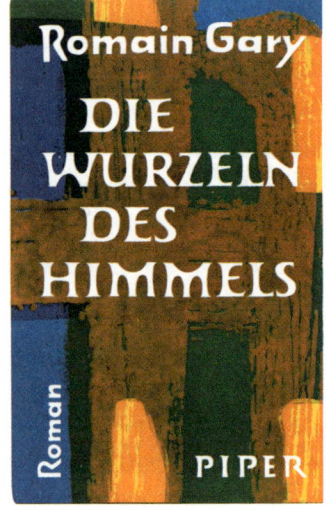

Erstausgabe von 1957

kanntesten, auch durch die Verfilmung, wird der 1961 in deutscher Übersetzung erschienene Roman *Lady L.* Heute jedoch ist keiner der Titel mehr lieferbar.

Mit Claude Simon, einem Vertreter des seit Mitte der fünfziger Jahre en vogue stehenden Typus »nouveau roman«, sucht Piper Anschluß zu gewinnen an die aktuellen literarischen Strömungen in Frankreich. Als erstes erscheint *Der Wind,* 1959, übersetzt von Eva Rechel-Mertens, dann 1966 *Die Straße in Flandern* und *Der Palast,* beide übersetzt von Elmar Tophoven. Simons Werk ist in Stil und Thematik ganz den theoretischen Postulaten des handlungsarmen »Chosisme« verpflichtet und keine leichte Lektüre; ihn in Deutschland zu verlegen eine mutige Entscheidung, die von den Lesern nicht mitgetragen wird. Als Simon 1985 den Literaturnobelpreis erhält, legt Piper die drei Romane neu auf. Doch auch jetzt gelingt es nicht, den Autor auf dem deutschsprachigen Buchmarkt durchzusetzen.

Eine neue literarische Landschaft eröffnet sich mit dem Werk des brasilianischen Schriftstellers Jorge Amado, der 1964 mit *Die Abenteuer des Kapitäns Vasco Moscoso* zu Piper kommt und mit sieben weiteren Werken im Verlagsprogramm vertreten ist. Kongenialer Vermittler und vielfach preisgekrönter Übersetzer seines Werks ist Curt Meyer-Clason, der selbst ein Vierteljahrhundert in Brasilien gelebt hat.

Relativ knapp vertreten ist – schon seit der Zeit der Reeducation-Programme – die englischsprachige Literatur. Einer der wenigen systematisch gepflegten Autoren ist der englische Romancier und Essayist Aldous Huxley, von dem bereits 1931 Erzählungen bei Piper erschienen. Vermittelt wurde die Beziehung durch Huxleys Übersetzer Herberth E. Herlitschka. Ab 1951 bringt der Verlag eine repräsentative Auswahl aus seinem Gesamtwerk, insgesamt mehr als 20 Titel. Sie beginnt mit dem Roman *Kontrapunkt des Lebens,* der einer der wenigen kommerziellen Erfolge Huxleys auf dem deutschsprachigen Markt wird. Huxleys Gesamtwerk ist geprägt von seiner satirisch-pessimistischen Sicht auf die Rationalität moderner Gesell-

Erstausgabe von 1961

schaften und Kulturen und dem Versuch, ein produktives Gegengewicht im Irrationalen zu finden; beispielhaft in *Geblendet in Gaza,* das in buddhistisch-mystischer Existenz eine Alternative zur Dekadenz westlicher Lebensformen zeigt, oder in den kritisch-pessimistischen Utopien von *Schöne Neue Welt.* Trotz Huxleys internationalem literarischem Ruhm erweist sich der Großteil seines Werks hierzulande lange als nahezu unverkäuflich.

Zur frühen Kultautorin wird Anne Morrow Lindbergh mit ihrem erlebnishaft meditativen Erstling *Muscheln in meiner Hand* von 1955, einem Büchlein, das bis heute mit über einer Million Exemplaren verbreitet ist. Ihm folgen neun weitere Bücher der Autorin. Nicht unerwähnt bleiben soll die irische Erzählerin Iris Murdoch, die nach

Frederick Forsyth bei der Präsentation seines Bestsellers »Der Schakal«, 1972

ihrem Tod 1999 durch die Biographie ihres Mannes und durch Elias Canettis Erinnerungsbuch *Party im Blitz* zu spätem Ruhm, aber auch ins Gerede gekommen ist. Ihren rebellischen, teils auch komödiantischen Romanen wie *Die Sandburg* (1958) und *Die Wasser der Sünde* (1962), hat Piper in Deutschland den Weg bereitet.

Zum Bestseller aller Bestseller und einem der größten Bucherfolge bei Piper überhaupt wird schließlich 1972 Frederick Forsyths Politthriller *Der Schakal*. Klaus Piper berichtet:

> Buchmesse 1970 in Frankfurt. […] Gleich als erstes machte ich einen Rundgang zu den ausländischen Verlagen in der neuen riesigen Messehalle. Ich wollte ein wirklich spannendes Buch finden, das für einen großen Leserkreis attraktiv ist […] Bei Hutchinson & Co., einem der größten britischen Verlage, traf ich am Stand den stets freundlichen und informationsbereiten Editor Harold Harris. »Ich glaube, ich habe etwas Besonderes«, sagte Mr. Harris, »hier ist das Exposé. Es dreht sich um die Geschichte eines Attentatsversuchs auf de Gaulle. Das ist hervorragend erzählt. Der Autor hat wirklich recherchiert. Nehmen Sie das Exposé mit und lesen Sie es in Ruhe.« Ich las das Exposé – es war für sich ein kleines Meisterwerk. So dicht gefügt, so anschaulich, daß das »dahinterstehende« Buch von wohl 400 Seiten oder mehr in diesen 7 oder 8 Seiten greifbar vor mir stand. Ich ging wieder herüber zu unserem Stand in der anderen Halle und drückte die Blätter, über denen als Titel THE DAY OF THE JACKAL stand, Walter Fritzsche in die Hand. Der Lektor stimmte zu: Wäre das Buch nur halb so spannend wie das Exposé – es wäre immer noch aufregend genug. Eine Reise nach London war fällig. Dort, am Sitz des Originalverlags, machte ich den Vertrag perfekt.[16]

Forsyth war ursprünglich Journalist und Auslandskorrespondent in West- und Mitteleuropa, ab 1965 Fernsehreporter der BBC. *Der Schakal*, sein erster Roman, macht ihn als Autor auf Anhieb weltweit bekannt. Von der deutschen Erstausgabe, übersetzt von Tom Knoth, werden fast 200 000 Exemplare in acht Auflagen verkauft, dazu kommen hohe Lizenzabschlüsse. Insgesamt erreicht die deutsche Gesamtauflage mehr als 1,7 Millionen Exemplare. Ähnlich erfolgreich sind Forsyths weitere Romane, vor allem *Die Akte Odessa*, die schon im Jahr darauf, 1973, in deutscher Übersetzung erscheint. Sie alle werden zu Weltbestsellern mit einer Gesamtauflage von über 30 Millionen.

Damit aber ist die Zeit vergleichbarer Verkaufserfolge vorbei. Forsyth bleibt Pipers erster und letzter internationaler Bestsellerautor dieser Größenordnung. 1992 kann ihn der Verlag nicht länger halten; Forsyth wechselt zu einem Buchkonzern. Von einem anderen »großen Tier«, einem, das sich schwer einordnen läßt in literarische und Marktkategorien, von Lothar-Günther Buchheim und seinem *Boot*, wird an anderer Stelle zu sprechen sein.

In den achtziger Jahren zeigt das internationale Literaturprogramm drei Schwerpunkte: Den ersten bildet das Werk des damals in London lebenden Inders Salman Rushdie, soweit es vor der durch *Satanische Verse* ausgelö-

Salman Rushdie mit Lektorin Anna Leube und Klaus Piper 1983 im Verlag

sten Fatwa erschienen ist. 1983 gelingt es der jungen Lektorin Anna Leube, Rushdies Roman *Mitternachtskinder* für Piper zu gewinnen, zunächst gegen den Widerstand des Verlegers. Das Buch wird ein großer Erfolg, der erste literarische nach vielen Jahren. 45 000 Exemplare werden im ersten Jahr abgesetzt. In kurzen Abständen bringt Piper zwei weitere Bücher Rushdies: 1985 den Roman *Scham und Schande,* 1987 *Das Lächeln des Jaguars,* Reiseaufzeichnungen aus Nicaragua, immer unter kritischer Begleitung des Verlegers. Danach wechselt der Autor Vermarktungsstrategie und Agentur und – damit verbunden – auch den deutschen Verlag. So wird Piper vom literarischen Skandal und der Fatwa um die *Satanischen Verse* im Positiven wie im Negativen nur am Rande tangiert.

Erstausgabe von 1983

Einen zweiten Schwerpunkt bildet ab 1986 die deutsche Ausgabe von Alexander Solschenizyns Romanzyklus, dem Revolutionsepos *Das Rote Rad,* ein Projekt, hinter dem der Verleger mit Überzeugung steht. Solschenizyn stellt bestimmte Zeitausschnitte aus dem Verlauf der russischen Revolution dar – global, aber auch individuell – mit der Absicht, so die russische Geschichte des 20. Jahrhunderts in »Knoten« »wiederherzustellen«.

Der dritte Schwerpunkt geht auf die Initiative des Juniorverlegers Ernst Reinhard Piper zurück. Ab 1988 nimmt der Verlag jüdische beziehungsweise israelische Autoren ins Programm. Darunter Ruth Elias mit ihrem Lebensbericht *Die Hoffnung erhielt mich am Leben. Mein Weg von Theresienstadt und Auschwitz nach Israel*, einem Buch, das große Verbreitung fand. Des weiteren den Lyriker Jehuda Amichai, der in Israel beinahe Kultstatus hatte, sowie den Romancier Abraham B. Jehoschua. Ab 1989 erscheint das Gesamtwerk des deutschen Juden Edgar Hilsenrath, beginnend mit dem Roman *Das Märchen vom letzten Gedanken.*

Doch erst Anfang der neunziger Jahre gelingt es bei Piper, wieder an die Literatur der klassischen Moderne anzuknüpfen, mit der der Verlag sich nach 1945 auch literarisch zu profilieren verstanden hatte.

Ruhmeshallen und Gerichtstermine.
Übersetzerkonflikte

»Wenn ich an die vielen, fürs große Publikum meist anonymen Übersetzerleistungen von exemplarischer Qualität denke, dann möchte ich dafür plädieren, daß einmal eine Walhalla für die großen Übersetzer errichtet wird«[17] – so Klaus Piper 1965 in der Festrede auf dem internationalen Übersetzerkongreß in Rom, wo er für seine Verdienste um die Vermittlung italienischer Literatur in Deutschland ausgezeichnet worden ist. Piper hat allen Grund zu solcher Lobrede; denn dem internationalen Literaturprogramm und damit auch der Übersetzerleistung verdankt sein Verlag einen Großteil seines Erfolgs.

Die Metapher von der Ruhmeshalle für literarische Übersetzer rechnen Urheber aller Sparten der »Verlegerlyrik« zu, einer so trivialen wie ungeliebten Gattung der Zweckliteratur. Und so bleibt Pipers Eloge vorerst folgenlos – solang die Übersetzer selbst sich, noch immer in der Nachfolge der im Anonymen wirkenden Dostojewski-Übersetzerin E. K. Rahsin, im Hintergrund halten und keine weiterreichenden Forderungen stellen.

Eine Generation später jedoch haben sich die Verhältnisse grundlegend geändert. Die Frage nach einer angemessenen Honorierung von Übersetzerleistungen – und damit auch die nach Selbstverständnis und Funktion der Übersetzer selbst – hat sich konkretisiert; und zwar am Exempel eines Piper-Buchs, Alessandro Bariccos Roman *Seide*. Und so sieht sich der Verlag 1997 mit einer grundsätzlichen, über diesen Einzelfall weit hinausweisenden Auseinandersetzung konfrontiert.

Bariccos Roman, ein schmaler Band von rund 100 Seiten, in Italien bereits ein Bestseller, wird nach seinem Erscheinen im Februar 1997 auch in Deutschland mit einer großangelegten Werbeaktion ein sensationeller Verkaufserfolg. Innerhalb weniger Monate werden mehrere Auflagen verkauft; im Sommer 1997 erreicht das Buch die Bestsellerlisten. Heute ist es in mehr als 40 Auflagen und mehr als 500 000 Exemplaren verbreitet.

Der sich abzeichnende Erfolg veranlaßt die Übersetzerin Karin Krieger schon im Sommer 1997, nach Verkauf von rund 30000 Exemplaren, zusätzlich zum vertraglich vereinbarten Festhonorar eine Erfolgsbeteiligung zu fordern. Der Verlag lehnt dies zunächst ab, mit Hinweis auf die vertraglich vereinbarte Erfolgsbeteiligung, die erst bei Erscheinen der Taschenbuchausgabe fällig werde. Darauf beauftragt die Übersetzerin im Januar 1998 einen Anwalt mit der Vertretung ihrer Interessen. Dieser argumentiert mit § 36 des Urheberrechtsgesetzes, dem sogenannten »Bestsellerparagraphen«, nach dem bei Bestsellern rückwirkend eine Veränderung der vertraglich vereinbarten Honorierung gefordert werden kann, allerdings nur, wenn der Erfolg überraschend eintritt. Dies ist der Ausgangspunkt des Streits.

Denn parallel zu den Verhandlungen mit Karin Kriegers Anwalt wird bei Piper das Erscheinen des nächsten Buches von Baricco vorbereitet, *Novecento*, das in Italien ebenfalls bereits Bestsellerstatus hat. Der Verlag versucht zu verhindern, daß er auch bei diesem vorhersehbaren Bestseller später in einen Streit über einen »unerwarteten Erfolg« geraten könnte. Eine Einigung dahingehend, daß eine große Verkaufszahl von *Novecento* auch in Deutschland nicht wieder als »unerwarteter Erfolg« gelten kann, lehnt die Übersetzerin noch vor Erscheinen des Buches ab mit Hinweis auf einen zu führenden Streit beziehungsweise Prozeß auch für diesen Titel.

Im Fall *Seide* einigt man sich zwar außergerichtlich auf eine Absatzbeteiligung. Um sein wirtschaftliches und juristisches Risiko einzugrenzen, kündigt Piper jedoch danach an, alle fünf Baricco-Werke neu übersetzen zu lassen mit dem Ziel, der Erstübersetzerin Krieger die Rechte zu entziehen.

Daraufhin beginnt eine öffentliche Debatte mit Protest- und Boykottaufrufen der Übersetzer und ihrer Verbände, mit Podiumsdiskussionen und Hunderten von Protestschreiben an den Verlag. Eine Veranstaltung mit Baricco in Berlin endet in einer Übersetzerdiskussion. Eine Welle von Berichten im deutschen und internationalen

Erstausgabe des Bestsellers von 1997

Feuilleton droht die Reputation des Verlags zu beschädigen.

Piper realisiert daraufhin seine Drohung nur teilweise bei den noch unveröffentlichten Werken und bei *Novecento* kurz nach der Auslieferung. Ab Mitte 1999 sind von *Novecento* teils beide Übersetzungen nebeneinander auf dem Markt. *Seide* und *Land aus Glas* bleiben weiter allein in der Kriegerschen Übersetzung lieferbar.

Darüber hinaus führt Piper das Beteiligungsmodell für alle vom Verlag publizierten Übersetzungen ein: »Ab sofort«, heißt es in der Mitteilung, »beteiligt der Piper Verlag seine Übersetzer prozentual am Nettoverlagserlös.« An der Frage, was genau mit »Nettoverlagserlös« gemeint ist, entzündet sich der Streit zwischen den Parteien erneut. Sie ist bisher nicht geklärt.

Im nun folgenden Rechtsstreit geht es im Kern um die Frage, ob der Verlag die Übersetzungen von Karin Krieger zurückziehen beziehungsweise unveröffentlicht lassen darf oder ob eine Publikationspflicht besteht. Zu diesem Zeitpunkt hat Karin Krieger im Auftrag des Piper Verlags insgesamt fünf Bücher von Baricco übersetzt. Die jeweiligen Übersetzerverträge dazu hat sie im Zeitraum zwischen 1995 und 1998 unterschrieben. Bereits erschienen sind *Seide*, *Land aus Glas* (1998) und *Novecento* (1999); noch unveröffentlicht *Oceano mare* und *L'anima di Hegel e le mucche del Wisconsin*. Karin Krieger klagt eine angemessene Honorierung aller ihrer Übersetzungen ein, gleich, ob diese bereits veröffentlicht oder noch unpubliziert sind.

Im Mai 2000 ergeht das Urteil des Landgerichts München I. Es bestätigt eine Publikationspflicht für *Seide*, weil zwischenzeitlich eine außergerichtliche Einigung über die Honorierung getroffen worden ist; des weiteren moniert das Urteil, daß sich die Neuausgabe von Bariccos *Novecento* in der Übersetzung von Erika Cristiani in der Aufmachung nicht deutlich von der Ausgabe mit Karin Kriegers Übersetzung unterscheidet. In allen anderen Punkten wird Kriegers Klage abgewiesen. Beide Parteien legen Revision ein.

Im März 2001 liegt das Urteil der zweiten Instanz, des Oberlandesgerichts München, vor: »Der Piper Verlag wird

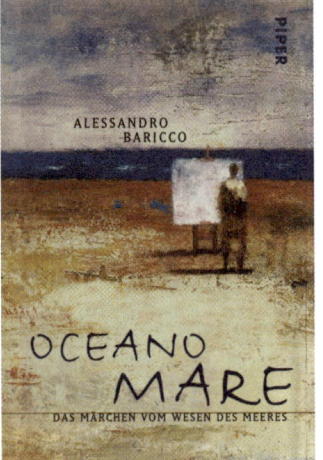

»Oceano Mare«, in der Übersetzung von Erika Cristiani, 2000 . . .

verurteilt, die Werke von Alessandro Baricco in den Übersetzungen von Karin Krieger zu veröffentlichen, solange hierfür eine branchenübliche Nachfrage besteht.« Dem Piper Verlag wird untersagt, Karin Kriegers Übersetzungen vom Markt zu nehmen, Parallelausgaben anderer Übersetzungen werden aber gestattet. Für die unveröffentlichten Übersetzungen von Karin Krieger besteht nach Ansicht des Gerichts eine Publikationspflicht.

Dieses Urteil unterstützt die Position der Übersetzerpartei, nach der Übersetzer den Autoren gleichzustellen sind. Es verpflichtet den Verlag, alle fünf Baricco-Übersetzungen Kriegers neben den bereits erschienenen Neuübersetzungen lieferbar zu halten beziehungsweise zu machen. Daraufhin geht Piper in die dritte Instanz, vor den Bundesgerichtshof. Sein Urteil ist bisher noch nicht ergangen. Der Rechtsstreit, der längst zum Präzedenzfall geworden ist, zieht sich mittlerweile über fünf Jahre hin.

Der Höhepunkt des Konflikts fällt in eine für beide Parteien berufspolitisch brisante Situation, zum einen wegen der damals akuten Gefährdung der Buchpreisbindung und der umstrittenen Novellierung des Urheberrechts, zum anderen aber auch wegen der für mittelständische Verlage ins Unbezahlbare gestiegenen Preise für Lizenzen und Vorschüsse, die die Rentabilität der Independants bedrohen. In dieser aufgeladenen Situation macht der Verband der Übersetzer im VS (Verband deutscher Schriftsteller) den Fall Krieger zum Präzedenzfall, an dem er seine langjährigen Forderungen nach angemessener Erfolgsbeteiligung der Übersetzer und nach Aufwertung ihrer Funktion als Urheber öffentlich machen und gerichtlich überprüfen lassen kann – mit einigem Erfolg. Die Medien greifen das Thema begierig auf – wobei die Sachkenntnis, mit der von der komplexen urheberrechtlichen Materie berichtet wird, hinter dem emotionalen Engagement der Schreiber oft zurückbleibt.

Die Position des Piper Verlags wird dabei, auch seiner betont zurückhaltenden Informationspolitik wegen, nur partiell wahrgenommen. Pipers Strategie des Widerstands gegen die als »Erpressungsversuche« verstandenen Aktio-

...und in der Übersetzung von Karin Krieger, 2001

nen der Gegenpartei,[18] die Ausrichtung primär auf wirtschaftliche Schadensbegrenzung in einer für mittlere Unternehmen äußerst schwierigen Marktsituation drängen den Verlag vorübergehend in die Defensive. Erst spät gelingt es, die Argumente der Verlagsseite in der literarischen Öffentlichkeit zu kommunizieren. So etwa die Tatsache, wie groß der Anteil der Übersetzungen am Verlagsprogramm mit derzeit rund 90 Prozent der gesamten Titelproduktion ist, wie eng folglich die tägliche Zusammenarbeit mit Übersetzern und wie hoch die dafür aufzubringenden Honorarsummen – zumal da die von Piper bezahlten Seitenhonorare für Übersetzungen vergleichsweise hoch liegen, nämlich durchweg im oberen Drittel des bei deutschsprachigen Verlagen Üblichen.

Derzeit erscheinen bei Piper, in Belletristik und Sachbuch, jährlich mehr als hundert Übersetzungen. Darunter sind – seit Verlagsgründung – die der namhaftesten Vertreter ihres Fachs: von der Dostojewski-Expertin E. K. Rahsin und dem Buddha-Spezialisten Karl Eugen Neumann bis zu Christina Viragh, die das Werk Sándor Márais aus dem Ungarischen überträgt. Einige weitere seien namentlich aufgeführt. An erster Stelle die Übersetzungen aus dem Italienischen: etwa die der kongenialen, vielfach preisgekrönten Toni Kienlechner, die für Piper Gadda und Pasolini ins Deutsche übertragen hat; des weiteren die von Herbert Schlüter, Fritz Jaffé, der *gattopardo*-Übersetzerin Charlotte Birnbaum, Heinz Riedt, Alice Vollenweider, Ragni Maria Gschwend und Burkhart Kroeber; aus dem Portugiesischen und Spanischen hat Curt Meyer-Clason übersetzt, aus dem Französischen Eva Rechel-Mertens, Rolf und Hedda Soellner sowie Carina von Enzenberg, aus dem Englischen und Amerikanischen Barbara Heller, Margarete Längsfeld und Nikolaus Stingl, aus dem Schwedischen Hedwig M. Binder.

Der Übersetzerstreit bleibt für Piper nicht ohne Konsequenzen. Der Imageschaden ist beträchtlich. Der Autor, dessen Buch den Konflikt ausgelöst hat, wechselt mit dem Agenten auch seinen deutschen Verlag. Der anstehenden Urheberrechtsreform, vor allem der Debatte um die

Rechte von Autoren und Übersetzern, liefert der Fall neue Argumente gegen die Interessen der Verlegerseite. Je nach Ausgang des Prozesses könnte sich mit dem Fall Krieger ein neues juristisches Verständnis der Übersetzertätigkeit etablieren, das ihre Funktion der des Autors gleichstellt.

Damit wäre den Übersetzern zwar nicht die von Klaus Piper seinerzeit avisierte Walhalla errichtet, wohl aber ein neues Fundament für ein gehobenes berufliches Selbstverständnis, für juristische und wirtschaftliche Sicherung. Die wirtschaftlichen Folgen für Buchhandel und Verlage gelten als erheblich.

EIN BESTSELLER TAUCHT AUF
Exkurs über Lothar-Günther Buchheim und »Das Boot«

Bestseller: Welch hohen Stellenwert sie in Klaus Pipers verlegerischem Denken und Trachten haben und wie sehr sie den Erfolg des Verlags lange Zeit prägen, ist in anderen, programmatischen Zusammenhängen bereits beschrieben worden. Ob Lindberghs *Muscheln in meiner Hand* oder Tomasi di Lampedusas *Leopard*, ob Zahrnts *Sache mit Gott* oder Mitscherlichs *Unfähigkeit zu trauern*; ob Forsyths *Schakal* oder Lorenz' *Acht Todsünden der zivilisierten Menschheit*, Alts *Frieden ist möglich*, Nadolnys *Entdeckung der Langsamkeit*, Watzlawicks *Anleitung zum Unglücklichsein* oder Wimschneiders *Herbstmilch* – jeder dieser programm- und gattungsspezifisch so unterschiedlichen Titel, die um viele andere zu ergänzen wären, ist ein Solitär. Gleich ob Sachbuch, Erfahrungsbericht oder Roman, was sie verbindet, ist allein ihr herausragender, durch Verfilmungen oft zusätzlich gesteigerter Erfolg.

Und ein Solitär unter Solitären ist Lothar-Günther Buchheims *Boot*; gleich, ob man das Unikat eines »Wirklichkeitsromans« genrespezifisch betrachtet, das Buch rein quantitativ mißt an Umfang und Absatzzahlen, an den Mühen seiner verlegerischen Realisierung oder an seinem literarischen Erfolg.

Die Zufallsbekanntschaft des Verlegers mit dem Maler, Kunstsammler und Verleger Buchheim stammt aus dem Jahr 1966. Seither geht im Verlag das Gerücht um von Buchheims spektakulärem, als Trilogie geplantem Romanprojekt. Und im Winter 1971/72 liegt tatsächlich die Rohfassung des Manuskripts zum ersten Teil vor, Umfang rund 2400 Seiten, Arbeitstitel *Herrlich, herrlich wird es einmal sein!*. Es ist der Anfang eines sich weniger herrlich als vielmehr sehr zögerlich anlassenden, klippenreichen Arbeits-, Kommunikations- und Produktionsprozesses. An dessen Ende erscheint im Herbst 1973 *Das Boot,* ein Welterfolg. Im ersten Jahr werden 150000 Exemplare abgesetzt; innerhalb von drei Jahren erlebt die Originalausgabe acht Auflagen; die Gesamtauflage mit Übersetzungen in 14 Sprachen beträgt mittlerweile mehr als drei Millionen. Zum Welterfolg werden auch die Verfilmung, die Kino- und die erweiterte Fernsehfassung.

Bei der Fortsetzung des Romanprojekts wird Buchheim dem Piper Verlag abtrünnig. Der zweite Teil erscheint bei Hoffmann und Campe. Mit dem dritten Teil *Der Abschied* jedoch gelingt es, auf Initiative des neuen Verlegers Viktor Niemann, Buchheim wieder zu Piper heimzuholen, wo auch die drei Photodokumentationen zur U-Boot-Trilogie lieferbar gehalten werden. Zwar kann es *Der Abschied,* was den Absatz angeht, mit dem Welterfolg *Das Boot* nicht aufnehmen; ein bei Fortsetzungen absehbarer Effekt. Doch auch dieser letzte Band der Trilogie erreicht die Bestsellerlisten und wird mehr als 50000 mal verkauft.

Lothar-Günther Buchheim und Klaus Piper, 1976

Zurück zum *Boot* und seiner Vorgeschichte. Als Lektor bei Piper für das Projekt verantwortlich und zugleich, nicht ohne Eifersuchtsanwandlungen von seiten des Verlegers, Hauptansprechpartner des Autors ist Walter Fritzsche, der zunächst als Mitarbeiter des Sachbuchlektors Albrecht Roeseler in den Verlag gekommen war. 15 Jahre nach Erscheinen des Buchs, anläßlich Buchheims 70. Geburtstag, erinnert der Lektor an diese singuläre Erfahrung. Besser als jede Darstellung von außen es vermöchte, zeigt Fritzsche, welch in jeder Hinsicht außergewöhnliches verlegerisches Ereignis das *Boot*-Projekt war: die Begutachtung des 2400seitigen Manuskripts und der umfängliche Lektorierungsprozeß, die Verteidigung des gattungssprengenden »Wirklichkeitsromans« gegen die aller Kriegserinnerungsliteratur gegenüber mehr als skeptischen Kollegen, schließlich die Überzeugungsarbeit an den Verlagsvertretern und die Plazierung des Buchs auf dem Markt; Aspekte, unter denen die Kooperation mit dem schon damals als nicht eben pflegeleicht geltenden Autor sicher nicht zufällig relativ zurückhaltend behandelt wird. Fritzsche, dem unmittelbar Betroffenen, dem Zeitzeugen, sei das Wort erteilt zum Exkurs über Buchheim und *Das Boot*.

»Herrlich, herrlich wird es einmal sein!«
Von einem Romanmanuskript, das vom U-Boot-Krieg handele und von einem gewissen Buchheim verfaßt sei – den ich zunächst noch nicht mit dem mir durchaus vertrauten Autor des Lexikons der Modernen Malerei und diverser Monografien zum deutschen Expressionismus in Verbindung brachte –, hörte ich zum ersten Mal durch Klaus Piper. Ein oder zwei Mal zu Anfang der siebziger Jahre, wenn der Verleger von seinem Badeaufenthalt in Montegrotto zurückkehrte, wo er jenem Buchheim wohl gelegentlich der Kuranwendungen begegnete, wußte er zu berichten, das Manuskript – das langersehnte, tolle, wohl aber auch irgendwie schwierige Manuskript – sei nun bald soweit. Dabei funkelten seine Augen in Erwartung großer Dinge. Von irgendeiner Zusage des Autors, das Manuskript dem Piper Verlag zu geben, konnte – wie immer bei Buchheim, der sich alle Optionen bis zum Schluß offenhält – zu jenem Zeit-

punkt nicht die Rede sein. Schon gar nicht von einem Vertrag.

Bei mir löste die Vorstellung »U-Boot-Roman« nicht das Geringste aus – kein Funkeln in den Augen, keinen wäßrigen Gaumen, kein Adrenalin. Ich betreute damals seit einigen Jahren bei Piper das literarische Lektorat, interessierte mich vor allem für die letzten Erzählungen von Ingeborg Bachmann, für die italienischen Autoren, einige junge deutsche ebenfalls und für die Thriller von Forsyth. Die Beschäftigung mit dem Zweiten Weltkrieg, der ich viele Jahre als Sachbuchautor mein Brot verdankte, hing mir zum Hals raus. Und was das sogenannte Bewußtsein betraf, so setzten wir uns mit dem Werkkreis Literatur der Arbeitswelt auseinander und mit den gelegentlich verzweifelten Versuchen junger Autoren, ihre bürgerlichen Idiosynkrasien mit den moralischen Maximen des Klassenkampfs in Einklang zu bringen.

Was sollte da ein U-Boot-Roman?

Die Reaktion aus der Lektorenszene war entsprechend, als das Buch dann da war: »Ich verstehe nicht, wie du so einen faschistischen Dreck anfassen kannst.« – das war einer der milderen Vorwürfe, die ich zu hören bekam.

Aber noch war das Buch nicht da. Es war noch nicht einmal im Verlag. Und als es schließlich dort eintraf, war *ich* nicht da. Ich fehlte – es war im Winter 71/72 – wegen Grippe.

Ich muß mehrere Wochen gefehlt haben, denn als ich an meinen Schreibtisch zurückkehrte, war das Manuskript schon wieder aus dem Haus.

Ich war irritiert. Zwar war ich nicht besonders versessen gewesen auf das Thema, aber an der Entscheidung über ein Manuskript, an das der Verleger offensichtlich besonders hohe Erwartungen knüpfte, hätte ich mich doch gerne beteiligt gesehen. Mehrere Leute im Verlag hatten es gelesen – oder wenigstens große Teile davon: Verleger und Verlagsleiter und mein Freund Albrecht Roeseler, der damals das Sachbuch-Lektorat leitete. Alle berichteten begeistert von dem großen Talent des Autors zu beschreiben, zu schildern, gewaltige Meereslandschaften und Himmelsgemälde zu entwerfen. Ja, Buchheim der Maler, der Bildersammler – »das absolute Auge«, eine mir bis heute kostbare Trouvaille Klaus Pipers! Zum Sehen geboren, zum Schauen bestellt – aber zum Schreiben eines Romans?

Wo war, hinter dem unendlichen Rapport von Bildern und Dialogfetzen die Romanarchitektur? Wo das tragende Personengerüst, der treibende Konflikt gegensätzlicher Charaktere? Wo die Handlung? Gut, es gab dramatische Szenen – Angriff, Versenken, auch Untergang und wunderbare Errettung – ich weiß allerdings nicht, ob einer der Lesenden damals überhaupt bis dorthin vorgedrungen war –, doch bis zu diesen Höhepunkten mußte man sich durchhungern durch aberhundert deskriptive Seiten: »Zustandsmusik«, »Impressionismus«, hieß es. Die musikalische Terminologie sollte noch eine Rolle spielen und mir eine der beiden Krücken liefern, mit denen ich in das Abenteuer Buchheim wanken sollte, aber auch den Hohn Buchheims eintragen, der – Seemannslos! – allenfalls von einem einzigen Musikstück zu rühren ist: »La Paloma«!

Die Einwände begannen mich zu interessieren. Wenn man mich mit etwas noch vom Totenbett locken kann, dann mit »Zustandsmusik«, »Impressionismus«!

Und noch ein kritisches Argument begann mich neugierig zu machen, anstatt mich abzuschrecken: die angeblich bis ins geringste Detail reichenden technischen Erklärungen. Genaueste Beschreibungen aller Typen, die in dieser Ausführlichkeit niemanden fesseln könnten. Das machte mich hellhörig, und die zweite Krücke meldete sich wie das Humpeln Kapitän Ahabs auf dem Oberdeck.

Hatte das Sachliche, Auflistende (Homers Schiffskatalog), Technische nicht immer wieder zur Epik gehört? Melville macht seine Leser förmlich zu Walfängern, wenn er sie über Dutzende von Walarten und Harpunentypen unterrichtet. Ging nicht eine große Faszination von der Beschreibung der Ladekräne und Lokomotiven aus, wie wir sie bei Thomas Wolfe finden? Und der Schiffe Joseph Conrads?

Ich spürte, wie ich insgeheim ein Manuskript zu verteidigen begann, das ich noch gar nicht kannte – einfach weil ich an ein anderes Buch dachte. An »Moby Dick« gemahnte mich auch, was ich vom Alten erfuhr, dem allgegenwärtigen, unnahbaren Kommandanten des Boots – mit dessen Wortkargheit lasse sich keine dramatische Figur auf die Bühne stellen. Aber so gut ich auch alle Einwände wegzuargumentieren suchte, es blieb die enorme Länge des Manuskripts – zweitausendvierhundertsoundsoviel Seiten (soviel wie das Bürgerliche Gesetzbuch Paragraphen hat).

»Und wenn ich es einfach kürze,« fragte ich Roeseler, »läßt
sich dann was daraus machen?«

»Ja, Moby Dünn!«

Kurz, man hatte sich relativ rasch wieder von dem Manuskript getrennt, zwar mit einem heimlichen »Schade!« in der
Brust, vielleicht auch nicht ganz überzeugt von der Entscheidung, aber doch erleichtert, ein langes, quälendes Hin und
Her vermieden zu haben.

Als ich Klaus Piper gestand, daß ich das Manuskript doch
gerne ebenfalls gelesen hätte, und fragte, ob ich den Autor
nicht bitten sollte, es noch einmal zu bringen (schicken ließ
sich das Ganze offenbar nicht), war er sofort damit einver-
standen. Irgendwie schien er mir froh zu sein, daß der Abschied von einer großen Hoffnung (die er – glaube ich – jah-
relang genährt hatte) doch nicht endgültig zu sein brauchte.
Er rief Buchheim an – und Stunden später hatte ich den
Waschkorb mit den fünf prallen Leitz-Ordnern im Büro und
Buchheim am Apparat.

Buchheim kam sofort zur Sache. Zu *seiner* Sache. Verlegerische, redaktionelle, künstlerische Fragen interessierten ihn in
diesem Augenblick nicht. Ich merkte sofort, daß Zweifel
nicht gefragt waren. Bedenken, Vorschläge – er hörte einfach
nicht zu oder tat jedenfalls so. Ihm ging es darum, mir
vom ersten Augenblick an klarzumachen, was er mit diesem
Buch wollte, warum er drei Jahrzehnte lang – vom unmittelbaren Erleben (1942/43) bis zur Endfassung des Manuskripts
(1971/72) – in immer neuen Anläufen sich dieser gewaltigen
Anstrengung des Erinnerns und Niederschreibens ausgeliefert hatte, die zu jenen zweieinhalbtausend Seiten geführt
hatten. (»Zuviel? Mein Gott, die fünf Ordner sind das bißchen, was geblieben ist. Ich hab' das Mehrfache geschrieben –
und wieder verworfen!«)

Ich spürte die ungeheure Besessenheit dieses Mannes, seine
Versessenheit darauf, sich Gehör zu verschaffen, die Über-
lebenden zu erreichen, die Erfahrung einer ganzen Generation dem Vergessen zu entreißen, den Verdrängern und
Verführern und Simplifikateuren die eigene Erfahrung ent-
gegenzuhalten. Seit damals habe ich Buchheims bildkräftige,
zwischen dem derben Seven-letter-word mit weichem s und
dem Preziösen (wenn er zärtlich Bonnards »Gaucherien« beschreibt) oszillierende Sprache im Ohr, die sich in der Erre-
gung sächsisch färbt, wenn es etwa gegen die »Wedderanen«

geht, die immer noch die »klaisende Prünne« der Marine hochhielten.

Zunächst sah ich ihn wie einen Don Quijote von lauter Windmühlen umzingelt, ehe ich erkannte, daß es die Gegner, die er beschwor, wirklich gab. Sie alle tauchten auf, als das Buch erschienen war, in den Verbandsblättern der Ehemaligen, in den Diskussionen nach Lesungen, in manchen Kritiken.

Buchheims Wirklichkeit des Krieges, *seine* Wahrheit, war alles andere als plakativ. Sie war nur im Detail zu finden, und erst die Fülle der Einzelheiten ergab das unendlich kleinteilige Mosaik seines Bildes vom U-Bootkrieg. Mit altfränkisch-hanssächsischem Stolz pries Buchheim sein Handwerk: da stimme alles, jeder nautische Begriff, jeder maschinentechnische Terminus, jedes seemännische Kommando. Der »L. I.« und »der Topp« hätten alles überprüft.

»Aber jetzt lesen Sie mal erst! Ich fahre morgen für sechs Wochen in die Südsee.«

So schleppte ich also den Wäschekorb vom Verlag hundert Schritte weiter in unsere Wohnung und stellte ihn ins Bad, vielleicht weil dort schon ein Wäschekorb stand oder weil Consuelo, damals meine Frau, den Rest der Wohnung mit den Papierfluten ihres ersten Romanmanuskripts überschwemmt hatte und nirgendwo sonst Platz war.

Auf den Rücken der Aktenordner standen merkwürdig karge Wörter: Bar Royal, Gammel I, Gammel II, Fühlung, Versorgung, Gibraltar … Andere Begriffe wie Auslaufen, Erster Angriff, Sturm, zweiter Angriff, Rückmarsch leuchteten mir auf Anhieb eher ein. Mit »Bar Royal« auf Ordner I ging die Sache offenbar los, aber davor waren noch etwa fünfzig Seiten mit jeweils einer Personenbeschreibung drauf, ca. 10 bis 20 Zeilen – wohl die Besatzung: Name (einer hieß doch tatsächlich Piper, den haben wir später in Pilgrim umgetauft), Alter, Dienstgrad, Herkunftsort, Familie, ein paar Bemerkungen über äußere Erscheinung, Eigenheiten, typisches Verhalten. Und ganz vorne eine Seite mit zwei Zeilen: oben, getippt: »Herrlich, herrlich wird es einmal sein!« und etwa in der Mitte, von Hand schräg übers Blatt geschrieben: »Einfach großartig«.

Das erste war Buchheims Titel für den Roman, entnommen einer frommen Hymne, die der »Bibelforscher«, einer der Peoples an Bord, anstimmt, als das angeschossene Boot vor Gibraltar auf Grund sinkt:

»Herrlich, herrlich wird es einmal sein,
wenn wir ziehn, von allen Sünden rein,
in das gelobte Kanaan ein …«
(Weiter kam er nicht, weil ihm der Zentralemaat fürchterlich
auf den Mund hieb.)

Die handschriftliche Zeile stammte von Johannes Mario
Simmel, der das Manuskript gelesen und mit jenen Worten
seinem Verlag, Droemer, nachdrücklich empfohlen hatte,
dem sich Buchheim wiederum wegen des großen Erfolgs
verpflichtet fühlte, der dort seinem »Lexikon der Modernen
Kunst« beschieden war. Warum das Buch dort nicht erschien,
weiß ich nicht; ich erinnere mich nur, daß Fritz Bolle mir
später gestand, er habe zu Droemer gesagt: »Willy, weeßte, es
bricht mir das Herz, aber da kann man keinen Roman draus
machen!«

Ich erzähle das nur, weil ich dasselbe dachte, nachdem ich nun
endlich angefangen hatte zu lesen. Genau dasselbe. Da war ich
nun angesteckt gewesen von Klaus Pipers beschwörendem
Herbeiwünschen eines großen Buchs, hatte mich in Trotz geredet gegen alle möglichen Bedenken, war vollgepumpt von
des Autors Enthusiasmus in eigener Sache (wieviel davon auch
tiefe Zweifel überspielte, merkte ich erst später) und saß nun
da und dachte: es geht nicht, nein, man kann wirklich keinen
Roman draus machen! Die haben ja alle recht. Das fängt ja nie
an! Hunderte von Seiten Bordroutine, Prüfungstauchen,
Probealarm, Sonnenunter- und -aufgänge, Schiffahrtsphiloso-
phie, Dialoge, die keine sind, ein banales Herummaulen,
Aneinandervorbeireden, allenfalls zögerndes Herantasten,
dann wieder vulgäres Gequatsche, Mondauf- und -untergänge
– und wenn mal was los ist, dann geht es quälend lang dahin.
Wasserbombe um Wasserbombe, 20, 30, 40 Seiten – und dann
wieder nichts, nichts, nichts hundert Seiten lang.

Ich stellte mir die Gesichter der Verlagsvertreter vor, die das
verkaufen sollten und sich wiederum die ratlosen Mienen der
Buchhändler vorstellten – die hatten ihre Kunden für Konsa-
lik und Walser, Christa Wolf und Siegfried Lenz. Sollten die
Buchheims »Herrlich, herrlich …« lesen? Wann war eigentlich der letzte deutsche Kriegsroman erschienen? Die Kaser-
nenromane von Kirst waren ewig lang her. Gab es für so
etwas überhaupt noch Leser? Lebten die überhaupt noch?
Und die Jungen? Die füllten ihre Regale mit den Regen-
bogenfarben der Edition.

Dann versuchte ich mir wieder Mut zu machen, beschwor Remarque, Mailer, Plivier, Simonow … Kurz: Ich dachte lauter überflüssiges Zeug und übersah eins dabei: daß ich gar nicht aufhören konnte zu lesen und auch, nachdem ich einmal durch war, immer wahllos irgendwo aufschlug und las und immer vertrauter wurde mit den Leuten auf diesen Seiten und dem Boot, dieser scheußlichen und zugleich faszinierenden Maschine, und richtig süchtig wurde nach der Sprache dieses Manuskripts, ihren Farben, ihrer Prägnanz, ihrer Genauigkeit. Aber man kann ja auch zwanghaft qualmen und es trotzdem für falsch halten.

Wer weiß, wann und wo dieses Buch erschienen wäre, wenn nicht meiner Frau nach einigen Wochen dieser zweite Wäschekorb im Bad auf die Nerven gegangen wäre. Genaugenommen war es nicht der Wäschekorb (wer sie kennt, weiß, daß sie nicht gerade eine Ordnungsfetischistin ist), sondern meine Unruhe und Unentschlossenheit.

»Ich hab dich noch nie so fasziniert in einem Manuskript lesen sehen – warum machst du es dann nicht?«

»Weil« – ich versuchte, ihr meine Zweifel verständlich zu machen.

»Aber warum sagst du dann nicht ab, sondern liest immer weiter?«

»Weil« – nun kommt ein komisches Wort – »weil ich noch nie so einer Wirklichkeitsmasse begegnet bin.«

»Einer was?«

Noch einmal schreibe ich es hier nicht hin, für Consuelo aber war es das Stichwort. »Da beklagst du dich ständig, daß deine Autoren nichts zu sagen hätten, da führt ihr eure ewigen nutzlosen Realismusdiskussionen, und hier hockst du monatelang« – später wurden Jahre daraus! – »auf einem Wäschekorb voller Wie-nennst-du-das-Masse herum und willst es einfach nicht wahrhaben. Laß mich was lesen.« Sie überflog einige Seiten und entschied: »Das machst du!«

Der Rest war Arbeit. Da ich immer noch nicht glaubte, das Manuskript durch einfaches, sorgfältiges Kürzen auf eine publizierbare Länge bringen zu können, legte ich mir die Sache anders zurecht. »Ich nehme nichts weg«, dachte ich listig, »sondern suche mir einfach das Beste heraus, und das komponiere ich dann frei zu einer Art symphonischer Dichtung in Prosa.«

»Na, wenn's nichts Schlimmeres ist, dann machense mal«, spottete Buchheim, als er von meinen Absichten erfuhr, und wappnete sich mit Geduld – was ihm von allen Dingen am schwersten fällt.

Und dann wurde es doch ein ganz schlichtes Kürzen. Ich zog mich für vierzehn Tage zu meinen Eltern nach Aachen zurück, hockte Tag und Nacht auf dem Bett, und nachdem ich erst einmal die Steckbriefe der Besatzungsmitglieder über das Buch verteilt hatte, nämlich dahin, wo die einzelnen Personen erstmals auftauchten, fing ich an zu streichen. Das allerdings war gar nicht so leicht: Denn es gab nichts Besseres und nichts Schlechteres. Es gab auch nichts Überflüssiges. Es gab nur Stellen, die ähnlich irgendwo schon mal vorkamen und geopfert werden konnten, und Texte, die stellvertretend für andere standen und bleiben konnten. Es war ein endloses Hin- und Herblättern, Wägen und Zweifeln. Doch da geschah das ersehnte Wunder: ganz langsam wurde der große epische Bogen, die in der Fülle verborgene Dramatik deutlich. Der Roman gewann Konturen, wie das fotografische Bild im Entwicklerbad! Entscheidend war, daß das Buch kürzer wurde, nicht aber schlanker oder straffer. Es mußte die Zumutung, die Lesbarkeit, die bewußte Länge und streckenweise herrschende Monotonie erhalten bleiben – um das ästhetische Äquivalent zur erlebten Erfahrung zu erzeugen. Der Leser sollte die Öde und Langeweile, wie sie in den Kapiteln Gammel I und II beschrieben sind, förmlich spüren – und sich trotzdem nicht langweilen.

Steffi Werner, unsere Lektoratsassistentin, erhielt täglich von mir einen Stapel durchgearbeiteter Seiten und schrieb alles neu. Das fertige Maschinenmanuskript hatte dann etwa 900 Seiten, aus denen schließlich 600 Buchseiten wurden.

Buchheim schickte ich schließlich die Neuschrift, er las fünfzig Seiten – und das reichte ihm. Das Manuskript konnte gesetzt werden.

Ich weiß nicht, ob Buchheim sich das Original mit den Strichen je angesehen hat. Es sah übel aus. Er hat es sich jedenfalls erst lange nach Erscheinen des Buches wieder zurückgeholt.

In der Fahnenkorrektur hat er vereinzelt ein paar Sätze hinzugeschrieben, wo ihm etwas Wichtiges entfallen zu sein schien. An den fünf oder sechs Stellen, an denen ich, um eine Überleitung zu formulieren, ein paar Worte hinzugedichtet hatte,

Lothar-Günther Buchheim, 2000

entdeckte er unfehlbar die fremde Hand. »Fritzsche, wozu diese
Überleitungen? Die beste Überleitung ist eine Leerzeile!«
Etwas anderes hat erst in letzter Minute Herr Grundmann,
der Korrektor, entdeckt, daß nämlich zweimal hintereinander
nur im Abstand von sieben Tagen Vollmond war. Da hatte offenbar der Zimmermann nicht mit der Axt gespart.

»Fünftausend Stück müßten sich davon verkaufen lassen.«
Das war Buchheims vorsichtige Schätzung bei unserem ersten Telefonat. Als der Verlag ein dreiviertel Jahr später 65 000
Exemplare für die Zeit von Buchmesse bis Februar dispo-
nierte, riet er nicht zur Mäßigung. Olf Lenzing, damals Ver-
triebsleiter, nahm Buchheim vor Erscheinen des Romans als
Gastautor mit zu einer Vertriebsleitertagung nach Wem-
ding – von da an hatte das Projekt in der ganzen Branche den
Nimbus des künftigen Erfolgs. Die Verlagsvertreter nahmen
mit wenigen Ausnahmen (»klingt ja nach Paddelboot! Muß
U-Boot heißen«) meinen Titelvorschlag »Das Boot« an, be-
harrten aber auf stärkeren Kürzungen am Anfang. Ich habe
»jaja« gesagt, aber alles gelassen wie es war. Es hat nie wieder
einer danach gefragt.

Auch den alten Trick, eine »action«-Szene nach vorne zu holen (»Blockverschiebung«) haben Autor und Lektor verworfen, desgleichen den Vorschlag, zum besseren Verständnis aufs Vorsatzblatt die Schemazeichnung eines VII-C-Bootes zu drucken oder auf dem Umschlag ein U-Boot abzubilden. Das »Boot« war inzwischen mehr geworden als ein U-Boot.

Der Titel wurde in fast alle fremdsprachigen Ausgaben übernommen, ebenso wie Marianne Menzels Slogan »Ein Buch wie ein Orkan« – »A Hurricane of a Book«. Nur die Franzosen konnten sich weder für »Le Bateau« noch für »Le Vaisseau«, »La Barque« oder »Le Sous-Marin« entscheiden. Für sie erfand Buchheim den Titel »Le Styx«.

Dieser Titel verdeutlicht vielleicht am allerbesten, worum es Buchheim mit seinem Roman wie mit all seinen Büchern zum U-Boot-Krieg, mit all seinen vehementen Auftritten und Fernsehbeiträgen zum Thema geht. Einen Damm gegen den Strom des Vergessens zu errichten. Und wenn je den 30 000 toten U-Boot-Soldaten einer gerecht geworden ist, dann nicht Traditionalisten, die den U-Boot-Krieg und damit das massenhafte, sinnlose Hinopfern glorifizieren und auch nicht die New York Times, die in einer Besprechung von »The Boat« meinte, sie hätten ihren Tod reichlich verdient *(richly deserved)*, sondern Buchheim mit seinem Bericht von Tagen und Nächten auf See, im Krieg.

Erstausgabe des Bestsellers, 1973

PS.

New York: Ich fahre im Yellow Cab zum Metropolitan Museum. Der Fahrer, ein leutseliger schwarzer Koloß, redet mit mir. Als er mich als Deutschen identifiziert, greift er zum Nebensitz und hält mir ein zerlesenes Taschenbuch vors Gesicht: »The Boat«.

»Know this book? *That's* a book!«

Und beim Abschied: »Never mind, buddy. You lost the battle. But you fought a great war!«

Niemand ist gegen Mißverständnisse gefeit.[1]

EWIGE FRAGEN, GRAUGÄNSE UND
QUARKS
Die Popularisierung des Wissens.
Das Sachbuchprogramm

Erklär mir die Welt heißt der Titel einer Kinder-Sachbuchreihe, deren Pilotband Piper 1972 ins Programm nimmt
und die sich bald zu einem seiner Lieblingsprojekte entwickelt. Denn sie führt, wenn auch begrenzt auf die Ziel-
gruppe der sechs- bis zwölfjährigen Leser, ins Zentrum
von Klaus Pipers verlegerischer Intention, »unbewußt ge-
speichertes Erfahrungswissen in die richtigen Sinnzusam-
menhänge zu bringen«, wie der Initiator der Reihe, Hans
Peter Thiel, es formuliert hat.[1]

Erklär mir die Welt – der Titel verweist programmatisch
auf Pipers größte verlegerische Leistung: die Popularisie-

Klaus Piper mit dem Kinderlexikon
»erklär mir die welt«, 1972. Vorn
in der Mitte seine Tochter Karin

rung von Wissen. Populäre Wissenschaft, das ist Pipers eigentliches Anliegen, seine ureigene verlegerische Domäne.

Als ich nach dem Ende des Zweiten Weltkriegs und nach dem Tod meines Vaters daran ging, ein neues Verlagsprogramm aufzubauen, ging es mir auch um folgendes: Neben die angestammten Gebiete Kunst, Philosophie und Literatur sollten neue Gebiete treten: Geschichte, Zeitgeschichte, zeitgenössische Literatur, Politik, Gesellschaft, Soziologie und Naturwissenschaft. Die Theologie, die Musik und das Theater kamen erst später hinzu. Ich wollte auch einen ganz neuen Akzent setzen, nämlich durch wissenschaftliche Sachbücher »transakademischer« Bedeutung. Darunter verstehe ich Bücher von Forschern, deren aktuelle Fragestellungen und diese vertiefende Konzepte auch ein breiteres gebildetes Lesepublikum fesseln können. Der Wunsch nach diesem Programmzuwachs wurzelte bei mir – wie schon erwähnt – zum Teil darin, daß die Phänomene der Naturwissenschaft und die ihnen zugrundeliegenden Gesetze früh meine Wißbegierde erregt hatten. So ist meine persönliche Neigung als erstes Glied der Wirkungskette zu nennen.[2]

Bei der Entwicklung dieser »persönlichen Neigung« und dem Wunsch, Wissenschaft einem breiten Publikum zu »erklären«, sie »öffentlich« zu machen, mag zweierlei mitgewirkt haben. Zum einen Pipers schon erwähnte unbezwingbare Neugier, die bis ins hohe Alter anhielt und ihn auch vor hartnäckiger Kontaktsuche zu Autoren und insistierender Einmischung, selbst in hochkomplexe Materien, nicht zurückschrecken ließ. Zum anderen, möglicherweise ursächlich für diese Neugier, Pipers unfreiwillig unakademischer Werdegang, der ihn viel beschäftigt hat: »Vielleicht wären wir ganz gern einige Jahre auf der Universität gewesen, aber damals war wenig Zeit dafür. Wir haben uns eine persönliche Lese- und Bildungsuniversität aufgebaut«,[3] schreibt Klaus Piper anläßlich des 60. Geburtstags von Heinrich Maria Ledig-Rowohlt, Sohn eines genialen Verlagsgründers und Verleger der zweiten Generation wie er selbst, über die persönlichen Voraussetzungen von ihrer beider Verlegersein.

Als Beleg für Pipers Respekt vor allem Akademischen mag die Achtung gelten, die er den akademischen Titeln entgegenbringt, die er selbst nicht hat erwerben können. So redet er noch die Starautorin Ingeborg Bachmann als »sehr verehrtes, liebes Fräulein Doktor Bachmann« an und verzichtet auch in der knappsten Hausnotiz an promovierte Mitarbeiter, wie »Dr. Rö« oder gar seinen Sohn »Dr. ERP«, selbst bei Namenskürzeln nie auf den Titel. Das als Manko empfundene Titeldefizit ist später mit der Verleihung von zwei Dr. h.c. aufgehoben worden.

In einer Reihe persönlicher Begegnungen und Erkenntniserlebnissen mit bedeutenden Persönlichkeiten sieht Piper selbst den konkreten Anstoß für jene durch und durch lebensweltlich orientierten verlegerischen »Wirkungsketten«, aus denen die Programmlinie »Populäre Wissenschaft« sich entwickelt. Am Anfang steht die Zufallsbekanntschaft seiner Schwester, der Tierfreundin Ulrike Piper, mit einem anderen, damals schon professionellen Tierfreund, Paul Eipper, dem Autor der *Gelben Dogge Senta,* einem Erfolgsbuch aus der Jugend der Piper-Geschwister. Aus dieser Begegnung entwickelt sich ab 1950 die Verlagsbeziehung zu Eipper. In ihr sieht Piper den Grundstein des neuartigen Programmsegments. Denn Eipper vermittelt seinerseits den Kontakt zu dem Basler Zoologen Adolf Portmann. Dessen These von der Gestaltwahrnehmung als Schlüssel zur Erfassung individueller Lebenswirklichkeit im Tierreich drängt damals nach weiterer Vermittlung. Portmann wiederum weist Piper auf den Verhaltensforscher Konrad Lorenz hin, der 1958 im Begriff ist, seine Forschungsstätte, das Max-Planck-Institut für Verhaltensphysiologie, in Seewiesen bei Starnberg neu zu etablieren – samt jenen später Wissenschaftslegende gewordenen Graugänsen, deren Erforschung ihm 15 Jahre später den Nobelpreis für Physiologie und Medizin einträgt. So werden mit Lorenz und schon vorher mit seinem Schüler Irenäus Eibl-Eibesfeldt die ersten Starautoren der populären Naturwissenschaft gewonnen.

Kettenreaktionen wie diese, die man heute als Ertrag von Netzwerken versteht, zeigen exemplarisch Pipers so

Klaus Piper zum Siebzigsten

Jungverleger, lieber Piper-Klaus,
Einst bei Reinhard Du
  (und ich bei Ernst!),
Bist Du Senior nun in seinem
  Haus.
Während Du das Altern noch
  erlernst,
Bin ich Dir da einen Schritt voraus.
Im Verlegerhimmel unsre Alten,
Was sie wohl so von uns beiden
  halten?
Ziehn sie ihre Stirn wohl oft in
  Falten,
Oder, wissend, daß sie mitgestalten,
Spenden sie uns manchmal auch
  Applaus?
Laß uns also munter weiter-
  drucken,
Wenn sie manchmal auch zusam-
  menzucken,
Was da unter ihrem guten Namen
So erscheint. Und Prost und
  Amen!

Dein alter Ledig[4]

pragmatisches wie zielstrebiges Vorgehen. Es ist darauf ausgerichtet, die Koryphäen der Wissenschaftsszene, am liebsten bereits ausgezeichnete oder zumindest angehende
Nobelpreisträger, wie zum Beispiel Werner Heisenberg,
Salvador E. Luria, Jacques Monod, John C. Eccles, Manfred
Eigen, Niko Tinbergen, Steven Weinberg und Ilya Prigogine, für sein Programm zu gewinnen.

Systematisch suchen Pipers Lektoren die Orte hochran-
giger Wissenschaft auf: internationale Tagungen wie die
der Nobelpreisträger in Lindau, prominent besetzte Vor-
tragsreihen wie die der Carl Friedrich von Siemens Stif-
tung in München, Einrichtungen der Grundlagenfor-
schung wie die Max-Planck-Institute und internationale
Hochschulen. Verleger und Lektoren knüpfen den Kontakt zu den Spitzenforschern: »Professor Mitscherlich«,
heißt es im Bericht über eine dieser »Universitätsreisen«
nach Heidelberg, »lief uns nur zufällig in die Arme, trotz
Eile in bester bajuwarischer Laune. Er wurde von uns
während einer schnell zwischen Vorlesung und Seminar
eingeschobenen Abendmahlzeit verhört.«[5]
Und Piper selbst berichtet:

Bei Gelegenheit einer der alljährlichen Nobelpreisträger-
Tagungen in Lindau am Bodensee lud mich Werner Heisenberg ein, mittags an seinen Tisch zu kommen. So lernte ich
den Neurophysiologen Sir John Eccles kennen, den Nobelpreisträger für Physiologie 1963. Von ihm brachte ich im
Laufe der folgenden Jahre mehrere Bücher im Piper-Programm heraus. Damit war schon der Autorenfund ein erfreu-
liches Ergebnis der Reise nach Lindau. Es kam aber als besonders wichtig noch hinzu: Eccles erzählte mir von seiner
langen Freundschaft mit dem Philosophen Karl Popper, dem
übrigens 1964 ebenfalls der Titel »Sir« verliehen wurde.
Karl Popper war als Jude noch vor dem »Anschluß« aus seiner
österreichischen Vaterstadt Wien emigriert. Als Ziel seiner
Emigration wählte er ein Land, das eine möglichst große
Distanz zu Österreich aufwies: Neuseeland. Er fand dort eine
Anstellung am Canterbury University College in Christ-
church. Um dorthin zu gelangen, mußte er von seinem
Wohnort aus jeden Morgen eine Strecke mit der Eisenbahn

zurücklegen. Und jeden Morgen traf er an der Bahnstation einen, wie er fand, sehr angelsächsisch aussehenden Herrn. Man kam schließlich ins Gespräch und freundete sich an. Der neue Freund war der gebürtige Australier John Eccles, der zur selben Universität fuhr. […]

Ich erfuhr von Eccles, daß die beiden an einem gemeinsamen Buch über die Grundlagen des Bewußtseins, der Physiologie und der geistigen Verfassung des Menschen arbeiteten. […] Das Buch erschien zuerst in Englisch unter dem Titel *The Self and Its Brain – An Argument for Interactionism* und 1982 in deutscher Übersetzung bei Piper als *Das Ich und sein Gehirn*.[6]

Paul Watzlawicks Erfolgstitel in der Erstausgabe von 1983

Pipers Strategie ist einerseits von individuellem Interesse und wachem Gespür für aktuelle Lebenswirklichkeit geleitet, andererseits von den Bedürfnissen des Markts.[7] Attraktive Sachbuchprogramme gehören seit Ende der fünfziger Jahre zu den erfolgreichen Trends auf dem Buchmarkt. Die Leistung von Piper besteht in der Entwicklung und Optimierung des spezifischen Typus »Populäre Wissenschaft«, einem in Deutschland damals relativ neuen Genre. Prominente Fachleute schreiben – in der angelsächsischen Tradition bewußt populärer Darstellung auch komplexer Sachverhalte – in verständlicher, transakademisch wirksamer Form für ein breites Lesepublikum. Intendiert ist, auf Autoren- wie auf Leserseite, der Blick über den Tellerrand.

Erstausgabe von 1987

Im naturwissenschaftlichen Bereich geben Autoren wie Lorenz und Eibl-Eibesfeldt sowie der Physiker Heisenberg mit ihren Erfolgen in populärer Wissenschaftsdarstellung den Anstoß für eine ganze Reihe so brillant wie breitenwirksam geschriebener Bücher. Darunter sind die Arbeiten von Monod und Eigen zur Zufallsforschung, die revolutionären Überlegungen von Prigogine zu neuen Ansätzen naturwissenschaftlichen Denkens, die Bücher von Weinberg und Rudolf Kippenhahn über die Anfänge von Universum und Gestirnen, die von Harald Fritzsch zu den Quarks und zum Urknall, Richard P. Feynmans Theorien über Licht und Materie sowie Poppers und Eccles' transdisziplinärer Zugriff auf Evolutionstheorien und Hirnforschung. Auch Medizin und Biologie im weitesten Sinn sind in diesem Programm vertreten.

In der Nachbardisziplin, der zwischen Natur- und Humanwissenschaft changierenden Psychoanalyse, prägen Alexander und Margarete Mitscherlichs Studien zum Einfluß psychischer Faktoren auf das individuelle und kollektive Verhalten den öffentlichen Diskurs der sechziger und siebziger Jahre. Sie verändern das gesellschaftliche Bewußtsein einer ganzen Generation – und bereiten damit auch einem Millionenerfolg wie Paul Watzlawicks *Anleitung zum Unglücklichsein* von 1983 den Weg.

Die »Humanwissenschaft« bietet Klaus Piper vielfältige Gelegenheit, seiner unermüdlichen Neugier auf die großen Menschheitsfragen nachzugehen. Legendär ist, wie hartnäckig er versucht, die wissenschaftliche Prominenz bei jeder sich bietenden Gelegenheit für den Verlag zu gewinnen. Im verlegerischen Alltag allerdings wird sein Hang zu visionären Entwürfen von den Betroffenen nicht immer als konstruktives Element für die Bewältigung des Tagesgeschäfts wahrgenommen. Dazu schreibt Reinhard Baumgart:

Verlagsfest für den Autorenjahrgang 1928 im Jahr 1988. Unten von links: Martin Greiffenhagen, Klaus Piper, Irenäus Eibl-Eibesfeldt. Oben von links: Hellmut Mehnert, Friedrich Prinz, August Everding, Hans Küng, Kurt Sontheimer

[…] zu leiden hatten wir alle an Klaus Pipers weitausgreifen-
dem Ideenschwung, der sich besonders am Vormittag in langen Monologen und Zukunftsvisionen entladen konnte. Es
war dann schwer, ihm irgendeine kleine, konkrete Entscheidung abzuringen, ohne hineingerissen zu werden in sein
großes Entwerfen von zukünftigen Programmen oder ein
variantenreiches Überlegen und Zaudern vor einem Um-
schlagentwurf. Daß Klaus Piper Erfolg hatte, auch und gerade
kaufmännisch, schien immer wieder staunenswert. […]
»Man muß früh auf die Hauptsachen kommen«, so zitierte er
gern eine Maxime seines Vaters. Danach hatte gerade er wohl
nicht leben dürfen.[8]

Die »ewigen«, theologisch-philosophisch ausgerichteten
Fragen stellen vor allem die Schriften von Karl Jaspers, teils
auch Hannah Arendt, später die der Theologen Heinz
Zahrnt und Hans Küng. Ergänzt wird dieses Programmsegment durch zeitgeschichtlich, soziologisch oder politisch ausgerichtete aktuelle Themen. Sie nimmt Piper ganz
bewußt ins Programm, als ein ihm angemessen erschei-
nendes Korrektiv gegen die Verdrängung der deutschen
NS-Vergangenheit. Zu den für diesen Sektor bedeutendsten Verlagsautoren zählen neben Arendt Robert Have-
mann, Leszek Kolakowski, Theodor Eschenburg, Ralf
Dahrendorf, Ernst Nolte, Joachim C. Fest, Kurt Sontheimer, Hildegard Hamm-Brücher und in neuerer Zeit Brigitte Hamann, die Ralf-Peter Märtin ins Haus bringt.
Spätestens seit den achtziger Jahren entwickelt sich die
Zeitgeschichte unter Ernst Reinhard Piper und Lektor
Ulrich Wank zum eigenständigen Programmschwerpunkt.
Der Initiative Ernst Reinhard Pipers sind zum Beispiel die
Veröffentlichungen zum Historikerstreit zu verdanken;
Wank führt das zeitgeschichtliche Programm fort. Spekta-
kulärste neuere Publikation ist 2001 Norman G. Finkel-
steins *Die Holocaust-Industrie. Wie das Leiden der Juden ausge-
beutet wird,* ein Buch, das zum Objekt leidenschaftlich
geführter öffentlicher Diskurse wird, so wie einige Jahre
vorher das aus Frankreich stammende *Schwarzbuch des
Kommunismus.*

Erstausgabe von 1998

Gleich hinter den großen Menschheitsfragen rangieren für Piper die Fragen praktischer Lebensbewältigung. Wie der Verleger auch sie in Bücher überführt, davon berichtet beispielhaft eine Anekdote aus seinen Erinnerungen:

Kurz nach dem Krieg konnte ich einen tüchtigen Mercedes älterer Bauart erwerben, der Autorenbesuche im bayerischen Einzugsgebiet erleichterte. Eine Fahrt damit führte mich auf den Riederstein zu Spoerls. Mein Gefährt nahm, wie vorher schon öfter, die ersten Serpentinen ganz brav, dann gab es einen Ruck, und der Wagen stand wie angewurzelt auf der Stelle. Mit technischem Geschick nicht auffallend begabt, ließ ich ihn stehen und nahm die paar Schritte, die zum Spoerl-Haus noch fehlten, zu Fuß. Sohn Alexander stand in der Tür und rief mir zu: »Herr Piper, ich hab' schon gesehen. Keine Sorge, ich geh' gleich hinunter.« In wenigen Minuten war er, mit einem imponierenden Werkzeugkasten versehen, beim Auto. Und nach wenigen Handgriffen fuhr er den Wagen zum Haus.
Ich wußte, daß auch Alexander Spoerl schrieb. Mir kam – wie könnte es anders sein – der Gedanke: Wäre dieser Alexander Spoerl nicht der Mann, ein praktisch-informatives Autobuch zu schreiben? Es müßte ebenso kompetent, was die Technik angeht, wie unterhaltend sein. Ich schlug ihm das vor, und er ging sehr bereitwillig darauf ein. Die Aufnahme des Buchs *Mit dem Auto auf du* übertraf alle Erwartungen. Von 1953 bis 1973 erschienen neunzehn Auflagen.[9]

Alexander Spoerls Autobuch ist Pipers Antwort auf die selbst leidvoll erlebten Anfänge bundesdeutscher Motorisierung. Das Gegenstück dazu, ein frühes Beispiel für die Anziehungskraft fernöstlicher Lehren, bildet *Das dritte Auge* von Lobsang Rampa, angeblich der Erlebnisbericht eines tibetanischen Lama. Das Buch, eine Übersetzung aus dem Englischen, wird zum phänomenalen Erfolg, der den Neid anderer Autoren weckt. Von Rudolf Hagelstange soll der an Piper gerichtete Wunsch stammen: »Ich möchte gern Ihr viertes oder fünftes Auge sein.«[10] Als bereits fast 100 000 Exemplare verkauft sind, stellt sich heraus, daß die Verlage einem großen Bluff aufgesessen sind. Der tibetanische Autor nämlich entpuppt sich als englischer Klempner.

Ein eigenes Ressort bildet bald intellektuell anspruchs-volle, unkonventionelle Reiseliteratur. Ihre Tradition geht bei Piper auf die zwanziger Jahre zurück, auf die von Robert Freund konzipierte Reihe »Was nicht im ›Baedeker‹ steht«. Wiederaufgenommen wird die Idee vom »anderen« Reiseführer für spezifische Zielgruppen – in abgewandelter Form – mit der Reihe »Panoramen der modernen Welt« ab 1954. Sie entsteht aus einer Artikelserie des Chef-redakteurs von *Paris Match,* Raymond Cartier, die unter dem Titel *Achtundvierzig mal Amerika* die einzelnen Bundesstaaten der USA vorstellt. Das Buch wird ein großer Verkaufserfolg und damit zum Auslöser für eine von Piper selbst entwickelte und von Gert Woerner betreute Reise-buch-Reihe. Bekannte Publizisten präsentieren ihre Lieb-lingsländer in nach Regionen gegliederten Einzelkapiteln, so zum Beispiel der renommierte Journalist Rudolf Walter Leonhardt *77 mal England* und *Xmal Deutschland.* Dieser anfangs so erfolgreiche Sachbuchtypus ist jedoch spätestens seit 1980 überholt; zum einen, weil die Leser die hier aus der persönlichen Sicht bekannter Publizisten individuell vorgestellten Länder inzwischen selbst bereist und sich ein eigenes Urteil gebildet haben, zum andern, weil das Fernsehen als bildmächtigeres Medium dem gedruckten Buch hier buchstäblich »die Schau stiehlt«. Nachfolger dieser Reihe werden die Länder-»Gebrauchsanweisun-gen«, in denen namhafte Publizisten ein Land ihrer Wahl präsentieren – individuell und ganz aufs Wort gestellt nach dem Muster von Watzlawicks Bestseller *Gebrauchsanwei-sung für Amerika* von 1979. Watzlawicks Sprach- und Er-zählkunst ist Vorbild für die ganze Reihe, deren Titel nicht zufällig zum geflügelten Wort wird, ebenso wie seine *Anleitung zum Unglücklichsein.* Von der Zusammenarbeit mit dem in Kalifornien lebenden Kärntner Watzlawick schwärmt das Lektorat.

Zum Orchideengarten der deutschen Verlagslandschaft wächst sich schließlich der dritte Kernbereich von Pipers Sachbuchprogramm aus, die Musikbücher. Am stärksten expandiert dieses Programmsegment in den siebziger und achtziger Jahren.

Die Hauptlinien und Höhepunkte des Sachbuchprogramms sollen im folgenden vorgestellt werden anhand exemplarischer Fälle und Autoren aus den drei zentralen Bereichen Naturwissenschaft, Humanwissenschaft und Musik.

Von der »Gelben Dogge Senta« zum »Urknall«. Naturwissenschaft populär

»Tiere sehen dich an«: Nicht erst seit Paul Eippers gleichnamigem Erfolgsbuch sind Tiere keine Unbekannten in Pipers Verlagsprogramm. Sie sind dort schon seit den Gründerjahren des Verlags präsent, seit dem 1910 vom Hundefreund Reinhard Piper herausgegebenen Bildband *Das Tier in der Kunst*. Prominent geworden sind Tiere bei Piper zunächst in metaphorisch überhöhter Kunstgestalt; im Almanach *Der Blaue Reiter*, als Giuseppe Tomasi di Lampedusas *Leopard* oder Frederick Forsyths *Schakal*. Auch *Die Gelbe Dogge Senta* mag noch mehr als Identifikationsobjekt für Generationen tierliebender Leserinnen und Leser gelten denn als biologische Spezies. Spätestens mit Konrad Lorenz' legendären Graugänsen aber, die nun neben Molekülen, Sternen, Quanten und Quarks zum Forschungsobjekt moderner Naturwissenschaft avancieren, werden Tiere zu realen Helden des Sachbuchs. Sie stehen am Anfang des Programms populärer Wissenschaft. Der »Freund aller Tiere« Eipper ist Pipers erster einschlägiger Bestsellerautor.

Dem Buch stand Eipper immer schon nahe, denn er war ursprünglich Buchhändler und Mitarbeiter im S. Fischer Verlag in Berlin. Sein erstes eigenes Buch *Tiere sehen dich an,* erschienen 1928 bei Dietrich Reimer, Berlin, wurde auf Anhieb zum Erfolg. Er ermöglichte ihm die Existenz als freier Autor, der seine Lieblingsthemen nicht nur in Büchern, sondern auch in Filmen, Rundfunk- und später Fernsehsendungen einem breiten Publikum zu vermitteln verstand. 1936 wiederholte Eipper, inzwischen Ullstein-Autor, seinen Erfolg mit der berühmt gewordenen Geschichte der *Gelben Dogge Senta*. Eine Neuausgabe dieses Buches steht 1950 am Anfang seiner Nachkriegskarriere bei Piper. Hier erscheinen in den fünfziger Jahren nun Eippers alte und neue Bücher, dazu die beliebten Tierkalender. *Die gelbe Dogge Senta* bleibt Eippers erfolgreichstes Buch. Die Neuausgabe erreicht bis 1974 zehn Auflagen.

Die freundschaftliche Autor-Verleger-Beziehung aktiviert jenes oben geschilderte Netzwerk, das Piper den Kontakt zu einschlägigen Forscherkreisen und aktuellen Themen erleichtert und das vor allem jene konkreten Anschauungs- und Gesprächserlebnisse ermöglicht, von denen Pipers verlegerische Phantasien und Pläne fortan zehren. Eine Kernszene schildert die folgenreiche erste Begegnung mit Lorenz in Seewiesen bei Starnberg.

Ich meldete mich beim Sekretariat an, und Professor Lorenz kam von seinem Studierzimmer im ersten Stock des geräumigen Hauses herunter: »Herr Piper, wenn Sie Lust haben, machen wir, bevor wir uns ein bißchen näher unterhalten, einen kleinen Spaziergang zum See. – Sehen Sie dort die Gänse. Es sind Graugänse, meine Hauptstudienobjekte.« Mehrere Gänse zogen in der Nähe und auch weiter entfernt ihre Kreise in dem ruhig, abseits von größeren Verkehrswegen gelegenen Gewässer. Plötzlich ein Vogelkreischen und heftiges Aufflattern: Zwei der Tiere waren sich »in die Haare geraten.« Lorenz sah hin und bemerkte trocken: »Sicher eine Eifersuchtsszene.« Dann aber wies er mich an einer anderen Stelle des Ufers auf eine einzelne Graugans hin: »Schauen Sie dort hinüber, etwas weiter weg von uns: Dieser Vogel ist unzweideutig keine gesellige Natur. Er ist ein ›Krauterer‹ [das bayerische Wort für Sonderling].« Es war eine erstaunliche Erfahrung, wie unter der Anleitung von Lorenz aus dem bloßen Gattungswesen Graugans Individuen wurden.[11]

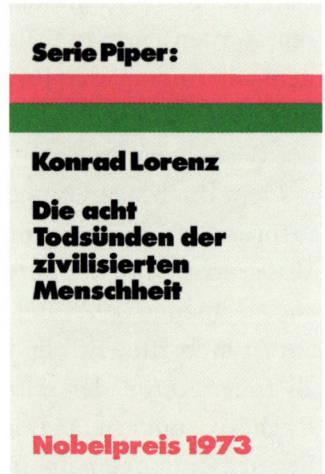

10. Auflage des Erfolgstitels von Konrad Lorenz

Lorenz' verhaltensbiologisches Denken, seine mit dezidierten Bekenntnissen zum Nationalsozialismus verstärkte Nähe zu Rassenkunde und sozialpsychologischer Auslesetheorie hatten ihn schon im »Dritten Reich« als Wissenschaftler reüssieren lassen. Tatsachen, die, als der österreichische Forscher Anfang der sechziger Jahre von Deutschland aus zur internationalen Karriere ansetzte, nicht bekannt und offensichtlich auch nicht von Interesse waren und erst in den letzten Jahren öffentlich gemacht wurden.

Lorenz' erste Publikation bei Piper sind die gesammelten Abhandlungen *Über tierisches und menschliches Verhalten* von 1965: anspruchsvolle Texte, die zuerst meist in wissenschaftlichen Fachzeitschriften erschienen waren. Sie werden zum Klassiker der vergleichenden Verhaltensforschung und zum Grundstein von Pipers naturwissenschaftlichem Programm, dem wohl bedeutendsten eines deutschen Publikumsverlags. 1973 erhält Lorenz zusammen mit Karl von Frisch und Niko Tinbergen den Nobelpreis für Physiologie und Medizin und danach viele weitere internationale Auszeichnungen. Seine Verdienste um die Entwicklung der Verhaltensforschung als biologischer Disziplin gelten seinerzeit als bahnbrechend. Sie wirken weit in

Zeichnung von Konrad Lorenz zum Thema »Die Verhausschweinung des Menschen«, 1939

Karl Popper und Konrad Lorenz
1983 bei der Aufzeichnung eines
Fernsehgesprächs in der Lorenz-
Villa in Altenberg bei Wien

andere Fachgebiete wie Psychologie, Soziologie und Kulturanthropologie hinein. Dasselbe biologische, immer stärker zivilisationskritische Denken trägt auch Lorenz' erfolgreichen Einsatz für die ökologische Bewegung, in der er sich vor allem in den achtziger Jahren engagiert.

Lorenz veröffentlicht bei Piper insgesamt 13 Titel; vor allem *Die acht Todsünden der zivilisierten Menschheit*, *Die Rückseite des Spiegels* (beide 1973) sowie *Der Abbau des Menschlichen* von 1983 werden sensationelle Erfolge — nicht zuletzt durch die Mischung aus Wissenschaft und Empathie, mit der er seine Sache höchst unterhaltsam öffentlich zu vertreten versteht.

In Lorenz und seinen Graugänsen findet Pipers Programm populärer Naturwissenschaft ein in seiner Anschaulichkeit, Aktualität und Popularität unübertreffliches Idealthema.

Daß der Physiker und Nobelpreisträger Werner Heisenberg Piper-Autor wird, verdankt sich ebenfalls dem Beziehungsnetz des Verlegers.

Es war mir eine große Freude, als ich von Erwin Schumacher, dem Inhaber der Schwabinger Buchhandlung Lehmkuhl, erfuhr, Elisabeth Heisenberg habe sich bei ihm erkundigt, welchem Verlag sie das gerade von ihrem Mann beendete Manuskript für *Der Teil und das Ganze. Gespräche im Umkreis der Atomphysik* anbieten solle. Schumacher hatte den Piper Verlag empfohlen. [...] Die Weite der von Werner Heisenberg aus seinem eigenen geistigen Erleben aufgezeigten Problemfelder stimulierte das Interesse eines großen Leserkreises. Dazu trugen bei Lesern ohne größere physikalische Vorbildung gewiß auch die Anregungskraft und die persönliche Wärme bei, mit der das Buch geschrieben ist.[12]

Als Heisenberg 1969 als Wissenschaftsautor bei Piper in Erscheinung tritt, steht er am Ende seiner wissenschaftlichen und akademischen Laufbahn durch schwierige Zeiten. Diese Laufbahn und die mit ihr verbundenen Erfahrungen und Erkenntnisse sind auch der Hauptgegenstand seines Schreibens. Schon 1933 wird Heisenberg für seine Beiträge zur Quantenmechanik, die Formulierung der Unschärferelation, mit dem Nobelpreis ausgezeichnet.[13]

Als führender deutscher Atomphysiker ist er seither in forschungspolitische Entwicklungsprozesse von internationaler Bedeutung involviert. Die in letzter Zeit wieder aufgeflammte öffentliche Diskussion um seine Beteiligung am deutschen Atomwaffenprojekt in der NS-Zeit macht deutlich, daß seine Rolle dabei nach wie vor ungeklärt ist, auch wenn Heisenberg selbst sie rückblickend, vor allem in seiner Autobiographie, reflektiert hat.

Diese Autobiographie *Der Teil und das Ganze* wird 1969, an einem Wendepunkt westdeutscher Nachkriegsgeschichte, zum außergewöhnlichen Publikumserfolg. Zum einen wegen der zeitgeschichtlichen Aktualität, der Verflechtung von persönlicher Rückschau, Politik- und Wissenschaftsgeschichte; zum anderen auch wegen Heisenbergs ausgeprägter Fähigkeit, komplexe Themenzusammenhänge verständlich und populär darzustellen und so an ein breites Lesepublikum zu vermitteln.

In den Verhandlungen mit dem Verleger erweist sich der Physiker als selbstbewußter Vertreter seiner Interessen, der es versteht, seine Sonderrolle als Wissenschaftsstar auch für vertragliche Sonderkonditionen zu nutzen. Nach Heisenbergs Tod 1976 erscheinen bei Piper weitere seiner Schriften, darunter 1984 bis 1989 eine Gesamtausgabe seiner Werke, in Kooperation mit dem Springer Verlag, Heidelberg, bei der Piper die Publikation der *Allgemeinverständlichen Schriften* in fünf Bänden übernimmt.

Wie tief sich Piper – vermittelt durch die Bekanntschaft mit Heisenberg, auf die er sich immer wieder beruft – in die Materie der Kernphysik hineingearbeitet hat, ohne deshalb seinen eigentlichen Adressaten, den »aufgeschlossenen Laien«, aus dem Auge zu verlieren, zeigen die umfänglichen Hausnotizen, etwa zum Manuskript von *Quarks. Urstoff unserer Welt,* dem ersten von Harald Fritzschs bei Piper erschienenen Büchern.

Fritzsch war von Piper-Autor Steven Weinberg, mit dem er in den USA gearbeitet hatte, auf den Verlag hingewiesen worden und rief dort unbekannterweise an, um

Die Verlage Piper und Springer präsentieren die »Gesammelten Werke« Werner Heisenbergs 1984 im Max-Planck-Institut für Physik in München. Auf dem Bild u.a. die Herausgeber Helmut Rechenberg, Hans-Peter Dürr (1. und 2. von links) und Walter Blum (5. von rechts), Springer-Verleger Heinz Götze (6. von rechts), Elisabeth Heisenberg, daneben Klaus Piper und Carl Friedrich von Weizsäcker

sein Buch über Quarks anzubieten, ein Anruf, der sofort positiv aufgenommen wurde. Fritzsch verkörpert den angelsächsischen Typ des Wissenschaftlers mit Lust an der populären Publikation. Dies hindert Piper jedoch nicht daran, dem hochkarätigen Fachmann tiefgreifende inhaltliche Veränderungen vorzuschlagen, die allerdings sämtlich darauf zielen, die Lesbarkeit und Verständlichkeit des Buchs weiter zu steigern.[14]

Die Gegenposition des für ein breites Publikum schreibenden Wissenschaftlers schildert der Astrophysiker Rudolf Kippenhahn in seinem *Tagebuch eines Piper-Sachbuchautors*. In humorvoll-ironischer Distanz schildert er seine ambivalenten Gefühle und Erfahrungen beim Erscheinen von *Hundert Milliarden Sonnen*.

Erstausgabe von 1981

18. März. Ich wollte nie wieder ein Buch schreiben, nachdem sich unser Lehrbuch der Plasmaphysik so schlecht verkauft hatte. Aber dann wurden in Hamburg und Berlin aus den Bibliotheken der Physikalischen Institute Exemplare gestohlen. Das machte mir wieder Mut. Und jetzt halte ich das erste fertige Exemplar des neuen Buches in der Hand. […] Ist es unhöflich, wenn ein Autor, der eben sein neues Buch in die Hand gedrückt bekommen hat, zwischen Lasagne und Saltimbocca darin blättert?
19. März. Wenn man beim Abendessen blättern darf, dann erst recht beim Frühstück. Und da bleibt mir das Herz stehen! Die ganzseitige Abbildung auf Seite 247 ist im Buch verkehrt! Nicht, daß etwas offensichtlich auf dem Kopf steht. Auf den ersten Blick merkt man nichts, nur wer verstehen will, was durch das Bild erläutert werden soll, steht vor einem Rätsel. Anruf in der Georgenstraße. Ich erreiche gleich den zuständigen Verlagsmitarbeiter, Herrn P., und der bekommt alles ab, was mich in diesem Augenblick erregt, und das ist viel. Daß man bei Konrad Lorenz' Graugans natürlich erkennt, was oben und unten ist, sage ich, daß man aber bei meinen Bildern sich an meine Anweisungen hätte halten sollen. Herr P. will mich wieder anrufen. Eine Stunde später sagt er mir, die ersten 4000 Exemplare seien schon gedruckt, mit verkehrtem Bild. Jetzt wäre der Druck gestoppt. Man stellt 4000 Erratazettel her, die beigelegt werden sollen. Die weiteren

Exemplare werden richtig gedruckt werden! »Was heißt richtig«, frage ich, »ich will erst die Probeabzüge sehen, ich traue niemanden mehr, der mir versichert, es sei alles in Ordnung.« Jetzt habe ich den sonst geduldigen Herrn P. getroffen. »Wir haben die Druckmaschinen angehalten, wissen Sie, was das bedeutet?« – »Natürlich«, sage ich. Ich habe nicht die leiseste Ahnung, aber sein Ton klingt so, als ob das Anhalten des Expreßzuges Paris–Rom auf freier Strecke dagegen eine Bagatelle sei. Also bekomme ich keine Korrekturen zu sehen und kann nur beten, daß nicht der Befehl zum Umdrehen des Bildes infolge besonderer Sorgfalt die Druckerei zweimal erreicht hat.

Es ist erst 10 Uhr, und der Tag ist noch lang nicht zu Ende. Um 10 Uhr 30 merke ich, daß der rote Punkt fehlt. Sterne können sich im Laufe ihrer Entwicklung vergrößern und zu Riesensternen werden. Sie können sich aber auch zu weißen Zwergsternen verkleinern. Einen Fall, bei dem ein Stern zum winzigen weißen Zwerg wird, haben die Zeichnerin, Frau W., und ich mit großer Sorgfalt in einem Bild festgehalten. Anfangs stellt eine rote Kreisscheibe den Stern dar, am Schluß ist er ein winziger roter Punkt. Auf ihn wird im Text hingewiesen. Er war noch deutlich in den Korrekturfahnen zu sehen, seither ist er verschwunden. Irgendwie sind Tausende kleiner roter Punkte in der Druckerei geblieben. Anruf bei Herrn P. im Verlag. Er weigert sich, 8000 Erratazettel mit einem winzigen roten Punkt drucken zu lassen. […] Niemand will sich wegen eines winzigen roten Punktes engagieren, niemand zu Hause, niemand im Verlag. Nur mein ganzes Denken kreist um den Punkt, der mir jetzt zum Mittelpunkt der Welt geworden ist. […]

17. September. Nun ist seit den aufregenden Tagen des April schon eine ganze Menge Wasser die Isar hinuntergeflossen. Meine Gedanken kreisen wieder um meine normale Arbeit. Gelegentlich rufe ich im Hause Piper an. Jetzt wird die zweite Auflage gedruckt, mit rotem Punkt. […]

15. November. Eben wird mir bewußt, daß ich seit über vier Monaten nicht mehr im SPIEGEL nach der Bestsellerliste geschaut habe.[15]

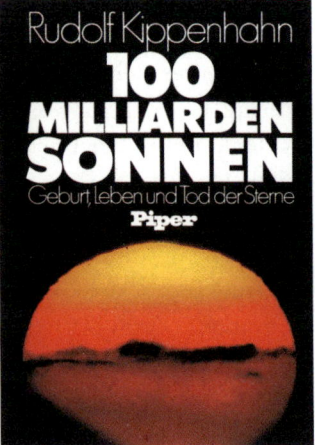

Erstausgabe von 1980

Über »Die Unfähigkeit zu trauern« und »Die Sache mit Gott«. Humanwissenschaft und Menschheitsfragen

> Der Piper Verlag hat in den letzten beiden Jahrzehnten eine
> breite Aktivität [...] entfaltet, die sich im Begriff der Hu-
> manwissenschaft bindet. Ich bemerkte schon, daß die persön-
> liche Neigung des Verlegers – für kritische Wahrheitssuche
> einzutreten – bei dieser Entwicklung Pate stand. Ein zweites
> inneres Antriebsmoment war und ist: die Erfahrung des Frei-
> heitsverlustes in der Korrumpierung der Gesellschaft durch
> die nationalsozialistische Diktatur; sie bewirkte das Engage-
> ment für grundlegende und aktuelle geistige Fragestellun-
> gen [...], im besonderen für politisches Denken und seine
> notwendigen, zeitgemäßen Voraussetzungen.[16]

Zum 70jährigen Verlagsjubiläum 1974, das mit einem
Höhepunkt im Ausbau des Sachbuchprogramms zusammenfällt, definiert Klaus Piper noch einmal seine programmatischen Ziele: zum einen das stetige Interesse des
»kritischen Wahrheitssuchers« an den Menschheitsfragen;
zum anderen die aktuelle politische Motivation des bürgerlichen Antikommunisten, die durch die gesellschaftliche Entwicklung seit 1968 mit Sicherheit einen zusätzlichen Schub erhalten hat.

Die zentralen Themen des humanwissenschaftlichen
Programms sollen – zusätzlich zu den Kapiteln über Karl
Jaspers und Hannah Arendt – hier an vier Autoren beispielhaft beschrieben werden: dem Psychoanalytiker Alexander Mitscherlich, mit dessen Arbeiten das Programmsegment Psychologie und Psychosomatik begründet wird;
den Theologen Heinz Zahrnt (Protestant) und Hans Küng
(Katholik), deren Auseinandersetzung mit Theologie und
Kirchen die Religion zum Thema breiten öffentlichen
Interesses macht, und schließlich dem marxistischen Oppositionellen Robert Havemann, dessen Person und Werk
bei Piper die Auseinandersetzung mit dem Kommunismus
einleitet.

»Es ist ein schreckliches Leiden, Bücher zu schreiben.«[17] So kommentiert Alexander Mitscherlich schon 1962, noch im Vorfeld der Verlagsbeziehung zu Piper, den Grundkonflikt seiner publizistischen Tätigkeit. Es ist ein vielsagender Kommentar, aussagekräftig zum einen für die analytische Weltsicht, die der prominente Psychoanalytiker in Pipers Sachbuchprogramm einbringen wird, zum anderen aber auch für Mitscherlichs individuelle berufliche Situation, den permanenten Termindruck, unter dem er lebt und arbeitet.

Als Lektor Reinhard Baumgart und Verlagsleiter Hans Rössner ihn 1958, bei der bereits zitierten Universitätsreise, für den Verlag zu gewinnen suchen, ist Mitscherlich Ordinarius für Psychosomatische Medizin in Heidelberg und auch ohne publizistische Tätigkeit ein viel beschäftigter Mann. Bei Piper will man ihn zunächst vor allem für einen Band über Psychoanalyse in der Reihe der durch Jaspers begründeten »Einführungen« gewinnen und umwirbt ihn lange Zeit so heftig wie vergeblich.

Erst fünf Jahre später, 1963, erscheint nach zweimaliger Terminverschiebung Mitscherlichs erstes Buch bei Piper, *Auf dem Weg zur vaterlosen Gesellschaft*. 1967 folgen, gemeinsam mit Margarete Mitscherlich verfaßt, *Die Unfähigkeit zu trauern* und 1970 *Eine deutsche Art zu lieben*; 1975 dann *Der Kampf um die Erinnerung. Psychoanalyse für fortgeschrittene Anfänger* und 1978 *Das Ich und die Vielen. Ein Lesebuch*. Von Margarete Mitscherlich, ebenfalls Ärztin und Psychoanalytikerin, erschienen bei Piper zusätzlich vier weitere Bücher, darunter *Müssen wir hassen?*, *Das Ende der Vorbilder. Vom Nutzen und Nachteil der Idealisierung* und *Die Zukunft ist weiblich*.

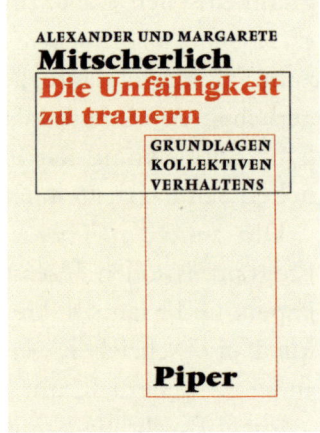

Erstausgabe von 1967

Die Titel zeigen bereits an, daß die Mitscherlichs in ihren Publikationen, zumeist Essaysammlungen, Themen aufgreifen, die gesellschaftspolitisch hochaktuell sind und zugleich von grundsätzlicher Bedeutung für die Vermittlung psychoanalytischer Denkansätze an ein breiteres Publikum.

Die Psychoanalyse ist Anfang der sechziger Jahre in Deutschland weithin Terra incognita, das hier vermittelte

Denken ungewohnt. Die eher distanzierten, ja befremdeten Reaktionen von Verleger und Lektorat auf Mitscherlichs erste Manuskripte spiegeln den Bewußtseinsstand einer breiten, auch akademischen Öffentlichkeit. Psychoanalyse ist in ihrem Bewußtsein nicht mehr präsent, seit sie von den Nationalsozialisten zur verfemten Wissenschaft erklärt und mit ihren renommiertesten, meist jüdischen Vertretern ins Exil getrieben wurde. Doch nun, Mitte der sechziger Jahre, treffen die Themen der Mitscherlichs auf ein breites Interesse. Denn sie befassen sich mit den Fragen, die die Generation von 1968 an ihre Väter stellt: die verdrängte Auseinandersetzung mit dem Nationalsozialismus und die Bedeutung von kollektiver Erinnerung für die Identität; Probleme des Wiederaufbaus und des Verlusts von Heimat, die aus der Kluft zwischen den traditionellen Lebensformen der Ära Adenauer und der Dynamik der neuen Industriegesellschaft entstehen. Es sind Phänomene, die die Mitscherlichs in der »Unwirtlichkeit« der neuen Stadtregionen ebenso früh diagnostizieren wie die Zukunft einer »vaterlosen Gesellschaft« und die Rückständigkeit traditionaler Geschlechterverhältnisse. So haben die Bücher bis heute eine unerwartet starke internationale Resonanz. Sie wirken bewußtseinsverändernd auf eine ganze Generation.

Die Beziehung zwischen Alexander Mitscherlich und dem Piper Verlag – vertreten durch den Verleger selbst, durch Verlagsleiter Rössner sowie die Lektoren Baumgart, später Walter Hinderer und Michael Wegner – zeigt exemplarisch die Themen und Konflikte aus der Zusammenarbeit mit prominenten Wissenschaftlern, für die das Publizieren als populäre Sachbuchautoren nur ein Nebenschauplatz ihrer Tätigkeit ist. Da ist zum einen der permanente Termindruck, der das Erscheinen jeder von Mitscherlichs Publikationen belastet und zu teils mehrjährigen Verzögerungen und den entsprechenden Weiterungen für den Verlag führt. Was ihn aber keineswegs davon abhält, Mitscherlich zu immer neuen Themenvorschlägen und weiteren Publikationen zu animieren und ihn immer enger, am liebsten exklusiv, an den Verlag binden zu wollen.

Letzteres erweist sich als vergeblich: »Treue ist eine schwer zu erwerbende Tugend«, kommentiert Mitscherlich diese Bindungsversuche. »Mir fällt sie sehr schwer, und ich habe genug damit in Ehe und Beruf zu tun. Daß Sie mich auch noch vereidigen wollen, einem Verleger treu zu sein, das nenne ich Überforderung. Auf Eskapaden müssen Sie bei mir immer gefaßt sein.«[18] – Ein wahres Wort, wie das Ende der Beziehung noch zeigen wird.

Zu Konflikten führt auch immer wieder der Zustand der eingereichten Manuskripte, die exzessive Lektorierungsprozesse nötig machen. Die Einwände des Lektorats, bei *Die Unfähigkeit zu trauern* etwa auf 19 Briefseiten vorgebracht, richten sich einerseits gegen die »Wissenschaftlichkeit« der Texte, etwa die Verwendung zu vieler Fachbegriffe und zuwenig plakativer Titelformulierungen, andererseits gegen eine zu schwache Strukturierung. Diese Probleme haben ihre Ursache sicher auch darin, daß Mitscherlichs Texte in der Regel aus Vorträgen vor einem Fachpublikum entstanden sind. Für die gedruckte Vermittlung an ein Laienpublikum sind sie offenbar noch nicht zureichend um- und ausgearbeitet worden.

Ein drittes Konfliktthema – auch dieses gerade bei Wissenschaftsautoren omnipräsent – ist die Honorierung:

Vom Verlag ohne spezifische Unterschrift erhielt ich einen Rundbrief an die Ko-Autoren der Sendereihe des Studio Heidelberg »KRIEG ODER FRIEDEN?« Darin wird den Autoren ein »einmaliges Honorar von DM 180,– für ihren Beitrag« angeboten.
Lieber Herr Piper, wenn weiter solche Angebote aus dem Piper Verlag bei mir eintreffen, sollten Sie sich nicht wundern, wenn Sie eines Tages die APO bei sich im Haus vorfinden. Sie ist dann von mir organisiert worden. Ich erkläre mich hiermit ausdrücklich nicht bereit, in dem geplanten Sammelband »KRIEG ODER FRIEDEN?« mit vertreten zu sein. Natürlich fällt es mir als sogenanntem »Erfolgsautor« leicht, mit dem Herrn Verleger kategorisch zu verkehren. Sie kennen mich genügend, um zu wissen, daß ich diesen Widerstand nicht wegen meines Honorars leiste, sondern daß ich stellvertretend für die anderen Autoren spreche, die nicht in

so günstiger Position sind. Ich weiß nicht, wie Ihre Kalkula-
tionen zustande kommen, aber es ist eben unmöglich, heute
einem Autor für einen Buchbeitrag 180,– DM anzubieten.
Und zwar ein für allemal. [19]

Zu einer persönlichen Auseinandersetzung kommt es
1966, anläßlich eines Interviews von Jaspers mit dem
Münchner Merkur, in dem dieser, ursprünglich selbst Professor für Psychologie, seine bekannt militante Ablehnung
der Psychoanalyse ein weiteres Mal öffentlich gemacht
hat. Mitscherlich sieht sich veranlaßt, die weitere Zusammenarbeit mit Piper, Jaspers' Hauptverlag, spontan
aufzukündigen.

> Sehr geehrter Herr Piper,
> ich nehme an, dass Ihnen das Interview, das Ihr Autor Karl
> Jaspers dem Münchner Merkur gewährt hat und von dem
> Auszüge in der Süddeutschen Zeitung vom 18./19. 6. –
> wahrscheinlich auch noch in vielen anderen Blättern – er-
> schienen sind, gegenwärtig ist. Das Interview spricht für sich
> und ich möchte auf seinen Inhalt nicht weiter eingehen, son-
> dern sehe mich leider genötigt, einige Konsequenzen daraus
> zu ziehen. Die mir persönlich sehr traurige besteht darin, dass
> ich keine weiteren Arbeiten im Piper-Verlag mehr zu veröf-
> fentlichen gedenke, in einem Verlag, der eben der Hauptver-
> lag von Karl Jaspers ist.
> Nach meiner Auffassung ist ein Verlag kein Omnibus-Un-
> ternehmen, dessen man sich schlechthin als Vehikel bedient.
> Ich möchte mich in einem Verlag wohlfühlen können, weil
> ich mich der Gruppe der Autoren, die er veröffentlicht, ver-
> wandt fühle. [. . .]
> Ich kann nicht erwarten, dass Sie meinetwegen einen Autor
> aufgeben, der zu den Bestsellern unseres Landes gehört. Aber
> Sie werden auf der anderen Seite verstehen, dass ich einen
> Verlag aufgeben muss, der eben mit Jaspers sich identifiziert.[20]

Es gelingt, ein Stillhalteabkommen zu schließen und Mitscherlich vorläufig im Verlag zu halten. Und so kann Piper
1967, wiederum mit einer Verspätung von zweieinhalb
Jahren und nach einem extensiven Lektorierungsprozeß,
das bekannteste und erfolgreichste Buch der Mitscherlichs

veröffentlichen, *Die Unfähigkeit zu trauern. Grundlagen kollektiven Verhaltens.* Sein Thema, die kollektive Verdrängung der NS-Vergangenheit in der Adenauer-Zeit, trifft ins Zentrum der gesellschaftlichen Konflikte der Bundesrepublik, ohne daß dies im Verlag oder auch in der professionellen Kritik sofort erkannt worden wäre. Der Erfolg des Buches, »der uns zugefallen ist«,[21] wie Mitscherlich selbst sagt, verdankt sich mehr der politischen Entwicklung als verlegerischer Strategie. Der Zeitpunkt des Erscheinens im zeitlichen Umfeld der Studentenrevolte läßt das Buch zum Epochenereignis werden. Die Leser reagieren sofort und durchaus kritisch, wie Mitscherlich, mittlerweile Ordinarius an der Universität Frankfurt am Main, in der direkten Konfrontation mit den Studierenden erfahren muß. Im Herbst 1969 wird Mitscherlich für das Buch mit dem Friedenspreis des Deutschen Buchhandels ausgezeichnet. Es erreicht eine Gesamtauflage von über 100 000 Exemplaren.

Die Unfähigkeit zu trauern – das Thema führt zugleich ins Konfliktzentrum des gesellschaftlichen Mikrokosmos Piper Verlag, ein Zusammenhang, der intern niemals explizit hergestellt wird. Denn sowohl der Verleger als auch der Verlagsleiter sind, als Angehörige der hier ins Visier genommenen Vätergeneration und ihrer Haltung des Schweigens und Verdrängens, unmittelbar betroffen. Die Mitscherlichs haben wohl nie erfahren, wie präzise ihre Kollektivdiagnose von der Unfähigkeit zu trauern auch die Situation von Verlagsleiter Hans Rössner erfaßt. Dieser bleibt bis zu seinem Ausscheiden 1977 ihr Hauptansprechpartner, von Alexander wie Margarete Mitscherlich hochgeschätzt wegen seiner fachlichen Brillanz, seiner verbindlichen Schreib- und Umgangsformen – und nicht zuletzt wegen seiner Zurückhaltung.

Ab 1970 zieht sich Mitscherlich allmählich aus der Zusammenarbeit mit dem Piper Verlag zurück, die für ihn immer nur eine unter mehreren anderen Verlagsbeziehungen war. Ursachen des Rückzugs sind zum einen die mit Mitscherlichs Erfolgen einhergehende Ausweitung seiner öffentlichen Existenz und seine weiter zunehmende

Überlastung, zum anderen die Entscheidung für Suhrkamp als Herausgeber des seit längerem geplanten Reihenprojekts zur Psychoanalyse. Wieder einmal gibt ein Autor, der das Profil des Piper Verlags geprägt hat, in der Schwellenzeit um 1968 Siegfried Unseld und der »Suhrkamp-Kultur« den Vorzug als dem zeitgemäßeren Kontext für sein Werk.

Den fulminanten Auftakt für die wirklich »ewigen« Fragen in Pipers Sachbuchprogramm, die aus dem Bereich Religion, Christentum und Weltanschauung, macht 1966 Heinz Zahrnts *Die Sache mit Gott.* Die Resonanz auf diesen so populären wie überzeugenden Titel für eine Darstellung protestantischer Theologie im 20. Jahrhundert ist überwältigend. Insgesamt werden 140 000 Exemplare des Buchs verkauft. »Großartig ist, daß ›Die Sache mit Gott‹ so ausgezeichnet weitergeht«, schreibt der begeisterte Verleger an seinen neuen Erfolgsautor. »Das ist wirklich ein theologischer Bestseller, den es so wohl noch nie gegeben hat.«[22]

Mit seiner klaren Darstellung, deren Sprache nur deshalb so einfach und scheinbar »unwissenschaftlich« sein kann, weil sie auf einer außergewöhnlich großen theologischen Bildung und mitreißender protestantischer Bekenntnisfreude aufbaut, eröffnet Zahrnt der Theologie ganz neue Leserschichten. Sie war bisher eine Sache für Spezialisten, abgeschirmt durch Fachsprache und hochspezialisierte Begrifflichkeit. Durch Zahrnt wird Theologie nun populär im besten Wortsinn. Nicht zufällig erscheint ein Buch wie *Die Sache mit Gott,* das traditionellerweise auf ein konfessionelles Verlagshaus festgelegt gewesen wäre, nun in einem Publikumsverlag.

Bevor er zum Bestsellerautor avancierte, war Zahrnt Chefredakteur des *Deutschen Allgemeinen Sonntagsblatts* und seit 1960 im Präsidium des Deutschen Evangelischen Kirchentags aktiv – ein speziell in theologischen Themen versierter Publizist und Journalist von beeindruckender Erscheinung bis ins hohe Alter, der sich zudem durch Lesereisen selbst erfolgreich für die Verbreitung seiner Bü-

Erstausgabe von 1966

cher einzusetzen verstand. Er steckte stets voller Ideen für populäre theologische Bücher und ließ seinem Bestseller viele weitere mit ähnlich suggestiven Titeln und Themen folgen, die die protestantische Seite des theologischen Spektrums breit abdecken.

Nach Zahrnts Erfolgen und auf seine Anregung hin sucht man bei Piper lange nach einer entsprechenden Autorenpersönlichkeit aus der katholischen Theologie. Man gewinnt sie schließlich acht Jahre später in dem streitbaren Schweizer Theologen Hans Küng, der nach seinem sensationellen Debüt mit *Rechtfertigung* schnell zu einem der bekanntesten und einflußreichsten katholischen Theologen der jüngeren Generation aufgestiegen war. Auch Küng versteht es, Fragen des Glaubens in gegenwartsbezogener Sprache überzeugend zu formulieren. Mit *Christ sein* wagt er 1974 den Schritt in einen Publikumsverlag, was er selbst als schicksalhaft empfindet:

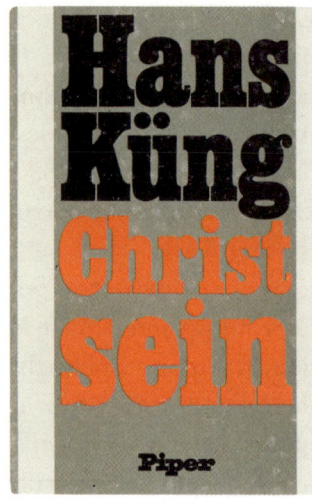

Erstausgabe von 1974

> Klaus Piper als Verleger ist für mich doch so etwas wie ein Schicksal geworden. Mein Übergang von einem katholischen Verlag zu einem allgemeinen Publikumsverlag war vor rund dreißig Jahren keine Selbstverständlichkeit, aber für mich selber eine außerordentlich glückliche Entscheidung.[23]

Christ sein wird zum verlegerischen Ereignis des Jahres 1974. In der Auseinandersetzung mit der Amtskirche steht der Verlag seinem Autor nach Kräften bei, veröffentlicht zum Beispiel zwei Dokumentationen zum *Fall Küng*. Daß von allen katholischen Kanzeln gegen ein bei Piper erschienenes Buch gepredigt und damit breite Aufmerksamkeit auf Autor und Werk gelenkt wird, das dürfte in der Verlagsgeschichte einmalig sein.

Küngs Themenhorizont erweitert sich immer mehr; vom spezifisch christlichen zum interreligiösen Dialog und den großen Darstellungen der Weltreligionen bis hin zu dem bahnbrechenden *Projekt Weltethos*. Heute kann Küng als einer der universalen Denker unserer Zeit gelten; nicht zuletzt durch seine kritische Auseinandersetzung mit der römischen Kurie um die Freiheit in Glaubensfragen.

Zuletzt hat er sie 2002 im ersten Teil seiner Autobiographie *Erkämpfte Freiheit* thematisiert, wenn er dort die Anfänge seines Glaubenskampfs mit dem Vatikan noch einmal nachzeichnet.

Die Auseinandersetzung mit einer anderen, diesseitigen »Glaubenslehre«, dem Kommunismus, begleitet Piper sein Leben lang. Personifiziert erscheint dieser Diskurs in Pipers Beziehung zu Robert Havemann, einem der führenden Oppositionellen der DDR. Dabei stand der Beginn der Beziehung unter ganz anderen Vorzeichen. Durch Familienfreundschaft hatten sich die beiden jungen Leute 1929 in München kennengelernt. Das gemeinsame Interesse an den Naturwissenschaften und deren Fortschritten hatte den Jungbuchhändler Piper und den Chemiestudenten Havemann bald näher verbunden. In der NS-Zeit trennen sich die Wege. Der junge Piper sucht – fern von politischem und Kriegsgeschehen – den väterlichen Verlag ohne allzu große Zugeständnisse durch die schwierigen Jahre zu manövrieren; Havemann, seit 1932 Mitglied der KPD in Berlin, geht in den Widerstand, wird 1943 verhaftet und zum Tod verurteilt. Nur glückliche Umstände, die Tatsache, daß die Vollstreckung des Todesurteils mehrmals verschoben wird, und schließlich das Kriegsende, retten sein Leben.

Erstausgabe von 1970

Während der erklärte Antikommunist Piper den Verlag in München wieder aufbaut, wird Havemann Mitglied der SED und arriviert in der DDR als Wissenschaftler und Professor an der Berliner Humboldt-Universität. Bis er wegen seiner öffentlichen Opposition gegen die Parteilinie auch im realen Sozialismus in Ungnade fällt. 1964 wird Havemann aller Ämter enthoben, 1977 bis 1979 in Ost-Berlin unter Hausarrest gestellt.

Diese von politischen Konstellationen unmittelbar bestimmten Lebensumstände bleiben nicht ohne Wirkung auf die seit 1943 gehegten gemeinsamen Buchprojekte. Die damals geplante populäre Darstellung naturwissenschaftlicher Erkenntnisse wird umständehalber nie verwirklicht. Jetzt sind die politischen Themen auch in Havemanns Publikationsplänen, realisiert hauptsächlich beim Rowohlt Verlag, in den Vordergrund gerückt. Bei Piper erscheinen eher autobiographisch orientierte Schriften: 1970 *Fragen Antworten Fragen. Aus der Biographie eines deutschen Marxisten*, 1971 *Rückantworten an die Hauptverwaltung »Ewige Wahrheiten«*, 1980 *Ein Marxist in der DDR* und *Morgen. Die Industriegesellschaft am Scheideweg. Kritik und reale Utopie*.

Für Piper sind Havemanns Thesen immer wieder Anlaß zu umfänglichen Notaten und leidenschaftlichen Briefdiskussionen mit dem Autor. Ein knapper Auszug aus einer der Hausnotizen zu Havemanns letztem Buch *Morgen* mag für sich selbst sprechen:

> Robert Havemanns neues Buch, Frucht seines politischen Denkens und seiner gesamten Lebenserfahrung in vielen Jahren, ist wichtig aus mehreren Gründen: Sein Autor ist ein unabhängiger Geist. Er hat sich nie sein Denken von anderen vorschreiben lassen, er ist für seine Überzeugung mutig und ohne sich einem bequemen Opportunismus irgendwie anzupassen, in der Nazi-Zeit (wo er zum Tod verurteilt wurde) und, nach seiner Überzeugung als loyaler Sozialist, ebenso im totalitären Regime der DDR eingetreten. […]
> Auch für den Leser, der die sozialistische Grundposition des Autors nicht teilt, ist dies Buch wichtig. Denn er wird, wenn er sich in seiner anderen Position nicht völlig eingeigelt hat, in den geistigen Dimensionen und in den Perspektiven dieses Buches eine neue Sicht auf die Probleme, die sich uns allen aufdrängen, gewinnen.[24]

Neutöner, Klassiker und Virtuosen. Pipers Musikprogramm

So norddeutsch-melancholisch, so protestantisch es nach Herkunft und Erziehung auch zugegangen sein mag: Bei Pipers hatte man *Lust an der Musik*.[25] Reinhard Pipers Eltern sollen sich beim Klavierspiel kennengelernt haben, schon als Kind erhält Reinhard Klavierunterricht, seine Kindheit wird geprägt von den musikalischen Ambitionen des Vaters. Die Pipers sind musikalisch und leben diesem Talent; entweder als ambitionierte Dilettanten und Verleger wie Reinhard Piper und sein Sohn Klaus oder als professioneller Musiker wie Reinhards zweiter Sohn Martin, Pianist und Professor an der Musikhochschule München.

Reinhard Piper schreibt dazu in seinen Erinnerungen:

Eigentlich müßte ich über meine Musikerlebnisse hier ebensoviel sagen wie über den Geist der Graphik oder über das italienische Erlebnis. Ich habe ein halbes Jahrhundert moderner Musikgeschichte erlebt. Ich habe Reger, Pfitzner, Strauss, Mahler, Wolf-Ferrari, Hindemith, Strawinsky, Bartók, ja sogar noch den alten Grieg eigne Werke dirigieren gehört und gesehn, die meisten von ihnen auch als Kammermusiker und Begleiter ihrer Lieder am Klavier. Über Reger, Pfitzner, Strauss, Mahler, Schönberg habe ich Bücher verlegt. Dazu hörte ich alle großen Dirigenten und Solisten.

[…] Viele Jahre hindurch veranstaltete ich im Verlag »Haus-

Musikabend im Verlag, Federzeichnung von Theodor Fischer von 1931

konzerte«. Sie machten viel Arbeit, aber auch viel Freude. Drei große ineinandergehende Zimmer mußten jedesmal fast ganz ausgeräumt werden. Wie ein solcher Abend dann ungefähr aussah, hat der Baumeister Theodor Fischer, der mit seiner Frau häufiger Gast war, mir ins Album gezeichnet. Neben befreundeten Dilettanten beteiligten sich hervorragende Berufsmusiker: Otto Vrieslander, Herma Studeny, Li Stadelmann, Julia Menz. Auch Mitglieder der Philharmoniker, der Bratschist Max Schöpper, der Cellist Paul Frantz, der Gambenspieler Dr. Willi Schmid, wirkten mit. […] Ein Höhepunkt dieser Veranstaltungen war der Pfitzner-Abend. Frau Hüni-Mihacsek und Paul Bender von der Staatsoper sangen Lieder, vom Meister am Flügel begleitet. Das Studeny-Quartett spielte das Opus 13 D-Dur mit der humorvollen Bratschenstelle. Das Werk wurde in der Wohnung der Primgeigerin in Pfitzners Anwesenheit geprobt. Mittendrin ließ sich ein höchst störendes Schnarren und Kratzen in der Wand hören. Kein Zweifel: da war ein Kaminkehrer am Werk. Schuldbewußt blickten wir uns an. Pfitzner mußte das doch, seiner Art nach, als eigens auf ihn gemünzte Kränkung empfinden. Aber glücklicherweise konnten wir nach einiger Zeit wie befreit ausrufen: »Es hat aufgehört!« Pfitzner mürrisch: »Ja, jetzt, wo ich mich gerade dran gewöhnt habe!«[26]

Die Musik Hans Pfitzners, aber auch die in Deutschland inzwischen verfemter Komponisten ist später auch bei den vor Ort berühmten PIPLAKO zu hören, »Pipers Platten Konzerten«, die in den Jahren des Zweiten Weltkriegs die

Der Anfang einer Liedkomposition von Anton von Webern, abgedruckt in »Der Blaue Reiter«, 1912

Kammerkonzerte im Verlag ersetzen. Klaus Piper lädt, als er zur verlegerischen Autorität aufgestiegen ist, dann regelmäßig bekannte Interpreten zum gemeinsamen Musizieren ein, spielt sich privat manch einem seiner prominenten Autoren ins Herz und tritt gelegentlich auch als Pianist auf.

All diesen Aktivitäten gemeinsam ist, was schon die Anfänge des Piperschen Musikprogramms kennzeichnet: ein über den üblichen bürgerlichen Klassikgeschmack hinausgehendes Interesse für die Neutöner, die ja bereits im Manifest des *Blauen Reiters* zu Wort kommen, und ihre »wilden, ungepflegten Demokratengeräusche«.[27]

Eröffnet wird das Musikprogramm bereits 1910 mit der ersten Biographie über Gustav Mahler; hinzu kommen schon vor dem Ersten Weltkrieg Monographien über Beethoven, Brahms, Bruckner, Reger sowie eine Festschrift für Arnold Schönberg. Danach erscheinen bis nach 1945 keine nennenswerten Musikbücher mehr. Das Musikprogramm unter Reinhard Piper bleibt sporadisch und von allen Programmsegmenten den persönlichen Vorlieben des Verlegers am deutlichsten verhaftet. Zu bedenken bleibt, daß es damals für Musikbücher nur einen sehr eng begrenzten Markt gibt. Erst unter den veränderten Marktbedingungen in der Ära Klaus Piper entfaltet sich das Musikbuch seit Anfang der siebziger Jahre mit den Lektoren Walter Fritzsche und Klaus Stadler, intimen Kennern der Musikszene, zu einem Markenzeichen des Verlags.

Drei Schwerpunkte zeichnen sich ab: zum einen das in der Verlagsgeschichte beispiellose Großprojekt *Pipers Enzyklopädie des Musiktheaters*; zum zweiten das klassische Musiksachbuch einschließlich Selbstzeugnissen, Biographien und Monographien, die zum Beispiel scheinbar so feste Größen wie Mozart und Wagner in ganz neuem Licht erscheinen lassen; zum dritten Musikbücher aus der Feder berühmter Virtuosen und Interpreten.

Zum Glücksfall und Markstein in der Geschichte des Musikprogramms wird das Jahr 1976. Es bringt richtungweisende Titel zu jedem der erwähnten Programmschwerpunkte: den Beginn der Arbeit an *Pipers Enzyklopä-*

die des Musiktheaters, die Lebenserinnerungen des Geigers Yehudi Menuhin als Anfang einer Reihe populärer Memoiren- und Interpretationsbücher und die Heraugabe der *Tagebücher* von Cosima Wagner als musikgeschichtlich und biographisch bedeutendes Selbstzeugnis.

Die Rechte daran lagen – nach testamentarischer Verfügung der jüngsten Wagner-Tochter Eva Chamberlain – bei der Stadt Bayreuth; die Tagebücher sollten erst dreißig Jahre nach dem Tod der Erbin veröffentlicht werden. Den Hinweis darauf, daß diese Sperrfrist eben ablaufe, erhielt Klaus Piper von dem Publizisten und späteren Mitherausgeber der *Tagebücher*, Martin Gregor-Dellin, den er durch den PEN-Club kannte.

Um in der Konkurrenz der Verlage um die Rechte eine reale Chance zu haben, tat Piper sich mit der in New York lebenden ehemaligen deutschen Exilverlegerin Helen Wolff zusammen, die an der englischsprachigen Lizenz interessiert war. Piper schildert den folgenreichen gemeinsamen Besuch im Rathaus der Stadt Bayreuth:

Man wies uns ein ruhiges Zimmer an, und der zuständige Bedienstete der Stadt kam und brachte uns die Kassette, in der die Originale verwahrt waren. Wir ließen die Blätter zwischen uns hin und her wandern. Sie waren von ihrer Verfasserin in einer so gut lesbaren und schönen Schrift geschrieben, daß die Lektüre schon deshalb ein Vergnügen war. [...]
Die Fülle und Prägnanz dessen, was Helen Wolff und ich im Zimmer des Bayreuther Rathauses lesen konnten, war so überzeugend, daß wir uns nach der uns eingeräumten guten halben Stunde nur zuzunicken brauchten: Ja, das ist's! Natürlich machen wir das! Die Federführung würde bei Piper liegen. Piper würde der Vertragspartner für die Stadt Bayreuth sein und die Originalrechte erwerben. Helen Wolff gab der amerikanischen Ausgabe des einzigartigen Werkes eine sehr gute Chance. [...] Nachdem die Verhandlungen zu einem glücklichen Abschluß gebracht waren, erfuhr ich, daß sich achtundzwanzig deutsche Verlage um die Tagebücher beworben hatten. Ich empfand den Ablauf der Dinge als eine der glücklichen beruflichen Kettenreaktionen, an denen mein Verlegerleben so reich war.[28]

322

Die Ausgabe, ediert von Martin Gregor-Dellin und Dietrich Mack, erscheint 1976 und 1977 in zwei Bänden, mit hervorragender internationaler Resonanz – ein einzigartiges autobiographisches Dokument der Musikgeschichte.

Gregor-Dellin hat Pipers Musikprogramm als Autor, Herausgeber, Ideengeber und – nicht zuletzt – als Gesprächspartner des Verlegers wesentlich befördert. Die 1980 bei Piper veröffentlichte große Wagner-Biographie wird von der Musikkritik gefeiert als »seltener Glücksfall« einer Komponistenbiographie, »die wissenschaftlich unanfechtbar ist und zugleich für ein größeres Publikum [...] eine in jedem Augenblick fesselnde Lektüre bietet«.[29]

1976 beginnt auch die Arbeit an der bereits erwähnten *Enzyklopädie des Musiktheaters,* einem gleichfalls epochemachenden Projekt. Es soll seine Entstehung einer Anregung von August Everding verdanken, der damals Intendant der Hamburgischen Staatsoper war und Piper gegenüber klagte, wie sehr ihm für seine Arbeit ein umfassendes einschlägiges Nachschlagewerk fehle. Dieses wird nun konzipiert in einer großen Kooperation zwischen dem Forschungsinstitut für Musiktheater der Universität Bayreuth, dem Berliner Musikwissenschaftler Carl Dahlhaus und dem Piper Verlag.[30] Das Werk umfaßt in beinahe 2500 Artikeln alle Sparten des Musiktheaters. Für den Verlag entwickelt es sich zur permanenten Herausforderung. Der erste der sieben Bände erscheint nach zehnjähriger Vorbereitungszeit 1986, der letzte 1997. Die Enzyklopädie wird zur Weltnovität, von Kritik und Leserschaft begeistert aufgenommen.[31]

Vom Januar 1976 datiert auch der Brief, mit dem Piper sich mit Menuhin persönlich in Verbindung setzt – zu Zeiten, in denen schreibende Stars medial noch nicht so selbstverständlich omnipräsent waren wie heute. Vom Gestus her mehr Bewunderer des Künstlers als sein Verleger, bittet Piper um Gespräch und Kooperation für das bevorstehende Erscheinen der deutschen Ausgabe von Menuhins Lebenserinnerungen *Unvollendete Reise:*

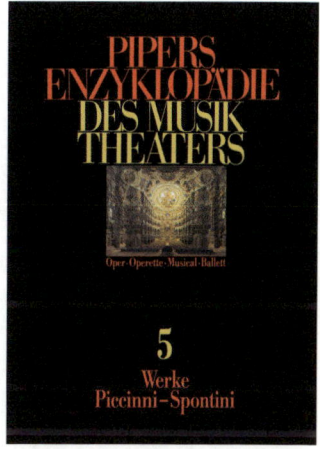

Band 5 des verlegerischen Großunternehmens, 1994, mit dem Umschlag von Federico Luci

Sehr verehrter Herr Menuhin,

soeben erfahre ich nach Rückkehr aus einem Weihnachts-
urlaub, daß Sie mit Ihrer Frau Schwester am 30. Januar einen
Duo-Abend in München geben werden. Auf dieses Konzert
freue ich mich nicht nur deshalb besonders, weil ich Sie
schon vor etwa 45 Jahren (das genaue Datum weiß ich leider
nicht mehr) als faszinierter Zuhörer – ich glaube, Sie spielten
das Brahms-Violinkonzert unter Erich Kleiber – erleben
durfte, sondern um Ihnen als Verleger der deutschen Ausgabe
Ihrer Autobiographie wiederzubegegnen.

Mit ebenso großem Vergnügen wie künstlerisch-mensch-
lichem Gewinn habe ich das Manuskript Ihrer Erinnerungen
gelesen. […]

Wir wollen Ihr Buch als eine Neuerscheinung von ganz be-
sonderem Gewicht ins Zentrum unseres Herbstprogramms
1976 stellen. Mit der Übersetzungsarbeit ist schon begonnen
worden. Ich werde in diesem Fall, wo ich mich auch persönlich engagiert fühle, gern auch bei den (sicher nicht erheb-

Yehudi Menuhin am Messestand
in Frankfurt 1979, dem Jahr, in dem
er den Friedenspreis des Deutschen
Buchhandels erhielt

Alfred Brendel mit dem Verleger bei der Präsentation von »Nachdenken über Musik«, 1977

lichen) Fragen der Redaktion des Manuskripts mitwirken. […] Ich hoffe sehr, daß wir, verehrter Herr Menuhin, anläßlich Ihres Konzerts hier in München Gelegenheit haben werden, diese und andere Fragen […] persönlich zu besprechen.[32]

Piper trifft hier auf einen Künstler mit ganz besonderer Ausstrahlung und Menschlichkeit. Für Menuhin war es – anders als für viele vertriebene und verfemte Künstler – selbstverständlich, bald nach Kriegsende wieder in Deutschland aufzutreten. Auch die deutsche Einheit hat er später mit sympathischen musikalischen Gesten begrüßt und gewürdigt.

Menuhins Erinnerungen markieren den Anfang einer ganzen Reihe von Büchern, in denen – vergleichbar den erfolgreichen Piper-Sachbüchern von Koryphäen aus Natur- und Humanwissenschaft und ebenso innovativ – berühmte Virtuosen und Interpreten in vielfältigen, sehr individuellen Formen öffentlich *Nachdenken über Musik*; so der Titel von Alfred Brendels Buch, das gleich anschließend an Menuhins Erinnerungen 1977 erscheint und innerhalb von zwei Jahren vier Auflagen erlebt. »Er provoziert zu dem, was er tut: Nachdenken über Musik«, heißt es in einer Kritik der *Frankfurter Allgemeinen Zeitung*.

»Brendel ist ein hervorragender Pianist. Was für ein phäno-
menaler Musikkritiker wäre er geworden, hätte er seine
Zeit nicht mit Klavierspielen verbracht!«[33]

Brendel wird in der Tat zum Glücksfall für die Musikszene und den Verlag – ein anspruchsvoller Musiker mit
Tiefgang, der sich gängigen Vermarktungsstrategien nicht
beugt, ein Publizist mit hohem intellektuellem Niveau,
mit Witz, Humor und einem Hang zum Skurrilen. Noch
einmal, 1992, ergreift er, der seine Texte in Englisch und
in Deutsch schreibt, das Wort als Musikkritiker und
-philosoph. *Musik beim Wort genommen* heißt der Band, in
dem Brendel die Schwerpunkte seines pianistischen Programms vorstellt und reflektiert.

Mit dem kanadischen Pianisten Glenn Gould kommt
ein weiterer glänzender Essayist zu Wort, mit seinen
Schriften zur Musik in zwei Bänden, postum erschienen
1986/87.

Als vierter im Bunde der prominenten Interpreten sei
der international renommierte Publizist und Musikkritiker Joachim Kaiser genannt. Er ist Piper seit langem verbunden, als temperamentvoller Klavier- und Gesprächspartner wie als Autor von insgesamt fünf Büchern, die sich
überwiegend mit Musik und Musikern befassen. *Große
Pianisten in unserer Zeit* heißt das erste und erfolgreichste
seiner Bücher, das seit 1972 zahlreiche Auflagen und Ausgaben erlebt hat.[34]

Zu den originären Musikern, denen sein Interesse gilt,
zählt Kaiser letztlich auch Piper. Das Zeugnis, das er ihm
als Partner beim Vierhändigspielen und zugleich als Verleger ausstellt, ist der beste Beleg auch für Intention und
Erfolg von Pipers Musikprogramm.

Piper ist wirklich, und von innen her, und auf enthusiastische
Weise, »musikalisch«. Er nähert sich der Musik nicht wie ein
Lektor, der gefälligst ganz genau jede einzelne Zeile lesen
und bei Undeutlichkeiten festhaken und nichts überspringen
soll, sondern er nähert sich der Musik, wie ein (sagen wir)
Dirigent einen Klavierauszug überfliegt. Es geht ihm ums
Wesentliche, ums Kräftige, ums Organische. Und wenn wir

diese Unterscheidung ins Literarische übertragen dürfen: Piper liest Musik eben nicht wie ein Lektor – sondern wie ein Verleger. Dem Verleger kommt es ja auch nicht auf irgendwelche korrigierbaren Einzelheiten an, sondern darauf, wie ein ganzes Werk sich ausnimmt. Dieses Talent, zum Kern der Sache vorzustoßen, sich nicht ablenken zu lassen, nicht »heraus«zukommen, zeichnet die Musik-Aktivität von Klaus Piper aus. Es ist ein seltenes Talent. Man kann es sich nicht aneignen. Man muß wirklich, und in einem höheren Sinne, »verstanden« haben, um es zu besitzen.[35]

Klaus Piper zu Hause am Flügel

»Verlage überdauern selten ein Jahrhundert.« Fast hätte sich die skeptische Sicht des Verlagsgründers auf die Überlebenschancen seines Unternehmens doch noch bewahrheitet.[1] Ende 1994, ein halbes Jahr nach dem 90jährigen Verlagsjubiläum, verkauft Klaus Piper das Unternehmen an die schwedische Bonnier Media Holding. Zum 1. Januar 1995 wird eine neue Geschäftsleitung bestellt, mit Viktor Niemann als Verleger. Er hat das Interesse der Bonniers an Piper geweckt und den Kauf vermittelt.

Schon Jahre bevor auf dem deutschsprachigen Buchmarkt die allgemeine Tendenz zu Fusionierung und Konglomeration einsetzte, war deutlich geworden, daß der Piper Verlag in der bestehenden Form nicht mehr lange wettbewerbsfähig sein würde. Zwar war das Programm Anfang der neunziger Jahre nochmals ausgebaut worden, größere Verkaufserfolge waren jedoch ausgeblieben. Auf der Suche nach einem starken Partner hatte Piper sich schließlich für die schwedische Bonnier-Gruppe entschieden, ein Familienunternehmen wie das seine, aus dem er einzelne Mitglieder seit längerem kannte – ein Unternehmen, dem es im Verlauf seiner fast 200jährigen Geschichte gelungen war, sich zu einem international wettbewerbsfähigen Familienkonzern zu entwickeln. So überlebt Piper, wenn auch nicht als Familienverlag.

Die Nachricht vom Verkauf löst in der Öffentlichkeit ein nachhaltiges Echo aus. Das Ende eines weiteren der wenigen noch selbständigen Publikumsverlage mittlerer Größe, eines der wenigen Independants der Buchbranche, wird – über den individuellen Fall hinaus – interpretiert als Indikator der bedrohlich zunehmenden Konzernbildung und Entindividualisierung der deutschen Verlagslandschaft. Zum anderen gilt die Aufmerksamkeit der personellen Konstellation zwischen Klaus und Ernst Reinhard Piper, dem zwischen Vater und Sohn seit langem schwelenden Generationenkonflikt, einem auch unter Verlegern nicht unbekannten Phänomen.

R·PIPER et CO VERLAG

R. PIPER GMBH & CO. KG · GEORGENSTRASSE 4 · 80799 MÜNCHEN · POSTFACH 45 08 61 · 80738 MÜNCHEN
TELEFON (0 89) 38 18 01-0 · TELEFAX (0 89) 33 87 04

Pressemitteilung   München, 21.11.1994

Zukunftssicherung des Piper Verlages

1. Der Piper Verlag ist mit seiner 90-jährigen Geschichte ein Teil der deutschen Kulturgeschichte dieses Jahrhunderts. Wichtig für die Zukunft eines Inhaberverlages ist die Wahrung seiner Kontinuität und seiner Identität. Verlage in der Größenordnung von Piper müssen in einer Zeit verschärften Wettbewerbs und gesteigerter wirtschaftlicher Anforderungen dafür Sorge tragen, daß ihre dauerhafte Leistungsfähigkeit nicht ausschließlich vom manchmal wechselhaften Erfolg der verlegerischen Tätigkeit abhängig wird. Der Mehrheitseigner des R. Piper Verlages, Dr. h.c. Dr. h.c. Klaus Piper hat sich deshalb entschlossen, die Anlehnung an ein größeres Unternehmen zu suchen. Darin sieht er die Gewähr für eine langfristig gesicherte Zukunft des Verlages im Geist seiner Tradition.

2. Die schwedische Verlegerfamilie Bonnier wird vom 01. Januar 1995 an die Anteilsmehrheit am R. Piper Verlag übernehmen. Wie der Piper Verlag ist die Bonnier-Gruppe noch immer ausschließlich in Familienbesitz. Die verlegerischen Aktivitäten der Familie gehen in Skandinavien auf das frühe 19. Jahrhundert zurück. Heute ist die Bonnier-Gruppe ein großes Medienunternehmen, das in vielen europäischen Ländern aktiv ist. Ein Sinn für Qualität und langfristige Bindungen war immer prägender Bestandteil der Bonnier-Philosophie.

3. Der Piper Verlag wurde 1904 von Reinhard Piper, dem Vater von Klaus und Großvater von Ernst Reinhard Piper gegründet. Klaus Piper übernahm nach dem Tod seines Vaters 1953 die alleinige Leitung des Verlages. Ernst Reinhard Piper ist seit 1983 geschäftsführender Gesellschafter.

4. Dr. h.c. Dr. h.c. Klaus Piper bleibt seinem Unternehmen als Berater und als Betreuer seiner Autoren verbunden.

5. Zur Zeit werden Gespräche mit Dr. Ernst Reinhard Piper geführt mit dem Ziel, eine konstruktive Zusammenarbeit mit dem neuen Mehrheitsgesellschafter herbeizuführen.

Autoren des Verlages sind u.a.:

Franz Alt, Stefan Andres, Hannah Arendt, Ingeborg Bachmann, Lothar-Günther Buchheim, Irenäus Eibl-Eibesfeldt, Ludwig Fels, Frederick Forsyth, Harald Fritzsch, Fruttero & Lucentini, Gert Heidenreich, Werner Heisenberg, Edgar Hilsenrath, Aldous Huxley, Karl Jaspers, Joachim Kaiser, Hans Küng, Konrad Lorenz, Yehudi Menuhin, Reinhold Messner, Sten Nadolny, Hanns-J. Ortheil, Alexander Solschenizyn, Giuseppe Tomasi di Lampedusa, Karl Valentin, Anna Wimschneider, Gabriele Wohmann, Heinz Zahrnt.

Kommanditgesellschaft · Amtsgericht München HRA 50791
Persönlich haftende Gesellschafterin: Piper Verlag Verwaltungsgesellschaft mbH München · Amtsgericht München HRB 71118
Geschäftsführer: Dr. h. c. Klaus Piper, Dr. Ernst Reinhard Piper, Dr. Ralf-Peter Märtin
Postgiroamt, München (BLZ 700 100 80) 5 710 808 · Deutsche Bank, München (BLZ 700 700 10) 2023018 · Dresdner Bank, München (BLZ 700 800 00) 585 080 000
Hypobank, München (BLZ 700 200 01) 6060 229 005 · VAT-Nr. DE 130252932

Presseerklärung zum Verkauf
des Verlags, 21. 11. 1994

Väter und Söhne. Von Glück und Ende
des Familienverlags

Ob Piper oder S. Fischer, Rowohlt, Suhrkamp, Ullstein oder Langenscheidt: Die Namen signalisieren, daß die deutsche Verlagsgeschichte des 20. Jahrhunderts auch die Geschichte von Familienverlagen ist. Und dies ist in der Regel die Geschichte von Vätern und Söhnen. Frauen treten meist nur im zweiten Glied auf, als Bezugspersonen im Hintergrund, in der Rolle der – mittelbar oft sehr einflußreichen – Partnerin beziehungsweise Mutter oder Stiefmutter; Töchter werden als potentielle Nachfolgerinnen nicht wahrgenommen.

Der Typus des Familienverlags und mit ihm der Begriff der Verlagsfamilie, der die Autoren mit einschließt, entsteht mit dem Kulturverlag seit Ende des 19. Jahrhunderts, im Zug der Ausdifferenzierung des Buchmarkts und der Verlagsprofile.

Als Protagonist gilt Samuel Fischer. Er verkörpert den Typus in Reinkultur, mit all seinen Stärken und Schwächen: Im Zentrum steht die charismatische Verlegerpersönlichkeit, deren Ideen Unternehmensziele und Verlagsprogramm bestimmen. Die Familie ist ins Verlagsgeschehen als feste Größe integriert: Söhne, notfalls auch Schwiegersöhne, als Mitarbeiter und potentielle Nachfolger, Frauen und Töchter als kulturelles und gesellschaftliches Bezugssystem, zuständig für Regeneration, Betriebsklima, Autorenbindung und in manchen Fällen auch für die Bereitstellung von Betriebskapital. Der Erfolg des Unternehmens hängt wesentlich davon ab, daß das familiale System stabil bleibt und reibungslos funktioniert. Mit dieser Abhängigkeit von der Familiendynamik sind – zumal in einer Gesellschaft, deren Wertesystem sich im Verlauf des 20. Jahrhunderts rapide wandelt – zugleich auch die Probleme dieser dem Modell des »ganzen Hauses« verpflichteten, letztlich ganz unzeitgemäßen Konstruktion vorgegeben.

Die in den achtziger und neunziger Jahren akuten Konfliktfälle, wie in den Häusern Farrar, Straus & Giroux, Suhrkamp/Unseld und Piper, sind branchenbekannt:

Roger Straus III, der von seinem Vater Roger Straus jun. zunächst als Nachfolger präsentiert wird, aber vor der Dominanz des Vaters bald kapituliert und den Verlag verläßt; Siegfried Unseld, der seinem Sohn die Fähigkeit abspricht, das Haus Suhrkamp nach ihm zu leiten und dem es bis zu seinem Tod nicht gelingt, einen Nachfolger zu bestellen;[2] und eben Klaus Piper, der den Familienverlag ohne Rücksicht auf den Sohn und designierten Nachfolger verkauft.

Aktuelle Untersuchungen haben nachgewiesen, daß 30 Prozent aller deutschen Familienunternehmen an der Übergabe an die nächste Generation scheitern. Als besonders gefährdet gilt das Modell in der dritten Generation – zumal wenn diese in Zeiten von Globalisierung und wirtschaftlichen Konzentrationsbewegungen fällt.

Spätestens seit den siebziger Jahren ist die wirtschaftliche Situation mittlerer Verlage, zu denen diese Familienverlage in der Regel gehören, schwierig geworden. Die Expansionsphase der Wiederaufbau- und Wirtschaftswunderzeit, in die hinein Klaus Piper sein Programm entwickelte, ist – seit der Protestbewegung von 1968 – allgemein einem verschärften Krisenbewußtsein gewichen.

Klaus und Ernst Reinhard Piper
im Garten des Verlagshauses

Schon Mitte der siebziger Jahre erzielen nur acht Prozent der rund 2000 Verlage in der BRD drei Viertel des Gesamtumsatzes. Die Ursachen für die krisenhafte Entwicklung sind bekannt und wurden oft benannt. Sie gelten auch für Piper. Da ist vor allem die chronische Unterkapitalisierung, die aus Gründen des unmittelbaren wirtschaftlichen Überlebens auf einem nicht länger durch Wachstum, sondern durch Verdrängung geprägten Markt den sofortigen, sicheren Erfolg eines jeden Programms verlangt. Pipers Strategie, vor allem die des Juniorverlegers Ernst Reinhard Piper, dieses wirtschaftliche Dauerrisiko ab 1982 durch ein eigenes Taschenbuchprogramm abzusichern, glückt letztlich nicht. Der Versuch, die Serie Piper als Konkurrenz gegen die bereits etablierten Taschenbuchreihen der großen deutschsprachigen Verlage in Stellung zu bringen, kommt zu spät. Obwohl die Reihe einen erheblichen und steigenden Anteil am Umsatz bringt, verlagert sich damit die Problematik auf die Dauer nur, ohne daß sie gelöst würde.

Bestseller 1983: Nadolnys erster Roman bei Piper

Da ist des weiteren die zunehmende Schwierigkeit mittlerer deutscher Verlage, sich auf dem internationalen Lizenzmarkt zu positionieren. Weil deutschsprachige Autoren im Ausland wenig gefragt sind, treten die deutschen Verlage hier vor allem als Lizenznehmer und nicht als Lizenzgeber auf und können bei dem nun einsetzenden Rechtepoker finanziell bald nicht mehr mithalten. Symptomatisch für diese Situation und für Piper besonders gravierend ist der Verlust des Bestsellerautors Frederick Forsyth an einen Konzernverlag. Zwar kann Piper mit außergewöhnlichen Büchern durchaus Erfolge verbuchen: etwa mit denen von Franz Alt und einigen Titeln aus der populären Wissenschaft, mit Sten Nadolnys *Entdeckung der Langsamkeit* und Anna Wimschneiders *Herbstmilch*, den Lebenserinnerungen einer niederbayerischen Bäuerin. Trotz dieser Erfolge aber ist Pipers Bestsellerpolitik am Ende ihrer Möglichkeiten angekommen. Seit Anfang der neunziger Jahre ist die wirtschaftliche Bedrängnis, in die der Verlag schon vorher immer wieder geraten war, zum Dauerzustand geworden.

Erstausgabe des Bestsellers von 1984

Sten Nadolny und Ernst Reinhard Piper in Frankfurt bei der Präsentation von »Selim oder Die Gabe der Rede«, 1990

Verlagsintern trägt zu dieser Schieflage die brisante familiäre Konstellation in der Leitung bei. Der lange schwelende Generationenkonflikt zwischen Vater und Sohn, der bei der grundlegenden Dissens in Geschäftsfragen einschließt, ist zur produktivitätshemmenden, weil kräftezehrenden Dauerbelastung für das ganze Haus geworden. Dies kann auch Ralf-Peter Märtin, zunächst als Programmleiter, 1989 bis Ende 1994 als Geschäftsführer, in der undankbaren Rolle des Vermittlers nicht ausgleichen. Schließlich verkauft Piper den Verlag, ohne den Juniorverleger in die Verkaufspläne und -verhandlungen einzubeziehen. Dieser ist zwar geschäftsführender Gesellschafter, verfügt jedoch nicht über einen Gesellschaftervertrag und nur über 20 Prozent der Anteile, weniger als die gesetzliche Sperrminorität, hat also bei Grundentscheidungen kein Mitspracherecht. Der Verlagsverkauf bedeutet für Ernst Reinhard Piper einen Akt massiver Brüskierung, ja der Entmachtung durch den Vater.[3]

Gefragt, warum er seinen Verlag nicht an den für diese Nachfolge ursprünglich vorgesehenen Sohn übergeben will, soll Siegfried Unseld geantwortet haben, dieser habe nicht »die Mittel« dazu, sein Nachfolger zu werden.[4] Womit sicher nicht primär die finanziellen gemeint waren, sondern die, einen Verlag erfolgreich zu führen. Diese

Antwort, die auch hinter Pipers Begründung für den Verlagsverkauf durchscheint, wenn er glaubt, die Zukunft des Unternehmens nur durch den Verkauf sichern zu können, zeugt von einer stark subjektiv gefärbten, egozentrischen Sicht der Situation. Das archaische Grundmuster der Wahrnehmung wird deutlich.

Beide Fälle sind strukturiert nach dem Modell ödipaler Tragödien, besetzt mit den Protagonisten des Genres: einer Vaterfigur, die – bedroht von Alter, abnehmender Kraft, den Schrecken des Karriereendes und einem gut Teil Selbstüberschätzung – die Macht nicht abgeben, den Hof nicht übergeben will; einem Sohn, der unter dem Vater und von ihm abhängig im Unternehmen arbeitet und der die väterliche Stellung allein durch seine Existenz und den Anspruch auf Nachfolge gefährdet; und schließlich der Figur der dem Unternehmen nicht traditionell verbundenen jüngeren Zweit- und Drittpartnerin beziehungsweise Stiefmutter.[5] Für den Vater wird sie zu Kraftquell und frischer Handlungsmotivation, für den Sohn dagegen zur permanenten Bedrohung seiner Interessen, seiner Position und Zukunft. Zumal, wenn die neue Partnerin auch eigene, mit denen des Unternehmens nicht notwendig identische Ziele verfolgt. Bei Piper wiederholt sich der Vater-Sohn-Konflikt bereits in der zweiten Generation.

Nicht daß es – gleich in welchem der Verlagshäuser – den jeweils handelnden Protagonisten an grundsätzlicher Einsicht in diese Konfliktlage gefehlt hätte. Davon zeugen die Beiträge von Heinrich Maria Ledig-Rowohlt und Siegfried Unseld zu Klaus Pipers 70. Geburtstag 1981, kurz vor Eintritt Ernst Reinhard Pipers in den Verlag. Genützt aber haben diese grundsätzlichen Einsichten letztlich weder Schreibern noch Adressaten. Unseld schreibt:

> Ich dachte nach über unsere Beziehung, die 1959 bei einem Treffen der Verleger der »Bücher der Neunzehn« begann. Ich war nach Suhrkamps Tod zum erstenmal als Verleger in dieser erlauchten Runde, in der gerade Sie den Neuling besonders freundlich aufgenommen haben. Dieses Erleben bestimmte meine Beziehung zu Ihnen, meine Art, an Sie zu denken. [...]

Ich habe Ihren Sohn Ernst Reinhard kennengelernt, der eine Zeitlang im Suhrkamp Verlag hospitierte und der in absehbarer Zukunft in Ihren Verlag eintreten wird. Sie, lieber Herr Piper, haben den Verlag von Ihrem Vater geerbt, Sie haben ihn fortgeführt, ausgebaut, diversifiziert, wie der Betriebswirtschaftler sagt. So, wie Ihr Vater den Verlag führte, war es zu seiner Zeit gut und richtig, doch in unserer so rasch sich ändernden Zeit mußte sich auch das Verlagskonzept ändern. Sie haben es entwickelt und ein Unternehmen geschaffen, das für diese veränderte Zeit und sicher auch für eine Zukunft erfolgreich ist. Und irgendwann geben Sie dieses Erbe an Ihren Sohn weiter. Mich fasziniert dieser Prozeß von Generation zu Generation, diese Entfaltung eines bedeutenden literarischen und geisteswissenschaftlichen Verlages im Verlauf dreier Generationen. Einmal, in Würzburg − erinnern Sie sich? −, sprachen wir melancholisch darüber, wir hielten uns für die letzten Mohikaner, aber diese sind eben doch eine zähe Rasse.[6]

Pipers »Erben«: die Verlegerdynastie Bonnier

Ein Familienunternehmen, und zwar in der siebten Generation, ist auch der neue Eigentümer des Piper Verlags, die schwedische Bonnier-Gruppe. Und als weltweit bestes Familienunternehmen wird Bonnier im September 2003 denn auch mit dem Family Business Award geehrt. Die Geschichte der Buchhändler-Dynastie Bonnier geht zweihundert Jahre zurück nach Kopenhagen, wohin der in Dresden geborene Jude Gutkind Hirschel 1801, in den Wirren der napoleonischen Zeit, auswandert und wo er 1804 unter seinem neuen Namen Gerhard Bonnier eine Buchhandlung eröffnet. Bald wird Bonnier auch verlegerisch aktiv, wie damals, als Verleger- und Sortimenterfunktion noch nicht generell getrennt sind, allgemein üblich. Bonniers Söhne Adolf, Albert und David Felix, im Buchgeschäft tätig wie der Vater, ziehen 1816 weiter nach Schweden. In Stockholm gründet Albert Bonnier 1837 den Albert Bonniers Förlag, der zu Basis und Herzstück der Bonnier-Verlagsgruppe wird. Neben Büchern gehören von Anfang an Presseprodukte zum Unternehmen: Beteiligungen an Tageszeitungen, vor allem aber Zeitschriften und Magazine. Im liberalen Schweden schaffen sich die Bonniers im Vormärz einen Standort, von dem aus sich ihre ständig wachsenden Medienunternehmen außerhalb des von Zensur und Kontrollmechanismen der Metternichschen Restauration eingeschränkten deutschsprachigen Buchmarkts entfalten können. Diese von Anfang an auf Internationalität angelegte Entwicklung setzt sich bis in die Gegenwart fort.

Eine enge Verbindung zu einem deutschen Verlag geht Bonnier erstmals während der NS-Zeit ein. 1938 nimmt der Verleger Tor Bonnier den Bermann Fischer Verlag, den emigrierten Teil des jüdischen S. Fischer Verlags aus Berlin, in Stockholm auf und unterstützt den Inhaber Gottfried Bermann Fischer bei der Gründung seines Exilverlags. Die Geschäftsbeziehung besteht bis 1948.

Seit 1980 gehört der dänische Carlsen Verlag einschließlich seiner deutschen Tochter Carlsen Hamburg zu Bonnier. Aus der deutschen Niederlassung, die anfangs die Funktion eines Auslieferungslagers hatte, entwickelt sich ab 1986 einer der bekanntesten Kinderbuchverlage in Deutschland, mit bestsellerträchtigen Programmschwerpunkten im Bereich Kinderbuch und Comic. Mit Übernahme des Piper Verlags wird eine deutsche Buchholding (Bonnier Media Deutschland GmbH) geschaffen. Mittlerweile gehören mit ArsEdition und Thienemann zwei weitere erfolgreiche deutsche Kinder- und Jugendbuchverlage zum Unternehmen und seit 2003 nun auch die Ullstein Buchverlage.

So operiert die Bonnier AB heute als Mutterfirma zahlreicher in- und ausländischer Verlage; in Schweden neben Albert Bonniers Förlag Bonnier Alba, Wahlström&Widstrand, Forum und viele Spezialverlage. Die Schwerpunkte der Gruppe liegen im Medienbereich: beim Verlag von Zeitungen, Zeitschriften, Büchern und Wirtschaftsinformationen, des weiteren, zur Abrundung des medialen Verbunds, in der Rundfunk-, Fernseh-, Musik- und Filmindustrie. Zum Zeitpunkt der Übernahme des Piper Verlags,

Ende 1994, kontrolliert Bonnier 40 Prozent des skandinavischen Medienmarkts. Mit dem Erwerb der erwähnten
deutschen Verlage wird der Anteil der Buchverlage gegenüber dem bei Umsatz, Wachstum und Internationalisie-
rung führenden Zeitschriftensektor verstärkt. Bonnier
schließt auch im deutschsprachigen Buchmarkt auf zu den
Konzerngrößen Bertelsmann und Holtzbrinck.

Vom Familienverlag zum Publikumsverlag der Jahrtausendwende

Als Piper Ende 1994 verkauft wird, befragt die Branchen-presse prominente Autoren, die dem Verlag lange verbun-den sind, nach den Erwartungen, Wünschen, Ängsten, mit denen sie auf den unfreiwilligen Wechsel vom unabhängi-gen Familienverlag zum Konzernverlag reagieren. Unter den Befragten ist neben Joachim Kaiser, Hans Küng und Hanns-Josef Ortheil auch Heinz Zahrnt. Er wünsche sich, antwortet Zahrnt, daß sich auch unter den neuen Besitz-verhältnissen »das geistige Gesicht des Piper Verlags nicht verändert, sondern bewahrt, ja erneuert wird«.[1]

Bewahrung und Erneuerung aus tradiertem Geist – ein Wunsch, der als Anspruch hinter jedem der in der 100 jäh-rigen Verlagsgeschichte anstehenden Generations- und Verlegerwechsel erkennbar ist, sich aber schon innerhalb des Familienverlags nur bedingt hat erfüllen lassen. Denn zeitgemäße, wenn nicht gar antizipierende Entwicklung und mit ihr unweigerlich Veränderung ist das Lebensprin-zip jeden verlegerischen Erfolgs. Und dennoch: Auf das »geistige Gesicht« des Verlags beruft sich auch der neue Verleger. Die Strahlkraft des tradierten Namens Piper zu erneuern ist das erste Ziel der nun einsetzenden Konsoli-dierungsphase.

Moderne Zeiten. Der Verlag unter Viktor Niemann

Die Ausgangsposition, aus der heraus der Piper Verlag sich auf dem durch Konzentrationsprozesse und Wachstums-schwäche verunsicherten Buchmarkt Mitte der neunziger Jahre neu zu definieren und aufzustellen hat, ist, wie be-reits beschrieben, primär bestimmt durch seine hochpre-

Viktor Niemann im Verlag,
Mai 1995

käre wirtschaftliche Situation. Hinzu kommt, daß wichtige Autoren wie Hanns-Josef Ortheil und Gert Heidenreich, begünstigt durch das sich ausbreitende Agentenwesen, den Verlag in dieser Umbruchphase verlassen.

Zum großen Plus entwickelt sich die Existenz eines stabilen Mitarbeiterstabs, der nun, befreit aus jahrelanger lähmender Pattsituation, seine Kompetenzen für den Aufbruch mobilisieren kann. Dies ist die Situation, in der Viktor Niemann (geb. 1940) die Leitung des Piper Verlags übernimmt.

Piper-Verleger zu werden, das ist, auch wenn der Schritt vom Comic- und Kinderbuchverlag Carlsen zum traditionellen Publikumsverlag Piper weit erscheinen mag, in Niemanns vierzigjähriger Verlagskarriere nicht ohne innere Konsequenz. Gelernt hat der Verlagsbuchhändler bei Rowohlt in Reinbek; Heinrich Maria Ledig-Rowohlt nennt er als Vorbild und Mentor. 1970 bis 1978 ist Niemann bei Rowohlt Mitglied der Geschäftsleitung. Hier hat er das Know-how fürs Taschenbuchgeschäft erworben, das ihn 1979 bis 1986 auch als Geschäftsführer von Ullstein/Propyläen in Berlin reüssieren ließ. Bis der Comicfan im Herbst 1986 – nach Auseinandersetzungen mit dem Gesellschafter Herbert Fleißner – dann als geschäftsführender Gesellschafter zum Carlsen Verlag in Hamburg wechselt und damit zu Bonnier. Hier gilt Niemann bald als Chefstratege des Konzerns für die Geschäfte auf dem deutschsprachigen Buchmarkt.

Bei Piper kann Niemann zum einen seine Kompetenz speziell fürs Taschenbuch entfalten. Denn die Serie Piper gilt bei Verlagsübernahme als das eigentliche »Schatzkästlein« des Hauses. Gewichtiger noch für die neue Position mag Niemanns fast sportlich zu nennendes Interesse daran sein, in einer komplizierten Lage wie dieser ohne viel Aufhebens einfach (wie er es vielleicht formulieren würde) einen »guten Job« zu machen, seine strategischen Fähigkeiten zur Konsolidierung eines in Turbulenzen geratenen Traditionsunternehmens so einzusetzen, daß es gesunden, wachsen und sich entwickeln kann.

Eine solide Grundlage dafür ist Niemanns Realitätssinn,

seine Branchen-Bodenhaftung, die weit entfernt ist von missionarischem Überschwang und visionären Höhenflügen eines Klaus Piper, fern aber auch von jenem vor allem in Konzernen verbreiteten Hang, das Buchgeschäft rein technokratisch zu betreiben. Niemanns Leidenschaft für das Buch ist zwar durch Understatement gut getarnt, jedoch unverkennbar das Movens seines Handelns. Er ist zudem ein überzeugter Mannschaftsspieler. Die Doppelspitze aus verlegerischer und kaufmännischer Leitung – gemeinsam mit Hartmut Jedicke, den er aus der Zeit bei Ullstein kennt – versteht sich als Teil des Verlagsteams. Das hat sich für die Konsolidierung des Unternehmens als ebenso produktiv erwiesen wie die Personalunion von Holdingchef und Verleger. Die Professionalität des Teams – bei Piper arbeiten seit 1995 quantitativ unverändert rund 50 Mitarbeiter, von denen viele dem Verlag in selten ge-

Die Mitarbeiter des Verlags, Frühjahr 1979 . . .

wordener Kontinuität langjährig verbunden sind, andere gezielt hinzugewonnen werden – kann sich nach Jahren der Stagnation nun produktiv entfalten: In der Belletristik mit Tanja Graf, zuständig für die internationale Literatur, mit Uwe Heldt und später Thomas Tebbe als Lektor für die deutschsprachige Literatur;[2] im Sachbuchbereich mit Klaus Stadler (Schwerpunkte: populäre Naturwissenschaften, Gesundheit, Musik) und Ulrich Wank (Schwerpunkte: Geschichte, Zeitgeschichte, Unternehmensgeschichte, Politik); mit Ulrike Buergel-Goodwin als Leiterin des Taschenbuchprogramms und Hanns Polanetz als Leiter der Herstellung; sowie mit dem Marketingteam: Christa Beiling, zuständig für Vertrieb und Marketing, Werbeleiterin Ingrid Ullrich und Pressechefin Eva Brenndörfer. Daß in diesem erfolgreichen Team – unter traditionell männlicher Spitze – auch viele starke Frauen aktiv sind, vor

...und mit den Verlagsvertretern im Herbst 2003

allem in den für die Kommunikation zuständigen Bereichen, das ist heute charakteristisch für viele deutschsprachige Verlage. Die Hierarchien sind bei Piper in aller Regel
flach, Entscheidungen tragen die Verantwortlichen gemeinsam, und auch der Erfolg gilt als Gemeinschaftssache.

Programmatische Intention und unternehmerische Stra-
tegien richten sich seit 1995 zunächst vor allem darauf, den
Verlag wirtschaftlich zu konsolidieren. Das vorhandene
Programm samt Backlist soll in seinen Stärken und Qualitäten neu sichtbar gemacht werden, soll – entstaubt und auf-
poliert – in neuem Glanz erstrahlen. Die damit intendierte
Runderneuerung des gewachsenen geistigen Verlagsprofils
verdankt sich einer grundlegenden Modernisierung des
Unternehmens und dem Einsatz neuer Marketing- und
Kommunikationsstrategien. Ihnen vor allem gilt neben der
Programmarbeit nun die Aufmerksamkeit. Man konzen-
triert sich auf den Kern der Marke Piper: Piper-Hardcover
und Serie Piper, beide ihrerseits gegliedert in einige wenige
Submarken wie Belletristik und Sachbuch, Fantasy (neu

Hartmut Jedicke gratuliert Viktor
Niemann zur Auszeichnung als
»Verleger des Jahres 1998«

seit 2002, betreut von Friedel Wahren), Piper Original und Boulevard. Dazu kommen als Ergänzung zwei Imprint-Verlage, Kabel (betreut seit 1998 von Bettina Feldweg) und Malik (seit 2001 betreut von Britta Egetemeier). Sie wurden 1996 und 1997 hinzugekauft mit dem Ziel, das Programmspektrum zu erweitern.

Ein zweiter Schritt mit stärker inhaltlicher Intention zielt darauf, das Programmprofil zu verjüngen und es auch in der oft diffusen Vielgestalt postmoderner Lese- und Rezeptionsbedürfnisse zu einem Forum für Denk- und Debattenanstöße zu machen. Hemmungen im Umgang mit der Tradition des Hauses hat man dabei nicht, etwa, wenn dem Verlagsprogramm bisher fremde Themen aufgegriffen, unbequeme gesellschaftliche Standpunkte artikuliert oder Unterhaltungs- und Erlebnisliteratur mehr als bisher einbezogen werden. Hier wird nicht mehr nur entstaubt, sondern auch entrümpelt und teils provokativ verändert; eine Phase, in der einige der tradierten großen Namen der Verlagsgeschichte etwas in den Hintergrund treten und von aktuellen und damit auch kurzlebigeren Themen abgelöst werden.

1998 wird Niemann vom Branchenblatt *Buchmarkt* zum »Verleger des Jahres« gewählt – als Anerkennung seiner Verdienste um die unerwartet schnelle Konsolidierung des Verlags und die Weichenstellung für eine neue Entwicklungsphase: den Wandel vom inhabergestützten Familienverlag hin zu einem modernen Publikumsverlag. Er soll Bestand haben auch im zweiten Jahrhundert seiner Geschichte.

Gaby Hauptmann und ihr erster Bestseller

Bunte Mischungen. Belletristik und Sachbuch

Für Pipers Belletristik beginnt der neue Aufschwung schon ab Anfang der neunziger Jahre mit einer sehr bunten Programmischung. Das Spektrum reicht von den Romanen des französischen Prix-Goncourt-Preisträgers Jean Rouaud, vor allem *Die Felder der Ehre* (1993), und Ingeborg Bachmanns *Todesarten-Projekt,* das 1995 aus dem

Erstausgabe von 1995, Serie Piper Frauen

Nachlaß herausgegeben wird, bis zu Gaby Hauptmanns Bestseller *Suche impotenten Mann fürs Leben* (1995). Das neue Literaturprogramm knüpft einerseits bewußt an die große Zeit von Pipers internationaler Literatur an und setzt andererseits ebenso bewußt auf die breitenwirksame anspruchsvollere Variante der Unterhaltungsliteratur.

Anschluß an die große Tradition sucht man außer mit Rouaud vor allem mit zwei spektakulären literarischen Wiederentdeckungen: der belgischen Autorin Madeleine Bourdouxhe aus dem Umkreis von Simone de Beauvoir, deren in den dreißiger Jahren entstandene Romane *Gilles' Frau* und *Auf der Suche nach Marie* erstmals auf deutsch veröffentlicht werden. Ab 1999 dann mit dem ebenfalls aus den dreißiger und vierziger Jahren stammenden Werk des ungarischen Schriftstellers Sándor Márai, das im kommunistischen Ungarn jahrzehntelang verboten und in den deutschen Erstausgaben der fünfziger Jahre kaum wahrgenommen wurde.

Sofort zum Bestseller wird das erste von Márais neu aufgelegten Büchern, der 1942 entstandene Roman *Die Glut* – mit mehr als 700000 Exemplaren einer von Pipers bestverkauften belletristischen Titeln in jüngster Zeit. Der Roman thematisiert, getragen von dem für das gesamte Werk typischen melancholischen, ja oft defätistischen Grundton, exemplarisch Márais zentrales, immer neu variiertes Thema: die komplizierten Beziehungen der Geschlechter. Sie sind – meist situiert in der Endzeit der Donaumonarchie und den Jahren danach – wieder belebt in der Erinnerung der Protagonisten, als Abgesang auf eine große, unwiederbringlich vergangene Epoche. In *Die Glut* ist es die tragische Dreiecksbeziehung zwischen einem ungarischen General, seinem Jugendfreund und dessen Frau – Verhältnisse, denen sich die beiden als alte Männer, bei der Wiederbegegnung 41 Jahre später, erinnernd annähern. Im nächtlichen Gespräch in einem verfallenden ungarischen Jagdschloß am Fuße der Karpaten geht der Protagonist Henrik endlich den Fragen auf den Grund, die ihm seit Jahrzehnten auf dem Herzen brennen: nach Leidenschaft und Treue, Wahrheit und Lüge.

Erstausgabe von 1996

Sándor Márai: Ein vergessener Autor wird neu entdeckt

344

Mit der Neuausgabe dieses Romans reiht sich Márai ein unter die großen österreich-ungarischen Autoren aus der ersten Hälfte des 20. Jahrhunderts. Sein Gesamtwerk, Romane, Erinnerungen, Essays, Briefe, wird bei Piper mit mittlerweile 14 Titeln kontinuierlich gepflegt.

Die italienische Tradition des Hauses führt man fort vor allem mit den Erfolgsromanen von Alessandro Baricco, von denen in Zusammenhang mit dem Übersetzerstreit – dem einzigen größeren Problemfall der Ära Niemann – bereits die Rede war. Der 2002 erschienene historische Roman *Q* von Luther Blissett greift das Modell der gemeinschaftlichen Autorschaft à la Fruttero & Lucentini in der veränderten Form eines interaktiv agierenden Autorenkollektivs auf.

Das italienische Programm wird, aktuellen literarischen Trends folgend, nun viel stärker als bisher flankiert von Titeln aus dem angloamerikanischen, skandinavischen und asiatischen Literaturraum: darunter besonders erfolgreich die amerikanische Bestsellerautorin Anita Shreve, die Krimiautorin Sara Paretsky aus Chicago mit ihrer Erfolgsdetektivin Vic Warshawski, schon seit 1986 bei Piper, des weiteren die skandinavischen Autoren Karin Fossum, Anne Holt und Arne Dahl, deren Kriminalromane – auf der Welle zeitgenössischer skandinavischer Kriminalliteratur mit Anspruch – zu großen Verkaufserfolgen werden. Ebenso der Roman des französisch schreibenden Chinesen Dai Sijie *Balzac und die kleine chinesische Schneiderin*.

In der deutschsprachigen Belletristik nimmt der Verlag – neben der Unterhaltungsliteratur – die systematische Pflege junger deutschsprachiger Literatur auf und knüpft auch damit an frühere Programmlinien an. Junge deutsche Literatur erlebt Mitte der neunziger Jahre eine Renaissance, vor allem bei den mittleren und kleineren Verlagen; ein Engagement, das langfristige Aufbauarbeit und Pflege verlangt und dessen wirtschaftlicher Erfolg oft ungewiß ist. Zu dieser Rück- und Neubesinnung trägt bei, daß die Preise für internationale Lizenzen, bei denen der Erfolg als berechenbarer gilt, sich inzwischen in unbezahlbaren Höhen bewegen. Piper bringt Bücher von Annette Pehnt,

Im Trend: Krimis aus Skandinavien

Junge deutsche Literatur: Erstausgabe von 2001

345

Julia Schoch, David Wagner, Radek Knapp und Jakob Hein, Autorinnen und Autoren, die auf literarischem Niveau zu erzählen verstehen. So wird die junge deutsche Schriftstellergeneration neben italienischen und anglo-amerikanischen Autoren wieder zur festen Größe im Piperschen Programm und trägt – teils auch durch ökonomische Erfolge – dazu bei, daß der Verlag in der Belletristik wieder ein klareres Profil gewinnt.

Zum Sonderfall gerät der 1995 als Originalausgabe in der Serie Piper erschienene Frauenroman *Suche impotenten Mann fürs Leben* von Gaby Hauptmann. Es ist das rechte Buch zur rechten Zeit und der Anfang einer außergewöhnlichen Erfolgsgeschichte. Die unbekannte Autorin wird als Senkrechtstarterin zu einem Star des Genres; ihre Bücher übertreffen mit bisher mehr als 5,1 Millionen verkaufter Exemplare alle Absatzprognosen.

Weitere Unterhaltungs- und Erlebnisliteratur erscheint in den Imprint-Verlagen Kabel und Malik, die damit auch zu wichtigen Lieferanten für die Serie Piper werden. Der Kabel Verlag vertritt ein kommerzielles Unterhaltungsprogramm mit Frauen- und historischen Romanen, Krimis sowie populären Sachbüchern und Geschenkbänden, darunter etwa die englische Bestsellerautorin Judith Lennox mit sechs Titeln oder der peruanische Sachbuchautor Sergio Bambaren mit internationalen Erfolgen wie *Der träumende Delphin* und *Die Botschaft des Meeres*.

Malik dagegen ist anfangs, anknüpfend an die avantgardistische Tradition von Wieland Herzfeldes Malik Verlag aus den zwanziger Jahren, konzipiert als Pendant zu Pipers Belletristik, speziell für junge ausländische Literatur. Doch das Programm entwickelt sich bald in eine andere Richtung, ausgelöst vom durchschlagenden Erfolg eines einzigen Titels, Jon Krakauers *In eisige Höhen,* der über ein Jahr lang die Bestsellerlisten anführt. Das neue Genre der sogenannten »Outdoor-Bücher« reagiert auf ein starkes Leserinteresse für spannende Reportagen, Erlebnisberichte, Abenteuer- und Reiseliteratur und führt seinerseits, mit Autoren wie Reinhold Messner und Hans Kammerlander, zu einer Renaissance des Bergbuchs. Und mit Krakauers

Erstausgaben von 1999 und 2001

Ein Kabel-Bestseller von 1998

Erfolg löst sich der Name Malik auch von dem des berühmten Verlegers Herzfelde. Die Marke Malik wird bald mit der neuen Programmlinie identifiziert. Die Form der »narrativen Nonfiction« schlägt zudem eine Brücke zwischen Pipers Belletristik und dem Sachbuch. Krakauers Buch entwickelt sich zum Prototyp des neuen Genres.

Parallel dazu verläuft jener Prozeß, in dessen Verlauf sich ein jahrzehntelang höchst erfolgreiches Sachbuchprogramm mit den großen Themen und Autoren vor allem aus Naturwissenschaft, Gesellschaftswissenschaften und Musik, ein Programm, das unter Klaus Piper zum Markenzeichen des Verlags geworden war, nun zunehmend popularisiert. Als Popularisierung hatte schon Klaus Piper sein verlegerisches Ziel verstanden, moderne Wissenschaft durch Experten für Laien verständlich zu machen, nach dem Motto jener bereits erwähnten Kinder-Sachbuchreihe *Erklär mir die Welt*. Dieses Motto wird nun, dreißig Jahre und eine Lesergeneration später, durch ein neues variiert. In Titeln wie *Aristoteles, Einstein & Co.* (Ernst Peter Fischer) oder *Mathematik für die Westentasche* (Albrecht Beutelspacher) ist es exemplarisch formuliert: als Intention, Wissenschaft unter den veränderten Lese- und Rezeptionsbedürfnissen der postmodernen Gesellschaft in einer neuen, leichten Form zu präsentieren. Der neue Buchtyp tritt nun gleichberechtigt an die Seite des traditionellen Sachbuchs, das nach wie vor präsent ist in Titeln wie Brigitte Hamanns *Hitlers Wien*, Harald Fritzsch' *Die verbogene Raum-Zeit*, dem *Schwarzbuch des Kommunismus* oder den Büchern von Hans Küng. Inhaltlich richtet sich der neue Typ noch mehr als bisher auf aktuelle Themen in Gesellschaft, Politik und Wissenschaften aus. Die Darstellungsweisen orientieren sich auch im Sachbuch immer stärker an Erzählmustern der Unterhaltungsliteratur. Anstelle der Erklärung der Welt tritt der Erlebnischarakter, anstelle inhaltlichen wie buchkörperlichen Schwergewichts die innere wie äußere Leichtigkeit. Die Popularisierungstendenzen erreichen damit eine neue Dimension.

Als exemplarisch für den neuen Buchtyp seien Titel aus drei Themengruppen genannt: Zum einen – aus dem Sek-

Drei Malik-Erfolge

Brigitte Hamann bei der Buchpräsentation in Wien, 1996

tor der Gesundheitsbücher – Peter J. D'Adamos *4 Blut-gruppen – vier Strategien für ein gesundes Leben* (1997), ein ungewöhnliches neues Diätkonzept, das sich schnell als Renner erweist und weitere Titel des Autors nach sich zieht. Zum zweiten – als neue Form der Wissenschaftsvermittlung – Bücher wie *Was Einstein seinem Friseur erzählte* des amerikanischen Chemikers Robert L. Wolke oder die von Mick O'Hare unter dem Titel *Warum fallen schlafende Vögel nicht vom Baum?* herausgegebenen »wunderbaren Alltagsrätsel«, entstanden aus einer von Lesern geschriebenen Kolumne der englischen Wissenschaftszeitschrift *New Scientist*. Es sind Bücher, die vom Wissen im Alltag handeln und bewußt den »Spaßfaktor« nutzen, wie Wolke selbst es nennt; den Appell an den kindlichen Wissenstrieb, den »kleinen Professor« in uns allen.

Zum dritten schließlich seien – bei den politisch brisanten Themen – die Bücher von Michael Moore angeführt, allen voran *Stupid White Men*, auf deutsch erschienen 2002, oder Emmanuel Todds *Weltmacht USA. Ein Nachruf*. Es sind Bücher, die von der durch die Terroranschläge des 11. September 2001 grundlegend veränderten weltpolitischen Situation und der durch sie ausgelösten Verunsicherung profitieren und kontroverse Debatten geradezu herausfordern. Die satirische Abrechnung des Filmemachers und Bestsellerautors Moore mit der Weltmacht Amerika unter Georg W. Bush als einer Bananenrepublik etwa, in den USA bereits vor dem 11. September erschienen, erreicht in Deutschland innerhalb eines Jahres Auflagen von über einer Million und führt monatelang die deutschen Bestsellerlisten an.

Das Kultbuch von 2002

Bücher wie diese – angelegt auf Aktualität und Kontroverse – sind prototypisch für den Modernisierungsprozeß, in dem der klassische Teil des Piper Sachbuchprogramms nun marktgerecht ergänzt und ausbalanciert wird.

Familiensilber. Die Serie Piper

Als kostbarster Besitz gilt in der Konsolidierungsphase des Verlags sein Taschenbuchprogramm, die Serie Piper. Zwar erscheint auch ihr Bestand und Wert zum Zeitpunkt des Verkaufs gefährdet; zum einen durch die fortgeschrittene Diversifizierung in ein unübersichtlich gewordenes Labyrinth von Subreihen, zum anderen durch die zeitlich befristete Vergabe von Lizenzen sehr erfolgreicher Titel an andere Taschenbuchverlage. Und auch das äußere Erscheinungsbild macht auf dem bunten Markt der Taschenbücher nicht mehr viel her. Die einst von dem hochrenommierten Buchgestalter Willy Fleckhaus entwickelte und von seinem Schüler Federico Luci umgesetzte und variierte Ausstattung mit der einheitlich beigen Umschlagfarbe, bekannt als Pipersches Ecru, wirkt mittlerweile leicht angestaubt. Doch der Grundbestand des Familiensilbers erweist sich als krisenresistent, ja wertsteigerungsfähig. Nach gründlicher Aufpolierung, Renovierung und Neusortierung entwickelt er sich mit dem Neustart der Serie Piper 1996 zur ökonomischen Basis für die Konsolidierung des ganzen Verlags. Ihr Umsatz verdoppelt sich von 1996 bis 2002.

Die Neustrukturierung umfaßt Maßnahmen auf drei Ebenen: in Programm, Ausstattung und Marketing.

Das Programm – gestaltet von Ulrike Buergel-Goodwin im Team mit Michaela Kenklies und Annika Krummacher – konzentriert sich auf seine ursprünglichen Grundbestandteile, Literatur und klassisches Sachbuch. Thematische Schwerpunkte werden neu gesetzt. Verstärkt wird das, was der Taschenbuchmarkt gut aufnimmt, wie zum Beispiel Biographien; reduziert dagegen bei Genres, deren Zeit abgelaufen ist, wie etwa die aufklärerische Frauenliteratur. Die Serie Piper macht nun ihr eigenes Programm. Es setzt sich zusammen aus einer unabhängig getroffenen Auswahl hauseigener Titel, etwa zwei Drittel des Gesamtprogramms, des weiteren aus Originalausgaben und Lizenzen von außen.

Die neue Optik der Serie Piper – visuell umgesetzt nach einem Gesamtentwurf des Büro Hamburg unter Peter Wippermann – setzt auf einen helleren, frischeren Gesamtauftritt, bei dem die Verlagsmarke, das gestürzte Piper-Logo und das Textschild auf dem Cover dominieren – als Ausweis der einheitlichen ästhetischen Linie und als Markenzeichen mit Wiedererkennungseffekt. Auch beim Taschenbuch signalisiert nun, wie bei der traditionell stärker individualisierten Hardcover-Ausstattung, eine den Inhalt visualisierende Bildsprache deutlicher als bisher die Botschaft des einzelnen Buches.

Im Marketing und hier vor allem im Vertrieb stellt man sich stärker als bisher auf die spezifischen Bedingungen des Taschenbuchmarkts ein. Ein professionell gesteuertes Ver-

Gestaltung 1990 . . .

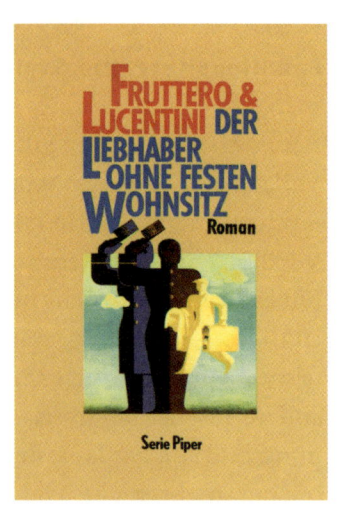

1990 . . .

triebsteam trägt zum Erfolg der neuen Serie Piper wesentlich bei. Sie profitiert zum einen von der Marketingarbeit für das Hardcover-Programm. Dort erfolgreiche Autoren kehren hier wieder, werden im Taschenbuch-Programm, ergänzt durch ältere Titel, umfassend präsentiert; sie gewinnen so ihrerseits von der im Hardcover erzielten Präsenz. Die neue Reihe »Piper Boulevard« ermöglicht zusätzliche Mehrfachverwertungen für Erfolgstitel. Auch langjährige Bestseller, wie zum Beispiel die Bücher von Paul Watzlawick, finden so neue Absatzmärkte.

Erfolgversprechende Autoren werden zudem mit Originalausgaben speziell für die Serie Piper aufgebaut. Bestes Beispiel dafür ist die bereits erwähnte Senkrechtstarterin Gaby Hauptmann. Ihr Erfolg basiert auf dem damals neuen Genre moderner Frauenromane à la Eva Heller und Hera Lind und wirkt seinerseits positiv zurück auf das gesamte Piper-Programm, dem er neue Möglichkeiten und Vertriebskanäle öffnet.

Die konzertierte Aktion von Programmarbeit, Ausstattung und Marketing für die Serie Piper verdeutlicht, wie der Verlagsname Piper künftig als Marke – auch im Hardcover – auf dem Markt präsentiert und präsent gehalten werden soll; eine unter verschärfter Branchenkonkurrenz und bei teils austauschbaren Inhalten, etwa in der populären Belletristik, nicht gering zu schätzende Herausforderung.

Im Jubiläumsprogramm 2004, das zusätzlich zum turnusmäßigen Frühjahrsprogramm erscheint, präsentiert sich das heutige Gesicht des Verlags, das neue Image der Marke Piper in exemplarischer Form: einer kreativen Mischung aus Innovation und Kontinuität, in der man mit der Tradition des Hauses beweglich umgeht und sich ihr vor allem durch Erneuerung verpflichtet. Die eigens für die Jubiläumstitel entworfene Ausstattung will das Auratische des Mediums Buch besonders betonen. Ihm sind letztlich alle Büchermacher verfallen.

Im Hardcover-Programm greift man – anders als die meisten Verlage in Jubiläumsjahren und Jubiläumsnöten – nicht ausschließlich auf die Backlist zurück, sondern

...und 1999

...und 1998

bringt vor allem neue Bücher, meist von erfolgreichen Verlagsautoren; Bücher, die sehr unterschiedliche Zielgruppen ansprechen sollen. Spitzentitel in der Belletristik sind der Briefwechsel zwischen Ingeborg Bachmann und Hans Werner Henze, *Briefe einer Freundschaft,* der erstmals erscheint, zudem ein weiteres Buch des Piperschen Erfolgsautors Sándor Márai, *Die Nacht vor der Scheidung,* sowie eine Neuausgabe von Tomasis Bestseller *Der Leopard.* Er erscheint in neuer, erweiterter Textfassung, in neuer Übersetzung und mit dem neuen Titel *Der Gattopardo.*[3] Im Jubiläums-Sachbuchprogramm vertritt Brigitte Hamanns Bild- und Dokumentationsband *Der Erste Weltkrieg* den eher traditionellen Buchtypus, *Hectors Reise oder die Suche nach dem Glück* von François Lelord dagegen den neuen, leichten. Kontroverse Debatten verspricht vor allem ein Titel: die Willy-Brandt-Biographie der Brandt-Witwe Brigitte Seebacher.

Im Jubiläums-Taschenbuchprogramm dagegen präsentiert sich der Verlag mit den Erfolgsbüchern der Serie Piper aus der 100jährigen Verlagsgeschichte, wobei der Schwerpunkt freilich auf Titeln aus der neuen Ära liegt. Hier begegnen wir jüngeren Bestsellern neben den großen alten Namen. In der Belletristik von Ingeborg Bachmann über Frederick Forsyth, Sten Nadolny, Alessandro Baricco bis zu Anita Shreve und Karin Fossum; im Sachbuch von *Der Blaue Reiter,* Anne Morrow Lindbergh, Karl R. Popper bis zu Brigitte Hamanns *Hitlers Wien* und Robert L. Wolkes *Was Einstein seinem Friseur erzählte.* Es sind durchweg Bücher, die Leser, Käufer und Sortimenter seit längerem positiv mit dem Namen Piper verbinden – Signal für einen in mehrerer Hinsicht gebotenen Rückgriff, zumindest auf das, was in der noch kurzen Verlagstradition der »Bonnier-Zeit« erreicht worden ist: die Umgestaltung vom traditionsgeprägten, unabhängigen Familienverlag zum konzerngebundenen, professionell geführten Publikumsverlag der Jahrtausendwende.

Zweimal Hans Küng: 1995 ...

Zweimal Popper/Eccles: 1989 ...

Debattenstoff. Führungswechsel mit Aussicht

Unabhängig von Jahrestagen und Jubiläen hat Verleger Niemann im Vorfeld bereits ein Zeichen dafür gesetzt, daß er die Konsolidierungsphase des Verlags als abgeschlossen betrachtet. Er hat auch das letzte der selbstgesteckten Unternehmensziele erreicht, die rechtzeitige Übergabe an die jüngere Generation – bekanntermaßen ein schwieriges Unterfangen, nicht nur in Familienunternehmen.

Niemann tritt als Verleger zurück ohne sichtbaren äußeren Anlaß, aus einer rein sachlich begründeten und seit längerem vorbereiteten Entscheidung. Als er seine Aufgabe bei Piper erfüllt glaubt und den Nachfolger seiner Wahl gefunden hat, wendet er sich wieder ganz seiner alt-neuen Funktion der Geschäftsführung der Bonnier Media Holding Deutschland zu. Unter den dortigen Aufgaben erscheint eine derzeit besonders reizvoll: die, Strategien für die Entwicklung von Bonnier auf dem künftigen deutschsprachigen Buchmarkt zu entwerfen, in einer Situation, in der sich dieser als ein von einem Firmenüberangebot geprägter Käufermarkt darstellt. Niemann wird dabei künftig eine strategisch entscheidende Funktion zufallen. Das zeigt der neueste Erwerb aus dem immer schneller drehenden Kaufs- und Verkaufskarussell: die Ullstein Buchverlage. Bonnier übernimmt sie im Oktober 2003 aus dem Verlagskonvolut Heyne Econ Ullstein List. Geschäftsführer und Verlagsleiter der Ullstein Buchverlage ist ab 2004, künftig vom alt neuen Standort Berlin aus, Viktor Niemann.

Bei Piper übernimmt zum 1. Juli 2003 Wolfgang Ferchl (geb. 1955) die Verlagsleitung. Nach dem Studium der Literaturwissenschaft, Philosophie und Geschichte in Konstanz, das er mit einer Promotion über den bundesdeutschen Roman nach 1945 abgeschlossen hat, war Ferchl in verschiedenen Verlagen tätig. 1994 wird er stellvertretender Geschäftsführer bei Rotbuch/Europäische Verlagsanstalt in Hamburg, anschließend 1997 Programmleiter des Eichborn Verlags, von wo er nun zu Piper wechselt. Mit dem Ziel, das von Niemann geschaffene neue Verlagsprofil

...und 2001

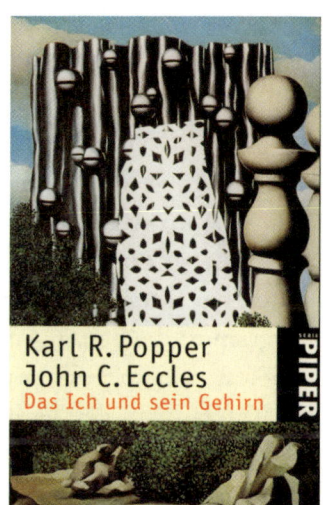

...und 2000

Wolfgang Ferchl im Foyer
des Verlags, 2003

weiterzuentwickeln – »so kontinuierlich wie möglich und
so innovativ wie nötig«, wie er selbst es formuliert.

Ferchls verlegerisches Interesse richtet sich auf zwei inhaltliche Ziele, die mit den von Niemann angelegten Ent-
wicklungslinien korrespondieren: Er will zum einen – mit
aller Lust an Provokation – »Debattenstoff« liefern. Dafür
bieten die aktuellen Erfolgstitel des Piperschen Sachbuchprogramms die besten Ansatzpunkte. Und Ferchl will zum
anderen sein spezifisches Interesse an deutscher Gegenwartsliteratur in den Verlag einbringen. Auch dafür ist das
Programmfeld – etwa mit Jakob Hein, Radek Knapp und
Annette Pehnt – gut vorbereitet. Zum Einstand bringt der
neue Verleger einen hochkarätigen Autor mit: Walter
Moers, den Vater von *Käpt'n Blaubär,* und sein jüngstes
Kind, *Rumo*. Doch diese neuen literarischen Helden
könnten möglicherweise vorerst etwas fremdeln in der
Tradition, auf deren Erhalt sich Heinz Zahrnt ein knappes
Jahrzehnt zuvor, zu Beginn der Ära Bonnier, berufen hat.
Für Debattenstoff – so die weiteren Aussichten – dürfte
also in nächster Zukunft bei Piper ausreichend gesorgt
sein.

Das Verlagshaus von der Gartenseite

100 JAHRE PIPER VERLAG
Eine Chronik

1904 Der 24jährige Buchhändler Reinhard Piper (geb. 1879) gründet am 19. Mai in München gemeinsam mit Georg Müller den Verlag R. Piper & Co. Erste Adresse: Königinstraße 59. Erster Autor ist Arno Holz mit dem Gedichtband *Dafnis*. Das Kunstprogramm beginnt mit »Moderne Illustratoren«, einer Reihe von Bildmonographien über zeitgenössische Zeichner und Graphiker.

1905 Der Verlag zieht mit Georg Müller um an den Josephsplatz 7. »Die Fruchtschale«, eine als Taschenbibliothek konzipierte Sammlung der Weltliteratur, erscheint. Die Reihe wird 1910 nach 19 Bänden eingestellt.

1906 Nach der Trennung von Georg Müller Umzug ins Gartenhaus der Hohenzollernstraße 23. Beginn der ersten deutschsprachigen Gesamtausgabe von Fjodor Dostojewskis Werken, herausgegeben von Arthur Moeller van den Bruck und anderen, in der Übersetzung von E. K. Rahsin (d. i. Elisabeth Kaerrick); erste Bände: *Die Dämonen* und *Die Brüder Karamasoff*. 1919 ist die 22bändige Edition abgeschlossen; 1924–31 wird sie durch eine neunbändige Nachlaßausgabe ergänzt. – Piper lernt den Maler Max Beckmann kennen und beginnt, seine Arbeiten in Mappenwerken mit Originalgraphiken sowie als Reproduktionen zu veröffentlichen. Im »Dritten Reich« wird Beckmanns Werk als »entartete Kunst« verfemt.

1907 Beginn der Beziehung zu Alfred Kubin, einer der lebenslangen Künstlerfreundschaften Reinhard Pipers. Kubin arbeitet für Piper als Illustrator, Zeichner und Buchautor. – Die erste deutsche

Übertragung des Gesamtwerks von Buddha erscheint, beginnend mit *Die Reden Gotamo Buddhos. Aus der Längeren Sammlung,* herausgegeben von Karl Eugen Neumann und anderen.

1909 Julius Meier-Graefes Monographie *Hans von Marées. Sein Leben und sein Werk* in drei Bänden. Sie steht am Anfang einer höchst produktiven Arbeitsbeziehung zu dem bedeutenden Kunstkritiker und Publizisten. – Adolf Hammelmann wird Teilhaber (bis 1926).

1910 Die Verlagsbeziehung zu Christian Morgenstern beginnt.

1911 Beginn der Arthur-Schopenhauer-Gesamtausgabe, konzipiert zum 50. Todestag des Philosophen 1910, mit Teil 1 des Hauptwerks *Die Welt als Wille und Vorstellung.* Herausgeber sind Paul Deussen, Franz Mockrauer und Arthur Hübscher. Bis 1916 erscheinen acht Bände. Erst 1942 wird die auf insgesamt 16 Bände angewachsene Ausgabe abgeschlossen. – Der bayerische Schriftsteller Georg Queri kommt zu Piper und bleibt Verlagsautor bis zu seinem Tod 1919.

1912 Der Almanach *Der Blaue Reiter,* herausgegeben von Franz Marc und Wassily Kandinsky, erscheint. Er avanciert zur bedeutendsten künstlerischen Programmschrift des 20. Jahrhunderts. – Im Februar Umzug in die Römerstraße 1.

1913 Alfred Eisenlohr tritt als weiterer Teilhaber in den Verlag ein (bis 1932).

1914 Den Bedingungen der Kriegsproduktion zollt Piper Minimaltribut mit kriegsnahen oder zumindest nationalen Themen, meist einschlägigen kulturhistorischen Werken oder Bilddokumentationen über aktuelle Kriegsschauplätze.

1917 Gründung der Marées-Gesellschaft, die sich als zukunftsträchtiges Unternehmen erweist. Mit ihr kann der zunächst inflationsresistente Programmbereich Kunstbuch, Mappenwerk und Kunstdruck zum stabilen Standbein des Verlags in den wirtschaftlich schwierigen Jahren nach dem Ersten Weltkrieg ausgebaut werden.

1923   Start der »Piperdrucke«, Reproduktionen von Öl-gemälden. Sie lösen die Aquarell- und Graphik-drucke der Marées-Gesellschaft ab.

1926   Robert Freund wird neuer Teilhaber und Ge-schäftsführer; der erste, der nicht nur das in den Jahren der Bücherkrise dringend notwendige neue Kapital einbringt, sondern auch Impulse für die Neuorientierung des Verlagsprogramms hin zu in-ternationaler Literatur und populären Sachbuch-reihen.

1927   Piper rangiert unter den belletristischen Verla-gen Münchens – gemessen an der Titelzahl – auf Platz 4, gemessen am Umsatz auf Platz 1.

1928   Der spätere Bestsellerautor Bruno Brehm kommt durch Robert Freund zum Verlag. Der Erfolg sei-ner völkisch-nationalen Romane und Erzählungen trägt maßgeblich dazu bei, daß der Piper Verlag während des »Dritten Reichs« bestehen kann.

1929   Der Verlag feiert das 25jährige Jubiläum mit einer Ausstellung *25 Jahre Piper Verlag*, gezeigt in der Ber-liner Sezession und in der »Neuen Sammlung« in München.

1930   Der Heimatdichter Josef Martin Bauer wird zum erfolgreichen Verlagsautor und bleibt es bis 1955.

1932   Klaus Piper (geb. 1911), der älteste Sohn Reinhard Pipers, tritt in den Verlag ein. Ab 1937 hat er Pro-kura, ab 1941 ist er Teilhaber.

1933   Nach der nationalsozialistischen Machtübernahme kommt es im März zu einer polizeilichen Haus-durchsuchung des Verlags, veranlaßt von der SS aufgrund einer Denunziation. Um Repressionen auszuweichen, zieht sich Piper im Verlagspro-gramm zurück auf deutsche Innerlichkeit und un-verfängliche nordische Autoren.

1935   *Zeichnungen*, das einzige künstlerische Werk von Ernst Barlach im Piper Verlag. Das Buch wird 1936 von den Nazis verboten und 1937 als »entartete

Kunst« diffamiert. Barlach und Reinhard Piper lernten sich bereits 1900 in Berlin kennen und bleiben lebenslang befreundet.

1937 Robert Freund scheidet Ende September seiner jüdischen Herkunft wegen als Teilhaber aus. Damit wird Reinhard Piper erstmals Alleininhaber. Freunds Wunsch, die Teilhaberschaft nach 1948 wiederaufzunehmen, wird von Piper abgelehnt. Freund stirbt 1952 in New York.

1938 Der Verlag zieht am 1. April – nach einer kurzen Zwischenstation in der Elisabethstraße 40 – um in die Georgenstraße 4, den heutigen Verlagssitz. Das Haus Römerstraße 1, Firmenadresse seit 1912, wird verkauft, um den Teilhaber abfinden zu können.

1939 Während des Zweiten Weltkriegs geht die Buchproduktion insgesamt stark zurück. 1939 erscheinen bei Piper zwölf Titel, 1941 nur noch acht, 1945 wird die Buchproduktion ganz eingestellt.

1945 Im Oktober erhält der Piper Verlag eine vorläufige Publikationsgenehmigung für das Verlagsprogramm 1946.

1946 Am 4. Januar erteilt die amerikanische Militärregierung Piper als 25. bayerischen Buchverlag eine Lizenz. Die geschäftliche Leitung liegt nun weitgehend bei Klaus Piper. – Start der Piper-Bücherei.

1947 Karl Jaspers wird Piper-Autor mit der Schrift *Vom europäischen Geist*. Von nun an erscheinen – wenige Ausnahmen abgerechnet – alle Werke des Philosophen bei Piper, bis zu Jaspers' Tod 1969 insgesamt 36 Titel mit rund einer Million Auflage. – Piper erwirbt die Rechte am Gesamtwerk von Ludwig Thoma. – *Vormittag*, der erste Band von Reinhard Pipers Lebenserinnerungen, erscheint. Band 2, *Nachmittag*, folgt 1950.

1948 Stefan Andres kommt zu Piper und steigt hier zu einem der erfolgreichsten deutschsprachigen Autoren der fünfziger Jahre auf. Bis zu seinem Tod

1970 erscheinen 33 Titel, darunter als wohl bekannteste *Wir sind Utopia* und *Der Knabe im Brunnen.*

1949   Seniorverleger Reinhard Piper wird 70, der Verlag 45 Jahre alt. In der »Neuen Sammlung« in München zeigt der Verlag eine Ausstellung zur Verlagsgeschichte unter dem Titel *45 Jahre Münchner Kultur*. In der Publikumsgunst rangiert Piper auf Rang 6 der deutschen belletristischen Verlage.

1950   Neuausgabe von Paul Eippers *Die Gelbe Dogge Senta* als Vorläufer von Pipers Programm populärer Wissenschaft. – Mit *Karl Valentins Lachkabinett* kommt das Werk des genialen bayerischen Komikers zu Piper.

1951   Hans Egon Holthusen, *Der unbehauste Mensch*: Der Titel der Essaysammlung wird zur Chiffre für das Lebensgefühl der Nachkriegszeit. – Aldous Huxley wird Verlagsautor mit insgesamt mehr als 20 Titeln, beginnend mit *Kontrapunkt des Lebens.*

1953   Im Oktober stirbt Reinhard Piper. Klaus Piper wird alleiniger Geschäftsführer und persönlich haftender Gesellschafter.

1954   Der Verlag wird 50 und setzt mit neuen Programmschwerpunkten im Bereich Sachbuch, populäre Wissenschaft und internationale Literatur zu seinem eigenen »kleinen Wirtschaftswunder« an.

1955   Anne Morrow Lindberghs Erfolgsbuch *Muscheln in meiner Hand* erscheint.

1956   Beginn der Verlagsbeziehung zu Ingeborg Bachmann mit den Gedichtbänden *Anrufung des Großen Bären* und *Die gestundete Zeit* (1957).

1957   Der französische Erfolgsautor Romain Gary wird Piper-Autor.

1958   Hannah Arendt wird Piper-Autorin mit *Die Ungarische Revolution und der totalitäre Imperialismus*. Es folgen zu ihren Lebzeiten insgesamt neun Publikationen, darunter als bekannteste *Rahel Varnhagen. Lebensgeschichte einer deutschen Jüdin aus der Romantik* (1959) und *Eichmann in Jerusalem. Ein Bericht von* *der Banalität des Bösen* (1964). – Hans Rössner kommt als Verlagsleiter zu Piper (bis 1977).

1959 Giuseppe Tomasi di Lampedusas Roman *Der Leopard* wird zum Markstein in Pipers italienischem Literaturprogramm; mit Giorgio Bassani, Carlo Emilio Gadda, Eugenio Montale, Salvatore Quasimodo, Giuseppe Ungaretti sowie Fruttero & Lucentini folgen bald weitere große Namen.

1960 Gabriele Wohmanns Erzählungsband *Sieg über die Dämmerung*. Die Verlagsbeziehung kommt über erste Anfänge nicht hinaus. Erst 1992 wird sie, wieder mit einem Band Erzählungen, »*Das Salz, bitte!*«, erneuert.

1961 Walter Jens, Literaturwissenschaftler, -kritiker und Schriftsteller, wird mit *Deutsche Literatur der Gegenwart* Verlagsautor. – Piper wird Gründungsmitglied des Deutschen Taschenbuch Verlags (dtv), in dem sich zwölf Verlage zur Verwertung ihrer Taschenbuchrechte zusammenschließen.

1962 Albert Paris Gütersloh, *Sonne und Mond. Ein historischer Roman aus der Gegenwart*.

1965 Konrad Lorenz' Abhandlungen *Über tierisches und menschliches Verhalten* werden ebenso wie seine darauf folgenden Bücher zu sensationellen Erfolgen und damit zum Grundstein für Pipers naturwissenschaftliches Programm. Es hat mit Irenäus Eibl-Eibesfeldt, Werner Heisenberg, Manfred Eigen, Harald Fritzsch, Rudolf Kippenhahn, John C. Eccles, Karl R. Popper, Richard P. Feynman, Jlya Prigogine und anderen viele höchstrangige wissenschaftliche Autoren aufzuweisen. – Daneben entsteht ein politisches Programm mit Autoren wie Ralf Dahrendorf, Theodor Eschenburg, Joachim C. Fest, Kurt Sontheimer und Karl Dietrich Bracher.

1966 Heinz Zahrnt, *Die Sache mit Gott*; das Buch erreicht eine überwältigende Resonanz.

1967 Alexander und Margarete Mitscherlichs Erfolgsbuch *Die Unfähigkeit zu trauern* erscheint. – Ingeborg Bachmann trennt sich vom Piper Verlag, ihr Werk wird dort bis heute weiter gepflegt.

1970 Die Serie Piper wird gegründet.

1972 Frederick Forsyths Politthriller *Der Schakal* wird zu einem der größten Bucherfolge des Verlags. 1973 folgt *Die Akte Odessa*.

1973 Lothar-Günther Buchheims *Das Boot* wird zum Welterfolg.

1974 Hans Küngs *Christ sein* wird zum verlegerischen Ereignis des Jahres.

1976 Höhepunkt des Piperschen Musikprogramms mit drei Projekten: der Beginn der Arbeit an *Pipers Enzyklopädie des Musiktheaters*; die Lebenserinnerungen des Geigers Yehudi Menuhin als Anfang einer Reihe populärer Memoiren- und Interpretationsbücher von Stars der Musikszene wie Alfred Brendel und Joachim Kaiser; die *Tagebücher* von Cosima Wagner.

1978 Beginn der vierbändigen Ingeborg-Bachmann-Werkausgabe, herausgegeben von Christine Koschel, Inge von Weidenbaum und Clemens Münster.

1982 Ernst Reinhard Piper (geb. 1952), Sohn von Klaus Piper, tritt in den Verlag ein und wird 1984 neben dem Vater geschäftsführender Gesellschafter. – Die Serie Piper wird als eigene Taschenbuchreihe neu begründet.

1983 Salman Rushdies Roman *Mitternachtskinder*. – Sten Nadolny, *Die Entdeckung der Langsamkeit*. – Paul Watzlawick, *Anleitung zum Unglücklichsein*.

1984 Anna Wimschneiders *Herbstmilch* wird zum Überraschungserfolg. – Beginn der Edition von Werner Heisenbergs *Allgemeinverständlichen Schriften* in fünf Bänden.

1985 Der französische Autor Claude Simon, seit 1959 Piper-Autor, erhält den Nobelpreis für Literatur. Drei seiner Romane erscheinen in Neuauflagen.

1986 Der erste Band von *Pipers Enzyklopädie des Musiktheaters* erscheint.

1989 Piper-Autor Camilo José Cela erhält den Nobelpreis für Literatur.

1991 Dacia Maraini, *Die stumme Herzogin*. – Klaus Piper wird 80.

1993 Jean Rouaud, *Die Felder der Ehre*.

1994 Der Verlag feiert sein 90jähriges Jubiläum. – Ende des Jahres verkauft Klaus Piper das Unternehmen an die schwedische Bonnier Media Holding.

1995 Zum 1. Januar 1995 wird eine neue Geschäftsleitung bestellt, mit Viktor Niemann als Verleger. – Gaby Hauptmanns Frauenroman *Suche impotenten Mann fürs Leben,* ein Überraschungserfolg, wird zum ersten Bestseller der neuen Ära.

1996 Neustart der Serie Piper. – Madeleine Bourdouxhe, *Gilles' Frau*. – Brigitte Hamann, *Hitlers Wien*.

1997 Alessandro Bariccos Bestsellerroman *Seide* wird zum Anlaß des Übersetzerstreits, der zum urheberrechtlichen Präzedenzfall eskaliert.

1998 Mit Jon Krakauer, *In eisige Höhen*, erlebt das Abenteuer-Programm (Malik) einen neuen Höhepunkt. – Viel diskutiert: *Das Schwarzbuch des Kommunismus.*

1999 Mit Sándor Márais Roman *Die Glut* beginnt die spektakuläre Wiederentdeckung seines in den vierziger Jahren entstandenen literarischen Werks.

2000 Tod Klaus Pipers. Seine Lebenserinnerungen *Lesen heißt doppelt leben* erscheinen postum.

2001 Dai Sijie, *Balzac und die kleine chinesische Schneiderin*. – Norman G. Finkelstein, *Die Holocaust-Industrie.*

2002 Hannah Arendts *Denktagebuch* erscheint aus dem Nachlaß. – Michael Moore, *Stupid White Men.*

2003 Zum 1. Juli wird Wolfgang Ferchl Verlagsleiter. Viktor Niemann konzentriert sich auf die Geschäftsführung der Bonnier Media Holding und übernimmt 2004 die Leitung der Ullstein Buchverlage. – Walter Moers, *RUMO & die Wunder im Dunkeln*. – Mit vier USA-kritischen Büchern von

Andreas von Bülow, Michael Moore und Emmanuel Todd führt Piper über Monate die Sachbuch-Bestsellerlisten an.

2004 Zum 100. Geburtstag des Verlag im Mai erscheint ein eigenes Jubiläumsprogramm mit acht Titeln im Hardcover und 22 in der Serie Piper.

DANKSAGUNG

Recherche und Vorbereitungen für eine Verlagsgeschichte wie diese, die immerhin 100 Jahre Buchgeschichte in wechselhaften Zeiten umfaßt, sind auf vielfache Unterstützung angewiesen.

An erster Stelle durch Verlag und Verleger, Autoren beziehungsweise deren Nachlaßverwalter, ehemalige und gegenwärtige Mitarbeiterinnen und Mitarbeiter. Die Stimmen der Verleger aus der Familie Piper sind präsent vor allem durch ihre Lebenserinnerungen, Schriften und Briefe, durch Interviews und andere öffentliche Aussagen; die früheren und heutigen Mitarbeiter durch die Gespräche, die ich mit ihnen führte, durch Material aus ihren Privatarchiven und entsprechende Publikationserlaubnis. Dafür danke ich Prof. Dr. Reinhard Baumgart (†), Walter Fritzsche, Dr. Hansjörg Graf, Dr. Albrecht Knaus und Dr. Anna Leube, des weiteren Dorothee Grisebach, Dr. Uwe Heldt, Matthias Pflieger und Gert Woerner. Aus dem während der Entstehung dieser Verlagsgeschichte aktiven Verlagsteam gilt mein besonderer Dank den Verlagsleitern Viktor Niemann und Dr. Wolfgang Ferchl, des weiteren Ulrike Buergel-Goodwin, Tanja Graf, Hartmut Jedicke, Hanns Polanetz, Dr. Klaus Stadler, Thomas Tebbe und Ulrich Wank.

Ingeborg Bachmanns Erben, Isolde Moser und Dr. Heinz Bachmann, danke ich für die Genehmigung zur Publikation einiger zentraler Passagen aus den Briefen Bachmanns an den Piper Verlag sowie für ergänzende Anregungen und Hinweise. Gabriele Wohmann sei gedankt für die Erlaubnis zu Einsicht und Nutzung ihrer Korrespondenz mit dem Verlag.

Zu danken habe ich des weiteren den Archiven, in denen Quellen zur Geschichte des Piper Verlags aufbewahrt werden. Vor allen anderen dem Deutschen Literaturarchiv Marbach/Neckar, in dem das Piper Verlagsarchiv derzeit als Leihgabe deponiert ist. Zum Zeitpunkt der Recherche für diese Verlagsgeschichte war es noch nicht erschlossen; seit Juni 2003 wird es in einem vierjährigen Forschungsauftrag der Deutschen Forschungsgemeinschaft bearbeitet. Dr. Ulrich von Bülow, Leiter des Piper-Archivs, und Dr. Michael Davidis, Leiter des Bildarchivs, sowie Dorit Krusche, die das Piper-Archiv erschließt, haben meine Arbeit vor Ort in vielfacher Hinsicht unterstützt. Dr. Michael Stephan, Archivdirektor am Staatsarchiv München, sowie dem Bundesarchiv Berlin danke ich für die Auskünfte zur Quellenlage und die Bereitstellung der Unterlagen zur Verlagsgeschichte im »Dritten Reich«. Hermann Staub vom Historischen Archiv des Börsenvereins des Deutschen Buchhandels in Frankfurt am Main und Dr. Brigitte Huber vom Stadtarchiv München sei gedankt für unkonventionelle Hilfe in kniffligen Quellenfragen; Dr. Peter Assmann, Direktor der Oberösterreichischen Landesmuseen, sowie seiner Mitarbeiterin Jutta Mairinger für ihre Auskunftsbereitschaft und den Zugang zum Kubin-Haus in Zwickledt.

Mein Dank gilt auch den Freunden und Kollegen aus Universität und Verlagskreisen, die nicht bereits in anderem Zusammenhang erwähnt wurden, für ihre Bereitschaft zu eingehendem Austausch: Dr. Ulrich Dittmann für Hinweise zur Verlagsverbindung zu Oskar Maria Graf, Prof. Dr. Konrad Feilchenfeldt für Auskünfte in Sachen Ernst Barlach, Verlegerin Antje Kunstmann für die Gespräche zur aktuellen Buchmarktsituation, Rudolf Sommer für den Hinweis auf Piper als ältestem Kunden der Verlagsauslieferung Koch, Neff, Oetinger & Co., Verlegerin Christa Spangenberg (†), Zeitzeugin für die Verlagsjahre unter Klaus Piper, für Gespräche und großzügige Druckerlaubnis für Kubin-Zeichnungen, Prof. Dr. Reinhart Wittmann für regen Austausch in allen Fragen und Fährnissen aktueller Verlagsgeschichtsschreibung. Auf seine Arbeiten zur Münchner Buchgeschichte greift auch diese Monographie zurück.

Besonders zu danken habe ich schließlich dem Sach-buchlektorat des Piper Verlags mit Ulrich Wank und Klaus Stadler für die so intensive wie neutrale Betreuung, Hanns Polanetz für sein buchgestalterisches Engagement, Uwe Steffen und Frank Berninger, des weiteren Joachim Schör-ken und Claudia Haug für zuverlässige redaktionelle Un-terstützung.

München, im Februar 2004   *Edda Ziegler*

ANMERKUNGEN

Die vollständigen bibliographischen Angaben zu den hier verkürzt zitierten Buchtiteln finden sich im Literaturverzeichnis.

Zur Zitierweise: Zitate aus unveröffentlichten Quellen wurden
in der Originalschreibweise belassen. Ausgenommen sind offen-
sichtliche Schreib- und Satzzeichenfehler.

Vorbemerkung

1   Piper, R.: *Leben*, S. 332.
2   Piper, R.: *Leben*, S. 3.
3   Piper, K.: *Lesen*, S. 13.
4   Max Beckmann an Reinhard Piper, 25. 12. 1950, in: Pi-
    per, R.: *Briefwechsel*, S. 498.

Große Rosinen im Sack

1   Piper/Raab: *90 Jahre Piper*, S. 23.
2   Piper, R.: *Leben*, S. 104.
3   Piper, R.: *Leben*, S. 107 ff.
4   Piper/Raab: *90 Jahre Piper*, S. 21.
5   Reinhard Piper an die Eltern, 3. 7. 1898; Piper in DLA.
6   Reinhard Piper an die Eltern (ohne Datum), in: Piper, R.:
    Leben, S. 226 f.
7   Reinhard Piper an Arno Holz, 13. 7. 1903, in: Piper, R.:
    Briefwechsel, S. 38.
8   Piper, R.: *Leben*, S. 247.
9   Piper, K.: *Schriften*, S. 72.

Verlegerverlag als Programm

1   Piper/Raab: *90 Jahre Piper*, S. 30.
2   Piper, R.: *Leben*, S. 260.

3   Arno Holz an Reinhard Piper, 7.2.1903, in: Piper, R.: *Briefwechsel*, S. 37.

4   Arno Holz an Reinhard Piper, 14.7.1903, in: Piper, R.: *Briefwechsel*, S. 40.

5   Piper, R.: *Zehn Jahre Verlagsarbeit,* in: [Piper]: *Almanach 1904–1914,* S. 203.

6   Piper, R.: *Leben*, S. 271.

7   Zit. nach Garstka: *Dostojewski*, S. 141.

8   Piper, R.: *Leben*, S. 279.

9   Ebd.

10 Barlach, E.: *Güstrower Tagebuch 1914–1917,* zit. nach Garstka: *Dostojewski*, S. 68.

11 Piper, R.: *Leben*, S. 282.

12 Reinhard Piper an Julius Meier-Graefe, 22.6.1926, in: Piper, R.: *Briefwechsel*, S. 186.

13 Piper, R.: *Leben*, S. 290.

14 Reinhard Piper an Christian Morgenstern, 10.2.1910, in: Piper, R.: *Briefwechsel*, S. 103 f.

15 Piper, R.: *Leben*, S. 292.

16 Piper, R.: *Leben*, S. 346 f.

17 Georg Queri an Reinhard Piper (ohne Datum), in: Piper, R.: *Briefwechsel*, S. 137.

18 StaatsA München; Polizeidirektion München 7246. Abschriften der Gutachten mit Anmerkungen Reinhard Pipers in DLA.

19 Piper, R.: *Leben*, S. 350.

20 *Georg Queri. 1879–1919,* S. 232.

21 *Münchner Neueste Nachrichten* vom 22.12.1912.

22 Thoma, Ludwig: *Erinnerungen / Leute, die ich kannte.* München/Zürich 1996, S. 279 f.

Apokalypse, Erotik und Avantgarde

1   Piper, R.: *Leben*, S. 250.

2   Reinhard Piper an Julius Meier-Graefe, 14.12.1912, in: Piper, R.: *Briefwechsel*, S. 145.

3   Julius Meier-Graefe an Reinhard Piper, 23.12. [1913], in: Piper, R.: *Briefwechsel*, S. 146.

4   Piper, R.: *Leben*, S. 260.

5   Piper, R.: *Leben*, S. 254 f.

6   Es erscheint 1919 bis 1924 und wird dann eingestellt.

7 Piper, R.: *Leben,* S. 379 f.

8 Reinhard Piper an Julius Meier-Graefe, 8. 9. 1922, in: Piper, R.: *Briefwechsel,* S. 178.

9 Piper, R.: *Leben,* S. 259 f.

10 Vgl. S. 21.

11 *Der Blaue Reiter,* S. 284. – Dieser Ausgabe entstammen auch die folgenden Zitate.

12 Franz Marc, *Zwei Bilder.*

13 Franz Marc an Wassily Kandinsky, 13. 6. 1911.

14 Reinhard Piper an Franz Marc und Wassily Kandinsky, 9. 12. 1912.

Künstlerfreundschaften

1 Piper, R.: *Leben,* S. 508 f.

2 Piper, K.: *Lesen,* S. 180.

3 Piper, R.: *Leben,* S. 510.

4 Barlach/Piper: *Briefwechsel 1900–1938.*

5 Barlach/Piper: *Briefwechsel,* S. 284 f.

6 Ernst Barlach an Reinhard Piper, 25. 12. 1923, in: Barlach/Piper: *Briefwechsel,* S. 198 f.

7 Ernst Barlach an Reinhard Piper, 28. 12. 1911, in: Barlach/Piper: *Briefwechsel,* S. 105.

8 Vgl. dazu Feilchenfeldt: *Barlach,* S. 239–245.

9 Piper, R.: *Leben,* S. 440.

10 Barlach/Piper: *Briefwechsel,* S. 353 f.

11 Schreiben des Bremer Buchhändlers Johannes Storm an den Piper Verlag, 28. 10. 1935, in: Barlach/Piper: *Briefwechsel,* S. 663 f.

12 Piper, R.: *Briefwechsel,* S. 318.

13 Eintrag vom 29. 5. 1936; in: Piper/Raab: *90 Jahre Piper,* S. 160.

14 Reinhard Piper an Ernst Barlach, 28. 7. 1937, in: Piper, R.: *Briefwechsel,* S. 326 f.

15 Piper, R.: *Briefwechsel,* S. 306.

16 Piper, R.: *Leben,* S. 450 ff.

17 Alfred Kubin an Reinhard Piper, 19. 7. 1936, in: Piper, R.: *Briefwechsel,* S. 335.

18 Piper, R.: *Leben,* S. 473.

19 Olaf Gulbransson an Alfred Kubin, o. D., in: Piper, R.: *Leben,* S. 477.

20 Reinhard Piper an Max Beckmann, 14. 3. 1921, in: Piper, R.: *Briefwechsel*, S. 163 f.
21 Max Beckmann an Reinhard Piper, 19. 3. 1921, in: Piper, R.: *Briefwechsel*, S. 164.
22 Max Beckmann an Reinhard Piper (ohne Datum), in: Piper, R.: *Leben*, S. 335.
23 Piper/Raab: *90 Jahre Piper*, S. 98.
24 Piper, R.: *Leben*, S. 342.

West-östliche Weisheit

1 Piper, R.: *Leben*, S. 263.
2 Piper, R.: *Leben*, S. 110 f.
3 Reinhard Piper an Adolf Hammelmann, 19. 8. 1910, in: Piper/Raab: *90 Jahre Piper*, S. 60 f.
4 Paul Deussen an Reinhard Piper, 5. 9. 1910; Piper in DLA.
5 Piper in DLA.
6 Frau Geheimrat Deussen an Reinhard Piper, 26. 11. 1910; Piper in DLA.

Im Mekka der Schwarzen Kunst

1 Vgl. dazu Lechner: *Typographie*, S. 49–59.
2 Emil Rudolf Weiß an Reinhard Piper, 3. 4. 1940, in: Piper, R.: *Briefwechsel*, S. 427.
3 Vgl. die Verlagssignets auf S. 2/3.

Bücherkrisen

1 Piper/Raab: *90 Jahre Piper*, S. 86.
2 Wittmann: *Buchkultur*, S. 122.
3 Wittmann: *Buchkultur*, S. 117 f.
4 Notiz von Herbert Lindenberger, Firma Koch, Neff & Oetinger & CO., vom 16. 10. 2002.

Mit deutscher Innerlichkeit durchs Tausendjährige Reich

1   Piper, K.: *Lesen*, S. 81.

2   Eingesehen wurden Bestände des Bundesarchivs Berlin, des Bayerischen Hauptstaatsarchivs und des StaatsA München.

3   Piper, K.: *Lesen*, S. 111 (über Bruno Brehm).

4   Wiechert, Ernst: *In der Heimat,* München 1938, o. S.

5   Als Mitglied des »Börsenvereins der Deutschen Buchhändler zu Leipzig« war Reinhard Piper zwangsweise auch Mitglied der Reichsschrifttumskammer. Vgl. dazu auch »Mitglieder-Fragebogen« vom 29. 7. 1936; Piper in DLA. – Zur Parteizugehörigkeit vgl. außerdem Klaus Piper in der eidesstattlichen Erklärung für Josef Martin Bauer vom 13. 9. 1946; Spruchkammerakten Ka: 3354 im StaatsA München. Die Spruchkammerakten des StaatsA München enthalten keine weiteren Unterlagen zu Reinhard und Klaus Piper.

6   Weigel: *Ingeborg Bachmann: Hinterlassenschaft unter Wahrung des Briefgeheimnisses,* S. 468.

7   Vgl. S. 246 ff.

8   Vgl. S. 167.

9   Wittmann: *Buchkultur*, S. 162 f.

10 Vgl. S. 83 ff.

11 Zur deutschen Übersetzungs- und Publikationsgeschichte von Célines Roman vgl. Schmidt-Henkel: *Nachwort*, S. 662–670.

12 Josef Martin Bauer an Reinhard Piper, 3. 3. 1934, in: Piper, R.: *Briefwechsel*, S. 284 f.

13 Reinhard Piper an Josef Martin Bauer, 9. 3. 1934, in: Piper, R.: *Briefwechsel*, S. 287–289.

14 StaatsA München, Spruchkammerakten Ka: 3354, eidesstattliche Erklärung vom 13. 9. 1946.

15 Zit. nach Piper, R.: *Briefwechsel*, S. 572.

16 Vgl. S. 139 f.

17 Barlach/Piper: *Briefwechsel*, S. 445 f.

18 Den Hinweis auf die Publikation verdanke ich Albrecht Knaus.

19 Piper, R.: »Zeitbild« vom 20. 9. 1941; Piper in DLA.

20 Jahresbericht 1944 Dr. Karl Adolf Sauer und Liste der Lizenzausgaben; Piper in DLA.

21 Brandenburg, Hans: *Im Feuer unserer Liebe. Erlebtes Schicksal*

einer Stadt, München 1956, S. 99 ff., zit. nach Wittmann: *Buchkultur*, S. 154.

22 So Reinhard Piper an den Präsidenten der Reichsschrift-tumskammer am 7. 12. 1935, mit dem Ziel, sich als nicht-jüdischer Verlag zu legitimieren; Piper in DLA.

23 Piper, K.: *Lesen*, S. 115.

24 Bruno Brehm an Reinhard Piper, 14. 1. 1934; die folgen-den Zitate stammen, soweit nicht anders angemerkt, aus der unveröffentlichten Verlagskorrespondenz; Piper in DLA.

25 Bruno Brehm an Reinhard Piper, 6. 11. 1936.

26 Bruno Brehm an Reinhard Piper, 7. 6. 1941.

27 Bruno Brehm an Reinhard Piper, 25. 10. 1948, in: Piper, R.: *Briefwechsel*, S. 250.

28 Piper, K.: *Lesen*, S. 114.

29 Piper, R.: *Leben*, S. 698.

30 Vgl. S. 244 f.

31 Piper, R.: Aufzeichnungen über Dr. Freund, 1943; Piper in DLA.

32 Ebd., zit. nach Piper/Raab: *90 Jahre Piper,* S. 124 f.

33 Reinhard Piper an Ernst Barlach, 13. 10. 1926, in: Bar-lach/Piper: *Briefwechsel*, S. 228.

34 Piper, R.: Aufzeichnungen über Dr. Freund, 1943; Piper in DLA.

35 Reinhard Piper an das Zentralanmeldeamt Bad Nauheim, 12. 5. 1948; Piper in DLA.

36 »Mit Rücksicht auf unsere jahrelangen freundschaftlichen Beziehungen, aber auch im Interesse beider Teile an einem möglichst von allen zeitraubenden und unproduktiven Weiterungen befreiten Arbeiten, erklären wir uns bereit, ab 1. Juli 1950 für die Dauer von 15 Jahren an Frau [...] mo-natlich 300.– DM als Beitrag zu Ihrer Unterhaltspflicht zu zahlen [...] Voraussetzung ist, dass Sie erklären, dass die Verträge vom 30. September 1937 von Ihnen endgültig bestätigt sind und dass Ihnen keinerlei Ansprüche, insbe-sondere keine Ansprüche aus dem Gesetz Nr. 59 der ame-rikanischen Militärregierung, gegen unseren Verlag zuste-hen.« (Entwurf des Briefs von Reinhard Piper an Robert Freund vom 3. 9. 1948; Piper in DLA.) – Die Zahlungen wurden – so mündliche Aussagen damaliger Verlagsmitar-beiter – geleistet.

37 Piper, K.: *Lesen*, S. 66.

Kontinuität und Neubeginn

1   Karl Jaspers an Reinhard Piper, 18. 2. 1947; Piper in DLA.
2   Vgl. dazu Gruschka: *Buchmarkt*, bes. S. 38–85.
3   Schreiben vom 22. 12. 1945; Piper in DLA.
4   [Piper, K.:] *Für Klaus Piper*, S. 303 f.
5   Gruschka: *Buchmarkt*, S. 174.
6   Piper, K.: *Schriften*, S. 18.
7   Vgl. Frei, Norbert: *Vom Alter der jüngsten Vergangenheit*, in: *Süddeutsche Zeitung*, Nr. 24, 30. 1. 2003.
8   [Piper, K.:] *Für Klaus Piper*, S. 189.
9   Vgl. dazu Sebald, W.: *Luftkrieg*.
10   Nach der Rohkalkulation von 1950, in: Privatarchiv Albrecht Knaus.
11   *Deutsche Rundschau*, 8. 8. 1949.
12   Piper, K.: *Schriften*, S. 52.
13   Göbel, W.: *Verleger*, S. 34.
14   Knaus, Albrecht: *Erinnerung an Reinhard Piper*, in: *Die neue Zeitung*, 21. 10. 1953.
15   Albrecht Goes an Klaus Piper, 24. 10. 1953; Piper in DLA.

Offener Horizont – der Verlag unter Klaus Piper

1   Baumgart: *Damals*, S. 177.
2   Piper, K.: *Schriften*, S. 40.
3   Wittmann: *Buchhandel*, S. 373.
4   Baumgart: *Damals*, S. 177.
5   *Piper-Almanach zum 70. Jahr*, S. 5 f.
6   Baumgart: *Damals*, S. 175 f.
7   Baumgart: *Damals*, S. 177 f.
8   Nach Informationen von Albrecht Knaus, Juli 2003.
9   Klaus Piper an Hansjörg Graf, 7. 9. 1955, in: Privatarchiv Graf.
10   Baumgart: *Damals*, S. 179 f.
11   Vgl. S. 218, 222.
12   Der Darstellung des Falls Rössner liegen zugrunde: Jäger: *Seitenwechsel*; Wildt: *Generation*; ders., *Korrespondenz*, in: Hachmeister/Siering (Hrsg.): *Journalisten*, S. 238–261; Christophersen: *Arendt*, S. 67 f.
13   Wildt: *Korrespondenz*, S. 241.
14   Baumgart: *Damals*, S. 178.

15 Sie geben bei Stalling ab 1954 eine Buchreihe »Gestalten unserer Zeit« heraus.

16 Güntner, Joachim, in: *Neue Zürcher Zeitung Online*, 18. 5. 2002.

17 Gespräch mit Reinhard Baumgart, August 2002; vgl. auch Baumgart: *Damals*, S. 178.

18 Jäger: *Seitenwechsel*, S. 339.

19 So Klaus Piper zu Wildt: *Generation*, S. 386 f.

20 Vgl. S. 144.

21 Piper, K.: *Lesen*, S. 186.

22 Piper, K.: *Schriften*, S. 88 f.

23 Piper, K.: *Schriften*, S. 53.

24 Piper, K.: *Schriften*, S. 128.

Ein Glücksfall ersten Ranges

1 Abschrift der Dankrede Karl Jaspers' zur Überreichung der Festschrift am 23. 2. 1953; Piper in DLA.

2 Briefwechsel Karl Jaspers–Piper Verlag 1946–1969; Piper in DLA. Die folgenden Zitate stammen, soweit nicht anders angegeben, aus diesem unveröffentlichten Briefwechsel.

3 14. 1. 1948, in: [Andres:] *Utopia*, S. 43.

4 Karl Jaspers an Klaus Piper, 20. 12. 1947.

5 Erstausgabe 1946 noch bei Lambert Schneider, Heidelberg; Neuauflage 1979 in der Serie Piper.

6 Vgl. dazu Hersch: *Jaspers*, S. 9.

7 Karl Jaspers: *Nekrolog*, in: Hersch: *Jaspers*, S. 142.

8 Karl Jaspers an Reinhard Piper, 19. 12. 1947.

9 Vgl. S. 141.

10 Karl Jaspers an Hannah Arendt, 25. 4. 1964, in: Arendt/Jaspers: *Briefwechsel*, S. 589.

11 Klaus Piper an Karl Jaspers, 2. 2. 1946.

12 Karl Jaspers an Klaus Piper, 22. 4. 1946.

13 Karl Jaspers an Klaus Piper, 25. 7. 1966.

14 Nr. 36 vom 31. 8. 1960.

15 Karl Jaspers an Klaus Piper, 11. 5. 1958.

16 Klaus Piper an Karl Jaspers, 17. 12. 1957.

17 Klaus Piper an Karl Jaspers, 7. 3. 1958.

18 Karl Jaspers an Klaus Piper, 19. 7. 1958.

19 *Frankfurter Allgemeine Zeitung*, 29. 9. 1958.

20 Vgl. dazu Karl Jaspers an Klaus Piper, 31. 12. 1958.

21 Klaus Piper an Karl Jaspers, 14. 1. 1966.

22 Karl Jaspers an Hannah Arendt, 11. 7. 1966, in: Arendt/
    Jaspers: *Briefwechsel*, S. 683.

23 Klaus Piper an Karl Jaspers, 19. 7. 1966.

24 Karl Jaspers an Walter Ulbricht, 7. 6. 1966.

25 Klaus Piper an Karl Jaspers, 22. 12. 1966.

26 Klaus Piper an Karl Jaspers, 18. 1. 1967.

27 Alexander Mitscherlich an Klaus Piper, 21. 6. 1966; Piper
    in DLA.

28 Hans Rössner an Klaus Piper, Hausnotiz vom 15. 2. 1967;
    Piper in DLA.

29 Piper, K.: *Schriften,* S. 89 ff.

30 Arendt/Jaspers: *Briefwechsel*, S. 17 und 31.

31 Arendt/Jaspers: *Briefwechsel*, S. 327 u. a.

Vergangenheitsbewältigung der deutschen Art

1   Arendt/Jaspers: *Briefwechsel*, S. 33.

2   Hannah Arendt an Klaus Piper, 17. 7. 1958. Die folgenden
    Zitate stammen, soweit nicht anders angegeben, aus dem
    noch unveröffentlichten Teil des Briefwechsels von Han-
    nah Arendt mit dem Piper Verlag in DLA.

3   Christophersen: *Arendt.* Auf diese Untersuchung stützen
    sich die folgenden Ausführungen.

4   Vgl. dazu auch Wildt: *Korrespondenz*.

5   Klaus Piper an Hannah Arendt, 2. 4. 1957, in: Christopher-
    sen: *Arendt*, S. 246 f.

6   Karl Jaspers an Hannah Arendt, 24. 9. 1957, in: Arendt/
    Jaspers: *Briefwechsel*, S. 362.

7   Hannah Arendt an Karl Jaspers, 4. 11. 1957, in: Arendt/
    Jaspers: *Briefwechsel*, S. 363.

8   Hannah Arendt an Klaus Piper, 3. 12. 1957, in: Christo-
    phersen: *Arendt*, S. 262.

9   Vgl. Christophersen: *Arendt*, S. 64.

10 Hannah Arendt an Hans Rössner, 12. 1. 1959.

11 Hannah Arendt an Hans Rössner, 2. 7. 1959.

12 Christophersen: *Arendt*, S. 67.

13 Klaus Piper an Hannah Arendt, 3. 9. 1958.

14 Hannah Arendt an Klaus Piper, 9. 9. 1958.

15 Hannah Arendt an Heinrich Blücher, 28. 11. 1955, in:
    Arendt/Blücher: *Briefwechsel*, S. 431.

16   Hannah Arendt an Klaus Piper, 17. 9. 1962.

17   Hannah Arendt an Klaus Piper, 7. und 9. 1. 1963.

18   Hannah Arendt an Klaus Piper, 22. 1. 1963.

19   Hannah Arendt an Klaus Piper, 17. 9. 1962.

20   Vgl. dazu auch Wildt: *Korrespondenz*, S. 254 ff.

21   Klaus Piper an Hannah Arendt, 11. 1. 1963.

22   Frei, Norbert: *Vom Alter der jüngsten Vergangenheit,* in: *Süddeutsche Zeitung,* 30. 1. 2003.

23   Hannah Arendt an Karl Jaspers, 8. 2. 1963, in: Arendt/Jaspers: *Briefwechsel,* S. 535.

24   Hannah Arendt an Klaus Piper, 22. 1. 1963.

25   Hannah Arendt an Karl Jaspers, 23. 7. 1964, in: Arendt/Jaspers: *Briefwechsel,* S. 594.

26   Wildt: *Korrespondenz,* S. 254.

Von unbehausten Menschen und Romanexperimenten

1   »Sie bieten mir freundlich an, das Buch von Ernst Bloch ›Prinzip der Hoffnung‹ zu schicken. Mein Interesse ist leider gering. Ich kenne den Autor aus der Jugend. Vor kurzem sah ich sein Buch über Hegel. Es lohnt sich kaum. Es ist, als ob der Mann nie aus der Pubertät recht herausgekommen wäre. Zwar intelligent und reich an Assoziationen, aber für mein Bewusstsein in allen Fundamenten verworren. Dass er jetzt vom Surkamp-Verlag [sic!] herausgebracht wird, beruht wohl auf seiner öffentlichen Position. Er wurde als Professor in Leipzig kaltgestellt, nachdem er aus Amerika freiwillig dorthin gegangen war. Ausserhalb der Ostzone hat er nie einen Erfolg gehabt. Es wird interessant sein zu sehen, ob jetzt in Deutschland die geistige Situation so ist, dass dieses Werk Absatz findet. Sie sehen, dass ich auf Ihr freundliches Angebot leider verzichte.« Karl Jaspers an Klaus Piper, 18. 12. 1959; Piper in DLA.

2   Michalzik: *Unseld,* S. 137.

3   Baumgart: *Damals,* S. 182 f.

4   [Piper, K.:] *Für Klaus Piper,* S. 8.

5   Klaus Piper in: Piper, R.: *Leben,* S. 698.

6   Stefan Andres an Albrecht Knaus, 23. 1. 1948, in: [Andres:] *Utopia,* S. 45.

7   Stefan Andres an Klaus Piper, 9. 6. 1952. Alle Zitate stam-

men, soweit nicht anders angegeben, aus der unveröffentlichten Verlagskorrespondenz in DLA.

8   Klaus Piper an Stefan Andres, 17. 7. 1957; Dorothee Andres
     an Klaus Piper, 19. 8. 1961; Stefan Andres an Klaus Piper,
     15. 1. 1964.

9   Stefan Andres an Klaus Piper, 15. 1. 1964.

10   [Piper, K.:] *Für Klaus Piper,* S. 8f.

11   Schonauer, Franz: *Der Hang zum Mondänen,* in: *Frankfurter
     Allgemeine Zeitung,* 13. 10. 1956.

12   Piper, K.: *Lesen,* S. 202.

13   Klaus Piper an Hans Egon Holthusen, 26. 6. 1953. Die fol-
     genden Zitate stammen, soweit nicht anders angemerkt,
     aus der unveröffentlichten Verlagskorrespondenz in DLA.

14   Klaus Piper an Hans Egon Holthusen, 4. 12. 1961.

15   Hans Egon Holthusen an Klaus Piper, 8. 4. 1961.

16   Klaus Piper an Hans Egon Holthusen, 12. 3. 1964.

17   So Klaus Piper an Gabriele Wohmann, 12. 12. 1957; Piper
     Verlag in DLA.

18   Reinhard Baumgart an Gabriele Wohmann, 11. 3. 1958;
     Piper in DLA.

19   Doderer, Heimito von: *Die Wiederkehr der Drachen;* zit. nach
     Reinhold Treml, *Einleitung,* in: Doderer/Gütersloh: *Brief-
     wechsel,* S. 50 f.

20   Heißenbüttel: *Gütersloh,* S. 31.

21   Graf: *Schlüssel,* S. 25.

22   Hansjörg Graf an Albert Paris Gütersloh, 13. 7. 1960. Die
     folgenden Zitate stammen, soweit nicht anders angegeben,
     aus der Korrespondenz des Piper Verlags mit Gütersloh in
     DLA.

23   Hansjörg Graf an Klaus Piper, 10. 2. 1960.

24   Klaus Piper an Albert Paris Gütersloh, 18. 7. 1960, in:
     Piper, K.: *Schriften,* S. 202 ff.

25   Albert Paris Gütersloh an Klaus Piper, September 1960.

26   Graf: *Schlüssel,* S. 25.

27   Graf: *Proteus,* S. 74.

28   Briefwechsel Albert Paris Gütersloh–Klaus Piper, 6. 3. und
     15. 12. 1964.

Gestundete Zeit

1 Weigel: *Ingeborg Bachmann,* passim.
2 Nach Informationen von Albrecht Knaus vom Oktober 2002, die die Darstellung in Klaus Pipers Erinnerungen korrigieren.
3 Ingeborg Bachmann: *Werke.* In vier Bänden. Herausgegeben von Christine Koschel, Inge von Weidenbaum und Clemens Münster. München/Zürich 1978.
4 Krausse an Ingeborg Bachmann, 25. 2. 1957. Die Zitate stammen, soweit nicht anders angegeben, aus dem unveröffentlichten Briefwechsel Ingeborg Bachmanns mit dem Piper Verlag in DLA.
5 Baumgart: *Damals,* S. 184 f.
6 Ingeborg Bachmann an Reinhard Baumgart, 7. 3. 1959.
7 Reinhard Baumgart an Ingeborg Bachmann, 10. 3. 1959.
8 Reinhard Baumgart an Ingeborg Bachmann, 9. 8. 1959.
9 Reinhard Baumgart an Ingeborg Bachmann, 7. 6. 1961.
10 Ingeborg Bachmann an Reinhard Baumgart, 7. 6. 1961.
11 Weigel: *Ingeborg Bachmann,* S. 15 f.
12 Vgl. dazu etwa Hans Rössner an Ingeborg Bachmann, 1. 8. 1962.
13 Ingeborg Bachmann aus Harvard an Wolfgang Hildesheimer, 15. 7. 1955, zit. nach Weigel: *Ingeborg Bachmann,* S. 466 f.
14 Piper in DLA.
15 Ingeborg Bachmann an Klaus Piper, 14. 2. 1967.
16 Klaus Piper an Ingeborg Bachmann, 28. 2. 1967.
17 Ingeborg Bachmann an Klaus Piper, 18. 3. 1967.
18 Klaus Piper an Ingeborg Bachmann, 10. 2. 1967.
19 Michalzik: *Unseld,* S. 94 f.
20 Unseld, Siegfried: *Unterhaltungen,* in: [Piper, K.:] *Für Klaus Piper,* S. 316. – Die Bitte um ein Gespräch über die Beziehung des Suhrkamp Verlags zu Ingeborg Bachmann hat Unseld mit Schreiben vom 22. 3. 2002 abgelehnt.

Von Leopard, Schakal und anderen großen Tieren

1 Piper, K.: *Lesen,* S. 191.
2 Gespräch mit Reinhard Baumgart, August 2002.
3 Hinterhäuser: *Italien,* S. 96–158.

4   Hinterhäuser: *Italien*, S. 113.
5   Zit. nach Stempel: *Nachwort*, S. 354 f. Auf Ute Stempels Ausführungen zur Entstehungs-, italienischen Verlags- und Rezeptionsgeschichte des Buches bezieht sich die folgende Darstellung.
6   Stempel: *Nachwort*, S. 371 f.
7   Stempel: *Nachwort*, S. 374.
8   Piper, K.: *Lesen*, S. 193 f.
9   Ingeborg Bachmann an Klaus Piper, 9. 10. 1959.
10   Bassani: *Erinnerungen*, S. 164.
11   Bassani: *Erinnerungen*, S. 153.
12   Bassani: *Erinnerungen*, S. 14 ff.
13   Piper, K.: *Lesen*, S. 198.
14   Piper/Raab: *90 Jahre Piper*, S. 261.
15   Piper/Raab: *90 Jahre Piper*, S. 318.
16   Piper, K.: *Schriften*, S. 244.
17   Piper, K.: *Schriften*, S. 66.
18   So Viktor Niemann im Interview mit der Branchenzeitschrift *Buchmarkt*, Juni 2001.

Ein Bestseller taucht auf

1   Fritzsche: *Buchheim,* S. 46–51.

Ewige Fragen, Graugänse und Quarks

1   *Piper-Almanach zum 70. Jahr,* S. 420.
2   Piper, K.: *Lesen*, S. 145.
3   Piper, K.: *Schriften*, S. 81.
4   Ledig-Rowohlt, Heinrich Maria: *Klaus Piper zum Siebzigsten,* in: [Piper, K.:] *Für Klaus Piper,* S. 213.
5   Verlagsnotiz Reinhard Baumgart / Hans Rössner vom Juli 1958; Piper in DLA.
6   Piper, K.: *Lesen*, S. 156 f.
7   Vgl. dazu Klaus Piper, in: *Piper-Almanach zum 70. Jahr,* S. 25.
8   Baumgart: *Damals,* S. 178 f.
9   Piper, K.: *Lesen*, S. 218.
10   Hans Egon Holthusen an Klaus Piper, 28. 11. 1957.
11   Piper, K.: *Lesen*, S. 148 f.

12 Piper, K.: *Lesen*, S. 158.

13 Heisenberg erhält 1933 den Nobelpreis für Physik für das Jahr 1932.

14 Piper, Klaus: *Hausnotiz zum Manuskript von Prof. Harald Fritzsch,* in: Piper, K.: *Schriften*, S. 262 ff.

15 Kippenhahn, Rudolf: *Aus dem Tagebuch eines Piper-Sachbuchautors,* in: [Piper, K.:] *Für Klaus Piper*, S. 178 f.

16 Klaus Piper, in: *75 Jahre Piper*, S. 76.

17 Alexander Mitscherlich an Hans Rössner, 27. 4. 1962. Die Zitate stammen, soweit nicht anders angemerkt, aus dem unveröffentlichen Briefwechsel Mitscherlichs mit dem Piper Verlag in DLA.

18 Alexander Mitscherlich an Hans Rössner, 29. 1. 1965.

19 Alexander Mitscherlich an Klaus Piper, 12. 2. 1970.

20 Alexander Mitscherlich an Klaus Piper, 21. 6. 1966.

21 Alexander Mitscherlich an Hans Rössner, 25. 2. 1969.

22 Klaus Piper an Heinz Zahrnt, März 1968; Piper in DLA.

23 Küng, Hans: *Die Frage nach der Transzendenz,* in: Piper, K.: *Lesen*, S. 258.

24 Vom März 1970, in: Piper/Raab: *90 Jahre Piper*, S. 300.

25 So der Titel eines 1984 zum 80. Geburtstag des Verlags von Klaus Stadler herausgegebenen Lesebuchs mit Texten aus Pipers Musikprogramm.

26 Piper, R.: *Musik in meiner Zeit,* in: Stadler: *Musik*, S. 49 f.

27 Piper/Raab: *90 Jahre Piper*, S. 58.

28 Piper, K.: *Lesen*, S. 238 f.

29 Piper/Raab: *90 Jahre Piper*, S. 325.

30 *Pipers Enzyklopädie des Musiktheaters. Oper – Operette – Musical – Ballett.* Herausgegeben von Carl Dahlhaus und dem Forschungsinstitut für Musiktheater der Universität Bayreuth unter Leitung von Sieghart Döhring. Leitung der Redaktion: Sieghart Döhring, Dietrich Mack.

31 Piper/Raab: *90 Jahre Piper*, S. 370.

32 Piper, K.: *Schriften*, S. 255 ff.

33 Piper/Raab: *90 Jahre Piper*, S. 330.

34 Das vom Verlag Rütten & Loening übernommene Buch wird bei Piper in überarbeiteter und stark erweiterter Fassung neu herausgegeben.

35 Kaiser, Joachim: *Klaus Piper als Pianist,* in: [Piper, K.:] *Für Klaus Piper*, S. 174.

Piper wird verkauft

1 Vgl. S. 8.
2 Michalzik: *Unseld*, S. 287–346.
3 Zwar behält Ernst Reinhard Piper nach dem Verkauf vertragliche Rechte zu weiterer Mitarbeit im Verlag auch unter der neuen Leitung, doch diese werden nie realisiert und letztlich abgelöst.
4 Michalzik: *Unseld*, S. 332.
5 Klaus Piper hatte 1988, nach dem Tod seiner zweiten Frau Elisabeth (1986), Ellen Quittenbaum, geb. Debüser, geheiratet.
6 Siegfried Unseld in: [Piper, K.:] *Für Klaus Piper,* S. 316.

Piper heute

1 *Buchreport* 46, 30. 11. 1994.
2 Tanja Graf, viele Jahre Cheflektorin für Belletristik sowie für die Imprintverlage Kabel und Malik, verläßt das Haus nach 13 Jahren zum 30. 9. 2003.
3 Vgl. dazu S. 261.

BENUTZTE ARCHIVE

Benutzt wurden Bestände des Bayerischen Hauptstaatsarchivs, des Bundesarchivs Berlin, des Historischen Archivs des Börsenvereins des Deutschen Buchhandels Frankfurt am Main, des Piper Verlagsarchivs im Deutschen Literaturarchiv Marbach, des Staatsarchivs München, des Stadtarchivs München sowie einiger Privatarchive.

Verwendete Abkürzungen

DLA: Deutsches Literaturarchiv Marbach
StaatsA München: Staatsarchiv München

LITERATURVERZEICHNIS

[Andres, Stefan:] *Utopia und Welterfahrung. Stefan Andres und sein Werk im Gedächtnis seiner Freunde.* München 1972

Arendt, Hannah/Blücher, Heinrich: *Briefe 1936–1968.* Herausgegeben von Lotte Köhler. München/Zürich 1996

Arendt, Hannah/Jaspers, Karl: *Briefwechsel 1926–1969.* Herausgegeben von Lotte Köhler und Hans Saner. München/Zürich 1985

Barbian, Jan-Pieter: *Literaturpolitik im »Dritten Reich«. Institutionen, Kompetenzen, Betätigungsfelder.* Frankfurt am Main 1993.

Barlach, Ernst: *Das dichterische Werk.* In drei Bänden. Erster Band: *Die Dramen.* In Gemeinschaft mit Friedrich Droß herausgegeben von Klaus Lazarowicz. Zweiter Band: *Die Prosa I.* Dritter Band: *Die Prosa II.* Herausgegeben von Friedrich Droß. München 1956 ff.

Barlach, Ernst: *Die Briefe. 1888–1938.* In zwei Bänden. Herausgegeben von Friedrich Droß. München 1968 f.

Barlach, Ernst/Piper, Reinhard: *Briefwechsel 1900–1938.* Herausgegeben und erläutert von Wolfgang Tarnowski. München/Zürich 1997

Bassani, Giorgio: *Erinnerungen des Herzens.* Herausgegeben von Eberhard Schmidt. München/Zürich 1991

Baumgart, Reinhard: *Damals. Ein Leben in Deutschland 1929–2003.* München 2004

Der Blaue Reiter. Herausgegeben von Wassily Kandinsky und Franz Marc. Mit 160 Abbildungen. Dokumentarische Neuausgabe von Klaus Lankheit. München 1965 (hier zitiert nach der überarbeiteten Neuausgabe Serie Piper 1984)

[Buchheim, Lothar-Günther:] *Kaleidoskop für Lothar-Günther Buchheim zum Siebzigsten von seinen Freunden.* Herausgegeben von Hans Brög. München 1988

Bühler, Hans Eugen, in Verbindung mit Edelgard Bühler: *Der Frontbuchhandel 1939–1945. Organisationen, Kompetenzen, Verlage, Bücher. Eine Dokumentation.* Frankfurt am Main 2002

Christophersen, Claudia: »*. . . es ist mit dem Leben etwas gemeint.*« *Hannah Arendt über Rahel Varnhagen.* Mit einer Edition des Briefwechsels zwischen Hannah Arendt und Klaus Piper über Rahel Varnhagen. Königstein 2002

Doderer, Heimito von/Gütersloh, Albert Paris: *Briefwechsel 1928–1962.* Herausgegeben von Reinhard Treml. München 1986

Feilchenfeldt, Konrad: *Ernst Barlach im Paul Cassirer Verlag nach Paul Cassirers Tod 1926.* In: *Berlin SW – Victoriastraße 35. Ernst Barlach und die klassische Moderne im Kunstsalon und Verlag Paul Cassirer.* Herausgegeben von Helga Thieme und Volker Probst. Güstrow 2003, S. 234–245

Frei, Norbert: *Vergangenheitspolitik. Die Anfänge der Bundesrepublik und die NS-Vergangenheit.* München 1996

Fritzsche, Walter: *»Herrlich, herrlich wird es einmal sein!«* In: [Buchheim, Lothar-Günther:] *Kaleidoskop für Lothar-Günther Buchheim zum Siebzigsten von seinen Freunden,* S. 46–51

Garstka, Christoph: *Arthur Moeller van den Bruck und die erste deutsche Gesamtausgabe der Werke Dostojewskis im Piper-Verlag 1906–1919.* Frankfurt am Main 1998

Göbel, Wolfram: *Der Verleger Reinhard Piper. Verlags- und Lebensgeschichte in Briefen.* In: Piper, Reinhard: *Briefwechsel mit Autoren und Künstlern 1903–1953,* S. 7–34

Graf, Hansjörg: *Die Schlüssel zum Schloß. Notizen zu A. P. Gütersloh »Sonne und Mond«.* In: [Gütersloh, Albert Paris:] *Albert Paris Gütersloh. Autor und Werk,* S. 25–30

Graf, Hansjörg: *Proteus der alten Welt. Über Albert Paris Gütersloh.* In: *Der Monat,* August 1965, S. 74–78

Gruschka, Bernd R.: *Der gelenkte Buchmarkt. Die amerikanische Kommunikationspolitik in Bayern und der Aufstieg des Verlages Kurt Desch 1945 bis 1950.* In: *Archiv für Geschichte des Buchwesens* 44, 1995, S. 1–186

[Gütersloh, Albert Paris:] *Albert Paris Gütersloh. Autor und Werk.* Texte von Heimito von Doderer, Albert Paris Gütersloh, Hansjörg Graf, Helmut Heißenbüttel, Peter von Tramin. München 1962

Hachmeister, Lutz/Siering, Friedemann (Hrsg.): *Die Herren Journalisten. Die Elite der deutschen Presse nach 1945.* München 2002

Heißenbüttel, Helmut: *Zu Albert Paris Gütersloh »Sonne und Mond«.* In: [Gütersloh, Albert Paris:] *Albert Paris Gütersloh. Autor und Werk,* S. 31–40

Hersch, Jeanne: *Karl Jaspers. Eine Einführung in sein Werk.* München/Zürich 1980

Hinterhäuser, Hannes: *Italien zwischen Schwarz und Rot.* Stuttgart 1956

Hundert Jahre Typographie. Hundert Jahre Typographische Gesellschaft München. Eine Chronik. München 1990

Jäger, Ludwig: *Seitenwechsel. Der Fall Schneider/Schwerte und die Diskretion der Germanistik.* München 1999

Lanza Tomasi, Gioacchino: *Giuseppe Tomasi di Lampedusa. Una biografia per immagini.* Palermo 1998

Lechner, Herbert: *München und die Typographie 1900–1930.* In: *Hundert Jahre Typographie,* S. 49–59

Luidl, Philipp: *München – Mekka der Schwarzen Kunst.* In: Stölzl, Christoph (Hrsg.): *Die Zwanziger Jahre in München*

Michalzik, Peter: *Unseld. Eine Biographie.* München 2002

[Piper:] *Almanach des Verlages R. Piper & Co München. 1904 bis 1914.* München 1914

[Piper:] *Nach fünfzig Jahren. Almanach.* Herausgegeben von Klaus Piper. München 1954

[Piper:] *Stationen. Piper-Almanach 1904–1964.* Herausgegeben von Klaus Piper. Unter redaktioneller Mitarbeit von Ernst Herhaus. München 1964

[Piper:] *Piper-Almanach zum 70. Jahr. 1904–1974.* Herausgegeben von Klaus Piper. Redaktionelle Mitarbeit Hans Dollinger. München 1974

[Piper:] *75 Jahre Piper. Bibliographie und Verlagsgeschichte 1904 bis 1979.* Herausgegeben von Klaus Piper. Redaktion: Uwe Steffen, Georg Ramseger, Ernst Reinhard Piper und Ingo F. Walther. München/Zürich 1979

[Piper:] *75 Jahre Piper. R. Piper & Co. Verlag 1904–1979.* Ausstellungskatalog. München 1980

[Piper:] *Piper Almanach zum 80. Jahr.* Herausgegeben von Klaus und Ernst Reinhard Piper. Redaktionelle Mitarbeit: Rainer Weiss. München/Zürich 1984

[Piper:] *Piper Bibliographie 1979–1989.* Herausgegeben von Uwe Steffen. München/Zürich 1990

Piper, Ernst/Raab, Bettina: *90 Jahre Piper. Die Geschichte des Verlages von der Gründung bis heute.* München/Zürich 1994

[Piper, Klaus:] *Für Klaus Piper zum 70. Geburtstag. 27. März 1981.* Redaktion: Matthias Pflieger und Ernst Reinhard Piper in Verbindung mit den Lektoren des Verlages. Mitarbeiter: Doris Lükewille (Redaktion) und Antje Gerlach (Bibliographie); Klaus Koop (Herstellung). München/Zürich 1981

Piper, Klaus: *Schriften und Briefe*. Herausgegeben von Ralf-Peter Märtin und Ernst Reinhard Piper. München/Zürich 1991

Piper, Klaus: *Lesen heißt doppelt leben. Erinnerungen*. München/Zürich 2000

Piper, Reinhard: *Mein Leben als Verleger. Vormittag Nachmittag*. München/Zürich 1991 (zuerst 1947 und 1950)

Piper, Reinhard: *Briefwechsel mit Autoren und Künstlern 1903 bis 1953*. Herausgegeben von Ulrike Buergel-Goodwin und Wolfgang Göbel. München/Zürich 1979

[Piper, Reinhard/Barlach, Ernst:] *Reinhard Piper – Ernst Barlach: Stationen einer Freundschaft 1900–1938*. Herausgegeben von Volker Probst und Helga Thieme. Güstrow 1999

[Queri, Georg:] *Georg Queri. 1879–1919. Journalist, Schriftsteller und Volkskundler aus Oberbayern*. Katalog der Ausstellung im Staatsarchiv München. Bearbeiter Michael Stephan. München 2002

Schmidt-Henkel, Hinrich: *»Ein wildes Produkt« – Célines »Reise ans Ende der Nacht« und ihre Übersetzung*. In: Céline, Louis-Ferdinand: *Reise ans Ende der Nacht*. Reinbek 2003, S. 662–671

Sebald, W. G.: *Luftkrieg und Literatur. Mit einem Essay zu Alfred Andersch*. München 1999

Stadler, Klaus (Hrsg.): *Lust an der Musik. Ein Lesebuch*. München/Zürich 1984

Stempel, Ute: *Nachwort*. In: Tomasi di Lampedusa, Giuseppe: *Der Leopard*. Aus dem Italienischen von Charlotte Birnbaum. Herausgegeben mit Nachwort, Anmerkungen und Zeittafel von Ute Stempel. Düsseldorf 1996, S. 351–399

Stölzl, Christoph (Hrsg.): *Die Zwanziger Jahre in München*. Katalog zur Ausstellung im Münchener Stadtmuseum. München 1979

Wagner, Frank: *Ernst Barlach und seine Verleger*. Magisterarbeit. München 1991

Weigel, Sigrid: *Ingeborg Bachmann. Hinterlassenschaften unter Wahrung des Briefgeheimnisses*. Wien 1999

Wildt, Michael: *Exkurs: Korrespondenz mit einem Unbekannten. Hannah Arendt und ihr Lektor, SS-Obersturmbannführer Dr. Hans Rößner*. In: Hachmeister, Lutz /Siering, Friedemann (Hrsg.): *Die Herren Journalisten*, S. 238–261

Wildt, Michael: *Generation des Unbedingten. Das Führungskorps des Reichssicherheitshauptamts.* Hamburg 2002

Wittmann, Reinhard: *Geschichte des deutschen Buchhandels.* München 1991

Wittmann, Reinhard: *Hundert Jahre Buchkultur in München.* München 1993

PERSONENREGISTER

(Die beiden Verleger Reinhard und Klaus Piper werden hier nicht eigens genannt.)

BILDNACHWEIS

(Nicht in allen Fällen war es möglich, die Inhaber von Bildrechten zu ermitteln. Wir bitten gegebenenfalls um eine Mitteilung an den Piper Verlag München. Allen genannten Personen und Institutionen danken wir für die freundliche Genehmigung zum Abdruck von Abbildungen.)

Ingeborg Bachmann-Erben: S. 235, 238, 243
Enrico Baglioni, Ferrara: S. 262
Bettina Böhmer, München: S. 306
Börsenblatt für den Deutschen Buchhandel, Nr. 85/23.10.1956 (Foto: Die Deutsche Bibliothek, Frankfurt am Main): S. 219
Deutsches Literaturarchiv, Marbach/N.: S. 10f., 16, 95, 117, 119, 120, 131, 133, 134, 138, 146, 209, 225, 232, 245
Peter von Felbert, München: S. 354
Marianne Fleitmann, Berlin: S. 333
Bernd R. Gruschka, *Der gelenkte Buchmarkt* (vgl. Literaturverzeichnis): S. 141
G. E. Habermann, Gräfelfing/München: S. 169 oben, 218
Archiv Hans Werner Henze, Marino: S. 171 Mitte
Lutz Kleinhans, Frankfurt/M.: S. 324
Archiv Albrecht Knaus, München: S. 210, 214f. (Fotos: Heinz Ockhardt, Bonn)
Herlinde Koelbl, Neuried: S. 343
Gioacchino Lanza Tomasi, *Giuseppe Tomasi di Lampedusa. Una biografia per immagini* (vgl. Literaturverzeichnis): S. 254, 256, 259

Buchhandlung Lehmkuhl, München (Foto: Walter Müller-Grah): S. 152
Beatrice Lorenz, Riederau: S. 303
Stefan Moses, München: S. 147, 155
Werner Neumeister, München: S. 327
Kai-Uwe Nielsen, München: S. 290
Barbara Niggl, Feldafing: S. 189
Elisabeth Piper, München: S. 175
Hans Piper, München: S. 265, 292
Interfoto Friedrich Rauch, München: S. 325
Ruth Schramm, München: S. 164
Sven Simon, München: S. 281
Christa Spangenberg, München: S. 78, 81, 86, 108
SPIEGEL Nr. 36/1960, 14. Jahrg.: S. 180
Christine Strub, München: S. 169 unten, 338, 341, 342, 355
Suhrkamp Verlag, Frankfurt/M.: S. 93
Karin Voigt, Mannheim: S. 167, 171 unten
Pressebilddienst Votava, Wien: S. 348
Archiv Wiesner, Wernstein: S. 80
Reto Zimpel, Gauting: S. 297

Alle übrigen Abbildungen stammen aus dem Archiv des Piper Verlags.